雷州碑刻集

上

杨培娜　谢湜　编著

雷州文献丛书

中山大學出版社
SUN YAT-SEN UNIVERSITY PRESS
·广州·

圖書在版編目（CIP）數據

雷州碑刻集：全二册/楊培娜，謝湜編著．—廣州：中山大學出版社，2022.8
（雷州文獻叢書）
ISBN 978－7－306－07481－2

Ⅰ．①雷…　Ⅱ．①楊…　②謝…　Ⅲ．①碑刻—匯編—雷州　Ⅳ．①K877.42

中國版本圖書館 CIP 數據核字（2022）第 047292 號

LEIZHOU BEIKE JI

出 版 人：王天琪
策劃編輯：吕肖劍
責任編輯：羅雪梅
封面設計：曾　斌
責任校對：靳曉虹
責任技編：靳曉虹
出版發行：中山大學出版社
電　　話：編輯部 020－84111996，84113349，84111997，84110779
　　　　　發行部 020－84111998，84111981，84111160
地　　址：廣州市新港西路 135 號
郵　　編：510275　　傳　　真：020－84036565
網　　址：http：//www.zsup.com.cn　E-mail：zdcbs@mail.sysu.edu.cn
印 刷 者：廣州方迪數字印刷有限公司
規　　格：787mm×1092mm　1/16　32.75 印張　880 千字
版次印次：2022 年 8 月第 1 版　2022 年 8 月第 1 次印刷
定　　價：128.00 元（全二册）

前言

一、雷州現存碑刻文獻搜集與整理情況

自宋代金石學形成以來，金石碑銘就被視爲證經補史的重要資料。20世紀50年代以降，部分地方的文博部門開始對碑刻進行調查，并於改革開放后配合資本主義萌芽研究需要，編纂了若干種明清碑刻集，初步顯示了碑刻更爲廣泛的學術價值。隨着20世紀80年代以來區域社會經濟史、鄉村社會文化史研究的發展，學界逐漸意識到碑刻乃是鄉村里的檔案館，那些散見於鄉野之間、并非名家手迹、反映民間生活的碑刻獲得空前重視，越來越多的地方碑刻得到搜集、整理和出版。學者關注「碑銘與地方社會、普通民衆、日常生活的關係，試圖從中發現中國歷史的潛流，傾聽底層社會的聲音」。①

廣東碑刻的系統整理，起於翁方綱而得到阮元的進一步推動。二者均着重名碑，民間立碑鮮少進入其視野；收録範圍厚古薄今，唐宋元碑刻收羅較完備，明清則略。雷州僻處粤西，前人所存録碑刻甚少，如翁方綱《粤東金石略》録有6種，阮元《廣東通志·金石略》僅録有5種。后歐廣勇、伍慶禄對《粤東金石録》進行補録，其調查稱湛江地區現存碑刻77種（其中宋3、元2、明14、清58），不過《粤東金石略補注》僅增補7種。20世紀80年代開始，譚棣華、曹騰騑、冼劍民等通過實地調查編成《廣東碑刻集》，收録徐聞縣碑刻25通、海康縣碑刻56通、遂溪縣碑刻1通。是書突破此前側重唐宋元名家名碑的金石學習慣，注意搜集明清時期反映地方社會、經濟、文化情形的碑刻。《雷州歷史文化叢書》編委會2013年編訂的《雷州碑刻》，共收録雷州市碑刻118通，是迄今收録該地區碑刻數量最多的圖書。該書主要依據方志等既有文獻輯録而成，尚有爲數不少的碑刻未及收録，且方志所載碑文與原碑時有出入，原碑中的捐題名號大多未録。

中山大學歷史學系與雷州市政府合作，自2013年暑假起多次組織師生前往雷州半島之雷州市區、附城鎮、白沙鎮、南興鎮、松竹鎮、烏石鎮、北和鎮、調風鎮、楊家鎮、英利鎮、覃斗鎮等地進行實地調查，搜集到現存碑刻共325通，其中222通未見於地方志及已出版碑刻集。本書即是對這些碑刻的録文整理。因爲有些碑刻風化極爲嚴重，難以辨識，或整個碑面被人爲鑿毀，無法録文，所以目前全書共收録碑刻爲288通。

爲體現碑刻原貌，碑刻録文盡可能依照原碑用字，碑中异體字和土俗字盡可能保留，用□表示缺字。不過，手寫字體連斷之間多有變化，刻法多樣，常見之「將」「經」「走」「足」「是」「亦」「取」「員」「發」等字，同碑未見一致，又多有模糊之處，則一般採用標準繁體録入。每方碑刻先圖后文，一碑一圖。碑文次序，先依地點排列，同一地點的依紀年先后排列，時間不確定者置於該地碑銘之末。碑石題名以原文碑題爲準，原碑無標題者，依文義擬定名稱。排版時盡量依照碑文格式，但如若碑面過長，則會酌量切分

① 鄭振滿：《碑銘研究·前言》，社會科學文獻出版社2014年版。

調節。

碑刻集從搜集、整理到核對、編校，得到了衆位師友的關心和幫助。陳春聲、吴義雄、黄國信、趙立彬、何文平、柯偉明等老師都曾親自帶隊參加碑刻的搜集工作，雷州市書畫院院長吴史文老師在我們每次下鄉時都熱心相伴、傾力指點。中山大學歷史學系2012級、2013級本科生『歷史人類學考察與實踐』小組成員，以及張桂懋、李賢强、賴彩虹、謝超、張葉、張子健、毛帥、李彦楠等在搜集、整理過程中付出了艱辛的勞動。很多碑刻的保存狀况并不理想，幸得曾憲禮老師指導、幫助我們進行釋讀。尤其是雷祖祠里的碑刻，曾老師逐塊辨讀，勞心勞力，好幾次在深夜接到曾老師郵件告知進展，讓我們深爲不安和感動。碑刻集的出版稍有波折，幸得中山大學出版社吕肖劍老師和羅雪梅老師的充分理解和大力支持，尤其是編輯羅雪梅老師付出了極大努力，專業、細致的工作使碑刻集避免了許多錯誤。謹借此機會，向上述師友表示由衷的感謝！

二、碑刻中所見之雷州半島瀕海社會

我們收集的碑刻散見於各廟宇、宗祠、坊巷和田間地頭。這些碑刻具有較好的延續性和系統性，内容涉及雷州半島的政治、經濟、軍事、文化和教育等各方面。下面就碑刻中可能體現的鄉村寺廟的經濟角色、土地開發與社會組織、海洋活動與商業經營等幾個問題略加介紹，希望能拋磚引玉，增進大家對雷州碑刻的興趣。

1. 鄉村借貸關系中的寺廟

寺廟在地方經濟生活中扮演重要角色。寺院經濟是中國古代經濟史的重要議題①，楊聯陞先生即指出寺院在我國金融制度發展史上占有重要地位，當鋪、合會、拍賣及出售彩券這四種我國傳統籌集資金方式或起源於佛寺，或與其有密切關系。② 雷州地方民間信仰極爲興盛，廟宇衆多。在我們搜集到的寺廟碑刻中，大部分内容都與田産和會社有關，反映出民間經濟運作的一些方式，下面舉例説明之。

雷城天寧寺現存碑刻34通，多爲向寺院捐田、撥錢碑。其中道光年間所立碑刻多有『置産生息』的詞句，立碑人多爲捐資者，他們奉神主入寺，同時將錢交由寺院（往往是主持僧）購置産業，然后用息錢作年節、清明、亡辰祭掃之費。同治元年，天寧寺住持僧觀山稟請海康知縣處理天寧寺的債務問題：

> 積土可以爲山，叠債難免破蕩，苟不刮垢於前，安能磨光於后乎？溯天寧一寺自乾隆以至咸豐，共欠民債有一千六百余千文，主持交接歷數十僧，僅清其利不能還本。及道光廿六年，僧奉憲示諭回寺主持，今有十余載，計還民債有一千千有奇。雖尚欠債六百余千文，不過三四年間必洗刷淨盡。③

---

① 何兹全：《五十年來漢唐佛教寺院經濟研究：1934—1984》，北京師範大學出版社1986年版。［法］謝和耐：《中國5—10世紀的寺院經濟》，上海古籍出版社2004年版。

② 楊聯陞：《佛教寺院與國史上四種籌措金錢的制度》，見《國史探微》，新星出版社2005年版。

③ 《同治元奉憲示諭碑》，原碑現存於雷州天寧寺。

從乾隆至咸豐年間，天寧寺積欠債務達一千多兩。雖然具體過程尚未可知，但可以肯定天寧寺有向民間借債的行爲，且其資產購置和運營存在失誤。中國傳統鄉村社會資金籌措、借貸形式復雜，且多具復合的社會功能。捐獻者與天寧寺建立聯系，「置產生息」，除了「供奉神主入寺」，是否還有另外的動機？陳春聲曾論及清代地方倉儲的經營和運作方式的多樣性，强調其呈現向「置產生息」發展的趨勢，認爲這是市場機制不斷完善的表現。① 寺廟作爲獨立且具有更好可持續性的社會單位，或許能超越族姓、村落，可以匯聚資產，然后投資、經營獲利，實現分散的投資需求與經營籌款需求的對接。觀山被認爲是很有經營能力的僧人，他奉命繼任天寧寺主持僧后，即能運用各種辦法償還一千余兩債務，這必然依托一個可以持續且穩定獲利的社會環境才能實現，而這種環境又是嵌入於環南中國海海洋商業網絡中的。正是 16 世紀以降的海洋貿易熱潮給地方社會帶來了更多的經濟選擇可能性。

2. 地方宗族與土地經營

在雷州城區，香火供奉、產業管理、賦役承辦等往往會借由天竺庵、天寧寺、三元宫等寺廟來進行。而在某些聚族而居的村落，這些功能則多由祠堂承擔，南興鎮山内村就是一例。

山内村爲蔡氏世居，村内現存三座祠堂，祠堂内存有從乾隆年間到民國時期的 17 通碑刻，都與該家族的嘗產管理有關。這些碑刻扮演着山内村蔡氏族産登記簿的角色。

雷州半島北部多山地，東瀕南海，西臨北部灣，控扼瓊州海峽，境内最大的河流爲南渡河，又稱「擎雷水」，自西北向東南繞經半島上的九個鎮，從雙溪口注入雷州灣。雷州半島上的水利開發和土地屯墾的歷史，很大程度上是圍繞着南渡河水系展開的。② 宋代是雷州水利的始建時期。③ 著名的東西洋田就是以環繞雷州城東南西三面的水利系統爲基礎開發出來的田地。到了明清時期，雷州半島的水利建設和土地開發進入了新的階段，主要表現在修築捍海大堤和對南渡河流域（特别是南岸南洋田）的進一步圍墾。④

山内村坐落在雷州半島東部、南渡河南岸，今屬南興鎮。這個村莊的誕生與發展，跟雷州半島東岸，尤其是南渡河南岸的水利修築、低山丘陵的土地開發過程緊密相連。結合族譜和碑刻可知，在山内蔡氏宗族的發展過程中，「建祠存産」是非常關鍵的環節，其嘗産基本都是南洋田範圍内的土地。蔡氏自康熙年間開始，就不斷有購置田地以充嘗産的舉動。乾隆年間，蔡氏宗祠建立，祭器日增，宗族的力量進一步擴大。除了修繕祖墳外，蔡氏在乾隆三十三年（1768）和乾隆五十三年（1788）兩次發動族内各房樂捐。此前建立祠堂時各房所捐錢主要用於「造祠」「會祭」，當宗族的發展步入正軌時，祠産的使用渠道也更加多樣，除了用於家族内公益事務之外，還負擔了展盟、排年和貼差等支出。乾隆三十三年《接續會祭置田碑》中記載：

① 陳春聲：《市場機制與社會變遷——18 世紀廣東米價分析》（增訂版），北京師範大學出版社 2020 年版。
② 賀喜：《亦神亦祖：粤西南信仰構建的社會史》，生活·讀書·新知三聯書店 2011 年版，第 101 頁。
③ 王元林、查群：《宋代以來雷州半島水利建設及其影響新探》，載《廣州大學學報》（社會科學版）2012 年第 8 期。
④ 黎宏韜：《明代雷州地區的水利建設》，載《湛江師範學院學報》2007 年第 2 期。

宗祠自建立而后，……各房會祭日多，祠内創置日盛，故自甲子至戊子，二十五年葺修始祖世祖墓碑外，又置田畝九石一斗。公議除田六斗爲通族排年，除田二石爲逢造貼差，至通族祖盟存積微薄籠入祠内，凡陽年一展，俱將祠錢支用。由此丁口無异累，禮義可以漸興，猶翼子孫丕振先緒，以光世德。所有續后會祭丁名并增置田畝開列於左。①

在蔡氏關於宗族運作和嘗産管理的各種記録中，我們經常看到『會祭』『展盟』『祖盟』這樣的説法。『會祭』應當就是會同拜祭之意。蔡氏宗祠每次重修立碑，必會記録新參加會祭的房支丁名。如何處理生死、靈魂是傳統鄉村社會最基本的宗教問題，得以參加會祭，就意味着被接納入蔡氏宗祠中，身死之后靈魂有所依歸，能享受子孫的香火祭拜。當然，其子孫也擁有蔡氏宗族中的某些權利。入祀廟宇佛寺，往往會捐出一兩塊田地作爲香燈田，蔡氏宗祠的『各房會祭日多，祠内創置日盛』，應該也是類似的道理。會祭成爲蔡氏宗族整合、聚攏資源，尤其是擴增土地財産的重要方式。②

3. 海洋活動與雷州的商業

宋元以來，雷州地區的海上航運快速發展，貿易往來頻繁，是古代『海上絲綢之路』的必經之地。雷州地區最重要的兩個信仰——天后和康皇信仰都與商業，特别是檳榔業有着密切關系。

天后多被海洋人群視爲保護神，雷州地區天后信仰非常興盛，各地均建有天后廟。雷州現存最早的天后廟是夏江天后廟，廟中現存正統十一年（1446）至咸豐十一年（1861）碑刻17通。夏江天后廟位於雷州城外南亭坊，是商民經由南渡河進入雷州城的重要碼頭。在天后宫的碑刻中，我們可以看到除了雷州地方官員外，商人們也積極參與夏江天后廟的修繕、維護。尤其是檳榔行商人，更將夏江天后廟視爲『榔行之衆母』。乾隆年間的四塊碑刻中，有很多檳榔行主導或參與天后廟活動的記載，如乾隆八年天后廟重修，『榔行商賈，每歲貿易，食德於神，踴躍捐金，樂成其事』；又乾隆二十四年，『沐恩南亭街檳榔行衆士商，重修天后宫大堂拱廳、東西兩廊屋宇工料各項，共計費用銀五百二十兩零』。兩次出資的榔行數量都超過了40家。此外，嘉慶十二年的《入班碑》和《源福社立碑記》還可以看到爲了維持天后廟的日常運作，榔行商人組成了會社進行輪流值理。

檳榔在吴晋之際大規模内傳，南北朝后期嚼食檳榔成爲南方的習俗。③清代，檳榔是瓊州重要的經濟作物，而將瓊州産檳榔販賣到内地則成爲雷州半島商人重要的經營内容。榔商將商貿網絡與天后信仰相聯結，形成了整個行會的共同崇拜；他們爲天后廟大力捐資，重建廟宇，舉辦盛大的祭祀活動，擴大天后信仰輻射力的同時，也暗示着商貿網絡的拓展。

康皇是雷州地區另一個重要神明，相傳是從海南的新興村引進的，雷城關部康皇廟是雷州地區最大的康皇廟。該廟廟祝告訴我們關於康皇的來歷：2000多年前，海康縣有一位賣布、賣雜貨的年輕人，他時常到瓊州經商，有一次他住在了新興村的康皇廟内，夜里，康皇顯靈潜入年輕人的背篓中，并化作一顆檳榔，等年輕人回到海康縣時，康皇隨即現身，從而被當地人所祭拜。在這個傳説

① 該碑現存於山内村蔡氏宗祠内。《蔡氏族譜》也收録了這塊碑，只是没有抄録原碑后半部的續接會祭丁名和田條土名。
② 楊培娜、謝超：《清代雷州半島土地開發與地方宗族組織的發展——以南渡河南岸山内村爲例》，載《凱里學院學報》2017年第5期。
③ 郭碩：《六朝檳榔嚼食習俗的傳播：從『异物』到『吴俗』》，《中南大學學報》2016年第1期。

中，康皇神與雷州本地商人、重要的商品——檳榔聯系在一起。廟里另一位老人家還告訴我們，時至今日，康皇誕中還有許多海南、吴川等地的人成群結隊到此祭拜。關部位於雷州城南面，古爲南亭，是雷州重要的商貿區。清代粤海關雷州口就設在康皇廟隔壁。據乾隆五十年《康皇廟設燈油櫃碑》所載，康熙年間粤海關雷州口設立之初，就暫時借用了康皇廟爲辦公之所，并在康皇廟設立燈油櫃，對過往的大小船隻收費，用來維持康皇廟的日常運作。而后，康皇廟的運作經費很大部分來源於南亭街的生果行和往來船隻的抽收錢。

雷州半島上信仰多元，廟宇衆多，除天后、康皇等大的神明之外，幾乎每個村落都有屬於自己的主神廟。南渡河口麻亭村的主廟是青山宫，主神是青山大王。青山宫現存碑刻6塊，廟中的碑刻讓我們對瀕海地方社會中圍繞海港駐泊權利的民間規則有了更清晰的認識。該廟嘉慶十七年《竪旗碑》中講述了青山宫對南渡河流域民衆的重要性，漁民更是深受青山大王的恩澤庇佑，因此符紹質、蔡日光等人提出要爲青山大王設立旌旗以示尊崇，讓『採捕小船將海利扣除生息』，以充香燈。咸豐三年（1853）再次立碑，明確規定大小船隻在『南亭灣』起貨落貨和捕魚應交的香油錢。二碑相比，收費對象從原先的採捕小船擴大到經商的大小帆船和漁船。瀕臨港澳的村落往往控制着某些港汊航道，地方人士可以通過公議決定向往來的船隻征收規費，這些在碑刻中都不勝枚舉。仔細分析碑刻條目明細，可以幫助我們了解粤西海域不同船隻往來的規模和貨物流通的發達程度，以及瀕海社會的利權觀念和規則。

三、小結

雷州半島地處海陸交界地帶，海境復雜，生民依山傍海，有從事海上活動的悠久傳統。這里是南中國海上活動的樞紐，山民、漁民、鹽民、商人、海盜、水手、士卒、官吏衆生紛擾，跨越國界、超越種族，在多文化的交流、碰撞與融合中鑄就獨特的文化形態；在國家經野之中，又嵌入了海上權勢掌控的另一套秩序。對雷州地方碑刻的挖掘和利用，相信可以爲探究中國南部海疆社會運作的內在機制提供更微觀的實證基礎，也將進一步豐富我們對環南中國海經濟和文化網絡的理解。

目録

天竺庵 …… 一八二

雷城镇

白马廟

乾隆五十六年樂捐碑

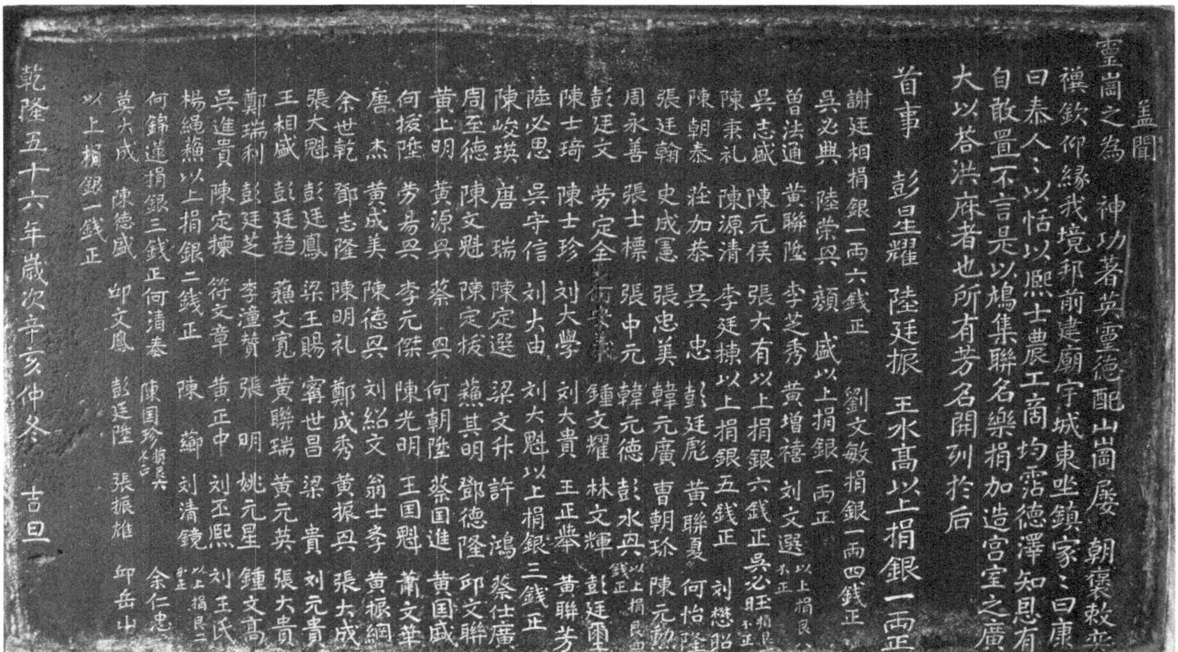

蓋聞

靈崗之為　神功著英靈德配山崗屢　朝褒敕奕禩欽仰縁我境邦前建廟宇城東坐鎮家家曰康曰泰人人以恬以熈士農工商均霑德澤知恩有自敢置不言是以鳩集聯名樂捐加造宮室之廣大以荅洪庥者也所有芳名開列扵后

首事　彭星耀　陸廷振　王水高以上捐銀一両正
謝廷相捐銀一両六錢正　劉文敏捐銀一両四錢正
吳必興　陸荣具　顔　盛以上捐銀一両正
曾法通　黃聯陞　李芝秀　黃增禧　刘文選以上捐艮八分正
吳志盛　陳元侯　張大有以上捐銀六錢正吳必旺捐艮六分正
陳秉礼　陳源清　李廷棟以上捐銀五錢正　刘懋昭
陳朝泰　莊加恭　吳　忠　彭廷彪　黃聯夏　何怡隆
張廷翰　史成憲　張忠美　韓元廣　曺朝玠　陳元勲
周永善　張士標　張中元　韓元德　彭水具以上捐艮四錢正
彭廷文　劳定全　何安義　鍾文耀　林文輝　彭廷璽
陳士琦　陳士珍　刘大學　刘大貴　王正舉　黃聯芳
陸必思　吳守信　刘大由　刘大魁以上捐銀三錢正
陳峻瑛　唐　瑞　陳定選　梁文升　許　鴻　蔡仕廣
周至德　陳文魁　陳定拔　蓺其明　鄧德隆　邱文聯
黃上明　黃源具　蔡　具　何朝陞　蔡国進　黃国盛
何拔陞　劳易具　李元傑　陳光明　王国魁　蕭文華
唐　杰　黃成美　陳德具　刘紹文　翁士李　黃振綱
余世乾　鄧志隆　陳明礼　鄭成秀　黃振具　張大成
張大魁　彭廷鳳　梁王賜　甯世昌　梁　貴　刘元貴
王相盛　彭廷趙　蓺文寬　黃聯瑞　黃元英　張大貴
鄭瑞利　彭廷芝　李潼賛　張　明　姚元星　鍾文高

吳進貴　陳定揀　符文章　黃正中　刘丕熈　刘王氏
楊繩蓺以上捐銀二錢正　陳　薌　刘清鏡以上捐艮二分正
何錦蓮捐銀三錢正何清泰　陳国珍捐艮六分正　余仁忠
莫大成　陳德盛　邱文鳳　彭廷陞　張振雄　邱岳山
以上捐銀一錢正

乾隆五十六年歲次辛亥仲冬　吉旦

重修靈崗廟碑

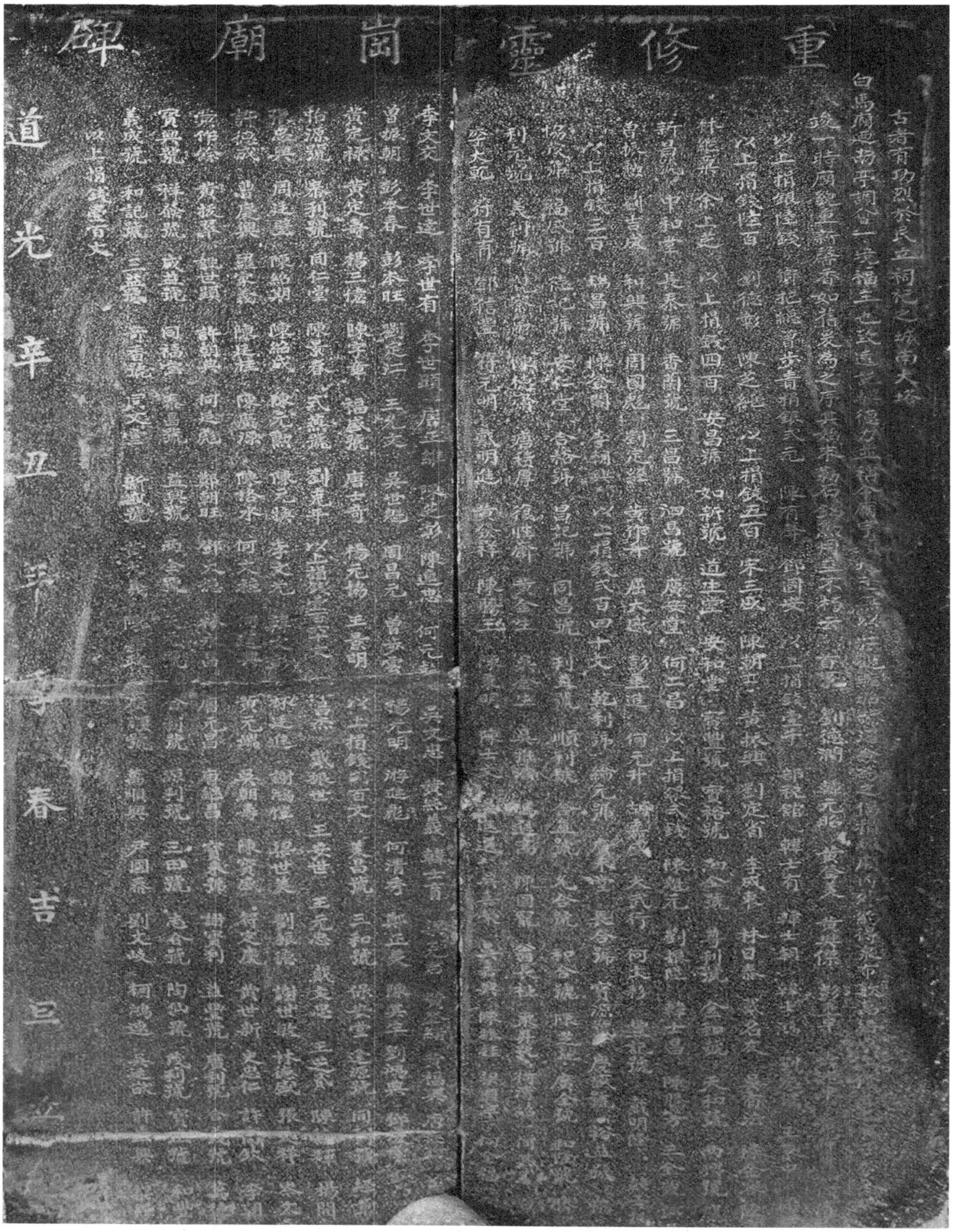

古者有功烈於民立祠祀之城南大塔

白馬廟迺南亭調會一境福主也致遠託驥德力並稱今廟宇頹圮恐無以壯觀瞻昭赫濯僉為之倡捐城廂內外約得泉布數萬緡鳩工修葺之庚子季冬工

竣一時廟貌重新馨香如舊爰為之序其始末勒石銘勲用垂不朽云　首事　劉德潤　韓元昭　黃登美　黃樊傑　彭垂平　李光□　黃□□　何□□

以上捐銀陸錢　鄉把總曾步青捐銀式元　陳有聲　鄧國安　以上捐錢壹千　部稅舘　韓士有　韓士朝　韓士鴻　劉□□　王秉中　□□□

以上捐錢陸百　劉德彰　陳芝純　以上捐錢五百　宋三盛　陳朝亨　黃振興　劉定省　李成東　林日泰　戴名友　吳有法　陳金容　陸□□

林繼粟　余上芝　以上捐錢四百　安昌號　如新號　道生堂　安和堂　寶豐號　寶裕號　泗金號　尊利號　金和號　天和號　兩興號　盧□□

新昌號　中和堂　長泰號　香蘭號　三昌號　泗昌號　廣安堂　何二昌　以上捐銀式钱　陳魁元　劉振陞　韓士昌　陳騰芳　三全號　何□□

曾振勲　劉吉成　和興號　周國彪　劉定經　黃作舟　屈大盛　彭垂進　何元升　胡嘉盛　大武行　何文彩　豐記號　戴明隆　韓□□

以上捐錢三百　瑞昌號　陳登閣　李朝興　以上捐錢式百四十文　乾利號　綸元號　廣来堂　長合號　寶源號　慶盛號　裕益號　協昌號

協茂號　福盛號　德記號　安仁堂　合裕號　昌記號　同昌號　利益號　順利號　合益號　允合號　和合號　陳芝□　廣全號　和隆號　勝□□

利元號　義利號　觀察第　陳德齋　唐積厚　復性齋　黃金生　吳金生　吳雅濟　馮進高　陳國寵　翁長祉　東升號　何清紹　何其□　□□□

李大乾　符有育　鄧信豐　符元明　戴明進　黃發祥　陳騰玉　陳東明　陳士文　吳進選　吳嘉榮　吳嘉興　陳振桂　梁國寧　何全福　□□□

李文交　李世達　李世有　李世顯　唐正維　陳芝彰　陳連忠　何元□　吳文忠　黃純義　韓士育　梁克君　黃登緒　黃福興　唐廷將　□□□

曾振朝　彭本春　彭本旺　劉定江　王乂文　吳世魁　周昌元　曾步雲　楊光明　游進彪　何清秀　鄭正美　陳其生　劉鴻典　鄧□棠　□□□

黃定禄　黃定壽　楊三億　陳字章　福盛號　唐士奇　楊元協　王景明　以上捐錢式百文　美昌號　三和號　保安堂　逢源號　同利號　經□□

怡源號　泰利號　同仁堂　陳景春　式燕號　劉克平　以上捐錢壹百六十文　宋昌杰　戴振世　王安世　王元忠　戴文忠　王芝貳　陳德輝　楊開□

張忠興　周廷璧　陳紹期　陳紹成　陳元勲　陳元換　李文光　韓文彰　林廷進　謝鴻愷　梁世美　劉振德　謝世敏　林德盛　張□祥　岑文鬱

許德成　曹慶興　羅家義　陳廷桂　陳廣源　陳洛水　何文桂　何道興　黃元端　吳朝壽　陳寶盛　符定慶　黃世新　史忠仁　許□欽　李朝登

黃作餘　黃抜翠　姚世顯　許朝典　何廷彪　鄭朝旺　鄧大德　林永昌　唐元昌　唐繼昌　寶來號　謝寶利　益豐號　廣利號　合義號　萬德□

寶興號　祥發號　成益號　同福堂　泰昌號　益興號　兩全號　天元號　合利號　源利號　三田號　志合號　陶仙號　茂利號　寶生號　和豐記

義成號　和記號　三益號　奇香號　同文堂　新盛號　黃大義　陳嘉政　廣順號　萬順興　尹國泰　劉文岐　柯鴻連　吳廷猷　許盛興　梁經□

以上捐錢壹百文

道光辛丑年季春吉旦立

雷郡白馬廟記

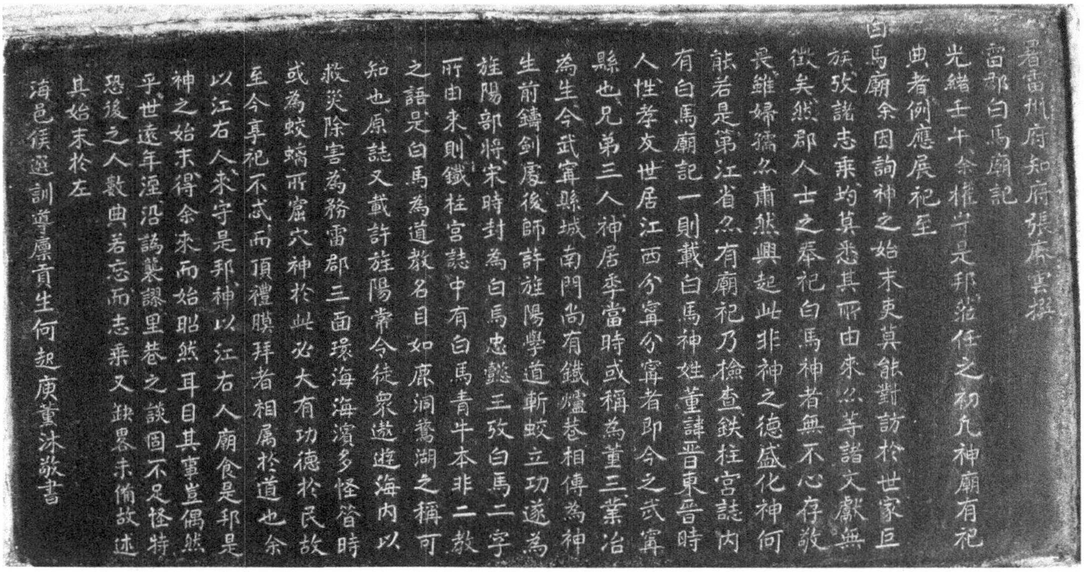

署雷州府知府張賡雲撰

雷郡白馬廟記

光緒壬午余權守是邦蒞任之初凡神廟有祀典者例應展祀至白馬廟余因詢神之始末吏莫能對訪於世家巨族攷諸志乘均莫悉其所由來亦等諸文獻無徵矣然郡人士之奉祀白馬神者無不心存敬畏雖婦孺亦肅然興起此非神之德盛化神何能若是第江省亦有廟祀乃撿查鉄柱宮誌内有白馬廟記一則載白馬神姓董諱晋東晉時人性孝友世居江西分甯分甯者即今之武甯縣也兄弟三人神居季當時或稱為董三業冶為生今武甯縣城南門尚有鐵爐巷相傳為神生前鑄劍處後師許旌陽學道斬蛟立功遂為旌陽部將宋時封為白馬忠懿王攷白馬二字所由來則鐵柱宮誌中有白馬青牛本非二教之語是白馬為道教名目如鹿洞鵞湖之稱可知也原誌又載許旌陽常令徒衆遨遊海内以救災除害為務雷郡三面環海海濱多怪昔時或為蛟螭所窟穴神於此必大有功德於民故至今享祀不忒而頂禮膜拜者相屬於道也余以江右人來守是邦神以江右人廟食是邦是神之始末得余來而始昭然耳目其事豈偶然乎世遠年湮沿譌襲謬里巷之談固不足怪特恐後之人數典若忘而志乘又缺畧未備故述其始末於左

海邑候選訓導廩貢生何起庚薰沐敬書

大塔廟魚街碑

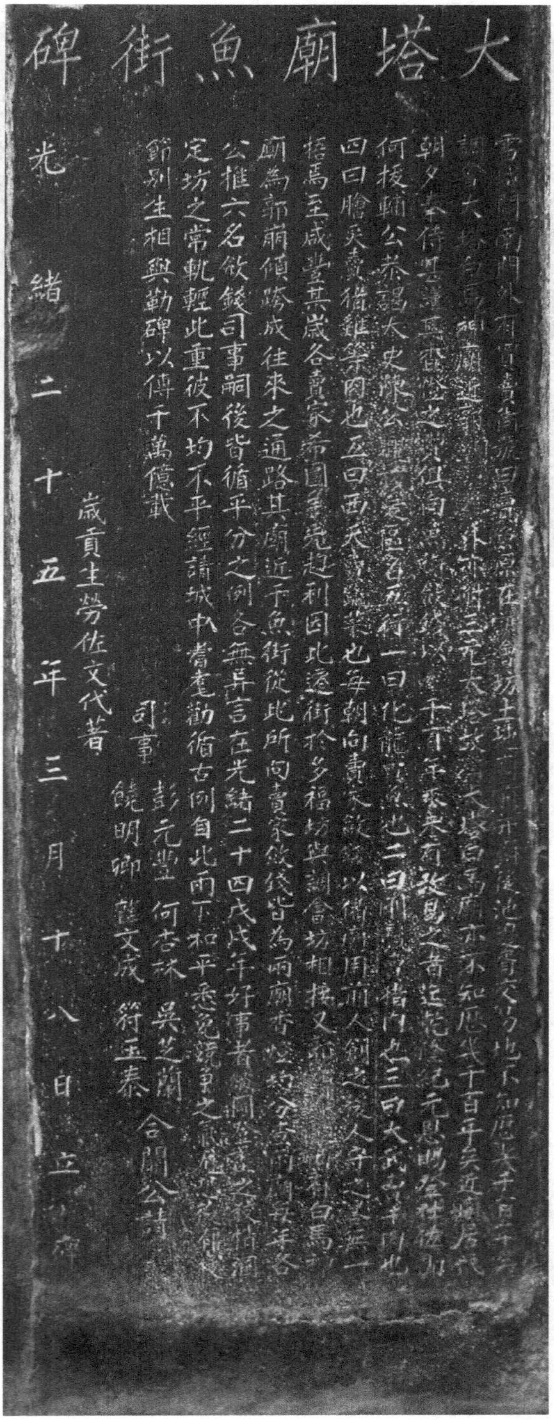

雷城闤南門外有買賣街號曰賣魚原在調會坊土地廟前并廟後池邊胥交易地不知歷幾千百年矣調會大塔白馬神廟近郭□□□外亦附三元大塔故稱大塔白馬廟亦不知歷幾千百年矣近廟居民朝夕奉侍甚謹其香燈之費俱向魚街斂錢以應千百年來未有改易之者迄乾隆紀元恩賜登仕佐郎何拔輔公恭謁太史陳公觀樓爰區名五行一曰化龍賣魚也二曰剛鬣賣猪肉也三曰大武賣牛肉也四曰膾炙賣猪雞等肉也五曰西天賣蔬菜也每朝向賣家斂錢以備廟用前人創之後人守之署無一牾焉至咸豐某歲各賣家希圖争先趋利因此遷街於多福坊與調會坊相接又郭（自街民視之□□斂錢□）內有白馬神廟為郭崩傾跨成往來之通路其廟近于魚街從此所向賣家斂錢皆為兩廟香燈均分查兩廟每年各公推六名斂錢司事嗣後皆循平分之例各無异言在光緒二十四戊戌年好事者紛圖登壟之狡情溷定坊之常軌輕此重彼不均不平經請城中耆耄勸循古例自此兩下和平悉免競争之氣尤恐後有枝節別生相與勒碑以傳千萬億載

歲貢生勞佐文代著

司事 彭元豐 何杏林 吳芝蘭 合闔公請

饒明卿 韓文成 符玉泰

光緒二十五年三月十八日立碑

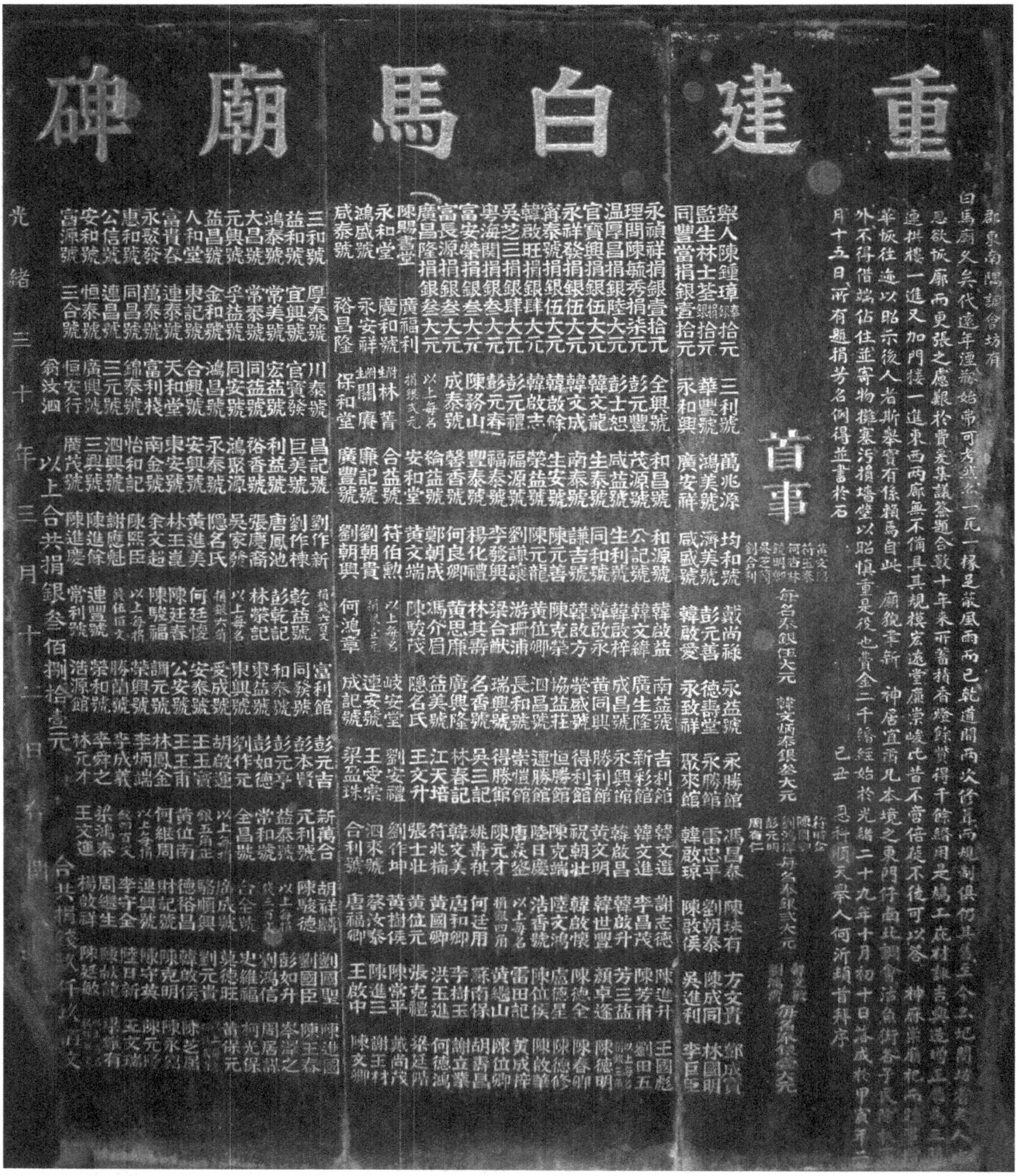

重建白馬廟碑

郡東南隅調會坊有
白馬廟久矣代遠年湮刱始弗可考然亦一瓦一椽足蔽風雨而已乾道間两次修葺而規制俱仍其舊至今亦圯閎坊耆老人士
思欲恢廓而更張之慮艱於費爰集議簽題合數十年来所蓄積香燈餘貲得千餘緡用是鳩工庀材諏吉興造增正廳為三間
連拱樓一進又加門楼一進東西两廊無不備具其規模宏遠堂廉崇峻比昔不啻倍蓰不徒可以答　神庥崇廟祀而踵事增
華恢往迹以昭示後人者斯舉實有係賴焉自此　廟貌聿新　神居宜肅凡本境之東門仔南北調會沽魚街各子民除執事
外不得借端佔住並寄物擁塞污損墻壁以昭慎重是役也費金二千緡經始於光緒二十九年十月初十日落成於甲寅年二
月十五日所有題捐芳名例得並書於石
己丑　恩科順天舉人何沂頓首拜序

首事　黃文昭 符玉泰 何杏林 饒明卿 吳芝蘭 劉合利　每名奉銀伍大元　韓文炳奉銀叁大元　符時金 陳國卿 劉鴻澤 彭元明 周有仁　每名奉銀弍大元　韓文敏 劉鴻爵　每名奉銀壹大元

舉人陳鍾璋奉銀拾元　三利號　萬兆源　均和號　戴尚祿　永益號　永勝館　馮昌泰　陳珠有　方文貴　鄧成實
監生林士荃捐銀拾元　華豐號　鴻美號　濟美號　彭元善　德壽堂　永勝館　雷忠平　劉朝泰　陳成同　林國明
同豐當捐銀壹拾元　永和興　廣安祥　咸盛號　韓啟愛　永致祥　聚來館　韓啟琼　陳啟侯　吳進利　李巨臣
永禎祥捐銀壹拾元　全興號　和昌號　和源號　韓啟益　南益號　吉利館　韓文選　謝志德　陳進升　王國彪
理問陳毓秀捐柒元　彭元豐　茂源號　公記號　韓文緯　廣生隆　新彩館　韓文進　李昌茂　陳芳甫　劉田五
温厚昌捐銀陸大元　彭士恕　咸益號　生利號　韓啟梓　成昌號　永興館　韓啟昌　韓啟升　芳三益　以上每名捐銀三角
官寶興捐銀伍大元　韓文龍　生泰號　同和號　韓啟永　黃同興　勝利館　黃文明　韓世豐　顏卓逢　陳德明
永祥發捐銀伍大元　韓文成　南泰號　謙吉號　韓啟方　榮盛號　得利館　祝朝壯　韓啟懷　陳德全　陳春卿
甯泰號捐銀伍大元　韓啟餘　生安號　陳元善　陳克榮　協益莊　恒勝館　陳克端　陸文鴻　盧德星　陳德修
韓啟旺捐銀肆大元　韓啟志　榮益號　陳元龍　黃位卿　泗昌號　連勝館　陸日慶　浩香號　陳位侯　陳啟華
吳芝三捐銀肆大元　彭元禮　福源號　劉謙讓　游珊浦　長和號　崇愷館　唐焱鋆　以上每名捐銀四角　雷田記　黃成梓
粵海閔捐銀叁大元　彭元春　福泰號　李發興　梁合猷　瑞興號　得勝館　陳元才　黃繖山　陳位卿
富安榮捐銀叁大元　陳務山　豐泰號　楊化禮　林其壽　名香號　吳三記　姚壽祺　何廷用　蘇南保　胡壽昌
富長源捐銀叁大元　成泰號　馨香號　何良卿　黃思廉　廣興號　林春記　韓文美　唐和卿　李樹玉　謝立業
廣昌隆捐銀叁大元　以上每名捐銀弍元　綸益號　鄭朝成　馮介眉　益美號　江天培　符兆楠　黃國卿　洪玉進　何德鴻
陳賜書堂　廣福利　安和堂　黃文端　陳駿茂　隱名氏　王文升　張士壯　黃位元　張克禮　梁廷階
永和堂　廣和號　附生林菁　合益號　符伯勳　以上每名捐銀壹元　岐安堂　劉安禮　劉作坤　黃樹侯　陳常平　戴尚茂
鴻盛號　永安祥　附生闞賡　廉記號　劉朝貴　連安號　王愛棠　泗來號　蔡汝泰　陳進三　謝玉材

咸泰號　三和號　益和號　鴻泰號　大昌號　元興號　益昌號　人和堂　富貴春　永聚發　惠和號　公信號　安和號　富源號

裕昌隆　厚泰號　宜興號　常美號　常泰號　孚益號　金和號　東記號　連泰號　萬泰號　同昌號　連昌號　恒泰號　三合號

保和堂　川泰號　官寶發　宏益號　同益號　同安號　鴻昌號　合興號　天和堂　富利棧　錦泰號　三元號　廣興號　恒安行　翁汝泗

廣豐號　昌記號　巨美號　利益號　裕香號　鴻聚源　永泰號　安興號　東安號　南金號　怡和記　泗興號　三興號　廣茂號

以上合共捐銀叁佰捌拾壹元

劉朝興　劉作新　劉作棟　唐鳳池　張慶裔　吳家發　隱名氏　黃進美　林王崑　余文超　陳熙臣　謝應魁　陳進餘　陳進慶

何鴻章　以上每名捐錢六百文　乾益號　彭乾記　林榮記　以上每名捐銀六角　何廷懷　陳廷春　陳駿福　以上每捐錢伍佰文　連豐號　常利號

成記號　富利館　同發號　和泰號　東益號　東興號　受成號　安泰號　公安號　調元號　榮興號　勝蘭號　榮和號　浩源館

梁盈珠　彭元吉　彭本賢　彭元亨　彭如德　劉作元　胡啟運　王玉賓　王玉甫　林鳳金　李炳端　李成義　李舜之　林元才

合利號　新萬合　元利號　益泰號　常和號　全昌號　以上每捐銀五角正　黃位南　何繼周　以上每捐錢四百文　梁鴻泰　王文運

唐福卿　胡祥麟　陳駿德　以上每捐錢三百文　合全號　廣成號　駱順興　德裕昌　財記號　連興號　李守全　周繼生　楊啟祥

王啟中　劉國聖　劉國臣　彭如升　劉鴻信　史維福　莫德旺　劉元貴　韓啟侯　陳克明　陳守英　陸日新　陳獻龍　陳廷敏

陳文卿　陳進國　陳王春　岑澤之　周居謀　柯光保　黃保元　以上每名捐錢弍角　陳芝居　陳永紹　陳元隆　王文瑞　梁維有　以上每名捐錢百文

合共捐錢玖仟玖佰文

光緒三十年三月十二日合関仝立

伏波廟

重脩伏波廟記

两伏波之廟食於雷也以報功也而其有功於雷者曷以徵之雷入戰方肇於秦置象郡未幾旋淪於尉陀自邳
離侯奮賜印詔降之恩不血刃而收全粵雷得附之以覲天日自公始矣至東漢時二女子側貳反嶺南震動□
復没於夷苟非息百戰之威九郡至今且左袵無言雷矣是二公者其功在史冊其德在人心口碑在□□□
之祝之在全粵非獨仰止於雷也然雷僻處南荒為華夷阨要地二公渡海而南雷為飲馬之衝二公振旅而□
雷為據鞍之始其當日往返過化手澤之重較他郡尤切焉則報德於雷者較他郡尤宜先焉今東事孔亟市駿
骨而來千里茲正其時亡命嘯聚山海□□聞鼙鼓而思将帥雷正其地雷之人不可一日忘公也明矣蒞雷者
不可一日不仰止公也明矣二公故有廟廟在子城西南隈日久頽圮無以妥神靈幸郡守韓公以象賢之胤□
命守雷勤恤民隠而噢咻之聲籍甚其未遑而備也姑就祝□一事言之天寧寺葺而
祝拜之□觀壯偉天妃宫建而合郡□□□□□今又重脩两伏波祠以報功俾□□□者無忘厥自焉揔□皆□
義也且公之脩祠也不動社役不□鬮夫□□□鳩工庀材一一出之捐俸則□□守相之所難也祠成之日余
適以役事過雷與韓公借箸東事而□□於二公之駿骨也不勝□□焉而一時郡士夫庠俊秀并歆藉手於斯
以不泯韓公盛德故余亦樂書焉祠□正堂一座若干楹儀門一座若干樑俱撤其舊而增新之門樓一座外□
内楹則重建也公諱逢禧□□縣之□□之其先君子禮部左侍郎兼翰林院侍讀學士號敬堂公其象賢之胤
也□安妥惟謹朝夕體公德意以督工就緒者則巡司孫枝茂也例得並書云旹
天啟歲次壬戌孟秋吉旦
進士前刑部郎中合
陞湖廣德安府知府□治通家舊寅弟柳祚昌頓首拜撰　海康縣儒學生員宿至□謹書丹并□□□

（民國《海康縣續志》中收録有該碑文，文字與原碑略有參差）

謁伏波廟

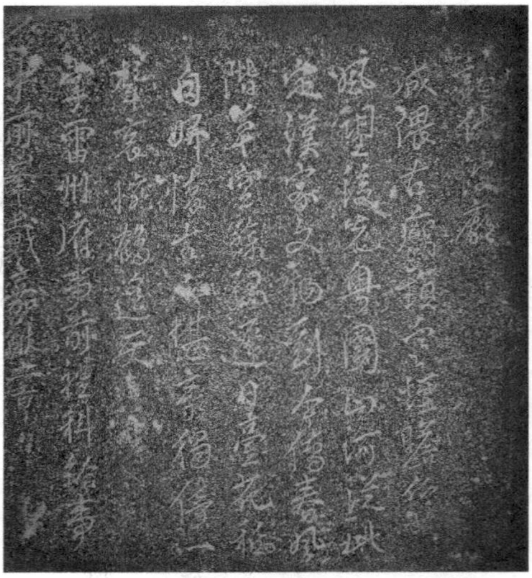

城隈古廟鎖雲煙瞻仰英
風望後先粵國山河從此
定漢家文物到今傳春風
階草空餘緑遲日臺花秖
自妍懷古不堪亭獨倚一
聲哀惋鶴遙天
掌雷州府事前禮科給事
中前峯戴嘉猷書

和伏波祠元韻

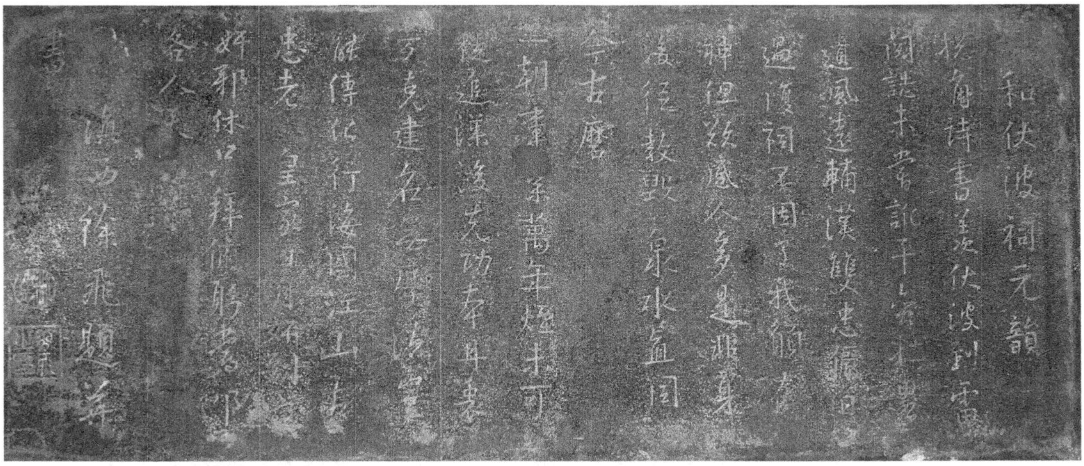

捴角诗書羡伏波到雷
阅誌未嘗訛平蛮壮畧
遺風遠輔漢雙忠儼日
過復祠不因了我願在
神但歎感人多是非身
後徒教毁　泉水直同
今古磨
一朝事系萬年煙未可
徒追漢後先功本丹衷
方克建名無厚德豈
能傳化行海國江山夾
忠老　皇家日月妍到此
奸邪休只拜俯躬當仰
各人天
　　滇西徐飛題并
書

重建伏波將軍路馬二公祠宇記

嘗讀史記而知千古名臣代不間乏至其勛業之崇隆歷數百禩而猶昭昭在人耳目間者惟漢其尚焉雷古合地西南大海與交趾象郡為
鄰蠻烟瘴嵐日熕未雨綢繆之慮漢武間尉佗據有南粵漢使陸賈諭之遂降然猶乍臣乍叛粵相呂嘉及太后作乱元鼎六年上遣
伏波將軍路公諱博德削平之置珠崖九真日南合浦等九郡光武二十六年交南女子徵側徵貳反合浦諸郡應之
伏波將軍馬公諱援奉　命討複　二公先後繼美盡忠漢室有功於雷雷人祠之今人知有漢者莫不知有二公也奈世遠時更大禮歲舉而壇
宇久湮赫赫神居竟頹圮於荒煙衰草之下有心者誰不愴然歲在康熙十七年飛官於雷因滇藩告叛予家籍居滇西蒙化自癸丑年赴京
會試音問阻截者六載既值高雷未靖則王事靡盬誦不遑興思之句未嘗不歎息者久之自謂子道未盡敢言臣忠遂向廟址焚香禱祝願
平漢之功再見今日雷人沐　公勛於生前者安在不沐　公靈於身後耶未幾南渡一陣諸兇殲滅繼戰張黃大逆就擒隨獲恢復滇黔捷
報而家信得通凡此何莫非　公聲靈赫濯之所致耶飛於二十年秋軍務稍暇詢諸紳老洪諱泮洙者能一一為余言之飛沙□石之險穿
風破浪之旁宛然如遇諸當日因謀建祠仍其舊址擴其規模以酬所願適值　刺史馬公新任於雷厥為
伏波馬公之後裔　馬公追先朝之元老念祖德之宏深大倡義舉捐俸鳩工共濟厥美廟貌重新血食無替俾千載以下移孝作忠者知余心與
馬太翁之心畧無間焉　馬公晉陽人諱生鱗號嵋嵐由户部郎中陞授雷州府知府故並紀以垂不朽云
昭武將軍協鎮廣東雷州右營都司事丙午科武鄉試出身滇西蒙化人徐飛熏沐拜撰　雷陽海邑庠生鄭　璧書丹
海康縣知縣楊于清　司獄司司獄李鍾英　兵部候推守俻程清　原任江南□□□□　進士洪泮洙　礼生　吳□周　袁□□　孫□□
雷州府同知李元坤　經歷司經歷朱　逵　海康縣典史時來泰　□□□□□　温裔魁　□□□　□□□
雷州府知府馬生鱗　徐聞縣知縣閻如玷　守衛所千総羅喬林　□□□　楊加聖　□权□　黃國□
署廣東分巡雷廉道事廉州府知府□□佟國勷　□鎮□征守俻□□家□□□　崔子來　黃　瑞　程□工
協鎮廣東雷州水陸等處地方功□□□衣副総兵加一級潘拱宸　□光□　尚□　李　志　□□珍　鄭□□
雷協中軍兼管左營都司事□□□千総王□□　陳□□　陳典□　□士悅　□□□
分守海安等處地方遊擊把□兼管中軍守俻張承詔　把総鄭□　潘恒□　□□英　□□□
鎮□營城守守俻鎮□□□□□唐□　原右營中軍守俻鄭□□　周英隆　□□□　□瑞□
雷協右營中軍守備□□□□□□□□把総□□□□□□□　□策□　□文海　周之□
康熙二十年歲次辛酉季冬□□……立□　何□隆　□感□　□□□

（最後一列落款模糊不清，難以辨識具體字數。民國《海康縣續志》收錄有該碑文，文字與原碑略有不同，無末尾題名）

重建伏波祠碑記

記者何記事也記遇也……

無可如何耳辛酉之秋……

為雷陽守甫下車即訪伏……

建祠以祀使數百代之……

聚沙之舉第事屬剏起……

為予之鼻祖世系……

曾祖父以來每深木本水……

遇高祖握符於平利曾祖……

咸有志而未之逮余自童仕初……

未克一觀廟貌焉今日……

其亦我祖在天之靈呵……

思覯其盛而未逮之志……

稷德在民生煌煌史冊……

康熙二十二年歲次癸……

知雷州府事……

記者何記事也記遇也夫有以操必爲之心行當為之事而遇或不能如其心之所期則亦無可如何耳辛酉之秋余奉

雷陽守甫下車即訪伏波遺蹟孰知歷年既久祠宇傾圮無存在此之人僅能識其處則建祠以祀使數百代之香火不絕於今日者非予之責而誰責耶會有　雷協右營徐公倡為聚沙之舉第事屬剏起所費不貲余前後捐俸五十金捐夫千餘名而工始告竣焉蓋後伏波為予之鼻祖世系淵源載在家乘其功勛之焜燿霄爽之赫奕惟粵地為最著憶洎高曾祖父以來每深木本水源之懷思造其域而覿其盛者及余九五世矣奈何天不假人以遇高祖握符於平利曾祖視鹺於西池祖出守咸寧而陞主銓政父司訓陽遼而遷授榆社咸有志而未之逮余自筮仕初尝存阿祖阿父之志乃由縣尹而至部郎歷閩燕齊虔間曾未克一覿廟貌焉今日者不惟獲覿其遺趾而又重輝其祠宇使百代之香火絕而復繼者其亦我祖在天之靈呵之護之必有待而興乎夫而後我祖在天之灵慰矣□自高曾以来思覿其盛而未逮之志亦無不慰矣設余無雷易之役曷克臻此故曰遇也若我祖功在社稷德在民生煌煌史冊炳如日星班班可考矣毋容贅　旹

康熙二十二年歲次癸亥季春吉旦立　　雷陽首邑庠生鄭之璧書丹

知　雷　州　府　事　後　裔　馬　生　鱗　薰　沐　敬　撰

（民國《海康縣續志》收錄該碑文，文字與原碑略有不同）

协镇雷州副總府潘公高遷禄位

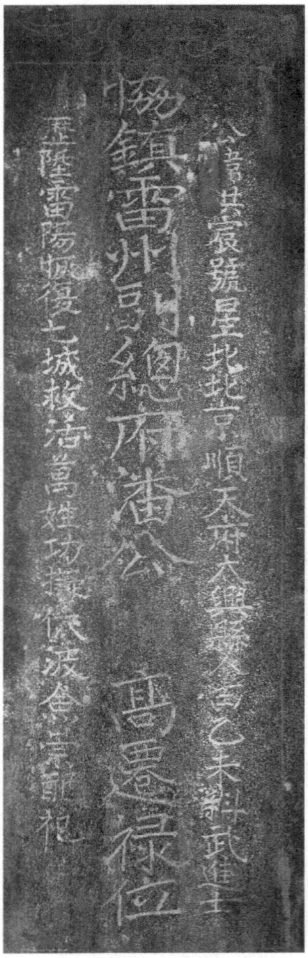

公諱拱宸號星北北京順天府大興縣人由乙未科武進士

協鎮雷州副總府潘公　　高遷禄位

歷陞雷陽恢復七城救活萬姓功擬伏波僉崇配祀

和伏波將軍舊祠元韻

孤舟伏浪薄雲煙俯瞰鮫
宮感化先威震綠林新
主眷名垂青史舊勛傳
交南日暖波常靖合浦
春深花自妍毅烈淩霜
光俎豆擎雷山下四
時天
耀日忠肝照碧波勛高
南史未曾訛古眢遺澤
憑雲鎖舊祠凝煙帶
雨過飲馬開山福物遠
橫舟衝浪濟人多每
談往事思前哲矍鑠
當年志不磨
郡人洪泮洙題

伏波井亭碑記

郡西南郭有　前後漢

伏波將軍廟廟西北有井傳云後漢伏波將軍馬跑得泉因以名焉易曰改邑不改井吾郡漢興以來沿革不一井猶未泯盖神蹟也歳久頹夷郡人請之長官醵金浚修伐石疊甃建亭竪碑屬余記焉余惟泥則不食渫可用汲固井之常焉用記況粵地多井巷有井家有井井可勝記其或有靈異之蹟如西湖運木井洪都鎖龍井珠江煙雨井人每稱述而樂追之然荒唐怪誕之說存而不論可也亦奚足記若夫　兩漢伏波績冒南海民到于今畊田鑿井誰之賜也芳澤猶存以視燕然刻石豈可同日语耶於戲　伏波功烈炳若日星陳跡何關毫末昔唐文宗求魏徵遺笏識者笑之渺茲古智何足具論也哉雖然伏波功烈炳若日星試問當牛馬革裹尸之忱未必人盡知之下潦上霧仰視飛鳶之苦亦未必人盡知之獨至此井耆老知之賈豎知之即婦人女子亦莫不知之也苟無此井世邈年湮非惟有不知　將軍之功且有不知　將軍之號者矣今日浚而修之從知海隅日出遥指銅柱以銘勳而前有甘棠後有峴首懿滋清洌寒泉寔與輝映後先歷萬劫而不改也可無記丙子舉人特授延平府沙縣知縣陳騰泗拜撰　首事　監生吳文峻　監生陳童淵　顏□□　陳□□各捐銀四兩

雷州府知府加三級紀錄二次鄭寅谷捐銀六兩　署□□□知縣加三級紀錄□次吳鴻謨捐銀五兩　奉政大夫詹事府□□□□□□□書捐銀三兩

□□□洪紹□銀四員　貢生陳力紳銀三兩　貢生陳□□銀一兩　□□□□銀□□　□□□□陵銀一□　黃同豐銀二両　林泰合銀一両　若奠利銀一員

□□□□□泗銀四兩　附貢陳一□□二員　貢生吳世□銀一兩　□□□□銀□員　□□□□□銀□□　陳元道銀一両　楊亮利銀一兩　梁錦豐銀一両

□□□□□□銀四□　附貢□伯□銀二員　監生陳□□銀三兩　□□□□銀二員　□□□□□□□□　吳宗周銀三両　陳岳合銀一両　康永昌銀一□

□□□□□□銀四員　廩貢吳□明銀二員　贡生李□□銀三兩　□□□□□□員　□□□□□□□□　陳琪瑾銀三両　陳存信銀一両　康泰昇銀一□

□□□□□紅銀三員　候選訓導□翰東銀□員　監生□□□銀三兩　□□□□□□□　□□□□□□□□　黃如珍銀二両　黃　撲銀一両　陳三貝銀一□

□□□□□文銀二員　候選訓導張□□□□　監生吳有□銀三兩　□□□□□□□　□□□□□□□□　柯清奇銀二両　蕭作霖銀一両　康泰盛銀一□

□□□□□□銀一兩　雷營□□□□□□　監生蕭天賦銀二兩　□□□□□□□　□□□□□□□□　鄭　蘭銀二両　張有聞銀一両　葉耀隆銀一□

□□□□□□□二兩　候選□□□□□□□　監生□庭□銀二兩　□□□□□□□　□□□□□□□□　黃如璧銀二員　吳之珍銀一両　溫遠合銀一□

候選主□鄧□□□□□　監生□□□□□二兩　□□□□□□□　□□□□□□□□　□世俊銀二員　陳鍾亮銀一両　溫遠來銀一□

□爾泰銀二員　陳奇清銀一両　梁泰源銀一□

□如琬銀一両　吳之□銀一両　陳合隆銀一□

□□琰銀一両　吳紹岐銀一両　陳聯貝銀□□

□□清銀一両　黃鍾□銀一両　溫廣財銀□□

李朝喜銀一両　梁居敬銀□□

（原碑斷為數截，鄉人重新拼接，但碑面磨損嚴重。碑文收錄於民國《海康縣續志》，文字大體相同，但題名未錄）

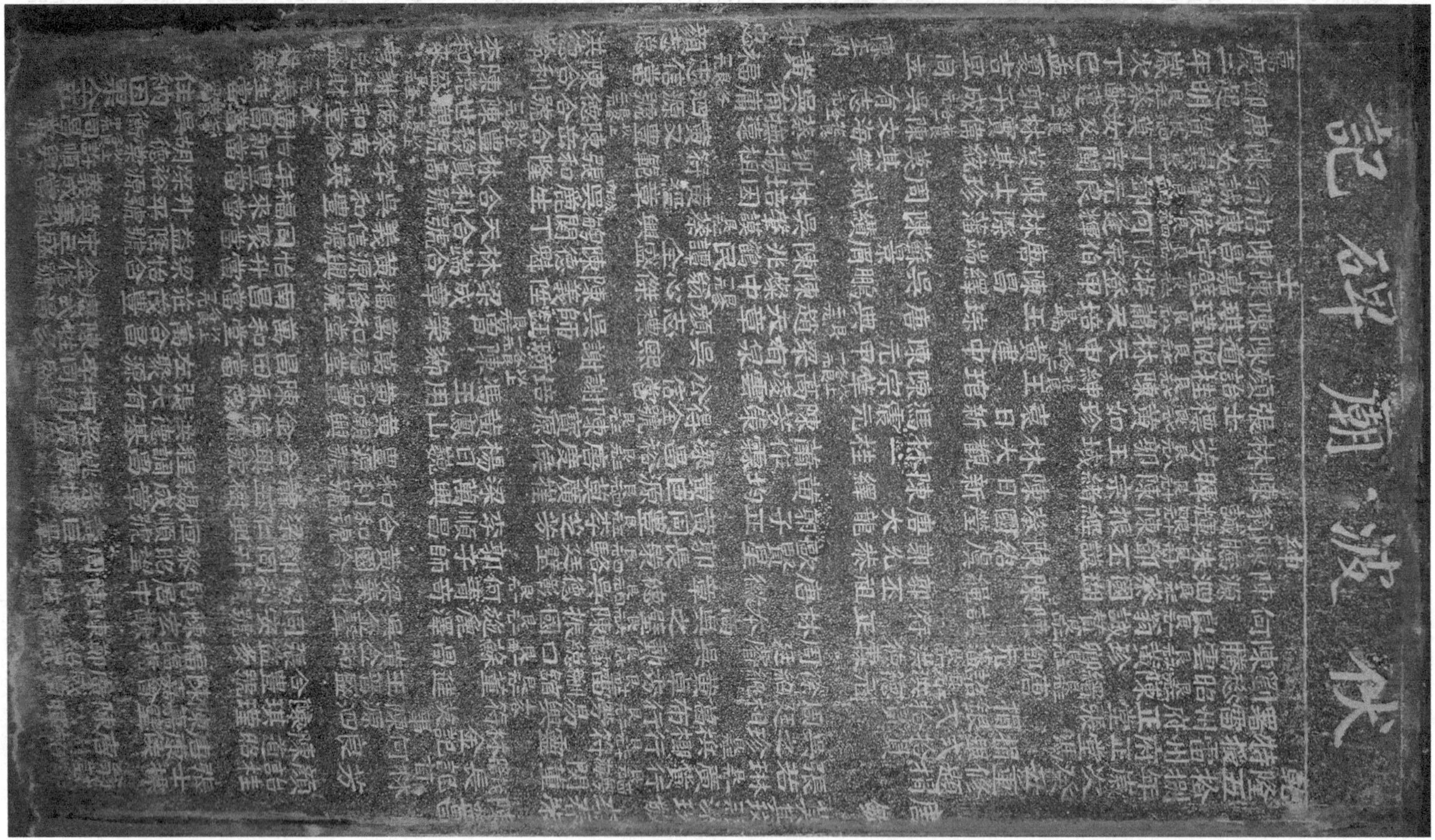

伏波廟碑記

唐　欽　莫其斑良一元　梁玖敬　李春榮　陳益昌
乾隆五拾捌年歲次癸丑重修題捐　張若琳良一元　廣貨行良廿四元　粵海関董　茂隆長記　首林芳　顏詒桂　張士標　翁誠摯
特授雷州府正堂馮　捐銀弍拾員　吳之珍良三元　梹榔行良七十元　符靈　林金記　何良　陳道昭　唐康侯　唐詔
署雷州府正堂張　捐銀弍拾員　周廷相　葛布行良二元　勞易興上各　符英事陳源泗　陳琪瑾　陳嘉璧　陳暉
劉懋昭良二元陳縉良三元　唐詔良二元　洪德元　徐紹純　黃卓秀良十二元　雷州稅舘良二元　董進　王晋盛　合豐號　陳嘉會　廣成當
陳騰雲良二元黃珍卿良三元　鄧元藩良一兩　洪德霖　周廷睿　吳勳良七元　雷廉総口良一兩　蘇昌　黃金和　張益多　福臨號　鄭紹武
何良良一元翁誠贊良二元　陳謨　符正　林本　商吳之璧良六元　陳振國良二元　施麗澤　吳金聲　同安號　陳宏猷　陳義
陳源泗良三元蔡國瑚　陳繩　郭丕祖　唐徽　章德良四元　吳德彰良一元　何青奇　梁義利　協利號　簡居中　陳陞
紳陳騰洙良十元鄧丕謨　陳紹虞　郭允恭　歐賢星　郭長策良四元　駱廷璧　郭子師　黃國合　鄧同升　黎昭望　周源
翁誠輝銀十四元陳振經　蔡國瑩　唐大龍　郭子正　黃同豐良五元　李芝芳　李順昌　合和號　梁仁興　恒順號　黃巨豐
陳暉良十元陳宗緒　陳日新　陳繹　黃均　黃巨源良四元　莫廣崔　梁萬興　和利號　蕭玉樹　楊成章　梁懷豐
林芳良八元郭王域　林大觀　林一桂　蕭作霖　梁昌裕良三元　唐度侯　楊日巍　豐源號　合興號　程調昌　姚慶治
張士標良七元黃如珍　袁日新　馮震元　陳芳策　得全號良三元　陳賓源　黃鳳山　黃潮興　金信號　洪德基　梁廣盛
顏詒桂良七元陳紳花良各二　王琯　陳宗華以上各良　高淩雲　公信當　謝培以上　馮王用　黃和豐　陳永茂　張大有　柯朝進
陳道昭良七元林天申元　黃建中　陳元甲一元　梁有泉　吳熙　謝琦各良一元　陳鄰　萬福堂　昌田當　左聚源　李同盛
陳琪瑾良八元蕭天培良二兩　王琮　唐典良二元　趙天章　顏志禮　吳師鈺良三元　曾榮　萬和堂　萬和堂以上各良　萬合昌　陳牲多
士陳嘉璧良六元游登甲　陳昌繹　吳鵬　陳燦中良各一元　翁心傑　陳義陞　梁成章　福隆號　南昌當一元　莊茂豐　廣式昌
陳昌宇良六元陳宗伯　唐端　蘇景眉　陳兆鶴民　譚全盛　陳德魁　林端合　黃源興　怡升當　梁怡合　金信號
唐康侯良四元何逢輝　林際藩　陳纘　吳肇謨良二元　蔡興　粵海關丁　天合號　義信號　同聚當　益隆號　宋三盛
翁誠摯良四元鄧元良　陳士珍　周斌　林培因　黃經章　城內吳麗生　合利號　吳和豐　福來當　升平號　莫義利
陳汝翼良一元丁宗閩　莫其統　莫其榮　郭揚祖　符範　張和隆　林鳳高　李英　年豐當　梁裕源　義成當
唐贊良四元莫汝及花良各一　林實偉花良各一　陳文海花良各一　蔡撫遠　黃又豐以上良各二　陳岳合以上良各　豐豫號以上　蔡南裕　怡新當　胡德棠以上各良　許順興以上各良
鄧起明良三元蔡猷遠元　郭子成元　吳有志元　吳有庸各　泗源號良各二　德合號一元　陳世觀良各一元　德和堂以上各良　廣昌堂七號共良　吳衡中元　同昌當中元
嘉慶二年歲次丁巳孟夏吉旦同立　黃福良一元　忠信當　陳合利　陳悅盛良各一元　謝生財一元　義生當四元　住納因果仝立
陳丕灼　郭忠　顏志聡　洪德齡　李和來　官悅盛　林泰合

慶寧衆信重捐繪彩神閣

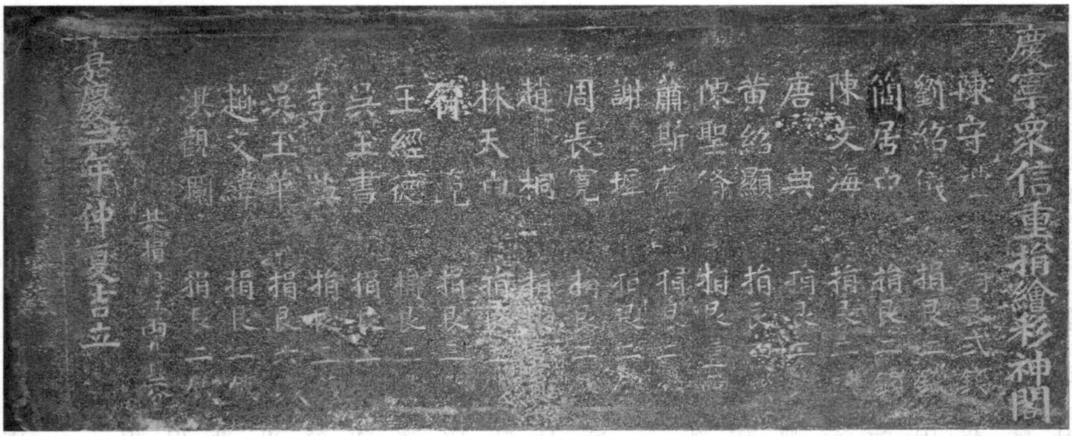

陳守禮　捐艮弍錢
劉紹儀　捐艮二錢
簡居中　捐艮二錢
陳文海　捐艮二錢
唐　典　捐艮二錢
黃紹顯　捐艮四錢
陳聖脩　捐艮壹両
蕭斯馨　捐艮二錢
謝　墀　捐艮二分
周長寬　捐艮二錢
趙　桐　捐艮壹員
林天申　捐艮三錢
符　範　捐艮三錢
王經德　捐艮二錢
吳玉書　捐艮二錢
李　英　捐艮二錢
吳玉華　捐艮六錢
趙文緯　捐艮二錢
洪觀瀾　捐艮二錢
共捐銀五両九錢二分
嘉慶二年仲夏吉立

米販行長明燈碑記

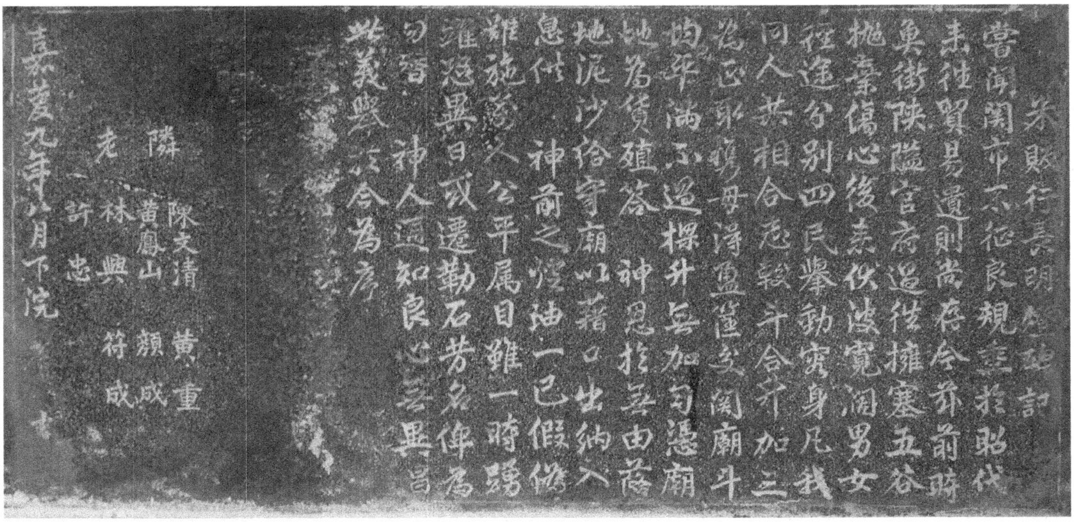

嘗闻闵市不征良規垂扵昭代
来徃貿易遺則尚存今茲前時
奂街陜隘官府過徃擁塞五谷
拋棄傷心後来伏波寬闊男女
徑途分別四民舉動容身凡我
同人共相合志較斗合升加三
為正取携毋淂盈筐交闵廟斗
均平滿不過櫟升無加匀憑廟
地為貨殖答　神恩扵無由落
地泥沙給守廟以藉口出纳入
息供　神前之燈油一己假偽
難施萬人公平属目雖一時踴
躍恐異日或遷勒石芳名俾為
勿替　神人通知良心無異昌
此義舉扵今為序

隣　陳文清　黄　重
　　黄鳳山　顔　成
老　林　興　符　成
　　許　忠

嘉慶九年八月下浣　吉

奉縣主示立碑永禁

嘗思國家謹量所以齊一人心使之交易公平者也豈街市之間顧可更变舊規歟如我　伏波廟原
制正加三米斗十個向来米行交収均在　廟前該處遵用此斗經賣主括以至中□為準至有落
地埃米准給　廟僧拾掃奈近来人心不古竟有射利之徒私自造斗揹勒挑米伊家擅用己斗
自括殊佔便宜不獨肩挑者受累難堪且呑騙斗租終至　廟□□□以目擊不平呈明
縣主奉示勒碑在　廟永禁越後所有量米交關務在　廟前仍隨賣主自括不許私
造揹勒改易章程倘敢逆違指名稟　官懲究決不容情兹欲例傳弗替合米戶保
僯人等立碑為記　米户首事 蔡裕□ 洪紹□ □□□ 林延□ 柯大觀 黃風□　闕□ □□□ □□□　僯者 □紹□ □景□ □□周 □志苑
住僧連山仝立

規條列后

一議賣米不准買家括斗若有給買家括斗者查出人名定罰演歌壹臺倘不遵罰稟官究治
一議賣米要用廟斗在廟前量括不准在他處私用別斗侵騙廟中斗租　一議斗租俱収入廟以應油
燈之費　一議括米時若落地浼塵係廟僧拾掃以為度口之資　以上規條各宜懔遵毋違

道光十七年中夏吉旦立

奉高府憲批

海康兵房吏胥許老德黎老佐假設兵科印記詐索商民郡城鋪户義成和記合利長合協茂興發和豐志合德記祥發協□源利日盛寶生茂隆日彰允隆協豐義集元盛協□合盛公昌和興廣昌天福四得三合悦昌泗和全記合豐寗記恒昌大□協昌悦盛富記興利恒豐各號等三月初三日復叩

高府憲蒙批據呈縣發驗单係海康縣兵科戳記官樣印信豈有另戳給单之理顯係吏胥假捏詐騙既有該前縣徐告示勒石可據已出示仍照舊章民有貨販什物除例載違禁物件毋許出洋外其餘概聽商民自買自賣毋庸赴縣報明驗单以免擾累並候飭縣查究蒙

蕭縣主奉　府憲即將該書許老德黎老佐斥革日後不許改名復免革條懸掛商民共見勒石碑不朽

道光十八年三月初十日商户仝立

伏波廟長明燈碑

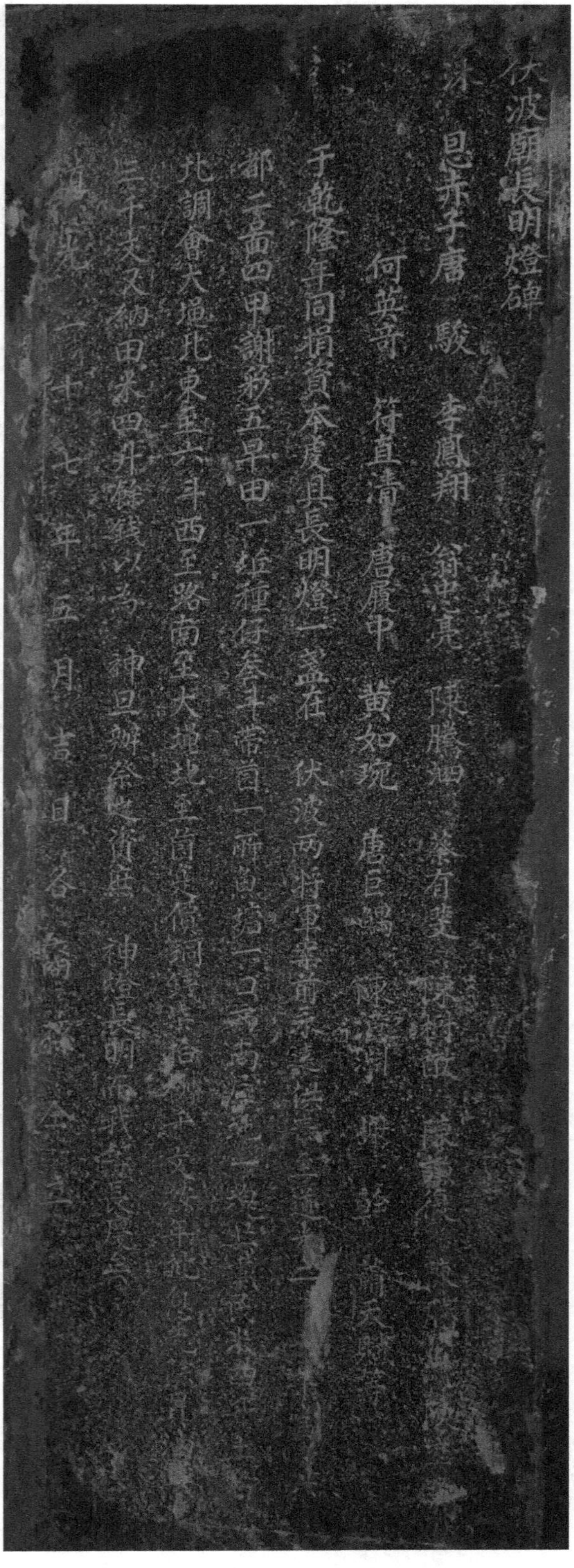

沐
昰赤子唐　駿　李鳳翔　翁忠亮　陳騰泗　蔡有斐　陳樹猷　陳謙復　陳騰鰲　陳奕業
何英奇　符直清　唐履中　黃如琬　唐巨鯛　陳潼淵　謝　幹　蕭天賦等
于乾隆年同捐資本虔具長明燈一盞在　伏波两将軍案前永遠供奉至道光二十二年當受六
都二畐四甲謝彩五早田一坵種仔叁斗帶茵一所魚塘一口西南屋地一塊共載民米四升土名
北調會大埇北東至六斗西至路南至大埇北至茵寔價銅錢柒拾捌千文按年批息先除買油錢
三千文又納田米四升餘錢以為　神旦辦祭之資庶　神燈長明而我等長慶矣
道　光　二　十　七　年　五　月　吉　日　各　裔　孫　仝　立

大要寄田碑

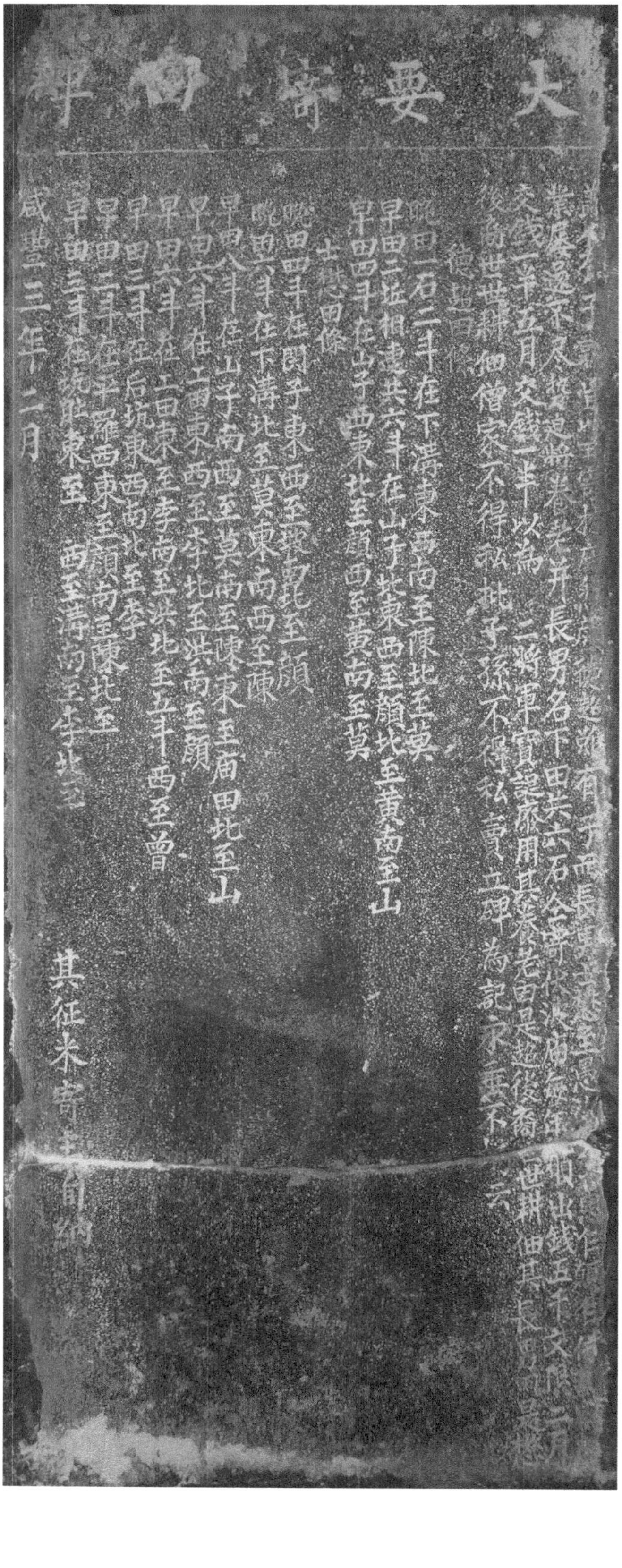

盖人有子執肯以田寄於廟然顏德超雖有子而長男士懋至愚次男亦患乍顛乍□亂□□
業屢還不尽勢迫将養老并長男名下田共六石仝寄伏波庙每年願出錢五千文限二月
交錢一半五月交錢一半以為　二将軍寶誕廢用其養老田是超後裔世世耕佃其長男田是懋
後裔世世耕佃僧家不得私批子孫不得私賣立碑為記永垂不朽云

德超田條

晚田一石二斗在下溝東西南至陳北至莫
早田二坵相連共六斗在山子北東西至顏北至黄南至山
早田四斗在山子西東北至顏西至黄南至莫

士懋田條

晚田四斗在閑子東西至坡南北至顏
晚田六斗在下溝北至莫東南西至陳
早田八斗在山子南西至莫南至陳東至庙田北至山
早田六斗在工田東西至李北至洪南至顏
早田六斗在工田東至李南至洪北至五斗西至曾
早田三斗在后坑東西南北至李
早田二斗在平羅西東至顏南至陳北至
早田三斗在坑肚東至　西至溝南至李北至　　其征米寄主自納

咸豐三年二月

（碑文末尾兩列田條四至不全）

奉段府示諭立碑

奉段府示諭立碑

同治四年二月二十二日右諭通知告示

署雷州府事補用府正堂加十級紀録十次段　為出示曉諭事現據海康縣拔貢翁長健拔貢何凌雲
歳貢陳文鋒廩生吳錦江增生陳鯤監生陳龍德職員林泮洙黄星槎陳芝英庙鄰陳廷璣陳鳳山合號等禀稱生等鳩居郡城西関外前自漢鼎既定以来
早建伏波廟奉祀路馬两公以為福神延及國初慘遭兵燹於康熙年幸蒙
前府協镇傾俸倡率合郡文武官員及紳士商民等勸捐重脩一新適有道士顔之鈺□□□□□□□□□□□□□□□□□□土名大要稅田六十三畝前
縲搭佃請示立碑迨乾隆年鈺故始議舉僧主持庙事相承至道光年被僧遠山浪費租息積年抗欠粮米坐視神衣庙宇污朽陰向猾佃抖寫庙田私揭銅
錢遠故舉僧長能接管衆覩神衣庙屋現在彫零祇將土名屋仔坑等處田租併地塘庙斗各租給僧収為香燈日用抽出大要洋租谷四十四石議交廩生
陳鴻恩管收三年除辦神衣完納故僧欠粮存錢轉脩庙屋咸豐十年恩倏棄世未及議處仍被詼僧陰串佃戶抖収大要二年租谷蕩費誘賭欠粮不納同
治九年迫將該僧逐出呈請追究暫議舉僧慈深代理似此梟風日熾弊端滋生非乞憲天垂憐頒示立碑准議司事三年一換上交下接與僧派分管理將
屋仔田租六石施撥田租五石地塘庙斗各租及落地米除給庙僧管収以為香燈日用之費將庙置大要洋田租谷交與司事管収以備脩飭神庙納米及
年節宝誕之資倘有僧佃同謀作奸私相授受准即將僧逐出調佃換批至于関内不法混徒藉端擅自支銷亦准送官究治庶庙業得以長守不拔香灯可
保萬年於弗替也欣逢憲天仁政既敷於群黎諒亦光被於神聖只得聯名錄禀叩赴恩准給示勒碑永遠遵照等情據此當批候照所議章程給示勒碑以
垂久遠而杜弊端可也在禀除批揭示外合就出示曉諭為此示諭紳士民等及庙僧知悉嗣後該庙司事議定三年一換上交下接與該庙僧一同管理所
有屋仔坑田租六石施撥田租五石地塘庙斗各租及落地米歸給庙僧管収以為香燈食用之費其庙置大要洋田租谷交與司事管収以備修庙納粮及
年節宝誕之費倘有僧佃作奸私相授受准將該僧逐出調佃換批至関内不法棍徒如以查辦庙内之事為名藉端支銷並有在庙内住宿窩賭飲酒滋擾
等事一併送案究治以示懲儆並將該紳等所議章程勒碑垂遠而杜弊端各宜凜遵毋違特示

同治四年二月二十二日右諭通知告示　　發仰伏波廟米行張掛曉諭

（碑文第四列中『顔之鈺』後有十八個字被刻意抹去）

奉憲示禁

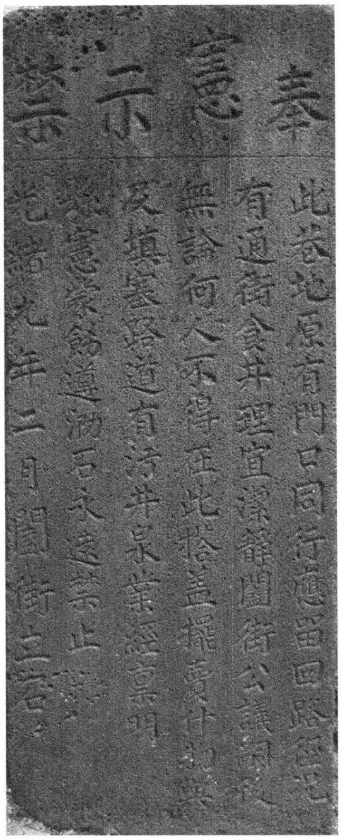

此巷地原有門口同行應留回路徑況
有通街食井理宜潔靜闔街公議嗣後
無論何人不得在此搭盖擺賣什物與
及填塞路道有污井泉業經稟明
縣憲蒙飭遵泐石永遠禁止
光緒九年二月闔街立石

重修八角井敬字亭敷

重修八角井敬字亭敷

民國以來人稠便者員如城內分之
君樓的向伏波廟道北至南景街藝絲西首概用新磚鋪藝亭久
織軍無利賴多其間降戲臺用廟貨外人重修八角井及敬字亭并計
為修之路下敷百丈尚望熱心公益定力任事者相接踵也

首事

張性善號　陳學同
均源號　陳紹興

科豐當　惠順公司　順泰公司　當利公司　順安成號　金利館　金和號　崇
　　　　　　　　　　　　　　　　　　　銀拾元　銀拾元　銀拾伍元
永利號　信和館　福昌堂　信昌號　廣生號　益隆典　陳紹興　安
銀　　　銀　　　銀　　　銀　　　銀　　　銀陸元　銀陸元
銀捌元　銀柒元　銀陸元　銀陸元　銀陸元

陳佃號　宗發號　信校記　符業周　陳炳記　廣茂號　連來館　安來館　益威館
銀陸元　銀伍元　銀伍元　銀伍元　銀伍元　銀伍元　銀伍元　銀伍元　銀伍元

生威號　利楷店　王元號　倫泰號　廣昌隆　培寶來　新興館　復寶號　福泰號
銀伍元　銀伍元　銀肆元　銀肆元　銀叁元　銀叁元　銀叁元　銀叁元　銀叁元

洪昇號　大茂號　永安號　三利號　宏益號　東記號　廣雅裝　恒泰館　揚興館
銀叁元　銀叁元　銀叁元　銀叁元　銀叁元　銀叁元　銀貳元　銀貳元　銀貳元

武益號　王周泰　三修枝　陳川號　連安號　廣益號　浩利號　永隆
銀　　　銀　　　銀　　　銀　　　銀　　　銀　　　銀

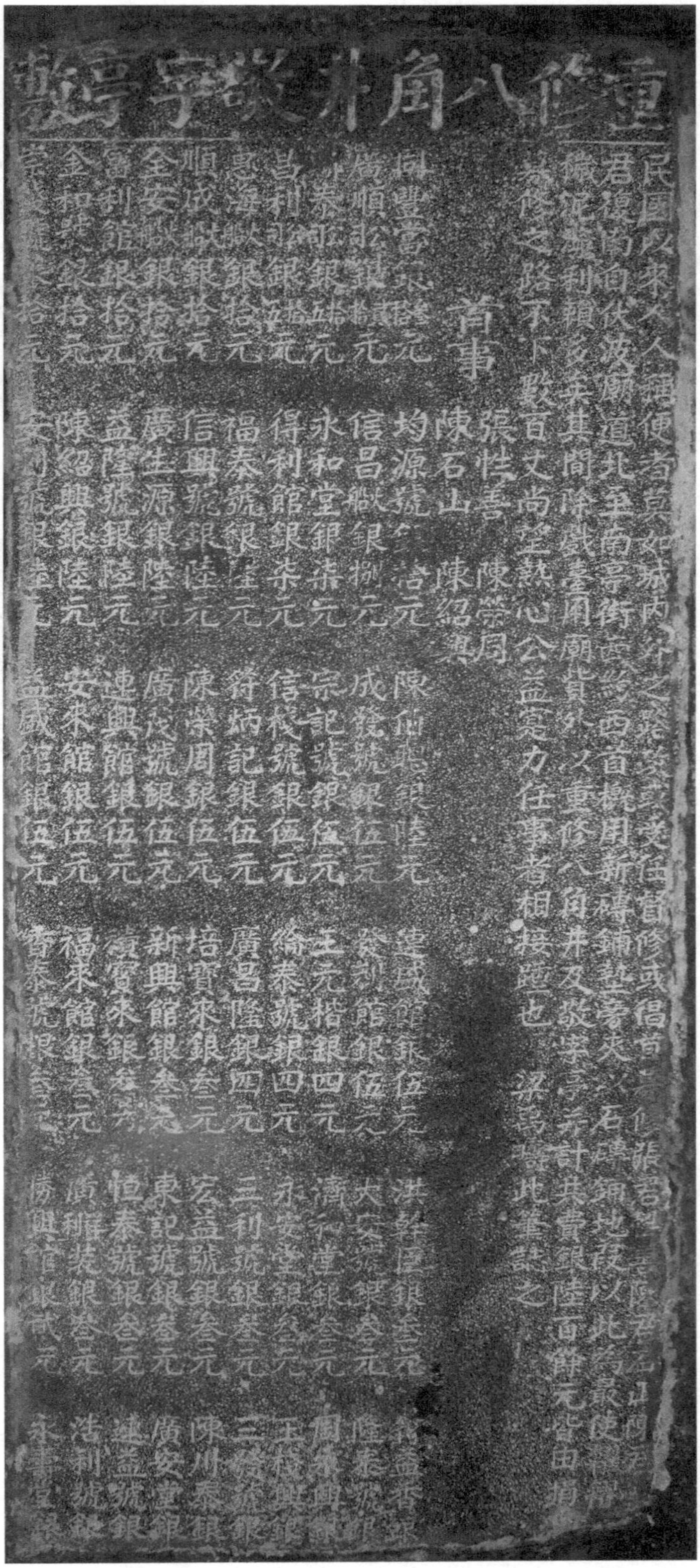

民國以來人人稱便者莫如城内外之路政或受任督修或倡首募修張君性善陳君石山陳君□□□
君復南自伏波廟道北至南亭街西約西首概用新磚鋪墊旁夾以石磚鋪地段以此為最使糴糶□□
穢泥濘利賴多矣其間除戲臺用廟貲外以重修八角井及敬字亭并計共費銀陸百餘元皆由捐□□
募修之路不下數百丈尚望熱心公益寔力任事者相接踵也　梁禹疇此筆誌之

首事　張性善　陳榮周
陳石山　陳紹興

同豐當銀叁拾元　陳伯聰銀陸元　連盛館銀伍元　洪幹臣銀叁元　符益香銀□□
廣順公司銀貳拾元　信昌火船銀捌元　成發號銀伍元　發利館銀伍元　大安號銀叁元　隆泰號銀□□
聯泰公司銀拾五元　永和堂銀柒元　宗記號銀伍元　王元楷銀四元　濟和堂銀叁元　周永興銀□□
昌利公司銀拾五元　得利館銀柒元　信棧號銀伍元　綸泰號銀四元　永安堂銀叁元　王棧興銀□□
惠海火船銀拾元　福泰號銀陸元　符炳記銀伍元　廣昌隆銀四元　三利號銀叁元　三發號銀□□
順成火船銀拾元　信興號銀陸元　陳榮周銀伍元　培寶來銀叁元　宏益號銀叁元　陳川泰銀□□
全安火船銀拾元　廣生源銀陸元　廣茂號銀伍元　新興館銀叁元　東記號銀叁元　廣安堂銀□□
富利館銀拾元　益隆號銀陸元　連興館銀伍元　積寶來銀叁元　恒泰號銀叁元　連益號銀□□
金和號銀拾元　陳紹興銀陸元　安來館銀伍元　福來館銀叁元　廣祥利裝銀叁元　浩利號銀□□
崇錢號銀拾元　安利號銀陸元　益盛館銀伍元　香泰號銀叁元　勝興館銀貳元　永壽堂銀□□

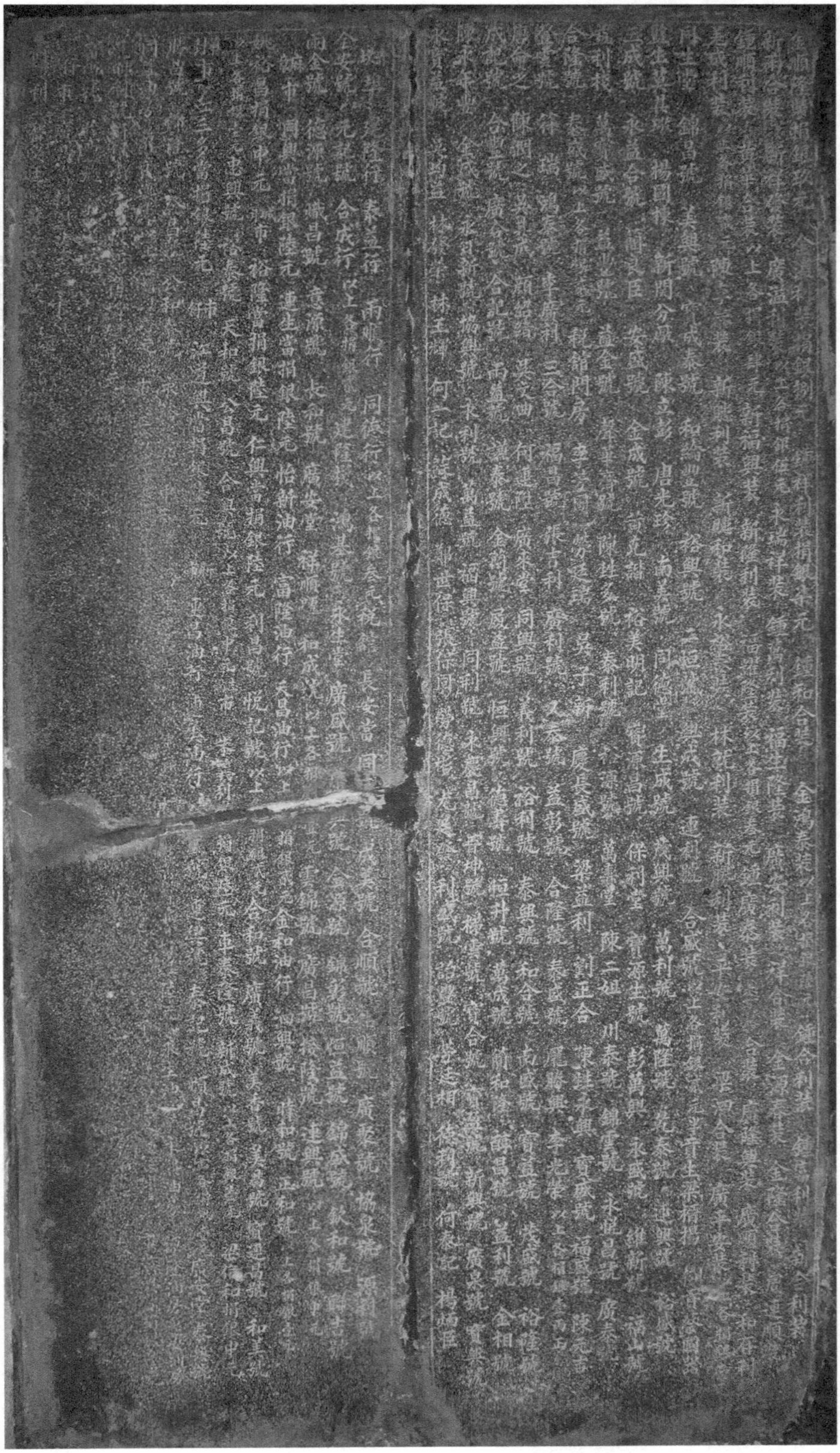

伏波廟捐資芳名碑

金順隆裝捐銀玖元 金溢利裝捐銀捌元 鍾祥利裝捐銀柒元 鍾和合裝 金鴻泰裝以上各捐銀陸元 鍾合利裝 鍾富利裝 新合利裝
新兩合裝 新祥發裝 廣溢利裝以上各捐銀伍元 永瑞祥裝 鍾萬利裝 福生隆裝 廣安利裝 祥合裝 金源春裝 金隆合裝 周連順裝
鍾順利裝 黃華合裝以上各捐銀肆元 新福興裝 新隆利裝 福耀隆裝以上各捐銀叁元 鍾廣泰裝 李義合裝 廣隆興裝 廣順利裝 和有利裝
羗成利裝以上各捐銀貳元 陳李泰裝 新聰利裝 新聰和裝 永裕泰裝 林就利裝 新勝利裝 平安利裝 梁泗合裝 廣平安裝以上各捐銀壹元
同生堂 錦昌號 美興號 寶成泰號 和綸豐號 裕興號 二恒號 興成號 連利號 合盛號以上各捐銀貳元半 貢生梁楷楊 例貢蔡國器
監生莫其璥 楊國棟 新関分廠 陳立彭 唐光珍 南美號 同德堂 生成號 茂興號 萬利號 萬隆號 乾泰號 連興號 裕盛號
三成號 永益合號 簡良臣 安盛號 金成號 黃克諧 裕美明記 寶源昌號 保利堂 寶源生號 彭萬興 永盛號 維新號 福山號
益利棧 萬寶盛號 益豐號 益金號 聲華齋號 陳牲多號 泰利號 裕源號 萬壽堂 陳二姐 川泰號 錦雲號 永悅昌號 廣泰號
合隆號 泰盛號以上各捐銀貳元 稅舘門房 李芳圃 勞廷瑞 吳子新 慶長盛號 梁益利 劉正合 陳牲永興 寶盛號 福盛號 陳元吉
登雲號 符 瑞 鴻泰號 李廣利 三合號 福昌號 張吉利 廣利號 又泰號 益彰號 合隆號 泰盛號 龐勝興 李光榮以上各捐銀壹兩正
唐命之 陳潤之 吳其成 顏紹緒 吳文曲 何連陞 廣來堂 同興號 義利號 裕利號 泰興號 和合號 南盛號 寶益號 茂盛號 裕隆號
成記號 合豐號 廣合號 合記號 兩益號 謙泰號 金蘭號 履益號 恒興號 德壽號 恒升號 萬成號 簡和隆 醇昌號 益利號 金相號
陳永年豐 金盛號 永日新號 協興號 永利號 萬益號 福興號 同利號 永慶昌號 晉坤號 梯雲號 寶合號 寶盈號 新興號 廣泉號 寶興號
永寶益號 吳均益 林發榮 林玉輝 何一記 蘇成德 鄭世保 張保同 勞德彬 尤廷發 利盛號 詒豐號 勞廷相 德利號 何泰記 楊炳臣
赤坎埠 建隆行 泰益行 兩順行 同德行以上各捐銀叁元 稅舘 長安當 同□號 成美號 合順號 和順號 廣聚號 協泉號 源利號
全安號 元記號 合成行以上各捐銀貳元 建隆棧 鴻基號 永生堂 廣盛號 廣興號 金源號 錦彰號 恒益號 錦盛號 欽和號 聯吉號
兩金號 德源號 意源號 熾昌號 長和號 廣安堂 祥順號 和成號以上各捐銀壹元 雲錦號 廣昌號 接隆號 連興號 以上各捐銀中元
麻章市 同興當捐銀陸元 連生當捐銀陸元 怡新油行 富隆油行 天昌油行以上各捐銀貳元 金和油行 泗興號 時和號 正和號以上各捐銀壹元
姚裕昌捐銀中元 城月市 裕隆當捐銀陸元 仁興當捐銀陸元 利昌號 悅記號以上各捐銀貳元 合和號 廣義號 美香號 美昌號 寶連昌號 和美號
以上各捐銀壹元 忠興號 裕泰號 天和號 公昌號 合興號以上各捐銀中元 志滿市 朱義利 以上各捐銀陸元 車泰隆號 新成號以上各捐銀壹元 梁信和捐銀中元
華封市 江三多當捐銀陸元 市仔 江道興當捐銀陸元 新市 連昌油行 連美油行 □盛號 連樂號 泰記號 順昌號以上各捐銀壹元 廣安堂 泰興號
勝昌號 錦隆號 發昌號 公和泰號 永裕隆號 中和□福隆號以上各捐□□□□□□以上各捐銀陸元 永生油房 永興油房 源隆油房 慈安油房
同益油房 □良興號以上各捐□□元 北□市 □□□□□□□□□□□□□□□□□□□□□□□□□□永濟捐銀陸元
□明利號捐銀壹元 張□□捐銀中元 □□□□□□□□□□□□□□□□□□□□□□□□□□□□□
廣豐號 益豐號 □□□□□□□□□□□□□□□□□□□□□□□□□□□□□□□□□□□□□
□□市 廣昌當捐銀陸元 □□□□□□□□□□□□□□□□□□□□□□□□□□□□□□□□□□□□□
何興利 黃□廷 黃□□以上各捐□□□□□□□□□□□□□□□□□□□□□□□□□□□□□□□□□□□

關部康皇廟

設燈油櫃碑

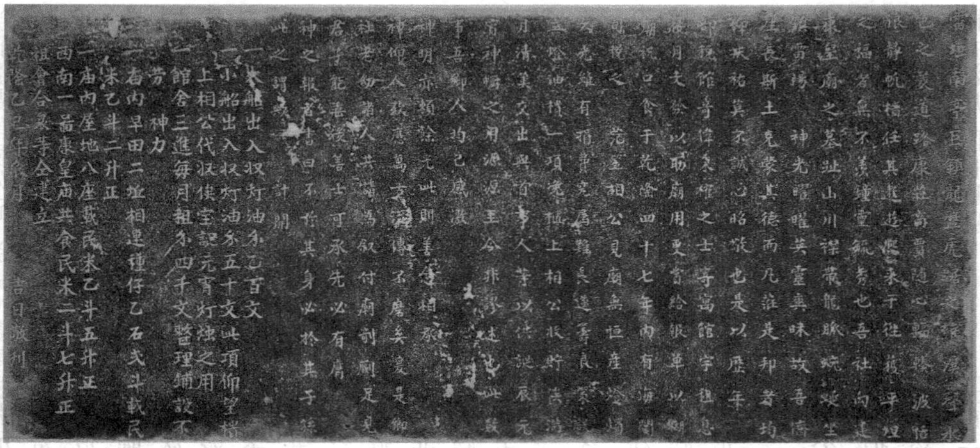

雷垣南亭巨鎮龍盤虎踞之雄溪聲水
色之美道路康荘商賈随心輻輳波恬
浪静帆檣任其遨遊熙来于徃獲平坦
之福者無不羡鐘靈毓秀也吾社向建
康皇廟之墓趾山川襟帶龍脈蜿蜒坐
鎮雷陽　神光曜曜英靈爽昧故吾儕
生長斯土克蒙其德而凡莅是邦者均
仰扶祐莫不誠心昭敬也是以歷年
部税館竒偉秉権之士寄寓館宇租息
按月支發以助廟用更賞給報单以糊
廟祝口食于乾隆四十七年内有海関
司税之　范笠相公見廟無恒産燈燭
欠光雖有捐費究属難長遂籌良策設
立燈油櫃一項浼櫃上相公収貯俟滿
月清筭交出與首事人等以供誕辰元
宵神觮之用源源至今非謬述也此数
事吾鄉人均已感激
神明亦頼餘光此則善念相承
神仰人歡應萬古流傳不磨矣爰是鄉
社老幼諸人共請為敘付廟剞劂足見
君子能垂後善士可承先必有膺
神之報者書曰不扵其身必扵其子孫
此之謂歟　計開

一大船出入収灯油⺮乙百文
一小船出入収灯油⺮五十文此項仰望櫃
上相公代収俟宝誕元宵灯烛之用
一館舍三進每月租⺮四千文整理鋪設不
劳　神力
一庙内旱田二垢相連種仔乙石弍斗載民
米乙斗二升正
一庙内屋地八座載民米乙斗五升正
西南一畐康皇庙共食民米二斗七升正
祖會合衆等仝建立
乾隆乙巳年瓜月　吉日敬刊

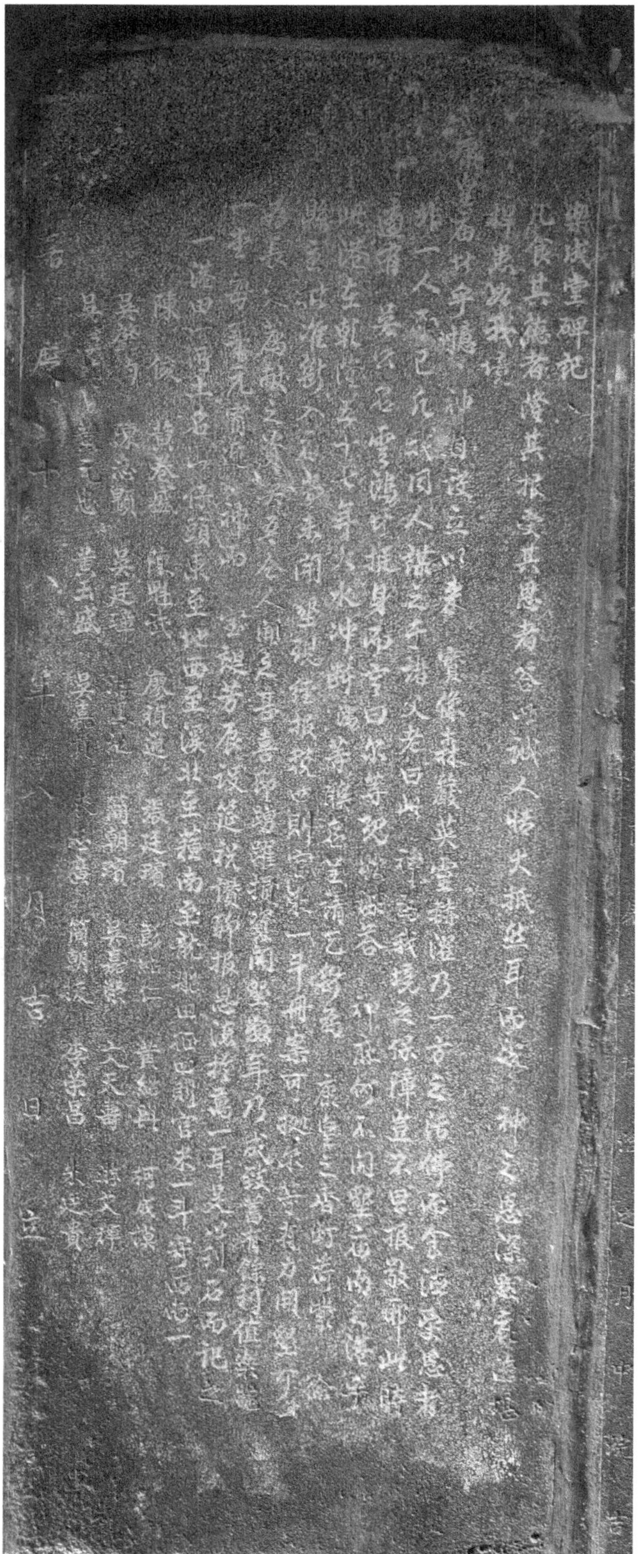

凡食其德者隆其报受其恩者答以诚人情大抵然耳而况　神之恩深默庇德堪
捍患如我境
康皇庙者乎憶　神自设立以来　寳像森嚴英靈赫濯乃一方之活佛而食德受恩者
非一人而已九我同人謀之于諸父老曰此　神為我境之保障豈不思报敬耶此時
適有　吳公名雲鴻者挺身而言曰尔荨　既敬謀答　神庥何不闬墾庙南之港乎
此港在乾隆五十七年大水冲断鸿荨聯名呈请乞断為　康皇之香灯荷蒙　徐
縣主批准断入庙尚未闬墾現經报税四則官米一斗册案可拠尔荨有力闬墾可
為長久薦献之資矣吾仝人闻之甚喜即踴躍捐資闬墾数年乃成致蓄有餘利值樂成
一堂每年元宵迎　神而　宝迴芳辰設筵祝讃聊报恩德扵萬一耳是以刊石而记之
一港田一所土名山仔頭東至地西至溪北至蕉南至龍船田征四則官米一斗寄西南一

陳　俊　黃卷盛　陳魁武　廖禎通　張廷瓆　彭紹仁　黃紹興　柯成謨
吳肇柏　陳志顕　吳廷璋　游鳳池　简朝瓆　吳嘉榮　文天壽　游文輝
吳漢英　黃元忠　黃玉盛　吳嘉貴　麥志廣　简朝扳　李荣昌　朱廷貴

嘉　慶　十　八　年　八　月　吉　日　立

康皇廟田地碑

雷郡城南里許有
康皇廟迺一境之福神也粤自清初康熙年間高之川民徙居於雷之海者十有餘姓卜宅南亭而聚處焉田溯疇昔之沐於
康皇者深緣共捐貲以奉祀之始繪二像於前繼裝大像於後朔望祇承崇奉於屋宇之中不啻一家之香火迨夫存積稍餘置早田叁
坵就屋地兩所或為閔部所賃或為遷民居住并收田利以資供獻其來已久越數十年　神靈益彰群情樂捐在乾隆三十年始
建廟於部館之南两座巍峩煥然改觀詢乎合境之保障矣至乾隆四十八年部館傾圮未便題捐議將原置之田暫轉為修葺之
需方獲起租以充廟費亦歷有年所邇來適有慷慨仗義不惜囊金共捐花銀壹百大員嘉慶十八年贖田原田歸廟公用永慶
神庥日后不許再轉此雖出於人之誠心寔由夫　神之昭著者也他如廟之帶水環山　神之深仁厚澤赫赫濯濯要非浮詞之所
能罄惟思夫廟之顯者　神自靈食其德者思厥報應自有無窮之數焉耳爰記始末勒之於碑以垂久遠
計開田地四至并各位姓名列后
一早田壹坵肆斗乙坵捌斗乙坵壹斗共載征米　　土名坐落稅舘前溪西邊　東至溪　西至蕭　北至園　南至蕭
一地兩所共載官米　　西南一田地共載民米貳斗柒升正
部内衆信　蕭天培　王正烈　李文泰　黄金彩　朱國寧　黄元德　李榮高　黄元忠　蕭克温　黄元魁　陳文淳　蕭克儉　李榮昌　蕭克良　易必貴
黄正賢　蘇星朗　吳雲鴻　朱國合　何大旺　李榮春　吳肇漢　伍梓檀　李林芝　黄元貴　蘇　發　黄元英　吳嘉耀　蔣大用
雷州口部舘信士陳　洪捐艮叁拾大員　朱廷楨捐艮拾元　舘内弟子蘇星朗　黄吉　劉暹　劉煥　張敬　蘇發　每位各捐艮拾大元
嘉　慶　十　八　年　歲　次　癸　酉　屠　維　協　洽　之　月　中　浣　吉　旦

永遠遵照

特調海康縣正堂加五級紀錄十次謝　爲示諭勒碑永遠遵照事嘉慶二十三年六月二十日據安苗社林雨滋那山社高柴船署斜社符那大等呈稱滋等住近河邊惟賴小舟并幫貼南亭埠官府來往由來久矣但歷來每年差□業甲埠差□收入□致滋等小舟每為關索□□□蒙訊断以定章程茲因業甲革差近來数載每逢官府來往□收貼差强横多索□□□久□甚滋等無奈四月二十三日呈明此小舟向來貼差錢若干侯即提同業訊□明示諭遵照□里書势差□□訴狀□□□□堂訊明公断業甲每年納餉艮二十餘兩乃有牌出海大舟并陽帆魚船收為湊納小舟不比牌船滋等嗣後小舟一隻只需幫帖銅錢三百文不許業甲埠差藉差多索飭令各其遵依存案然断案雖有存房凛遵不如勒碑永為長久滋等呈到縣照准給示曉諭合行出示曉諭立碑南亭埠各處度耕三板舟户埠差業甲人等知悉嗣後三板小舟每年每隻止許收取幫差銅錢三百文毋得額外浮收課餉澳甲埠差如敢藉幇船為名混索滋事許各船户等據寔禀究決不寬恕各宜遵毋違特示

計開南亭埠各社船戶

安苗社　那山社　署斜社　調排社　渡南社　大埠社　安攬社

嘉慶二十三六月□□日仝立

重修康皇廟捐題碑

嘗聞身創者貴有善因善因者乃所以成其善創如我雷城南亭関部舘南舊有
康皇廟當今歲初夏樂捐重修　四方君子發心造福共成厥美俾廟貎鼎新彩彰顯耀迄今功成告竣人樂　神歡爰勒石以志不朽云
雷赤口金浚陳彝銀伍拾元　山陰陳瑞東銀貳拾元　山陰沈玉書錢拾仟　會稽陳成泰銀肆元　會稽陳成燦銀貳元　會稽周心田銀貳元　雷州総埠銀捌元　黃　鈺銀肆元
會稽金慎軒銀伍拾元　會稽王廷鉡銀拾元　會稽范雨楼銀肆元　山陰朱雲裳銀肆元　會稽俞晴溪銀貳元　山陰張春悦銀貳元　同豐當銀陸元　朱光耀銀貳元
仙城會舘銀壹陌元　藴旭瑞捐銀貳拾元　蘇景梅銀拾元　公和號銀拾元　王師鐸錢拾仟　義仁案錢拾仟　赤坎陳貴銀捌元　合裕號　赤廣昌號　泰利號
雷行嘉福堂銀叁拾元　黃　堂銀拾伍元　李　秀銀拾元　華記號銀拾元　蔡　濬錢拾仟　椰行天福號銀捌元　廣昌號銀伍元　利益號　坎大成號　富有號
以上捐銀叁元

昌記號以　商梁怡興以　閔春元良式元　同利號以　官　和以　柯成美以　商梁陳興以　商廣興隆良壹元　三慶號以　恒隆號以　鼎升號以上　符大鳳以　雷王利錢四百文　水菓行共抽頭錢捌阡四百文
兩興號　劉悦利　鄧丕業以上捐艮　成裕號　李振邦　張　德　陳郭利　船陳合利壹千六百　鄭延猷　陳文輝　鄭漢舉五百　楊大興　陳魁元以
李寶豐　梁同發　張紹基　允昌號　王正昇　李　茂　陳金合　樂莫寶利以　張慶文上　陳文瑞上　生財號以　蔡國泰　辛進清上
協昌號上　新同昌　倪秀裕壹元伍角　利和號　車乘殷　梁大棟　黃郭興　捐莫全興上　雷永利錢　張　堯　忠興號　陳聖軒上　勞廷輝
協豐號　梁謙德上　榮泰號以　廣隆號上　林振玉上　商永順利上　船瓊合興上　劉進鳳　譚日陞　梁利仁艮　廣裕號　翁長輝　陳懷壽捐
豐記號　船金永利　寶來號　金章號　余仕德　鄭信和　鄧利和　陳有德錢　商利貞合六　唐炳福　楊昌典上　商孫得利　符　盛
協茂號捐　金永隆捐　寶生號　宏順號　張廷璞　雷廣盛　怡英利　陳有忠壹　船黃昌利百　彭紹義中　王文秉　黃合利　周國興錢
陳賢経　朱江合　恒豐號上　義盛號　符大欽艮　船陳利盛　陳利益艮　洪廷進仟　寶全號以　陳　典　何爾炳錢　吳興利錢　商李全利叁
陳韶美艮　歐順興　祥利號艮　廣興號　林萬茂　陳永順艮　陳泰興　員伍陳美利錢八百文　樂元盛號　林宗德元　黃紹桂　何利興　船何日利
何德輝　樂陳泰順艮　恒裕號　式燕號　黃居仁　彭寶全　樂黃大利　保安堂以　捐長合號上　新盛號以　張國鄉　船何江興　捐楊鼎利百
赤協盛號　陳合發　富有號艮　合盛號　麗大廈　陳永興　彭美興　巨豐號上　信興號　和記號上　蕭世泰　邱源興四
南昌號貳　陳福興　復興號　現盛號壹　黃志寧壹　樂何公興壹　陳廣泰壹　益壽堂艮　寶元號　泰昌號　黃紹興四　莫順興
坎瑞德號　陳源合貳　同福堂壹　張孔修　林兩利　何六合　黃福利　合昌號錢　天章號　新興號錢　游昌進　何有利
□仁記號　捐陳順興　安昌號　顏慶珠　吳光天　余謙和　金泗盛　又新號六　中合利號　連陞號伍　何其才　黃興利
捐復興號元　廣盛隆元　福盛號元　鄭元新元　林中和元　捐余泰来元　捐何義合元　義隆號百　益源號元　祥發號百　文□淩百　捐蕭益盛百

開列水菓抽頭名
廣昇號　利仁號　合利號
廣利號　和泰號　廣全號
泗源號　廣和號

田料塘坭行共抽頭錢貳拾壹阡文
開列田料塘坭抽頭名
林永利　隆昌號　蕭世泰
林合興　陳德興　李作廣
鄭元彩　順利號　張一□
黃元興　兩興號　林世超
赵德榮　辛進清　李□寬

柴草竹磚坑行共抽頭錢陸阡二百文
開列柴草竹磚坑名
鄧元興　東成號　合利號
福源號　和泰號　樹林號
廖大有　柯成美

道光十八年歲次戊戌仲秋中浣吉立

縣示革陋規條碑

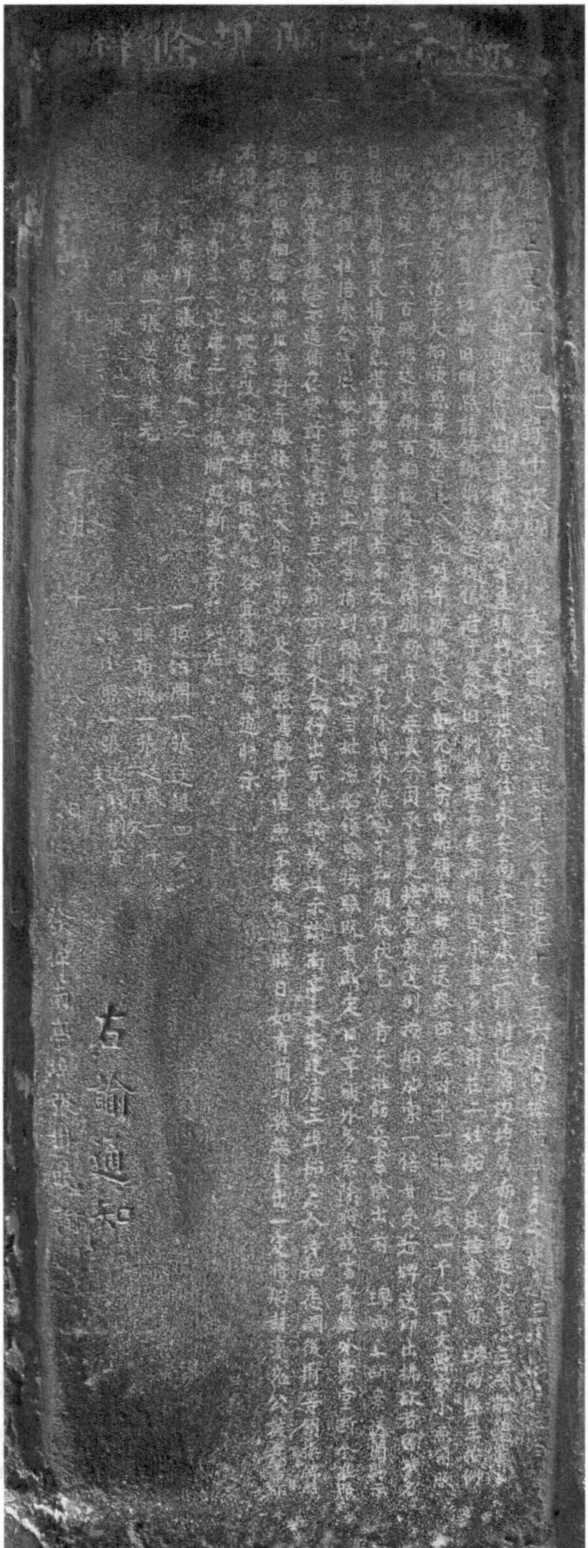

署海康縣正堂加十級紀録十次劉　　為示諭飭遵以垂年久事 道光十九年六月内據南亭永安建康三埠船户莊合利

滸光烈莊廷貴吳承超鄧文忠林国良陳泰利等呈稱切利等世代居住永安南亭建康三埠附近海边均属赤貧向造大中小三項船隻裝載

採捕營生所有一切新旧牌照請領繳換應送規儀若干夂循旧例辦理嘉慶年間因承書多索滸莊二姓船户致控案經前 廖 王 兩縣主按例

断定卷存兵房信字大船領照每張送銀八元对年繳換送銀四元右字中船領照每張送銀四元对年一换送錢一千六百文縣字小照領照

一張送錢一千六百繳換送錢捌百嗣後各皆遵循服断年夂無異今因承書更換竟敢違例按船加索一倍甘受者牌送印出拂欲者留難多

日利等均属貧民情實難堪此等加索獘竇若不先行呈明克除将来流獘不知胡底伏乞　青天准飭兵書檢出前 廖 王 两主断案送閲賜示

以定章程以杜倍索合埠咸歌楽業鴻恩上叩等情到縣據此當批漁船領照換照既有断定旧章額外多索除将該書責懲外當堂断令准照

旧案原定章程給示遵循存案笋復據船户呈催請示前來合行出示曉諭為此示諭南亭永安建康三埠船户人等知悉嗣後爾等領換牌照

務須船照相符俱照旧章对年繳換不得大船小照以及無照駕駛并匿照不換夂逾時日如有前項獘端查出一定将船封變充公該兵書亦

不得額外多索加收肥囊致被控告自取究処各宜凜遵毋違特示

計開南亭永安建康三埠領換牌照断定章程列后

一領海牌一張送銀八元　　　　一換海牌一張送銀四元

一領布照一張送銀肆元　　　　一換布照一張送錢一千六百文

一領小照一張送錢一千六百文　　　　一換小照一張送錢捌百文

道　光　十　九　年　十　一　月　十　八　日　　　　右　諭　通　知

發仰南亭埠張掛曉諭

奉憲永定章程碑

特授雷州府正堂加十級紀録十次煜　為曉諭事道光二十五年十二月初一日據海康縣南亭永安建康埠民莊廷芳游光烈莊學庠鄧文忠吳宏勳陳康明等呈稱切以莫為之前雖美弗彰莫為之後雖盛弗傳求之傳者關乎除弊興利況乎利衆利人不得不殷殷然籲叩也緣船照有三等領換向有定例繼因加索聯叩劉主給示竪碑頗得遵照幾年奈何自客冬以至今夏違碑重索粘碑呈明縣主荷批遵照劉主碑示辦理無容任意加索是謂官視民如子咸歌父母孔邇無如雲霧中天蔽日胆藐縣示仍前多索迫蟻等攀叩憲轅荷批嚴斥瞞索札飭究報始復循例誠謂他賢邱陵仲尼日月懸揣復例緣由顯係驚惶批札恐久更變兩經籲叩憲天示碑旋荷金批諭以劉主碑示今何不遵本官莅任敢不凜遵法□生□剴切云云未蒙批准愈滋索路現前　憲給示遂邑雷憲給示徐邑杜弊利衆於今猶烈況　憲天明平肅愛客歲硇洲惡匪滋擾已蒙批移剿清今庚米糧加征復蒙批止水陸均霑其澤恩上加恩籲叩　憲天察吏安民俯准給示遵道遵路恭祝　憲天爵隆一品愈久愈烈甘棠祝頌永垂弗替戴德上叩等情據此當批既據爾民等連呈乞懇准勒碑石俾久遵守以禁多索等情姑如呈請給勒碑石以禁多索而安漁業除批示外合就出示曉諭為此示諭海康縣書役及各埠澳甲船戶人等知悉自示之後該兵書等務須遵照舊章毋許多索船戶錢文倘敢故違任意苛索許該船戶等指名稟報本府立即查懲該船戶等各應遵例届時領換牌照不得執陳作新意存朦混自取提咎　本府令出必行決不寬貸各宜凜遵毋違特示

領換牌照有三項俱照前劉主碑示以定章程

一領信牌每張規儀銀捌員　對年繳換銀肆員

一領布牌每張規儀銀肆員　對年繳換銅錢壹千陸百文

一領魚照每張規儀銅錢壹千陸百文　對年繳換銅錢捌百文

道光二十五年十二月初八日三埠仝立

光緒十三年創設后龍田白馬大王並龍舌橋天后聖母公銀碑

嘗思不創於始雖興不彰不守於終雖盛不傳如我后龍田

境主白馬大王並龍舌橋

境主天后聖母赫聲濯靈凡水陸商賈莫不共戴生成耳在光緒十一年合闔倡議生菓

行每次收行用錢壹百每船收船頭錢壹百共錢貳百文各要公心辦理不得私漏

如有私漏查出公罰雙倍其錢交殷實司事管理若兩廟有要緊公用司事先到闔

部廟前合衆聲明后方出錢以應公用不得多開侵吞以肥己囊並議各會社亦不

得擅收此項交入分派凡我同人宜體創始之心共振守成之業庶得同還　神庥

□開利路矣意在遵行勿替因為勒之碑以垂不朽云是為序

光緒十三年七月吉旦合闔公立

關部龍舌橋天后廟

光緒十三年龍舌橋天后宮收取各船香燈費碑

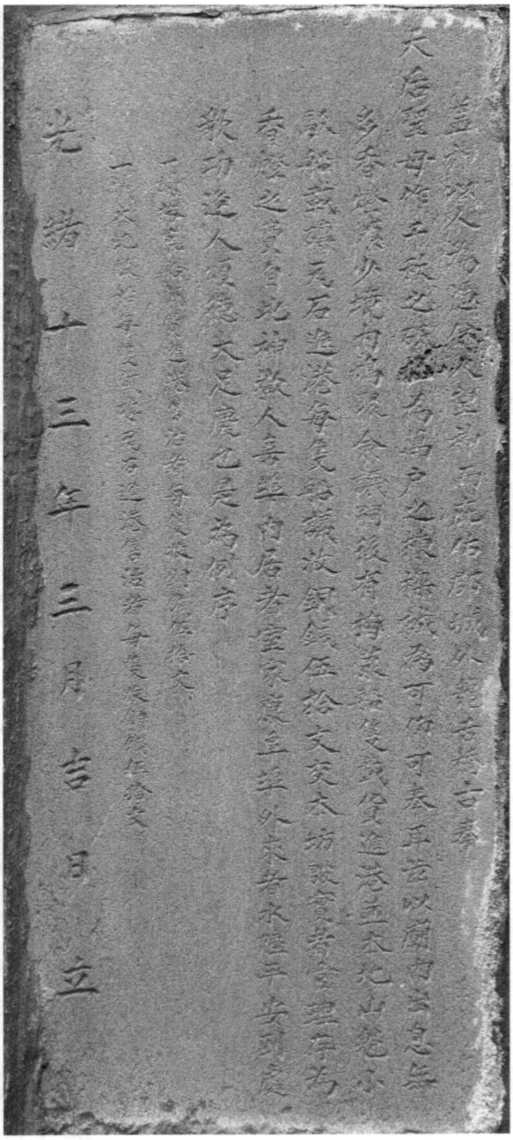

蓋神以人為憑依人望神而庇佑郡城外龍舌橋古奉
天后聖母作千秋之砥□為萬户之棟樑誠為可仰可奉耳兹以廟内出息無
多香燈頗少境内鳩聚僉議嗣後有梅菉船隻載貨進港並本地山魁小
駁船載磚瓦石進港每隻船議收銅錢伍拾文交本坊殷實者管理存為
香燈之費自此神歡人喜埠内居者室家康阜埠外來者水陸平安到處
歌功逢人頌德大足慶也是為例序
一議梅菉船載貨進港售沽者每隻收銅錢伍拾文
一議本地駁船每隻載磚瓦石進港售沽者每隻收銅錢伍拾文

光　緒　十　三　年　三　月　吉　日　立

海康學宮

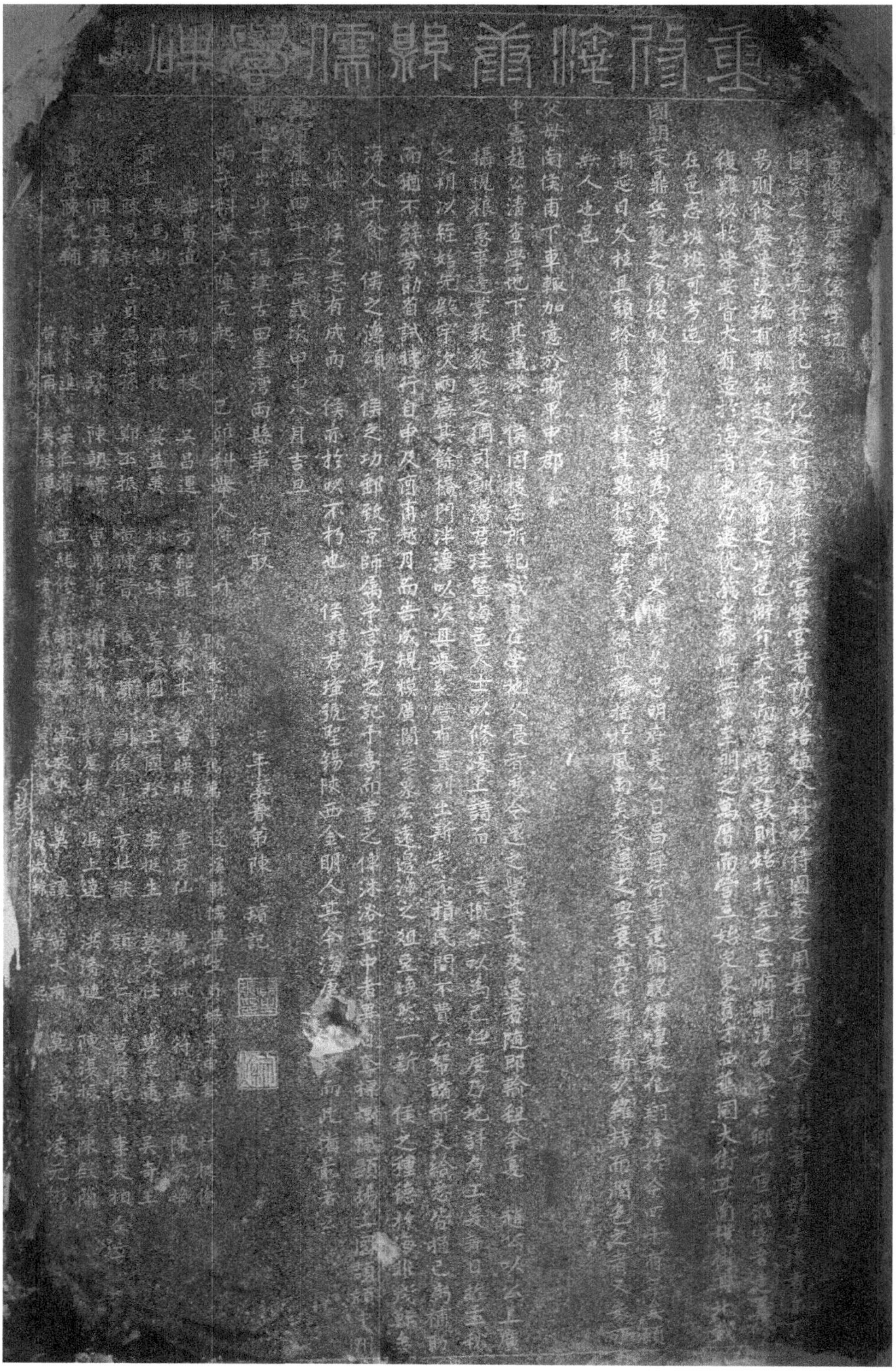

重修海康縣儒學碑

重修海康縣儒學记

國家之治莫先於教化教化之行要本於學宮學宮者所以培植人材以待國家之用者也然天下創始者固難善後者亦不易則修廢舉墜端有賴繼起之人焉雷之海邑僻介天末而學宮之設則始於元之至順嗣後名公巨卿以宦涖雷者建置修復難以枚舉要皆大有造於海者也乃遷徙幾更廢興無常至明之萬曆而營立始定東育才西華國大街其南横街其北載在邑志班班可考迨

國朝定鼎兵燹之後繼以災荒學宮鞠為茂草刺史陳公允忠明府夏公日昌再行重建廟貌輝煌教化翔洽於今四十有年矣頋漸延日久柱且頽於負棟矣椽且毀於架梁矣瓦礫且漂搖於風雨矣文運之興衰其在斯乎所以維持而潤色之者又安可無人也邑

父母南侯甫下車輒加意於斯甲申郡

中憲趙公清查學地下其議於　侯因搜志所紀載凡在學地久侵者悉令還之學其未及遷者隨即輸租今夏　趙公以公上廣攝視粮憲事適掌教黎君之綱司訓潘君珪暨海邑人士以修復上請而　侯慨然以為己任度乃地計乃工爰諏日於孟秋之朔以經始先殿宇次兩廡其餘橋門泮澤以次具舉經營布置別出新裁不損民間不費公帑諸所支給悉皆捐己為補助而猶不辭勞勩省試時行自申及酉甫越月而告成規模廣濶氣象宏遠邊海之俎豆煥然一新　侯之種德於海非淺鮮矣海人士食　侯之德頌　侯之功郵致京師属予言為之記予喜而書之俾沐浴其中者異日奪標樹幟顯揚上國頡頏中州咸樂　侯之志有成而　侯亦於以不朽也　侯諱君瑋號聖錫陝西金明人其令海康□□政而此猶最著云

皇清康熙四十三年歲次甲申八月吉旦

賜進士出身知福建古田臺湾両縣事　行取　治年家眷弟陳　瑱記

丙子科舉人陳元起　己卯科舉人符　升　遂溪縣儒學生員楊天申書　林挺俊

陳永亨　曺鶚薦

李寅直　楊一枝　吳昌運　方紹寵　莫式本　曺暎暘　李石仙　黄　斌　符　卓　陳文華

吳馬期　陳棐忱　莫益美　林震峰　吳振國　王國珍　李挺生　莫大任　莫定遠　吳奇玉

貢生

陳易新　生員馮京孫　鄭丕振　黄陳晋　馮一貫　劉俊才　方壯猷　顔　仁　黄有光　李天相仝立

陳其璟　黄　琰　陳朝縉　曺鼎新　謝振邦　楊鳳椽　馮上達　洪清璉　陳復振　陳殿簡

廩監陳元輔　蔡卜進　吳仁藩　王純修　謝振忠　卓文杰　莫　讓　黄大有　莫　争　凌元彬

黄虞甫　吳桂璋　鄭　璟　吳□穀　黄糓魯　黄淑韓　黄　熙

華光廟

重建斯堂記

維
五顯靈官之神昭護國庇民之功闡通玄勍勛之秘震赫布陟遐邇威
靈彌於宇宙古之為烈於今尤盛普天率土莫不乾乾而欽祀焉本
倉建堂奉祀其所由也久矣洪維我
太祖高皇帝開國太平精久圖治固有設倉之積遂有斯堂之建是以
聖德日新風調雨順嘉靖年間四川梓潼王公抵任朔望香燈懇禱□
嗣果應次年乃生男子照此觀之豈非神靈錫胤之驗歟於是王公
悅然鼎過堂宇刻繪神像庙貌郁然重新迄今年夂傾頹噫無復知
有此舉者耳是歲孟春仲乃抽薄俸命工構復斯堂文繪神像本□
妥神而□福實乃因神而繼祀也但思神以敬為主旦夕未備香燈
殊非敬神之道也余就大門外两傍架舗二間賃人居住月收租錢
少為香燈血食之資因而勒碑鐫記垂諸不朽云爾
大明萬曆歲次辛巳孟春月吉旦　使□劔城雙峰盧希仲題立

重修華光白馬二廟樂捐芳名碑

郡城之南建有
華光白馬二廟由來已乆作雷陽之保障克鎮離方靖鯨海之烽烟曾占師吉洵一郡□
靈神也第斁宇年深半多剥蝕龍顔日乆難壯觀瞻誠欲妥其　神靈應宣
脩乎廟貌用是謀之紳士簽及商民俾集腋以成裘藉衆擎而舉重以咸豐九
年菊月起工迄至臘月竣事通計費白金四百餘両高廣各加尺寸用拓舊規
光華並耀重簷喜成新構　神像之衣冠作繪聖容之藻火流輝瑩滿堂明豐
碑石泐從此功成再造樾蔭垂雲德戴二天葵傾向日所有楽捐
芳名開列于后

雷州府陳捐銀四元　海康縣張捐銀二元　府經廳高捐錢六百文　府經廳梁捐錢四百文
雷州府周捐銀三元　府儒學陳捐銭四百文　府儒學顔捐錢六百文　海康學梁捐銀一元
雷防分府和捐銀四元　縣捕廳王捐銀一元　縣捕廳陳捐銀一元　遂溪右堂沈 巡政廳温 各捐銀二元
雷州糸府蕉捐銀四元　左营中府陳捐銀二元　左营城守蘇洪 各捐錢四百文　右营城守楊捐錢四百文

顔日香捐銀二千大元	生員陳巨倫捐銀十五元	戦員官維国捐銀十元	顔均頁捐銀八元	戦員劉受祺捐銀六元	煉金行郭頁等	
府三班等以上捐良四両	二班楽均堂捐錢五千	監生馮汝寛捐良五元	福安社	骆起群以上捐錢四千文	同豐當捐銀三両	教戦陳 龐
分府蘇鴻超	戦員李鳳闕	何二昌以上捐良四元	符大學	燃灯社以上捐錢三千文	監生李凌風	監生陳嗣立
煉金行王彬甫	楊賛臣	陳利陞	何 頁	奉政第陳以上捐良三元	益昌號	仁生堂
元生堂	壽生堂以上捐良二元半	監生黄成德	譚文超	黄台記	陳德明	李世昌
賓頁祠	觀察第	縣印上以上捐錢二千文	敬業堂馮	戦員陳毓才	州同張徽猷	府門上
監生刘青鏞	雷州部舘	府金科	縣庫房	縣户房	縣架閣	総書房
郭湘舟	陳光祖	黄乂中	崔日芳	吳法生	羅頁成	羅有章
黄美香	鄭益源	刘 珍	鄭 斌	銀盛以上捐良二元	賛府第翁	戦員黄如□
陳 樟	邱 德	黄 佐	曾 瑞	梁大成	楊有材	保生堂以上捐錢一千六百
蔡德壽	倪蘭雪	金蘭號	金隆行	遂頁行	廣德行	和合行
綸益號	泰昌號	合德號	萬有號	利益號	英泰號	監生陳思簡
黄日盛	符時昌	監生梁相伯	陳廣和	王培光	何 栄	鄭 美
林氏祠	許承謀以上捐良一両	福成號	美利號	馮士温以上捐錢千二百文	張濟堂	瑞華號

晉昌號　董貴　吳忠升　登雲齋　坑尾館　霞舉軒　瀑泉別墅　研耕書屋程　道生堂　萬銓號　寶成號　同裕號　連昌號　仁昌號　德宣號　金和號　金瑞泰裝

義興號　王德超　吳珍　何鴻秀　種桂軒　符處館　王氏書室　留餘堂劉　廣安堂　公興號　廣豐號　金全號　慶興號　成昌號　翼香號　泗昌號　新慶隆裝

泰裕號　縣跟班等　聀員林鍾芝　盧玉振　少雲齋　那平館　吳禮公祠　蔭梧堂李　存生堂　楊利昌　福利號　合全號　乾利號　三昌號　正源號　裕美號　新泰隆裝

慶隆號　周廷漢　唐元龍　徐朝盛　睦堂館　停趾館　義江館　道庫廳孫　唐步蟾　陳泰和　盛記號　翰昌號　恒德號　南昌號　維泰號　連陞號　萬昌號

龐均和　煉金行吳鳳三　李盛記　陳國進　高水館　孚嘉館　南田館　鄭如金　陳璞山　同仁堂　寶隆號　寶裕號　協隆號　連美號　聯和號　正昌號　合泰號

郭一水　黃登記　陳儀韶　陳宏典　槐蔭館　方家館　六一館　準提菴以上捐錢一千　陳鎮浦　同德堂　和豐號　和裕號　億成號　恒泰號　安興號　金成號　經章號

詹成圭　永香號　梁恒興　蕭炳純　八箴井館　連村館　毓蘭軒　陳勳　馬雲峯　永和堂　和祥號　怡利號　茂昌號　永昌號　長泰號　茂興號　裕和號

劉氏六祖堂

劉氏六祖堂刱守碑

嘗傳家譜炎宋與自閩入粵歷韶来雷聚族于郡城南調會坊刘氏祖風有餘烈焉交　元兄弟避乱分處于鄉惟　成章公守先祖祀以儒者之分自安　大德十一季膺督粮之枲宿南華寺夢　六祖云我汝前緣汝地可安我座及歸神明黙化隨行到家一堂安祀至于祈祷者衆呈請批准刘家立庙安祀公将祖遺稅地自建家香火堂九三進　南宗六祖居中刘氏功曺居後前有門楼向道其周圍廓如也大明洪武元季　成章公逝躋庙行礼奉　成章公為刱庙始祖合祭于功曺行見　六祖緣吾祖而庙孔安吾祖緣　六祖而禋弗替堂前廳後賔主秩然乃知吾祖之與　六祖前世有緣則　六祖显灵即吾刘族歷世之神祖也諸子孫祀之上敬乃祖以敬乃祖之夙緣焉特恐族内分處或久而莫識本原刻石式垂以明刱守之志云尔

裔孫舉人劉鈊拜序

旹　成化二十二季歲次丙午冬月吉旦　劉氏合族　敬立

劉氏六祖堂修復碑

稽古　六祖承　五祖教而歸于儒者也曹水生香盧家発跡當　五祖傳教之時語云西天極樂東土
無傳應歸儒教以為緣　六祖唯唯及　元大德間適有雷郡督粮之刘　成章亱宿南華乃託夢曰我
汝前緣汝地可安我座明日　成章言旋而　六祖神像不覺變入行箱寺僧屢搜化形不見迨至刘家
奉為香火灵通一郡人多祈禱室内难容刘氏聯名具呈批准刱廟安祀　成章捐金布地自建家香火
堂安座　六祖刘氏歷代　功曹退居後所　大明初　成章卒奉為　功曹子孫吉祭因　嘉靖時提
學魏校奏斥佛教毀諸寺观并　六祖堂弛之惟刘氏　功曹一所存焉調會坊民刘氏呈明　上憲謂
六祖為刘家香火其堂與諸寺不同　成章業儒吉守此堂與諸僧大異照例　諭准修復奉　諭刻
成章像並祀　六祖堂中由是观之前人善刱後人善復可見　六祖與　成章有緣更與　成章之子
子孫孫吉吉有緣也瑄属宗人欽其灵應溯厥来由勒石于門外曰西竺賓林書扁于中堂曰劉家香火
題額于后所曰功德所故誌書畧而不詳乃作序竖碑以昭久遠俾天下後吉知儒教之足重于不朽亦
以表刘家之吉修儒業而不同于崇尚佛教焉耳　推官黔人劉瑄拜序

旹　天　啟　五　年　歲　次　乙　丑　春　月　吉　旦　敬立

永曆四年重修碑

雷郡南城外有劉氏世冑
六祖廟一刹自曹溪分跡蓋古迄今一家香火其
神靈顯赫翬護
皇圖而郡之士民翹首霑福□奉
命援剿時西海申愫暫鎮于兹兵馬鱗集乃有營兵棲于廟側是夜疾風驟雨傾圮
殿宇一楹猛如雷聲正在士卒肘腋曾無一庇此非
六祖之顯祐可無傷乎于是衆樂抒誠捐資脩葺煥然一新以垂不朽云爾
欽命援剿廣東高雷廉瓊等處地方節制衛所城守營堡控馭漢土狼猺官兵後營都督府張鎮殷薰沐拜撰

援剿監軍同知守雷州府理刑事薛萬玄　陳存義　王　泰　吳　龍
分鎮雷廉叅府務總兵黃學明　溫　新　楊明芳　劉　成　黃子貴　鄧　勝
黃士龍　林邦策　區　明　郭嘉善　朱　逺　李　魁
副總兵張　□　吳對宸　陳聡科　嘗時遇　梁棟材　饒　德
孫祚昌　林葵芳　叅將遊擊　樓至明　張光祖　都司守把　林　喜　龍　祥
吳　定　黃光復　張　虎　王日陞　沈元登　張　虎
李兆元　章　艷　張　豹　龍　魁
緣首　副總冷維德　叅將楊大芳　陳有光　查永勝　李炷□　魯懋脩

旹大明永曆肆年歲次庚寅季春吉旦立

劉氏六祖堂碑

六祖吾粵活禪師也發跡新興建梵曹溪水德中庸道明著佛教無妨乎聖教后靈光永照鞏固　皇圖安民阜物其功至正而至大以故　龍章叠錫承祀遍乎區宇然皆未有如我郡劉氏捐金布地置堂崇奉世代相傳若是之虔者寧老劉年兄諱鎮宇始祖諱成章公元大德十有一年歲丁未公年方二十地方官司奉文舉公賢能督粮運京旋宿韶石南華一宿得　六祖汝與我前緣汝地可安我座之夢覺則請机来雷不知元刻寳像自入箱内諸僧追捜幾次變化不見僧退復見抵雷祀奉於家但智珠常瑩寳筏廣濟合郡中及往来人等日夕祈卜甚衆理弗能止盖　佛無尔我所謂平等是也因思菴院不敢私刱而占禱又無所容時合郡呈詳準劉氏自搆紺宇永為掌管工峻日遂巍然別成一南華寳林矣故　六祖堂與諸寺院菴觀相類實與諸寺院菴觀不同良以是堂乃一家香火堂開山布地一瓦一木出自劉囊未嘗鈔化他人所以圓明有覺而劉族蕃衍書香不替勲名弗衰且厚德世其家默餘其報耳　國朝初戎馬生郊廟貌将圮寧年兄潜尊翁古栢公乘干戈甫定經營整飾倍加煥彩即寧兄潜讀饟食郡庠體先志以時修葺則　六祖之福劉氏曷有其底可恨者世遠碑湮雖誌書有錄不免失真即誌云毀之修復考諸奏請毀祠一切不果此誠誤志於書因恐歷久而更忘其實合郡喜勒石垂不朽同呈官長乞序諭向知情郡人秉筆衆謂余居同里熟悉源流囑作文以記

郡人陳　瑱拜撰　　合郡仝立

旹　大清康熙三十四年歲次乙亥孟春穀旦

劉氏六祖堂記

六祖吾粵圓明大禅師也發跡新興住錫南華以是粵人祀而奉之者遍乎州邑然皆未有如劉氏之族捐金布地
立廟崇祀旮代相傳若是之虔者韶之名山南華為冣劉氏始祖成章公原籍於韶礼拜南華固已日久
大元世祖間自韶石及雷持奉　六祖以来居於城南門外之東生聚蕃衍書香不替豈非奉佛之虔固自有報耶
遂擇今地手刱紺宇以為本族香火不事抄化自功曹所與　　佛殿正堂至大門凢三座遂成　六祖袈裟
地矣　國朝初戎馬生郊廟貌傾圮寧老年兄尊翁古栢公乘干戈甫定即力謀建復　六祖堂凢一木一瓦
之費出自己囊未嘗募他人分毫直為劉氏一家香火堂矣然以智珠常瑩寶筏廣濟握天地之机通萬物之
数士庶日夕祈禱卜吉於廟中者踵相錯焉劉氏亦弗能止盖以佛為大衆之佛居劉氏一家之堂此佛本無
尔我所謂平等是也故　六祖堂亦與諸寺院菴觀並稱寔與諸寺院菴觀不同以　六祖堂乃劉氏一家之
手刱非有所藉以勷斯舉者也寧老年兄潜心讀書食餼膠庠日悟聖賢之餘亦嘗虔心礼佛克体先志以時
修葺皆一力獨支不以告人然則　六祖之福劉氏者豈有涯哉第恐傳夂而漸忘所自也予世居同里友善
親密熟悉源流因属予作文以記
旹　大清康熙四十八年歳次己丑冬吉旦　任汾西知縣年家眷弟吴振傑拜撰　　合郡仝記

蒙恩再造

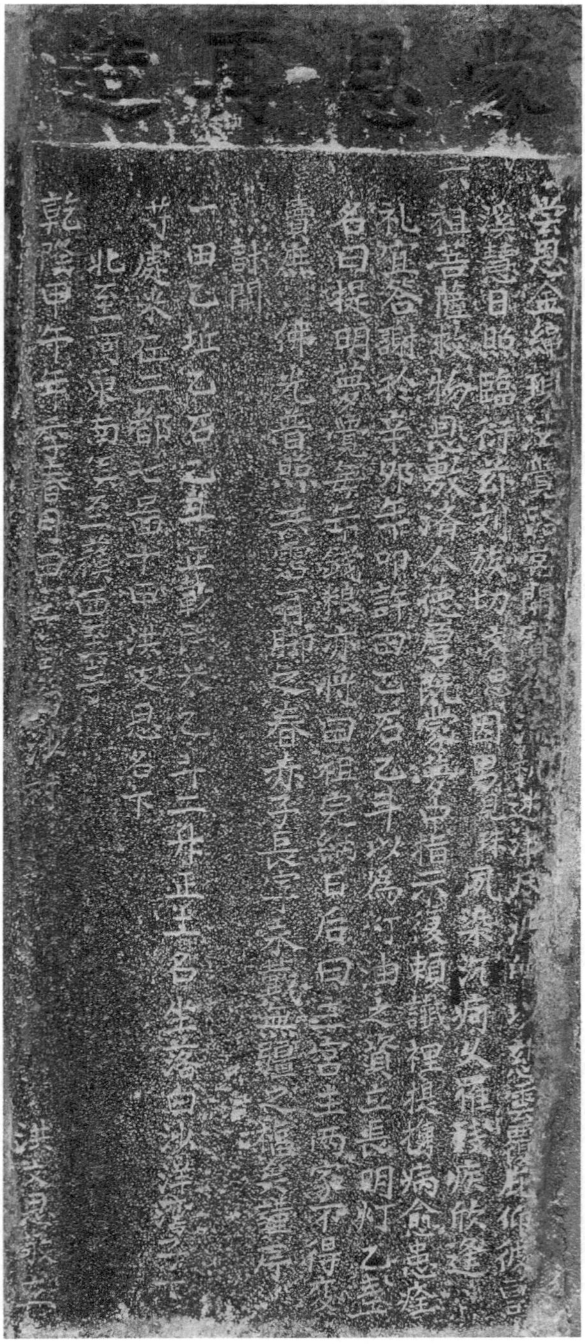

尝思金繩現法覺路常開寶筏流机迷津尽渡所以慈雲覆庇仰彼曹
溪慧日照臨衍菾刘族切 文思 因男 見珠 夙染沉疴久罹残疾欣逢
六祖菩薩救物恩敷濟人德厚既蒙夢中指示復賴讖裡提携病愈患痊
礼宜答謝於辛夘年叩許田乙石乙斗以為灯油之資立長明灯乙盏
名曰提明夢覺每年錢粮亦将田租完納日后田主宫主两家不得变
賣庶　佛光普照共霑有腳之春赤子長寧永戴無疆之福矣謹序
計開
一田乙坵乙石乙斗正載民米乙斗二升正土名坐落白沙洋湾子一
荨處米在二都七畐十甲洪文思名下
北至河東南俱至蕿西至寺
乾隆甲午年季春月甲子日白沙村　洪文思敬立

劉族捐修六祖堂碑

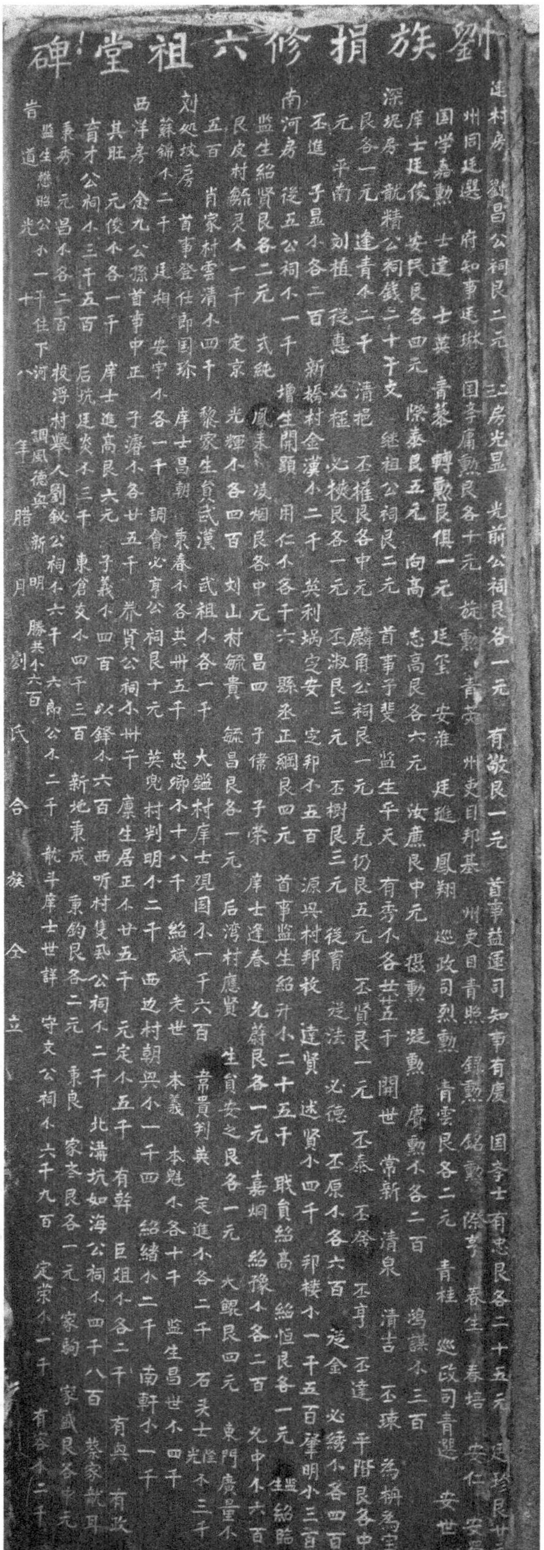

連村房　劉昌公祠艮二元　二三房光显　光前公祠艮各一元　有敬艮一元　首事益運司知事有慶　国庠士有忠艮各二十五元　廷珍艮廿元
州同廷選　府知事廷琳　国庠庸勳艮各十元　旋勳　青荧　州吏目邦基　州吏目青照　録勳　銘勳　際亨　春生　春培　安仁　安蜀
国学嘉勳　士達　士英　青藜　轉勳艮俱一元　廷璽　安淮　廷璡　鳳翔　巡政司烈勳　青雲艮各二元　青桂　巡政司青選　安世
庠士廷俊　安民艮各四元　際泰艮五元　向高　志高艮各六元　汝蕭艮中元　摄勳　凝勳　賡勳木各二百　鴻謀木三百
深埧房　訦精公祠銭二十千文　继祖公祠艮二元　首事子斐　监生平天　有秀木各共廿五千　開世　常新　清泉　清吉　丕琜　為枬為宝
艮各一元　逢青木二千　清挹　丕權艮各中元　麟角公祠艮一元　克仍艮五元　丕賢艮一元　丕泰　丕發　丕亨　丕達　平階艮各中
元　平南　刘植　従惠　必橿　必楝艮各一元　丕淑艮三元　丕樹艮三元　従育　従法　必德　丕原木各六百　従金　必綉木各四百
丕進　子显木各二百　新橋村金漢木二千　英利埚之安　之邦木五百　源㒷村邦枚　達賢　述賢木四千　邦楼木一千五百肇明木三百
南河房　従五公祠木一千　增生開顯　用仁木各千六　縣丞正綱艮四元　首事监生紹升木二十五千　戢貞紹高　紹恒艮各一元　监生紹臨
监生紹賢艮各二元　式純　鳳耒　凌烟艮各中元　昌四　子偉　子荣　庠士逢春　允蔚艮各一元　嘉烱　紹豫木各二百　允中木六百
艮皮村毓灵木一千　定京　光輝木各四百　刘山村毓貴　毓昌艮各一元　后湾村應賢　生負安之艮各一元　大鯤艮四元　東門廣量木
五百　肖家村雲清木四千　黎家生負武漢　武祖木各一千　大鑑村庠士观国木一千六百　鼎貴判英　定進木各二千　石头士光隆木三千
刘処坡房　首事登仕郎国珎　庠士昌朝　秉春木各共卅五千　忠卿木十八千　紹斌　老世　本義　本魁木各十千　监生昌世木四千
蘇錦木二千　廷相　安宇木各一千　調會必亨公祠艮十元　英兜村判明木二千　西边村朝㒷木一千四　紹緒木二千　南軒木一千
西洋房　念九公孫首事中正　子濬木各廿五千　券賢公祠木卅千　㢘生居正木廿五千　元定木五千　有幹　巨爼木各二千　有㒷　有政
其旺　元俊木各一千　庠士進高艮六元　子義木四百　以鋒木六百　西听村叟虱公祠木二千　北溝坑如海公祠木四千八百　蔡家訦耳
育才公祠木三千五百　后坑廷炎木三千　東倉交木四千三百　新地秉成　秉鈞艮各二元　秉良　家齐艮各一元　家駒　家盛艮各中元
秉秀　元昌木各二百　投浮村舉人劉鉍公祠木六千　六郎公木二千　訦斗庠士世詳　守文公祠木六千九百　定荣木一千　有容木二千
监生懋昭公木一千住下河　調風德㒷　新　明　勝共木六百
旹道光十八年腊月劉氏合族仝立

廟后地碑

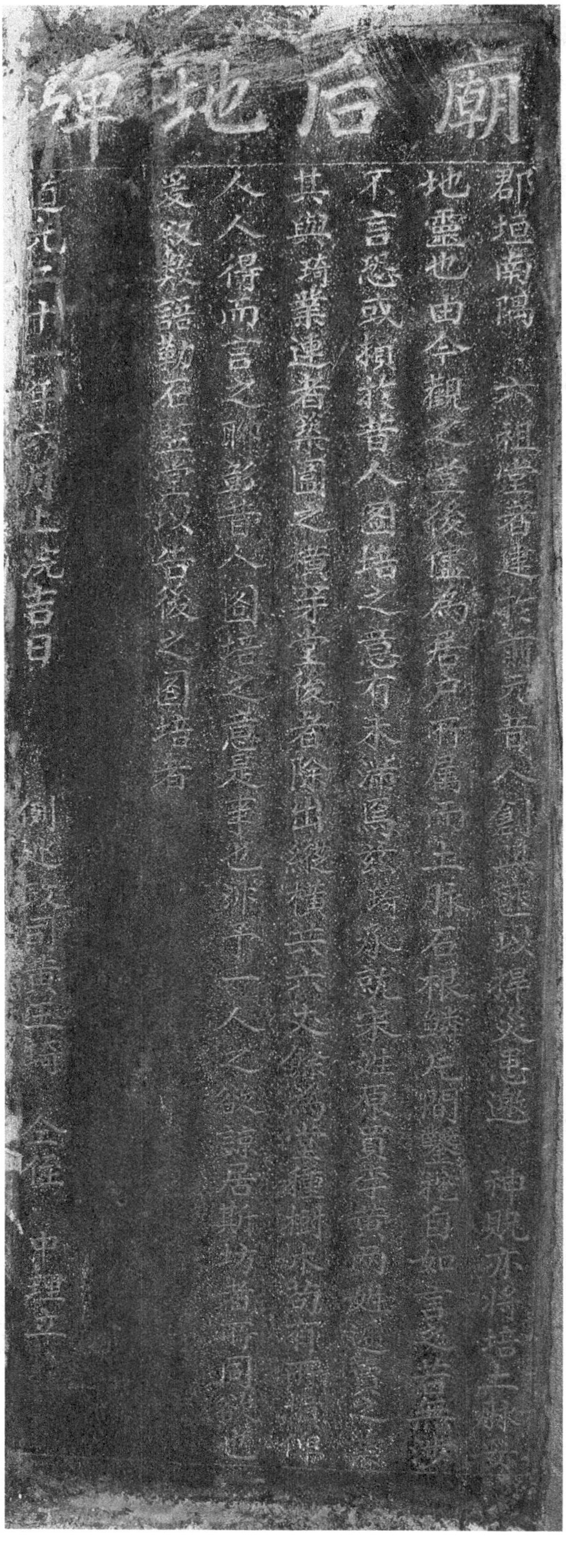

郡垣南隅　六祖堂者建於前元昔人創此匪以捍災患邀　神貺亦將培土脉妥
地靈也由今觀之堂後儘為居户所属而土脉石根鳞片間鑿挖自如言之若無涉
不言恐或損於昔人圂培之意有未滿焉兹琦承就宋姓原買李黄两姓逓賣之業
其與琦業連者築圍之横穿堂後者除出縱横共六丈餘為堂種樹木苟有所損俾
人人得而言之聊彰昔人圂培之意是事也非予一人之欲諒居斯坊者所同欲也
爰叙数語勒石竪堂以告後之圂培者

道光二十一年六月上浣吉日　　例巡政司黄玉琦　仝侄　中理立

重修劉氏六祖堂序

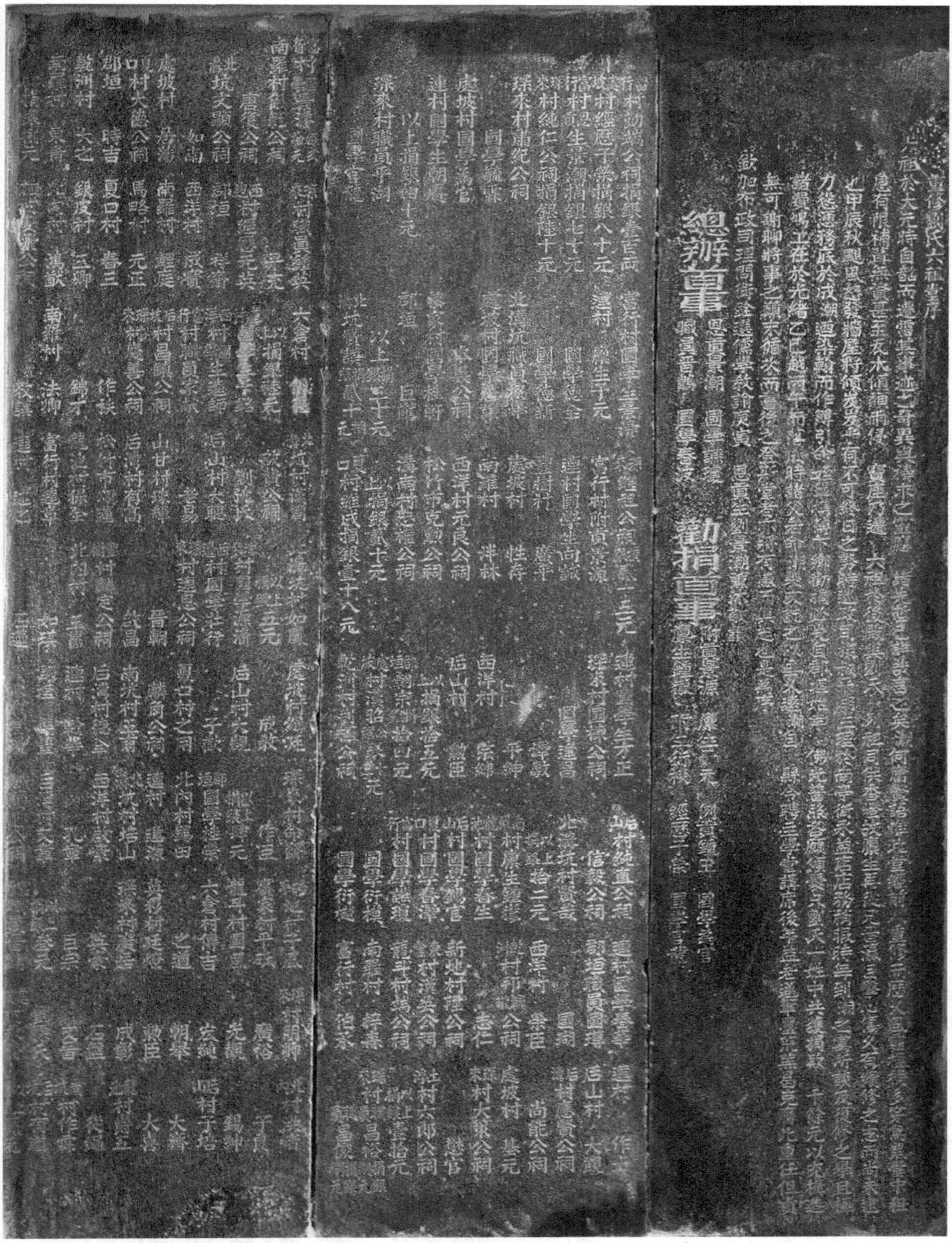

六祖於大元時自韶而遷雷其事迹之奇異與禱求之靈應　諸先哲已詳哉言之矣潮何庸贅語惟此堂經前人重修而歷久風霜楹桷多穿鳥鼠堂中租息有限補葺無資甚至瓦木傾頽雨侵　寶座乃遷　六祖於後殿與劉氏　列祖同供香燈故廩生再從兄晉瀛目擊心傷久有續修之志而尚未逮也甲辰秋颶風怒發牆屋將傾岌岌乎有不可終日之勢時巡政司族叔平湖主理於南亭街永益店店務稍暇時每到潮之寓所談及復修之舉且極力慫慂務底於成潮迺染翰而作簿引命姪輩携簿下鄉勸捐必先自郡垣始幸　佛光普照各願傾囊只劉氏一姓中共獲捐欵　千餘元以充構造諸費鳩工在於光緒乙巳越丙午而落成時諸父老命潮製文誌之以垂久遠潮自　縣令聘主學堂講席後年益老邁筆墨荒蕪曷克膺此重任但責無可謝聊將事之巔末循次而書後之登斯堂者亦將有感而興起也是為序

欽加布政司理問銜銓選儒學教諭庚寅　恩貢生劉景潮薰沐敬譔

總辦首事　恩貢景潮　國學譙瓊
職員晉鵾　國學春波

勸捐首事　附貢景源　廩生舜元　例貢鍾王　國學為官
廩生鍾嶽　附生衍棪　經歷子榮　國學官龍

富行村勤端公祠捐銀壹百両　富行村國學生景濤　琛來纘祖公祠捐銀貳十五元　連村國學生方正　后山村純直公祠　連村國學春華　連村　作士
處坡村經歷子榮捐銀八十元　連村　廩生子元　富行村附貢景源　琛來村國楝公祠　信毅公祠　郡垣職員國璕　后山村　大覲
富行村恩貢生景潮捐銀七十元　國學德全　連村國學生向誠　國學逢昌　北溝坑村賢哉　國瑚　后灣村應賢公祠
琛來村純仁公祠捐銀陸十元　國學德新　豐樹村　廣平　澤敷　以上捐銀拾二元　西洋村　榮臣　尚能公祠
琛來村肅紀公祠　北溝坑職員協舉　處坡村　性存　平紳　南羅村廩生鍾嶽　乾洲村邦輔敬公祠　處坡村　基元
國學毓霖　處坡村國學居讓　南羅村　泮林　西洋村　宗綿　龍池村國學春生　志仁　琛來村大策公祠
處坡村國學為官　本義公祠　西洋村元良公祠　后山村　勳臣　后山村國學錫官　新地村陞公祠　懋官
連村國學生朝賡　黎家村國學桂軒　松竹市克勳公祠　以上捐銀拾五元　夏口村國學春澤　東倉村漢英公祠　土浮村六郎公祠
以上捐銀四十元　郡垣　巨猷　溝南村忠權公祠　郡垣朝宗捐銀拾四元　富行村國學譙瓊　龍斗村端公祠　以上捐銀壹拾元
琛來村職員平湖　以上捐銀三十元　以上捐銀貳十元　處坡村漢昭公祠銀三十元　國學衍模　南羅村　梓森　琛來村職員昌裕捐銀捌元
國學官龍　北溝坑贊謨捐銀貳十捌元　夏口村維成捐銀壹十八元　乾洲村判極公祠　國學衍樾　富行村　伯承　職員昌俊捐銀捌元
富行村國學景濬銀弍拾元　琛來村職員鍾英　六倉村　傳德　北溝坑村漢周　北溝坑村如鳳　處坡村緝廷　琛來村命齋　掃□池村子風　琛來村明卿　北內村洪緒
南羅村儀範公祠　平充　以上捐銀陸元　啟贊公祠　以上捐銀五元　成教　作臣　賔家村平砥　廣裕　子良
唐復公祠　西边村經歷元英　連村國學生子銘　劉沈氏　琛來村國學源清　后山村大覲　以上捐銀肆元　龍斗村國風　光觀　錫紳
北溝坑文顯公祠　郡垣　祥齋　西洋村國學生逵師　后山村大聰　西邊村國學壯行　子歡　郡垣國學桂榮　六倉村傳吉　宏純　后山村子培
如南　西洋村　成賓　富行村職員家獻　老易　琛來村連思公祠　夏口村之用　北內村錫田　之道　朝舉　大齊

處坡村　居藩　南羅村　鯉庭　后坑村昌鎮公祠　山甘村珠輝　晉朝　麟角公祠村　逢源　英彩村廷燎　勳臣　大喜
夏口村大德公祠　馬略村　元正　琛來村慶善公祠　后灣村有高　啟昌　南坑村玉甫　北溝坑村培山　琛來村廣居　成彰　龍池村爵五
郡垣　時吉　夏口村　春三　作秩　松竹市頌蓮　豐樹村麟定公祠　后湾村德全　西洋村啟紫　英豪　石盤　從繩
乾洲村　大之　銀皮村　玉卿　錦才　龍池村保全　北內村　玉書　連村　翰華　孔章　巨宗　文晉　南坑村作霖
南羅村　東青　北內村　鴻猷　南羅村　法卿　富行村達章　如琪　郡垣　暢豐　后灣村文章　以上捐銀叁元　劉陳氏　后坑村有道
以上捐銀捌元　西汀村雙飛公祠　教謨　連村　述之　石蓮　琛來村睿瓊　南羅蘭圃公祠　富行職員晉鵾　處坡村永發　以上捐銀貳元
處坡職員子寬　六倉村之興　主□坑尾大發　琛來村德卿　龍斗村美成　西洋村仁山　后坑村如存　西边村餘慶　英彩村必明　琛來村錦堂
西边國學邦昌　后灣村性聰　郡垣　喬林　大豪　成九　元龍　安之　元榮　必順　朝甫
富行村譙翰　平才　乾洲村　鴻海　耀廷　美堂　學良　北溝坑村同文　萬田　廷雲　英彩村廷協
北溝坑村玉為　烏石村嘉桂　長尾坑村春道　處坡村芝才　日三　巨典　璞全　仁山　攀卿
世平　湖南村朝仰　北溝坑村臨位　有貴　益三　成山　麻城村應坤　后灣村有記　必進
西洋村教五　昌禮　臨祖　光彩　玉清　煥章　應霖　有龍　廷佑
南羅村炳南　西汀村志宏　以上捐銀貳元　光顯　鳳池　兆升　南羅村琼山　宅强村建坤　土浮村維鴻
宜之　土浮村其民　郡垣安禮捐銀壹元五毫　敏德　壽熙　東倉村春潤　佩五　六倉村之明　成盛
西邊村攀益　英彩村景星　琛來村　保泰　實秋　北內村如均　后山村大贊　安全　木東坡村日林　郡垣　尚臣
邦利　明卿　國相　廷富　如珠　子學　盤珠　佛堂村之智　乾洲村鴻位
立之　必才　仁甫　夏口村登王　洪蘭　□□　嗣音　之廣　富行村仲東　以上捐銀壹元

西洋庭鳳公祠捐銀拾元

南坑仔公祠捐銀六元　南羅村嗣喆銀弍元

赤子諸送彩閣油燈芳名開列

下河同知官　寵銀拾元
國學官建勳銀拾元
邦塘封職李師貞銀六元
同知李世壽銀六元
李柱馥銀六元
廩生李步瑶銀五元
國學李晉勳銀三元
下河　官劉氏銀三元
邦塘庠士李元發銀弍元
李繁祉銀弍元

邦塘李壽林
李吳氏
李梁氏
下河吳廣明
鄭田山
無名氏
城内莫梁氏
無名氏
下河陳賜書堂
以上奉銀弍元

邦塘國學李鴻儀
教職李晉燾
李榮錦
李恩榮
李仲嘉
李世宗
下河庠士莫長發
國學勞烱南
國學陳壽山
官寶發

下河官陳氏
陳顏氏
陳黃氏
西門陳張氏
陳莫氏
陳莊氏
海厰鄧兆龍
閱部楊朝晋
麻湖吳唐天
宅井吳元興

石洒賴唐氏
黎郭陳王氏
以上奉銀壹元
麻亭日師方文龍五毫
厦廣陳進祥銀四毫
麻演陳文瀛銀弍毫

曲街康皇廟

同治四年重修曲街康皇廟樂捐芳名碑

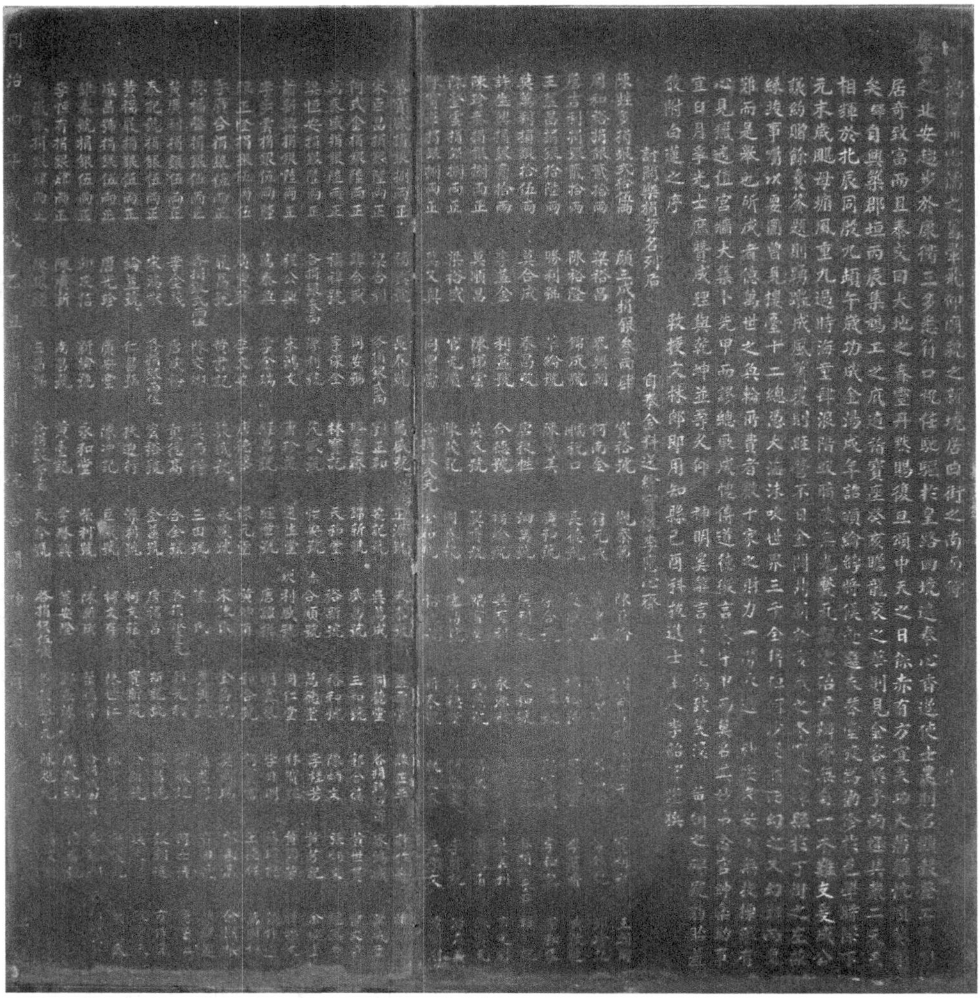

鴻澤沛霑濡之舊暈飛仰廟貌之新境居曲街之南面侍
康皇之北安趨步於康衢三多悉符口祝任馳驅於皇路四境遍奉心香遂使士農則名顯穀登工賈則居奇致富而且泰交回大地之春靈丹默賜復旦頌中天之日保赤有方宜夫功大藩籬忱傾葵藿矣繹自興築郡垣丙辰集鳩工之庇遍稽寳座癸亥瞻龍衮之華則見金容煥乎南極共戴二天王相輝於北辰同殷九頓午歲功成金湯戊年詔頒綸綍將候赴選夫琴堂旋為勸修於邑學時際下元末歲颶母煽風重九過時海童肆浪階級暗淡無光甃瓦飄零殆盡瓣香無自一木難支爰成公議約贈餘囊簽題則踴躍成風簣覆則經營不日金闕鼎新於亥歲之冬寳龕輝照於丁街之左茲緣竣事囑以要圖曾見樓臺十二總憑大海沫吹世界三千全籍恒河沙聚然而幻之又幻難而更難而是舉也所成者億萬世之奐輪所費者數十家之財力一勞永逸　神妥民安繹無技操觚有心見獵適值宮牆大築卜先甲而謬總厥成愧傳道德微言慕守中而莫名其妙第念官紳樂助事宜日月爭光士庶贊成理與乾坤並壽夂仰　神明奚辭言述塗鴉致笑浸題黃絹之碑窺豹貽羞敢附白蓮之序

敕授文林郎即用知縣己酉科拔進士里人李韶繹謹撰

自奉金料送繪寳像李應心齊

計開樂捐芳名列后

陳甡多捐銀弍拾伍両　顔三成捐銀叁両肆　寳裕號　觀察第　陳巨倫　劉合益捐錢壹千　寳利號　王朝用
周和裕捐銀弍拾両　梁裕昌　麥興朝　何南金　符元戎　黃中正　廣昌號　宋鴻謨　勞□記　鄧珍記
詹吉利捐銀弍拾両　陳裕隆　錦成號　雷州稅口　長德號　慶盛號　協綸號　李騰雲　李芝香　黃汝達
王益昌捐銀拾陸両　勝利號　華綸號　陳成美　廣和號　榮合號　道興號　郭寶興　李和記　李和裘
莫萬利捐銀拾伍両　莫合成　泰昌號　唐復性　泗昌號　廣利號　人和號　信合號　各捐錢叁百　杜　記
許生興捐銀壹拾両　李益金　利益號　合德號　福綸號　吳有利　永源號　各捐錢陸百　莫義利　□光彩
陳珍泰捐銀捌両正　莫順昌　陳梯雲　英泰號　翼香號　梁寳豐　弍燕號　潘秉禮　唐嘉甫　陳寳元
陳登雲捐銀捌両正　梁裕盛　官元慶　陳茂記　同泰號　建昌號　廣德堂　何魁文　李賡記　潘秉義
陳寳華捐銀捌両正　莫又興　同豐當　各捐銀弍元　金和號　裕興號　新泰號　□長泰　吳學文　黃開財
蔡寳盛捐銀捌両正　福興號　長泰號　萬盛號　正源號　天泰號　益壽堂　陳正平　許作舟　陳□記
宋巨昌捐銀陸両正　梁合利　各捐銀弍両　劉正和　安記號　吳萬成　同德堂　各捐錢伍百　宋鴻順　梁成童
何式金捐銀陸両正　譚合盛　同安號　勝意齋　錦新號　盛昌號　三和號　郭合德　黃世貫　曾文盛
萬泰盛捐銀陸両正　福祥號　李保全　林寶記　天和堂　裕新號　裕和號　陳炳文　張炳文　鍾國秀
梁恒安捐銀陸両正　各捐銀叁両　源利號　茂盛號　怡安號　赤坎合順號　萬德堂　李桂芳　黃芳記　余煥□
蕭新興捐銀陸両正　程公興　宋鴻文　亶珍益　道生堂　利盛號　同仁堂　林寳輝　黃國芳　譚學文

同治四年歲次乙丑腊月下浣合閡紳士商民等重修廟碑

李步雲捐銀伍両陸　陳正隆捐銀伍両伍　李廣合捐銀伍両正　陳福聲捐銀伍両正　黃廣利捐銀伍両正　泰記號捐銀伍両正　黃福履捐銀伍両正　成昌號捐銀伍両正　維泰號捐銀伍両正　李恒有捐銀肆両正　張徽猷捐銀肆両正

萬泰興　廣豐號　履昌號　各捐銀弍両伍陳交卿　李金茂　宋鴻猷　綸益號　唐光珍　邱友信　陳廣新　陳振隆

李金瑞　李文安　黃書記　唐成裕　各捐銀両伍　仁昌號　廣安堂　新綸號　南昌號　三昌號

經昌號　唐德馨　駿盛號　莫両得　黃德高　宏裕號　扶迎行　陳冲記　永和堂　黃臺記　各捐銀壹両

經章號　保元堂　永盛號　三田號　合全號　金益號　源利號　巨盛號　榮利號　李珠興　天合號

唐譚摸　黃卿甫　宋陳氏　蕉　氏　各捐銀壹元　唐福昌　柯文荘　柯文存　陳新成　翁安隆　各捐銀伍錢

明□琴　和合號　金昌號　廣興號　郭元利　新記號　寶新號　陳世仁　葉德馨　鄭益源　各捐銀中元

李日明　何寶當　莫鼎瑞　□益利　韓敏記　勝昌號　合新號　陳中孚　各捐錢四百　廣泰號　陳魁元

蔡瑗記　王德保　黎永高　寶田號　何士清　張朝進　吳文昌　許茂記　李勝利　信香號　符文記

張作□　萬國相　余熙□　□朝□　符□□　方作霖　陳□□　莫　氏　各捐錢弍百

雷州府元魁塔記

雷州府理刑推官歐陽　鼎建元魁塔記

夫士人操觚而決勝棘闈猶大將提兵而奏捷疆場也曰鏖戰曰奮標古已比類而觀之矣然猶是兵也果張空拳冒曠野而遂得志于敵乎抑據形扼險而後可以惟吾所向也孟氏云天時不如地利地利不如人和斯三者遞為輕重匪獨戰也于文亦然夫士不漱芳拮潤綜今隲古而期青紫此徒手之搏也然亦有藝擅穿楊錢堪萬選而試之文場多蹶此豈其技有未工而工者不必遇則天時地利操之矣然天時杳不可知地則有形而可據宇內鉅若都次若會散若百千萬郡邑形勝全者氣勢隆形勝虧者氣勢嗇下至賈區閭井財賦之盛人文之奕必其跨有名山勝川而單門衰户未有不於窮源僻塢者也此其說開于郭景純精于朱晦翁蔡牧堂而揔之發竅于孟氏乃云形家言儒者不道何蹈其實而欲諱其名也方今士大夫一□其藩浸假而求深入其奧惟冥冥□□之□□陰受扶輿之靈淑而不知耳道固不以知而有不知而無也雷陽僻在天南說者謂粵東嶺以西而下山水大盡似爲靈氣不屬余聞之否否譬之人身上頂下趾中腹趾固人身盡處也使氣獨榮于頂腹而不及于趾則趾又何能運動而一身行走賴之乎然則謂嶺以西無地氣者不知人身者也雷士運往古不具論國初永弘間鄉書每科六七人以爲常甚者一榜十人發解發甲種種相望于册余輯郡志異之乃後稍稍衰微也形家謂雷地平衍無文筆所致士人因議建塔以補地脈乃輒議輒止余奉

命理雷欲得雷佳士彬彬以光上國固出素心適諸士以塔請遂不辭而僭為已任余家君嗜青囊余趨庭習聞其槩因出所知審視雷地則見郡形東南单寒法宜補且係巽方宜文筆於是諏吉開基得三元兆益喜而肩承擘畫慮費難而余以署篆贖鍰倡其端若道若府助其瀾以及百執事士庶莫不津津随力以輸而不虞于費慮任事之人難余以一身總其綱二陳生悉心理其目下逮鄉老耆民莫不抜志勤事而不虞于人慮木石之料難而余為之廣窑優值給金于庭易薪於社陶人灰人梓人莫不欢欣胼胝如京如坻而不虞于料故每一月而一層之功成不九月而九層之功成旁觀者駭爲神工鬼運而不知上作下應人心鼓舞使然也語云非常之原黎民惧焉及臻厥成天下晏如固知愚公之山可移壯士之戈返日惟其誠耳誠則未有物不動事不濟者余樂觀厥成登九級而睇眄之北枕高凉鬱鬱蒼蒼南浮瓊管縹緲雲虹東滙滄溟魚龍浩瀚西顧廉交媚川夜光而雷地形勝赫然聳觀山若增而高水若增而濶矣于斯而不孕毓多賢占鼇奪標銘勳鼎呂吾不信也乙卯秋闈文塔政成雷得售有二人盛機兆矣由斯而元魁輩出當未艾也額曰元魁塔蓋豫期之耳然余有進于雷士焉夫地靈而人傑亦人定而勝天彼大將臨陣布壘雖得地利倘不稱爾戈比爾干閑爾節制必非勝局雷士毋曰吾今邀福于塔峰而遂可以倖也余復建文昌閣于塔前立文昌一會設田措費爲雷士稱戈比干之用雷士益厲弓秣馬人人誓斬樓蘭庶乎有志竟成而余願為不孤耳然余更有進焉士人元魁非難不愧科名難必在鄉鄉重在國國重行與塔比峻聲與塔俱永雷從此鼓行海内無難也不然雖有巍科顯秩生平漫無建明又不然怙勢敢德貽羞縉紳滋詬鄉里爲世殷監則人弗傑而地脉亦黯然失色矣非今日建塔意也余六載理雷兢兢法守自愧無善可紀或亦無惡可書雷理局二百餘年靡超遷者余今伏雷之靈幸附徵書之選則余不負雷而雷亦不負余矣故効區區于雷士者如此若夫塔功之成則在位與地方諸君子之力也余何庸焉

旹萬曆四十四年丙辰　孟秋吉日

文林郎廣東雷州府理刑推官奉

□□□□□選豫章歐陽保譔

（該碑民國《海康縣續志》有收錄，可相參酌）

三官堂田記

攷之古有公田有私田公君属私民属而梵刹之供在四方扵田何有雖然亦宜有之承陀那之所布裕香積之所需可免時行募化焉雷郡城東南隅有三元堂者萬曆乙卯間大司理歐陽公鼎成窣塔随為営建也嗣後　帝德廣運合郡悉被乎　鴻庥但住僧崇奉日贍青精繼修紫府苔鉢有所难支我鄉檀越同喜發願捐置田畝斯以永載菩提願田雖久捐而未廣厥田毋亦未勒諸石故無觸目警心相續而為施與迩研石以雕鏤豈緣世遠田湮計乎盖法輪常轉自爾産業不侵祇是碣立以便衆覌凡有楽為施給者踵接而增廣福田庶善果大成此不亦美哉盛舉欤是為記　歲貢生候選儒學訓導劉文琦敬撰

計開田目

一田七坵相連共七石三斗　一田二坵相連共一石九斗　土名坐落猪母堀　一田一坵一石三斗　土名坐落灵山橋河内南边　一田三坵相連共一石　土名坐落灵山橋河内北边

上東洋三土名田共載民税一十九畝三分三厘四毛零係南亭関莫富户

一田一坵六斗　一坵一石二斗　一坵五斗　一坵六斗　一坵七斗　土名坐落灵顔墩　一田五坵相連共四石五斗　土名坐落灵顔五龍坡　一田一坵六斗　土名坐落灵顔村塘边

上東洋三土名田共載民税二十九畝三分正係寄海康六都八啚二甲

一田一坵五斗　一坵六斗　土名坐落雷祠庙前　一田一坵九斗　土名坐落東山前　一田一坵五斗　土名坐落横界下　一田一坵九斗　土名坐落下塲　一田二坵相連六斗　土名坐落坈坦　一田一坵六斗　土名坐落堀裡　一田一坵六斗　一坵三斗　一坵四斗　土名坐落坡仔下　一田一坵三斗　土名坐落坡边　一田一坵五斗　一坵一斗　一坵二斗　土名坐落亭前　上白院洋九土名田共載民税二十六畝七分九厘係寄海康四都四啚六甲

乾隆九年歲在甲子孟春上浣吉旦　住持僧法寅敬立

重修靈山宮碑記

重修靈山宮碑記
當地向無秀峯且左邊空濶歐陽係公會衆議建文塔以補其不足巍然特秀
於是人文蔚起一郡風水賴乎培植其旁設有
三元宮鎮閣鎖廟觀堂皇自萬曆己卯年造於康熙己丑百有餘歲緑殿閣傾頽
太郡閤孝公文啓率郡人修之遂溪陳斝元國珠爲之記自是以至康熙四十
三年其左有
靈山廟守斯人崩壞不能崇修經今郡侯伯商紳士酌議將 三元中座請安
山大王保護斯土迨嘉慶二年陸公介摛諳處行香見 三元宮殿閣俱已傾
頹合郡重修 三元宮殿並頭門一座惟有 靈山中座及兩廊二座未
經修葺迄今瓦料桁椽俱任寺內朝夕持奉卿視屋宇將圮奉守空門
三元宮祖限定己空乏 靈山神人無銀畝可延欲建重修獨力難持仝卯十方
紳士信男信女踴躍樂助共成厥美福有攸歸今殿宇修完先後續文
神歡人喜宜其之於石以垂永遠云

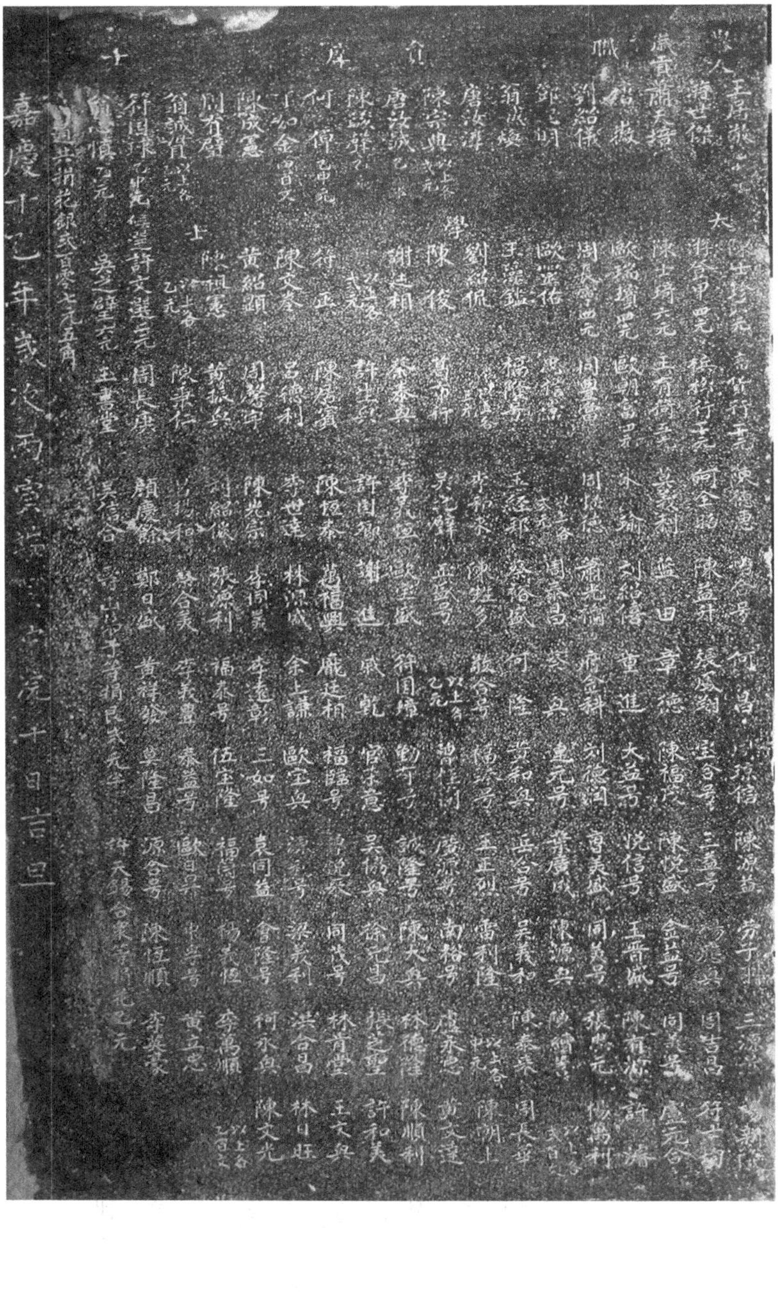

雷地向無秀峯且左邊空曠歐陽保公會衆議建文塔以補其不足挺然特秀
於是人文蔚起一郡風水增勝築焉其旁設有
三元宮獲鎮関鎖廟貌堂皇自萬歷乙夘年迄於康熙己丑百有餘歲緣殿閣傾頹
大都閫李公文啓率郡人修之遂溪陳鮮元國球為之記自是以至康熙四十
三年其左有
靈山廟宇年久崩壞不能□修經合郡侯伯協紳士酌議將　三元中座請安
山大王保獲斯土延嘉慶三年　陸公伯協詣廟行香見　三元宮殿閣俱已傾
頹率合郡重修　三元宮殿竝頭門一座惟有　靈山中座及兩廊二座未
經修葺迄今瓦料朽壞僧住寺内朝夕侍奉仰观屋宇將圯奈守空門

三元宫祖粮早已空乏　靈山神又無税畝可憑欲建重修獨力难持謹叩十方

紳士信男信女踴躍樂助共成厥美福有攸歸今殿宇修完先後輝映

神歡人喜宜志之扵石以垂永遠云

舉人 王居敬　陳士珍八元　高貨行一十元　陳德恵　怡合号　何　昌　周琼信　陳源益　勞子□　三源号　楊新隆

游世傑　大 游登甲四元　梹榔行一十元　何全昭　陳益升　張鳳翔　宝合号　三益号　楊應具　周吉昌　符士均

歳貢蕭天培　陳士琦六元　王有荷五元　莫義利　蓝　田　章　德　陳福茂　陳悦盛　金益号　同美号　盧元合

職 唐　徽　歐瑞瑸四元　歐朝富四元　宋　瑜　刘紹僖　董　進　大益号　悦信号　王晋盛　陳有源　許　濬

劉紹儀　周長寧四元　同豐當　周怀德　蕭光倫　府金科　刘德润　曺美盛　同美號　張忠元　楊萬利

鄧起明　歐靈佑　忠信當　以上各弍元　周泰昌　蔡　具　連元号　葉廣成　陳源具　陳續善　以上各弍百文

翁成煥　王藻鑑　福隆号　玉經邦　蔡裕盛　何　隆　黄和具　岳合号　吳義和　陳泰来　周長華

唐汝淳　學 劉紹侃　以上各三元　李和来　陳甡多　敬合号　福臻号　王正烈　雷利隆　以上各中元　陳朝上

貟 陳宗典以上各弍元　陳　俊　葛布行　吳之璧　正盛号　以上各乙元　曾桂蘭　廣源号　南裕号　盧永忠　黄文達

唐汝誠乙元半　謝廷相　蔡泰具　李義恒　歐宝盛　符国璋　勤有号　誠隆号　陳大具　林德隆　陳順利

陳駿聲乙元　以上各弍元　許生具　許国卿　謝　進　戚　乾　官荣意　吳協具　徐元昌　張芝聖　許和美

庠 何　倬乙中元　符　正　陳居賓　陳恒泰　萬福興　龎廷相　福臨号　曾悦来　同茂号　林肯堂　王文具

丁如金四百文　陳文卷　呂德利　李世達　林源盛　余上謙　歐宝具　源利号　梁義利　洪合昌　林日旺

陳成憲　黄紹顕　周馨宇　陳光宗　李同美　李逺彰　三如号　袁同益　會隆号　柯永具　陳文光　以上各乙百文

周有璧　士 陳祖憲　黄振具　刘紹伻　張源利　福泰号　伍宝隆　福□号　楊義恒　李萬順

翁誠貫以上各乙元　以上各乙元　陳秉仁　呂揚和　蔡合美　李義豊　泰益号　歐日昇　中孚號　黄立忠

符国球乙中元　候選 許文選二元　周長庚　顔慶餘　鄭日盛　黄祥發　莫隆昌　源合号　陳恆順　李英豪

翁心慎乙元　吳之璧六元　玉書堂　吳信合　壽山弟子等捐艮弍元半　許天錫合衆等捐花乙元

士 通共捐花銀弍百零七元五角

嘉慶十乙年歳次丙寅端月中浣十日吉旦

新彫塑諸佛神像捐題芳名碑

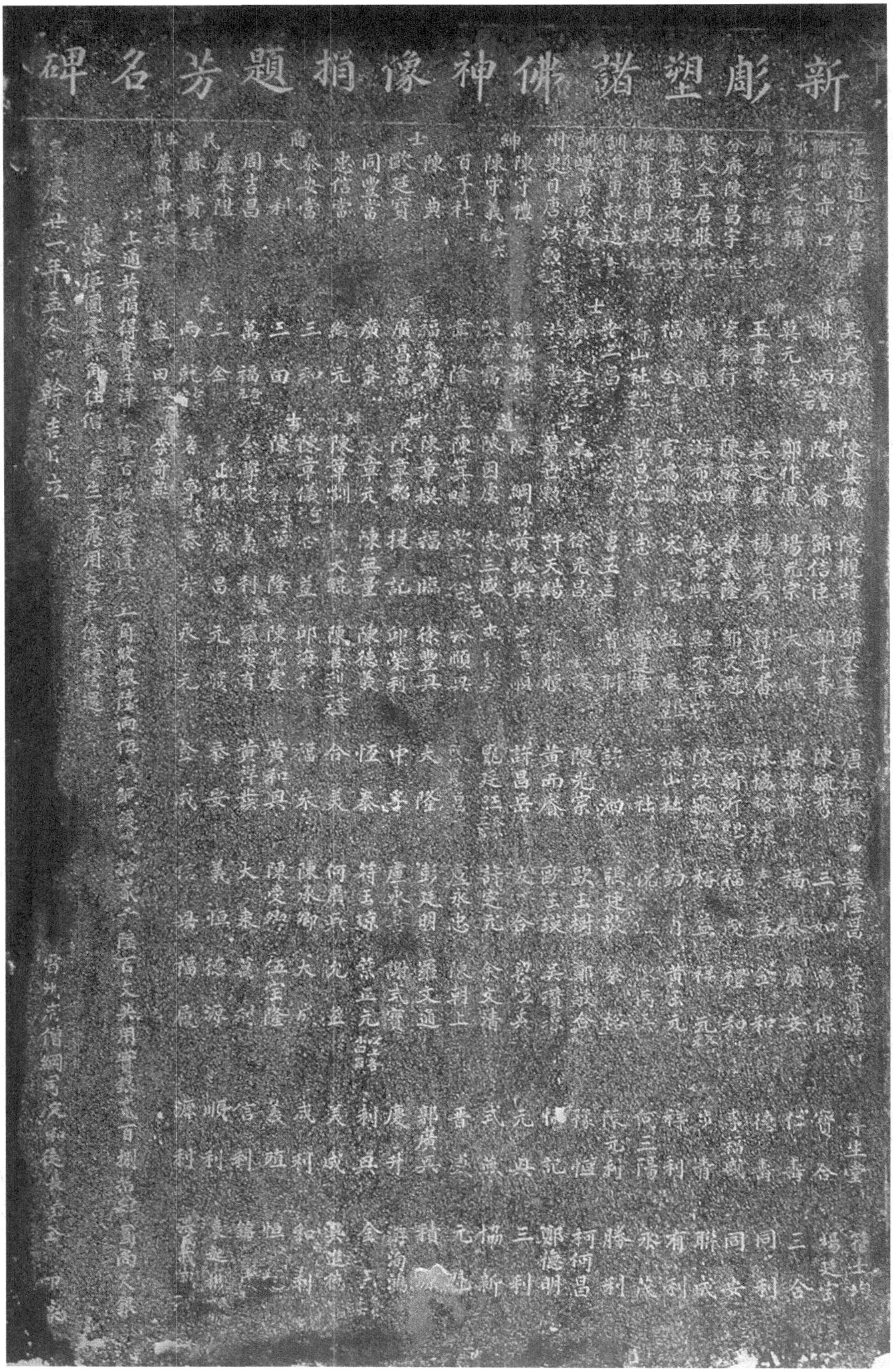

温處道陳昌齊　歲　吳天璜　紳　陳其箴　陳觀詩　鄧丕基　唐汝誠　莫隆昌　葉寶源　尊生堂　符士均
部館雷　赤口　貢　謝　炳各錢四百　陳　籥　鄧信臣　鄧十香　陳毓秀　三　如　萬　保　寶　合　楊廷宝
梛行天福號　紳　莫元英　鄭作庶　楊元宗　大　興　梁濟寧　福　泰　廣　安　仁　壽　三　合
廣行會館各良十元　玉書堂　吳之璧　楊元英　符士番　陳協裕各良中元　泰　益　金　和　德　壽　同　利
分府陳昌宇良三元　宏裕行　陳駿章　梁義隆　鄧文魁　洪靖沂不七百　福　茂　禮　和　李福盛　同　安
舉人王居敬良一元　義　益　游希泗　蔡景熙　韓有安各良一元　陳汝霖不六百　裕　益　祥　元各□元　步　青　聯　成
縣丞唐汝淳良三元　福　全各良一兩　官鴻謨　宋　霖　烏塩　厥良一兩正　德山社　勤　有　黃玉元　祥　利　有　利
拔貢符國球良一元　壽山社錢一千文　梁昌九各一元　志　合　羅達章　福山社　悅　信　陳兩具　何三陽　永　茂
訓導肖叔達　老三昌　吳鴻謨　唐玉昌　曾紹聯　許　泗　張廷敬　泰　裕　陳元利　勝　利
訓導黃成章　士　廣　全各二元　吳龍嘉　徐元昌　羅嘉謨　陳光宗　歐玉樹　鄭敬合　豫　恒　柯何昌
州吏目唐汝勳良三元　士　洪成業　士　黃世勳　許天錫　邱利順　黃而睿　歐玉瑛　吳瓚源　協　記　鄭德明
陳守禮　維新號　陳　網各不四百　黃振興　曾源順　許昌岳　友　合　梁恒具　元　具　三　利
紳陳守義各六元　陳璧霭　邁　陳因虞　宋三盛　石　李願□　龐廷旺各不五百　許之元　余文清　式　燕　協　新
百子社　章　隆　陳箕疇　歐寶全　林順具　陳駿昌　盧永忠　陳朝上　晉　盛　元　魁
陳　典　福來當　生　陳章模　福　臨　徐豐具　大　隆　彭廷明　羅文通　郭廣具　積　源
士歐廷寶　廣昌當　陳章韶　捷　記　邱榮利　中　孚　盧永善　謝式寶　慶　升　游洵鴻
同豐當　廣　泰　村　陳章元　陳無量　陳德義　恆　泰　符玉琼　葉正元以上各不四百　利　具　金　玉各不二百
忠信當　商　綸　元　陳章訓　劉大鯤　陳善利各良一元　合　美　何廣具　沆　益　美　成　吳進德
商泰安當　三　和　紳　陳章儀各不一元　合　益　邱海利　福　來　陳承卿　大　成　成　利　和　利
大　利　三　田　陳章程良四三分　福　隆　港　陳光震　黃和具　陳受卿　伍宝隆　義　殖　恒　記
周吉昌　萬　福各一元　士　余學文　義　利　羅粜有　黃祥粜　大　来　萬　利　信　利　錦　成
盧永陞　三　全　董正統　榮　昌　元　順　泰　安　義　恒　德　源　順　利　□起彬各不一百
民　蘇　貴各良二元　兩　就各□柒□　蔡　寧各一元　泰　升　永　元　金　成　信　具　福　履　源　利　張氏曲捐良一元
生員黃離中捐良一元　民　藍　田良一元　李奇燕
以上通共捐得實在洋銀壹百捌拾叁圓零五角紋銀陸両伍錢銅錢貳拾貳千陸百文共用實銀貳百捌拾肆圓尚欠銀
陸拾伍圓零肆角住僧長秉生采應用每年儉積清還
嘉慶廿一年孟冬中幹吉日立　雷州府僧綱司定和徒長秉仝　叩募

道光十九年李三仙姑香燈碑

嘗闻生於憂患死於安樂又思
欲離苦海須藉慈航念[氏]原係
遂溪縣二十三都一啚九甲居
住武黎村監生李林英公之三
女也生于道光癸未年四月初
三日寅時享陽十七歲原許配
于茂良村陳家雖結親有年宛
若陳門之荆室而于歸未詠仍
屬李氏之處兒夫何一疾忽歸
九原卒于道光己亥年八月初
六日戌時瘞于郡城北門外圍
墻墓東北塘边坐午向子加丁
癸形雖有托神寔無依驗青蠅
之附驥思依　佛以荣光命道
僧以建垓擇良辰而超度招入
　三元宮内在于上座右側
設閣題立　　柭越深閨幽閒
貞潔處女李三仙姑之位者焉
撥田乙石乙斗正載征米九升
九合正交與三元宮僧胥批納
粮以為[氏]香灯清明亡日拜掃
坟場之貲庶乎拔迷途而登樂
國矣爰勒諸貞珉以垂不朽云
是為序
　一晚田一坵乙石乙斗土名
　坐落武黎洋北隙尾東至田
　二斗西至田乙石乙斗南至
田四斗北至田九斗
道光十九年孟冬之望立

道光二十一年游氏為亡姊亡妾捐資立牌位碑

雷州郡城西関外監生游希泗因念胞姊归于蕭門一甥早妖生前寄養孤魂落魄死後何依痛香烟之乏嗣思落魄之有歸暨妾游門程氏未有子女當今春仲倏赴蓉城並欲附佛同光共証前生因果是以招引亾魂各設栗主送入三光堂廊内安奉捐花边銀貳拾大員交住持僧島峯晉領生息永為香燈齋供清明忌日之資庶禅燈普照同遊浄界之方梵唄齊宣長聆晨鐘之奏特勒于石以垂不朽云是為記

胞姊游氏生于乾隆乙未年六月十二日亥時卒于道光戊戌年八月初九日巳時

妾游程氏生于嘉慶戊辰年六月廿一日巳時卒于道光辛丑年二月廿七日夬時

道光二十一年歲在辛丑正三月下浣立

郁公婁田碑

窃聞欲離苦海須藉慈航氏出林門適于郁家諱世登三公乃氏之夫君也生前乏嗣垂後难言氏願買

田二坵相連共種仔一石九斗　載民米一斗五升二合撥入　三官堂永為氏公姑夫婦香灯亡日

清明冬至之資但此田租在氏存則氏晋納每年議交銅錢二千文為香灯之用氏沒則將田

尽交住僧晋批納粮先送公姑夫君神主安坐供奉氏沒其神主即随送入同夫一体供奉日

后兩無异言千秋勿替全仗　佛光共抜迷途同登楽国于是勒石以垂不朽云

家翁亡日四月十六　家母亡日九月十七　夫君亡日八月初四葬在坡口尾坐艮向坤

兼寅申　婁長生祿位　婁七月十五忌日

開列田条坵段土名四至于后

一田二坵相連共種仔一石九斗土名坐落猪子陳墓処東至田九斗西至田三斗南至田八斗北至

田六斗

道光二十三年　月　日立郁氏係遂溪縣下僚村男朝輔道

咸豐七年安苗社田頭村梁景輝次女立神位碑

蓋聞法雲真際火宅晨涼慧日康衢重昏夜曉是以大川世界教肄南夷
不二法門方廣東被如安苗社田頭村職員梁景輝公之次女諡貞潔者
其亦佛之流亞歟心存貞潔早修証果於前身志矢靜居願同佛光於奕
世今既倏爾仙遊誠當謀棲神主故於郡城大塔三元宮捐貲銅錢叁拾
千文交與住僧完偬晉理生息以為忌辰香燈之費即日建立神閣一神
位一貞石一以與佛並垂不朽云

八月廿八日忌辰

咸豐七年三月初一日立

同治三年陳氏女香燈碑

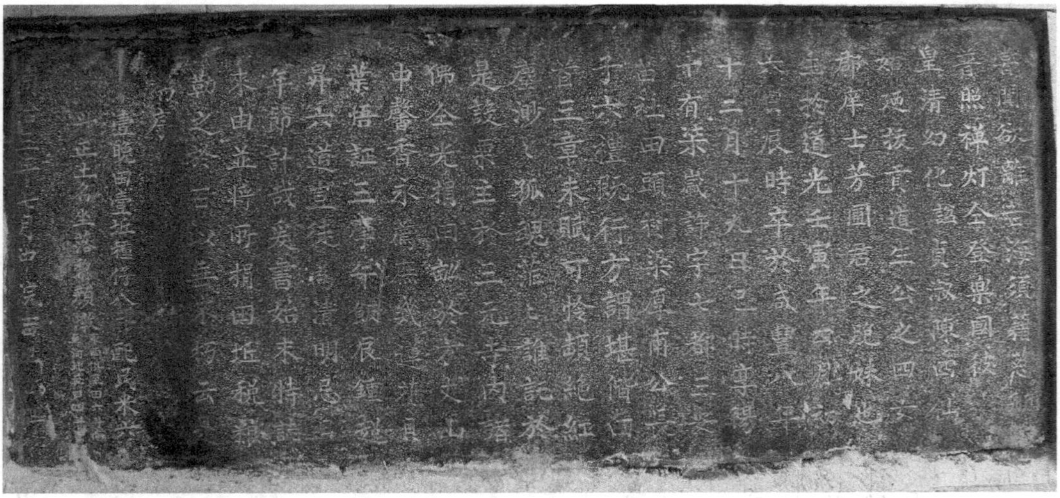

嘗聞欲離苦海須藉慈航
普照禅灯仝登楽國彼
皇清幻化謚貞淑陳四仙
姑迺拔貢道生公之四女
郡庠士芳圃君之胞妹也
生於道光壬寅年四月初
六日辰時卒於咸豐八年
十二月十九日巳時享陽
十有柒歲許字七都三安
苗社田頭村梁厚南公長
子六禮既行方謂堪偕白
首三章未賦可怜頓絶紅
塵渺渺孤魂茫茫誰託於
是設粟主於三元寺内諸
佛仝光捐田畆於方丈山
中馨香永薦庶幾蓮花貝
葉悟証三摩午飯辰鍾超
昇六道豈徒為清明忌日
年節計哉爰書始末特誌
來由並将所捐田坵税粮
勒之於石以垂不朽云是
為序

壹晚田壹坵種仔八斗配民米六
斗正土名坐落黎顔墩（東西俱至田六斗南至河北至田四斗）

同治三年七月中浣吉旦立碑

重修慶光元靈宮碑

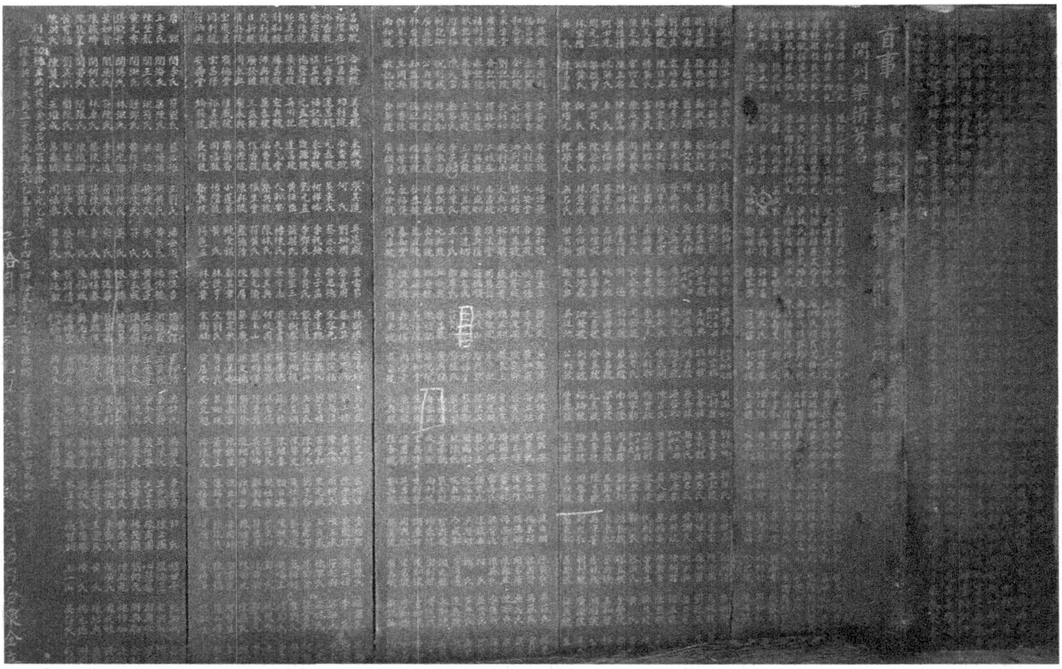

元靈宮者即古之三元宮也宮之建自前明萬曆四十二年雷州司理歐陽保公時以府治西南北三面地勢環繞週到惟南門外東南地形空曠一望平洋無摧𡺸林麓祇有魁元一石塔而已塔之刱自宋乾道間規模隘小不足為此方屏蔽歐陽保公乃建九級大塔於其際以挹東南方秀氣相傳掘塔基時得卵三團官紳喜形於色以為郡人士預卜鴈塔題名連中三元之兆矣且夫塔者於儒家則為塔於佛家則為浮屠有浮屠而無佛舍終虞缺點旋於塔旁治一舍一連三進榜其舍曰三元宮崇奉佛氏於其間也於塔則易魁元而名啟秀皆取諸三元啟秀之義而顏其名也宮之左原有古廟一間廟内即我夏和坊人侍靈山神為郡主神歲久廟圮坊人無力再建至康熙間經合郡侯伯協紳耆酌議将三元宮中座為靈山神棲身之所後人因改三元宮為元靈宮以附名實焉奈星霜久閱風雨漂摇官寵等見其宗瘤傾頹桴棼陊剥乃謀諸坊人集資重葺并開光諸真寶像是役也統費有三千餘金倡捐與樂助者例得鐫名于后為来者□

郡人陳駿嵩記　莫継湯敬書

首事

官　寵　陳廷禄　吳永盛　莫継堯　彭中和　王香甫　朱文祥
莫長發　黃雲龍　李騰燀　吳同礼　翁日躋　謝海清　劉海如

開列樂捐芳名

温厚昌捐艮乙佰元　陳銘三捐艮柒拾元　官賓興捐艮伍拾元　合與公司捐艮伍拾元　陳翼卿捐艮四拾元　李善堂捐艮四拾元　黃在中捐艮三拾元
彭中和捐艮三拾元　王香甫捐艮三拾元　陳其樫捐艮三拾元　王邦昌捐艮三拾元　莫長發捐艮式拾元　黃達□捐艮式拾元　英継堯捐艮式拾元
黃鍾麟捐艮式拾元　陳升堯捐艮式拾元　利源公司捐艮式拾元　龐黃陳氏捐艮式拾元　洪廷楨捐艮式拾元　恒棧號捐艮式拾元　益隆號捐艮式拾元
均源號捐艮式拾元　無名氏捐艮式拾元　黃林氏捐艮式拾元　無名氏捐艮拾七元　富與大益公司捐艮拾伍元　吳永盛捐艮拾伍元　崔寶山捐艮拾伍元
陳継成捐艮拾伍元　陳吉暉捐艮拾伍元　朱厚慎堂捐艮拾伍元　陳廷禄捐艮拾式元　許徳隆捐艮拾式元　明徳堂捐艮拾式元　李讃謨捐艮拾式元
林道榮　陳光福　陳川泰　何永昇　吳成霖　岑金侯　李榮芳　福壽里　謝　文　中孚公司　悅光明　昌發號　廣安堂　劉壽堂　成泰號
蔡維三　曾永安　陳熙甫　黃善居　王文鳳　呂德清　許保昌　游吳氏　符榮章　瑞隆號　東記號　杏林堂　劉露章　林柯柱　同和社
呂子麟　陳拔才　陳式師　呂子福　陳紹餘　鄭琼山　陳家齊　符思信　大安號　三發號　成發公司　金和號　吳藻溪　宗記號　陳祥發
符南山　張其芳　無名氏　羅林氏　李護成　蘇輪清　無名氏　梁陳氏　以上各捐艮乙拾元　劉海如　劉福卿　顔陳氏　蔡世昌　謝海清　麥明蒲　百子□
劉美矣　陳継寅　許毓修　祝春堂　銓發號　浩利號　顔兆槐　以上各捐艮六元　林雲瑞　三利號　曾書香　生記號　積善堂　陳榮周　元棧號　敬仁□
兆昌號　孫兆旺　鄭啟成　蔡幹廷　生發號　宏益號　福泰號　王棧與　瑞與號　莫金福　富利館　無名氏　陳継芳　陳炳臣　劉振民　陳□□
陸伯南　李騰燀　翁日躋　廣記號　陳　氏　源成師　以上各捐艮五元　洪進脩　鴻昌隆　蔡香林　無名氏　無名氏　黃謝氏　柯永與　𠦑日寅　蔡王□
劉福生　袁培名　陳李氏　陳天培　張兩利　永與號　廣隆泰　林陳氏　謙吉號　源發公司　以上各捐艮四元　裕源庄　與發號　陳弼諸　同益號　和合□
綸盛號　陳日英　培宝来　連利館　馮亨記　林光富　新發號　無名氏　黃氏祠　陳呂氏　莫翼臣　吳人盛　蔡揚名　陳勲臣　陳勲猷　蔡勝□

林文勝 楊翁氏 雷生民 陳維合 官劉氏 永源號 長泰號 李陳氏 大利公司 楊實政 梁毓劍 陳巨連 悦利公司 李愛生 錦茂號 陳學□
陳芝南 官竹友 陳成平 周其賢 柯陳氏 王莫氏 公安堂 同發號 簡曾氏 何家駒 以上各捐艮三元 張啟榮 鄭 氏 蔡洪氏 黃 氏 黃□□
黃性清 陳立名 陳駿嵩 蕭學靜 陳助德 唐志得 同 德 均與號 華益號 南生隆 同益店 新利公司 鴻發號 勝益號 全豐號 源香□
何士亢 林洪氏 卓 氏 葉梅姿 吳恩芝 王保安 林大錦 富源號 合昌號 榮昌號 藝益號 益彰庄 永來公司 藝與號 美和號 謙泰□
周元三 梁啟賢 無名氏 陳梁氏 周震華 白信成 吳華美 元昌號 合益號 元美號 益香號 隆昌號 吳守菁 杏林棧 鴻順號 公和□
林宗階 隆記黃氏 歐 氏 吳黃氏 林意成 全脩圓 陳鴻泰 泗發號 利豐號 裕綸號 綸泰號 同泰店 利大公司 明利號 廣源號 道南□
吳 氏 陳易美 陳培元 陳學天 無名氏 洪有新 謝天與 吳廷池 公利號 豐泰號 宝發號 杏和號 惠來公司 鼎新號 祥泰號 英□□

均益號 廣同利 常發號 常與號 福源號 榮和號 陳益三 譚梁文 吳龍儒 陳佐才 符希榮 許德才 蘇由明 陳黃氏 吳符氏 楊克□
僑昌號 泰記號 有馨香 成利號 人安堂 合益號 林正脩 李陳氏 黃和甫 勞立紀 柯慶武 呂金山 楊其祥 梁其賢 吳蔡氏 官林氏
和合香 全記號 永利公司 泗利號 勝利館 利益號 林芥成 謝茂榮 龐宗秀 梁黃氏 林玉輝 陳兆隆 賴德明 周易清 無名氏 梁張氏
永生堂 劉記號 金利公司 成利庄 大與公司 錦新號 張德貴 賴正和 黃益三 曾永寬 周國安 蕭梅林 楊榮昌 陳維五 陳毓秀 梁柯氏
廣豐號 合記號 得勝公司 二林庄 南昌號 濟生堂 周居謀 勞魅芝 宋才猷 張慶明 高日榮 雷吳氏 梁贊廷 陳吳氏 李德衍 梁陳氏
福利號 泰記號 宝昌號 均與號 悦盛公司 廣與隆 符德順 吳岐山 勞思敬 蔡法成 彭如玉 賴戴氏 陳鎮南 何 氏 吳黃氏 梁陳氏
猷記號 永馨蘭 三與號 三益號 祥益號 王達炯 無名氏 □□□ 何佐才 蔡芝猷 周國和 沈兆祺 吳廣明 謝 氏 吳陳氏 無名氏
游昌梅 陳大富 無名氏 李子经 吳陳氏 王 氏 鄭廖氏 符劉氏 郭陳氏 翁述賢 林陳氏 悦與公司 合成公司 以上各捐艮弍元 連與號 則利□
利記公司 悦利棧 彩與公司 成衣店 華新號 元與號 和合與 廣昌號 廣與號 南和會 益泰號 履與號 珍與號 鴻元號 永新號 美成□
廣益號 公與號 南利號 華香號 祥泰號 全與號 聯香號 陳福記 添記號 南泰號 成美號 南利號 均泰號 宝利號 廣運號 順昌號
和香號 和益號 德記號 瑞隆號 合泰號 益盛號 廣源與 長福號 濟和堂 發利號 生與號 元利號 調查所 茂和號 貞和號 廣和號
顏美香 王同與 泗香號 春芳樓 永裕發 養和堂 捷與號 與記棧 永安堂 衆利號 源昌號 芝昌號 同與公司 宏昌號 中和號 泗昌號
兩和號 敏記號 合新號 廣聯馨 瑞全號 同泰號 美豐號 同来號 咸泰號 三與號 隆合號 榮與號 榮美號 廣昌號 華記號 均與號

昌明號 合發號 美昌號 永盛號 張其道 吳逺盛 葉當芬 林國培 翁傳經 劉春風 劉芝齊 吳呵保 雷燦然 吳陳氏 褟羅氏 符□□
裕隆庄 信昌隆 均利號 合香號 何 氏 劉珊周 勞善周 蔡王英 郁有德 劉二嫜 黃其玉 陳学泰 黃受珍 劉二嫜 李 氏 符自□
裕香號 仁壽堂 連昌號 元泰號 吳袁氏 蔡永安 勞思德 宋容光 陳俊福 劉簡侯 陳文卿 周柯氏 陳玉承 符定國 梁洪氏 陳三□
愈安隆 祺益號 福記號 永香號 柯祥卿 李祝餘 呂子益 李達聰 梁戴氏 劉子桂 呂廣和 史光盛 王良盛 陳梁氏 梁林氏 尤文□
茂隆號 德豐祥 元益號 逢源號 劉元益 李鄧氏 李黃氏 戴贊臣 張義山 王蕭氏 陳硯池 劉子合 蔡唐富 榮宝金 梁官氏 何瑞□

純美號 廣昌號 吳川記 逢昌號 黃秩臣 翁梁氏 蔡宣三 陳樹春 符兆祺 李星明 陳肇文 黃仕桑 蔡思道 莫開經 唐劉氏 周陳□
利和號 勝昌號 宏興號 天元堂 人和安 楊陳氏 吳守志 周善書 符榮德 蘇天柱 陳継春 顏日興 陳継元 黃略三 楊鄭氏 李長□
茂利號 沛興號 萬泰號 福香號 榮興號 陳林氏 黃其興 何岐周 陳維養 林志儀 王符氏 洪性燊 黃文祥 彭□氏 林陳氏 朱道□
日新號 廣發號 三益號 信香號 保生堂 符黃氏 麗元倫 蔡玉山 莫維保 陳景慈 吳侯卿 鄭朝成 符思慶 陳舜欽 郭袁氏 李元□
廣興號 周永興 廣永興 廣源號 陳興號 盧德清 陳芝居 蔡玉廣 梁文德 劉復榮 陳継唐 江日華 陳鴻秀 陳學元 陳梁氏 鄭兆□
宝慶昌 廣德堂 隆盛號 廣蘭香 小蓬莱 鐃受祺 鄭其章 劉寔秋 梁美如 唐嘉言 陳熊臣 陳立才 勞國珠 郁有道 何哲生 王 氏
同利號 宝昌隆 裕美號 同福號 怡隆號 黃□氏 林發亨 宋劉氏 勞日良 呂聯珠 蕭仲三 陳錫義 張廷俊 陳守慎 符二嫜 林□□
符炳興 安壽堂 綸發號 長隆號 新興號 楊色五 林光普 宋樹楠 黃居安 吳文魁 楊陳氏 翁福慶 黃贈儀 蔡培英 陳秋生 徐□□
唐 銘 関李氏 符劉氏 蔡必禄 王劉氏 潘安周 陳保吉 馮助信 李和清 漆許氏 吳梁氏 李榮芳 許□氏 鍾世平 彩興司公 昌泰號
王李氏 関滸氏 梁陳氏 許脩誥 洪黃氏 黃翁氏 楊依德 洪護義 王黃氏 李守静 吳陳氏 王克安 陳上國 盧德星 彩興司公 陳梁氏
陳登龍 関王氏 洪符氏 梁□保 黃陳氏 李 氏 黃護蓮 王合和 王愛蓮 黃余氏 黃怡安 王宝善 陳甫國 心慧庵 財興司公 慶盛號
黃元秀 関洪氏 鍾鄧氏 黃河清 蔡陳氏 符 氏 陳玉成 陳廣脩 駱存心 彭陳氏 唐盧氏 陳懷義 楊茂蘭 劉何氏 財興司公 合利庄
張欽哉 関馮氏 林洪氏 楊元德 符陳氏 吳 氏 陳其德 陳廣善 符家培 彭周氏 徐茆清 符陳氏 黃受珍 陳立元 施作卿 森記司公
葉如貴 関吳氏 符陳氏 李子通 符陳氏 彭□氏 曹廷華 蔡華弟 許梁氏 周吉利 周守蓮 符徐氏 李鄧氏 陳黃氏 麗成林 發利司公
陳駿卿 関何氏 林卓氏 蔡陳氏 符陳氏 李□氏 陳保泰 李瑞蓮 梁陳氏 周益光 蔡培良 吳符氏 王覺民 黃□氏 陳紹興 惠来司公
陳駿皇 関勞氏 関張氏 陳振麟 符劉氏 陳□氏 陸福成 蘇志長 陳李氏 陳周氏 鄭修真 吳陳氏 善慧庵 陳□氏 楊元德 財利司公
黃有德 劉吳氏 関陳氏 鄭春廷 符李氏 蔡劉氏 黃渭清 梁培聖 陳助善 河即清 廖元瑞 麥正曹 張智明 王一山 吳符氏 利興司公
陳洪氏 陳莫氏 王維成 昌泰號 周福泰 黃李氏 李延啟 以上各捐艮乙元 無名氏二十三名每名捐銀壹元

列位功德主共捐来金漆艮弍百叁拾乙元乙亳

一應合共捐来艮三千零弍拾弍元乙毛費艮三千四百四拾弍元乙毛除捐尚𧶘 元灵宮香灯艮四百弍拾元

中華民國拾叁年歲次甲子拾月興工至乙丑年叁月告竣八月吉日合衆仝立

海邑院試賓興買各田土名四至碑①

海康院試賓興祠十九都四圖畸畛田條土名坵叚四至稅糧開列于后

一土名坐落西汀南边坑早田貳坵相連壹石捌斗東至二坵八斗西至八斗并江溝南至溪堩北至四斗　赤步洋晚田一坵七斗東南至七斗西至八斗北至五斗　鉄屎洋晚田一坵三斗東至三斗西至山龍南至四斗北至四斗　西汀后湾洋早田一坵五斗東至七斗西北至三斗南至二斗　西汀村前早田一坵五斗東至六斗西至四斗南至坡北至三斗　平樓坑早田二坵五斗東西南至□北至四斗　下埒頭洋晚田一坵八斗東至一石西南至五斗北至四斗　山兆洋晚田一坵四斗五升東至七斗西至石八斗南至六斗北至四斗五　山兆洋晚田二坵相連九斗东至一石西至六斗南至石二北至四斗　山兆洋晚田一坵六斗東至石二西至田石四南北至六斗　東角洋東坡坎晚田一坵八斗東北至八斗西至二坵四斗南至石二斗　懷堤洋横堩上晚田二坵二石上坵東北至田二石西至大堩南至三石下坵东至大堩西至七斗南至石七北至一石　調排横路上洋晚田一坵一石一斗四圍共六十八丈六尺月字形　横路上洋晚田一坵一石一斗五升四圍共七十丈零八尺月字形　横路上洋晚田一坵一石四圍共七十丈零六尺月字形　調排洋瓜茴晚田一坵五斗四圍共四十七丈三尺日字形　懷堤洋曲堩下南亭界晚田一坵隔出東圖一石東至田八斗西至隔田六斗南至一石北至二石　南亭界晚田一坵一石三斗東至石四西至大堩南至一石北至石二斗　溪頭界早田一坵七斗東至八斗西至一石南至四斗北至石二　土龍洋晚田一坵八斗東至七斗西至山龍南至潮田並港北至田六斗　鉄屎洋晚田三坵相連一石四斗東至二石西至二坵三斗南至四斗北至一石一斗　龍尾横堩東晚田一坵一石東至九斗西至龍尾堩南北至石田　又晚田一坵二石東至一石西至龍尾堩南至田二石三斗北至横堩　横堩下晚田一坵一石九斗東至四斗西至龍尾堩南至大横堩北至二坵一石三斗　東角步前溪南洋洪處堰晚田一坵一石二斗東西至石二南至石四斗北至水港　又晚田一坵一石東至九斗西至石四南至八斗北至石九　又晚田一坵九斗東至石四西至七斗南至六斗北至石二斗　后洋東坡坎晚田一坵七斗東至七斗西至五斗南至六斗北至八斗　又晚田一坵八斗東至石六西至石八南至七斗北至八斗　又晚田一坵六斗東北至一石南至八斗西至田七斗　又晚田一坵八斗東至石六西至石八并三斗南至八斗北至六斗　山兆洋晚田一坵四斗東至一石西至四斗南至六斗北至二斗　又晚田一坵四斗東至三斗六斗西至一石南北至二斗　又晚田一坵四斗東至□二斗西至六斗南至四斗北至一石　又晚田一坵二斗東至六斗西北至四斗南至二斗　又晚田一坵一斗五升東南至六斗西至四斗北至七斗　又晚田一坵五斗東西至八斗南至三斗北至六斗　土骨坡洋秧地田一坵一斗五升東至三斗西至山龍南至一斗五北至二斗　烏土洋晚田一坵五斗東南至五斗西至一石五斗北至八斗　溪南洋林甲步上村南边晚田一坵一石東西至一石南至五斗北至田三石　又晚田一坵七斗東至一石西至江溝南至二斗北至三石　又晚田一坵七斗東至五斗西至石五南至祠田八斗北至石二　又晚田一坵五斗東至五斗西至一石南至八斗北至二坵二石　懷堤洋龍尾界晚田一坵一石東至五斗西北至一石南至一石四斗　又晚田一坵八斗東北至溝西至五斗南至石四斗　南亭石二斗東至七斗西至八石南至石三北至石二　又晚田一坵一石東至二石西南北至一石　又晚田一坵一石七斗東北至一石南至六斗西至溝　又晚田一坵一石東南至一石西至二石九斗北至五斗　又晚田一坵八斗東西至石六南至六斗北至一石　歐處界晚田一坵七斗東至七斗西至溝南北至石四　横堩上晚田一坵九斗東至一石西至八斗南至石五北至大堩　后坑籠早田一坵四斗東至陳西至歐南至溝北至坡　憑家湖坑東山和祿坑東边溝前南边坡土墩舖仔后田二坵帶南边三坵相連一石四斗東至王西北至李南至鍾茴　東山坑肚二坵一石一斗東北至王西至葉南至陳　東山村前田七坵相連又東北边田仔一坵東边田頭田仔一坵西边田頭田仔一坵共五石二斗東西南至茴北至鍾田　又溝田一所共拾一坵　八斗東至本業西至路南至陳北至□　雙石下田一坵二斗東至李西至陳南北至鍾　東山前盤上田三坵六斗東西北至李南至陳止　早田一坵二斗東至李北至陳西南俱至王　和祿村前田二坵七斗東北至玉梁西南至王　和禄坑肚田二坵六斗東西至王南至鍾北至陳　井仔下田四坵六斗東南至鍾陳西至鍾北至梁　井仔脚田三坵三斗東西南北俱至鍾　井仔后田三坵二斗東西至鍾南至坡北至李　坑仔田一坵六斗東至陳西至鍾南北至王　下玷坑田一坵五斗東南北至陳西至本田　憑家湖前石八南边田一坵東西南北至鍾　溝边田一坵東西北至鍾南至坡　一二溝堰二架共水應濟二溝東□頭田二坵相連東南至陳北至□西至坡　金竹坑田七坵相連東南至鍾西北至坑　東壕頭田三坵東西北至陳南至李　南湾坑田一坵六斗東北至李西南至陳　又南湾坑田六坵東南北至陳西至玉陳　又四斗脚尾田四坵相連東至鍾西至坡南至玉北至陳　石拍田四坵相連東至溝南至陳北至王西至鍾　石堀坑肚田一坵東西至鍾南北至陳　下玷坡边田五坵相連東西北至陳南至坡　四斗頭南边田三坵東西南至陳北至鍾　四斗后四坵相連東南至坡西北至陳　方家洋赤猴湖坑田一坵八斗東西至石□南至六斗北至□斗　湖肚晚田一坵二斗東至二斗西至一石南至四斗北至六斗　又晚田一坵六斗東至石田西至石二南至六斗北至七斗　早晚田四坵三石二斗東至三斗二斗一石七斗西至二斗五斗□七斗南

海邑院試賓興買各田土名四至碑②

至□□斗北至三斗五升早田一坵二斗東至三斗西至一斗南北至四斗早田一坵三斗東至二斗西至四斗南至三斗北至五斗早田一坵一斗東至二斗西至土手南至山北至一斗早田一坵四斗東至二斗西至一斗南至斗五北至三斗洋山墩前早田一坵二斗五升東至土龍西至一斗南至二斗
北至四斗土□早田一坵六斗東至四斗西至三斗南至二斗北至土手南沙坡早田一坵四斗東至九斗西至三斗南至二斗北至一斗又南沙坡早田一坵四斗東至五斗西南至二斗北至三斗懷堤洋龍尾堈上晚田一坵一石東至石五南至石二北至本祠石田西至龍尾堈后黄
村前坑早田二坵相連一石東至六斗西至四斗南北至溝又早田一坵八斗東至三斗西至八斗南北至溝又早田一坵二斗東西至一斗南至三斗北至四斗又早田一坵二斗東西南北至田共八斗早田一坵三斗東至石五西至一斗南至七斗北至坎早田一坵二斗五升
東南至二斗西至一斗北至三斗早田二坵一石二斗東至八斗西至石五南至溝北至坎早田一坵三斗東至三斗西至一斗南至四斗北至坎南边溝早田一坵六斗東至二斗西至四斗南至一斗北至溝早田三坵六斗相連東至五斗西至溝南至嶺北至七斗后黄上坑早田一坵五斗
東西至二坵五斗南北至溝后黄村后洋坑早田一坵四斗東至七斗西至四斗南至溝北至坎早田一坵三斗東西至一斗南至嶺北至二斗早田一坵一斗東南至一斗西至路北至溝磨坑早田三斗東至嶺西至溝南至三斗北至二斗早田一坵二斗東西至溝南北至二坵共一石早田
二坵六斗東西至溝南至五斗北至三斗洋山墩村前晚田一坵九斗東至二斗西南至六斗北至五斗山墩边晚田一坵二斗東南至三斗西至九斗北至石六斗村西早田一坵二斗東南北至二斗西至一斗早田一坵一斗東至□界西至二斗南至一斗北至溝山墩村前晚田
一坵六斗東至五斗西北至三斗南至一斗下湾村前溝早晚田一所溝頭至溝尾共壹百一拾四坵東北至溝西南至坑堰一架溝水應濟那賞牌樓雙湖西翁莇等處那賞坑早晚田一所相連東至坎西至林陳田南至溪北至林田並溝牌樓坑
晚田四坵相連東西南北俱至□雙湖溝晚田一所相連東至路西南北至海並大路西翁莇晚田一所相連東西南至田北至坎路共貳百五拾七坵並莇一坵共種仔二拾六石五斗坎頭仔村前坑早晚田五坵一石八斗東南至坎
西北至陳又高田仔一坵一斗東西南北至朱田那帆坑田三所東西南至黄北至溪至劉后童坑田一所東西至本業南至溪北至坎艼東洋田七坵東至余西至翟南至溪北至陳李北界崩堰田二拾一坵東西至本業南至溪北至坎水潤田一拾坵東至本業
西北至坎南至溪英乙南坑田一坵六斗溝水串中東至鄭西北至陳南至翟英乙坑肚田一坵東西至翟南北至鄭英乙坎边高田一坵東南至翟西至林北至翁英乙坡仔北高田一坵東南北至翟西至鄭英乙村西莇二塊相連東西至鄭南至程北至翟英乙村前
田一坵東西北至鄭南至翟英乙南坑海田一坵東南至鄭西北至翁那帆南边坑田一所東南西至黄北至劉又那帆坑田一所東南至黄西北至溪后童坑田一坵東西至本業南至溪北至坎艼東洋田二坵東至余西至翟南至溪北至陳北界崩堰田八坵東西至本業南
至溪北至坎英乙村前田一坵東至翟西南至鄭北至本業北界洋仔樹頭田一拾二坵東西至本業南至溪北至坎英乙村前井仔后田一拾一坵東西至本業南至嶺北至卓南坑坎边早田一坵東南北至翟西至溝坑肚早田一坵東南至翁西北至翟井仔后田
一坵東至鄭西至陳南至本業北至翁三台嶺高田一坵東至本業西至王南至嶺北至林水潤田一拾坵東西至本業南至溪北至坎西至飛沙橋又田一坵東西至鄭南至吳北至翟南坑肚早田一坵東西至本業南北至翟又南坑添田二坵東南至鄭西北至翁又田一坵東至翟西南至鄭北至本
業又坑肚早田一坵東西至本業南至鄭北至翟南坑坎前田一坵東至牛路西至王南至陳北至本業那帆田二所東西南至黄北至劉后童坑田一所並二坵東西至本業南至溪北至坎艼東洋田二坵東至余西至翟南至溪北至陳北界崩堰田二十八坵東西至本
業南至溪北至坎洋仔樹頭田九坵東西至本業南至溪北至坎水潤田七坵東至本業西至飛沙橋南至大溪北至坎英乙南坑早田一坵三斗東西南至翟北至李英乙南坑晚田一坵東至江西至李南至嶺北至陳三台海田一坵東北至鄭南至蘇西至李英乙井仔田
一坵東至駱西南至程北至王井頭田一截東至程西北至翟南至葉村前晚田一坵東西至翟李南北至翟又村前晚田一坵東至程西北至翟南至翁英乙南坑田一坵二斗東至程西至江南北至翟又坎边田五坵東南至翟西至林北至翁三台海田三坵東至駱西至程南至陳北
至李英乙村前高田一截東南至鄭西至陳北至程又晚田一截東南北至翟西至翁英乙廟前晚田一截東南北至翟西至鄭后湖仔田一坵東至翟西南至鄭北至葉又村前晚田一坵東至吳翟西至程南至翟北至翟鄭牛路边田一坵東至程西至牛路南至卓北至陳共田三百
零八坵溝水應濟外莇六坵種仔三十九石三斗八升西汀山尾村前後洋田一坵一石二斗東至三斗西至河界南至五斗北至六斗一坵七斗東至三斗西至六斗南至四斗北至八斗又帶田脚一坵又一坵八斗東至二斗西至六斗南至七斗北至石三一坵
一石並帶田脚一坵東至本業西至魚路南至九斗北至石八一坵一石四斗東至九斗西至六斗南至四斗北至一石一坵一石八斗東至九斗西至六斗南北至四斗一坵九斗東至潮田五斗西至石八南至九斗北至八斗一坵一石一斗東至潮田四斗西至六斗南至九斗北至一石正二坵共三石
東至二六斗西至節界南至四斗北至三斗一坵一石三斗東南至九斗西二六斗北至石二斗一坵六斗東至六斗五西至石五南至九斗北至六斗二坵共石二斗東至二六斗西至三石南至六斗北至石三斗一坵二石二斗帶坪尾一所東西至潮田一石四斗南至本田北至九斗一坵六斗東南至五斗西至二
斗北至石六斗一坵五斗東至三斗西至二斗南至五斗北至四斗三坵相連一石東至九六八斗西至五斗南至七斗北至四斗一坵三斗東至五斗西至四斗南至九斗北至四斗一坵八斗東至二斗西南至九斗北至八斗一坵一石東至石二西至四斗南至一石北至□□一坵六斗五升東至双石西至七斗南至石一

海邑院試賓興買各田土名四至碑③

北至三斗 一坵二斗 東至二斗西至四斗南至九斗北至五斗 一坵六斗 東至石一西至四斗南至石叁並四斗北至六斗 曲口洋田二坵共一石 東至九斗西至八斗南至四斗北至五斗 又田一坵一石一斗 東至石一南西至溝北至石五 一坵一石四斗 東至二石四西至一石四南至三斗北至四斗 一坵五
斗 東至九斗西南至五斗北至一石七斗 一坵一石 東至石二西至七斗南至石一北至双石 一坵五斗 東至九斗西南至五斗北至一石七斗 一坵一石 東至石二西至七斗南至石一北至二石 一坵五斗五升 東至五斗西至五斗五南至石八北至三斗 下坎前早田一坵二斗 東至六斗西北至崗坡南至五斗 一坵
一石 東至四斗西至五斗南至三斗北至一石 武曲洋一坵石二斗 東至四斗西至二石一南至石八北至江溝 一坵八斗 東西至五斗南至九斗北至八斗 一坵石六边八斗 東至溪西至石一南至八斗北至江溝 一坵四斗 東至四斗西至一石南至江溝北至石四 一坵一石 東至五斗西至四斗南至七斗北至江溝
一坵四斗 東至八斗西至四斗南至江溝北至石四 一坵一石 東至五斗西至四斗南至七斗北至江溝 一坵四斗 東至四斗西至一石南至江溝北至石四 一坵五斗 東至五斗西至本田南至七斗北至九斗 一坵四斗 東至四斗西至九斗南至六斗北至五斗 一坵石四边七斗 東至本田西至五斗南至六斗北至一石 一坵六
斗 東至四斗西至二斗南至石四北至三斗 一坵二斗 東至二斗西至六斗南至七斗北至五斗 一坵一石二斗 東西至本田南至七斗北至四斗 一坵八斗 東至溪西至二石四南至港北至五斗 武曲洋潮田四坵共二石帶坪一所 東至溪西至八斗南至港北至六斗大溪 龍尾西横堩仔上一坵
五斗 東至五斗西至三斗南至石二北至石八 一坵一石 東至一石西至六堩南至六斗北至四斗 塆裡洋田一坵四斗 東至一石西至四斗北至二石南至四斗 一坵六斗 東西俱至四斗南至石二北至三斗 二坵一石 東至石五西北至六斗南至石二 門前洋三坵一石九斗 東至石六西至三斗并二斗五升南至四
斗北至二斗 西港洋一坵一石 東南至二斗西至一斗北至一石 東坡洋一坵二斗 東西至三斗南至二斗北至一斗 北洋早田一坵三斗 東至二斗西南至三斗北至四斗 坡尾洋早田一坵二斗 東西南北俱至二口 又早田一坵三斗 東北至二斗西南至四斗 湖爐洋
早田一坵三斗 東至五斗西南北俱至二斗 内巷洋田一坵八斗 東至一石西至四斗南至五斗北至九斗 一坵七斗 東至石八斗西南至七斗北至石五 南坑村前洋田二坵相連二石六斗 東至溝西至三坵二斗并大堩南至二五斗北至石二 一坵五斗 東至溝西北至五斗南至一石 坑肚
一坵六斗 東西北至二斗南至四斗 前洋二坵相連一石一斗 東至二坵二斗西至二斗南至三斗北至四斗 前洋上坑田一坵八斗 東至二斗西至三升北至二三斗南至五斗一斗三斗 前洋一坵三斗 東南至二斗西北至三斗 前坑下洋二坵相連六斗 東至六斗七斗西至二斗南至三斗北至兩五
斗田 六坵二石三斗 東至四斗一斗并溝西至兩三斗四斗六斗南至二斗北至三斗 一坵三斗 東至二口二斗西至三斗南至一斗北至曾田一斗 二坵五斗 東至二斗三斗西南至二斗北至一二斗 坑边坡一坵三斗 東西南北俱至二斗 前洋高田二坵四斗 東至石五南北至二斗西至溝 嶺边田三坵三
斗 六升 東西至三斗二斗南至坎北至溝 井边田三坵六斗 東西至坎南北至二斗 上坑田一坵三斗 東至八斗四斗西至三斗南至二斗三斗北至二斗 上坑車路边田一坵三斗 東至坎西至三斗南至四斗北至車路 村前洋二坵五斗 東至一斗五二斗西至石八斗南至兩二斗北至五斗並溝
后湾洋石狗前早田一坵四斗 東北至四斗西至溪南至八斗 西汀村前早田一坵四斗 東西至五斗北至四斗南至水溝 魚路口洋晚田一坵四斗五升 東至七斗西至六斗南至四斗五北至四斗 潮田二坵五斗連堳仔一所並港一口西汀村前洋
東至溪西至四斗南至張姓税堳北至陳姓税堳 西汀后湾埒潮田三坵石二斗連曲尺堳一所 東北至溪南至五斗西至四斗 赤嶺前石一坑早晚田共十七坵一石五斗 東至袁西南北至坎 边堰頭坑早田大小共十三坵一石一斗 東至堰西南至袁北至李
堰水應濟 边堰坑肚早田一坵一斗 東至溝西南北至潘 白銀樹晚田十坵一石二斗 東西南北至堰 堰一架水應濟蒂井堀早田拾二坵一石五斗 東至堰西至嶺南至袁北至溝 大堰埒尾晚田九坵一石 東北至溪西至坎南至學田西北角至潘田
溝堰一駕水應濟金竹坑早田晚田四坵四升 東至馮西南至潘北至溪 早田二坵三斗 東北至堰西南至馮 金竹溝晚田二坵三升 東北至嶺西南至溪 吳大黄洋晚田一坵八斗 東至六斗西至三斗南至石四北至八斗 井尾坡前坑早田一坵四
斗 東至四斗西至三斗南至二斗北至三斗 娘棟坑深田一所七斗 東西南至溝北至本田 路边長田一坵二斗 東至溝西至恒南至賣主北至升之 一坵二斗 東至溝西至嘗田南至恒北至賣主 曲坵下三角仔早田一坵三斗 東至庭西南至生北至賣主 江東坑田一坵七斗
東至林連西至景開南至玉湖北至口金 江西坑田一坵四斗 東至行西至王賛南北俱至景開 下塘坑早田一坵八斗 東至堵西至元南至賣主北至明 早田一边一斗五升 東至嘗田西至路南至賣主北至祠田 北插坑晚田一坵七斗 東南至賣主西至櫟北至成 早田一坵三
斗 東至盛西至美南至咨北至賣主 高塘坑晚田三坵一石 東至洪西至明南至桂北至賣主 早田一坵二斗 東至鳳棲西至良南至櫟北至鴻 新村下江坑晚田一坵五斗 東南至溝西至雲北至衆田 新村前石田一坵一石 東南至雲西至成北至彰 娘棟坑蒔田一坵
三斗 東至溝西至賣主南至生北至恒 下江坑早一坵九斗 東至溝南至祠田西北俱至亦恒 下塘坑早田一坵三斗 東至雲西至祠田南北俱至賣主 早田一坵六斗 東西北至賣主南至塘 塘边早田一坵四斗 東至塘西至茂南至賣主北至成已 早田一边一斗五 東至嘗田西至
路北至利田南至賓具田 北插坑晚田三斗 東至升之西北至賣主南至嘗田 蒔田一坵五斗 東至雲西至賣主南至盛北至彰 橋頭仔早田三坵石一斗 東至德西至賣主南至坎北至溝 坑仔溝边早田一坵三斗 東至勤西至道南至賣主北至溝 坑仔涵門早田一坵一
石 東至口西南至溝北至敷 清洋坑早田一坵三斗 東至溪西北至鄧南至路堩 北坑早田一坵四斗 東至坎西北至足南至陳田 北坑溝田一坵一斗 東至劉西至墓南至陳北至鄧 早田五坵相連共五斗八升 東西北至劉楊南至坎 泉水堀坑早田一坵一斗五升

海邑院試賓興買各田土名四至碑④

東至油西至黄南至劉北至溝 后冚坑早田一坵五斗 東至鄧西至林南至楊北至黄 晚田二坵四斗五升 東西南北俱至鄧 東村堰頭晚田一坵一斗 東至溪堘西南至陳北至溝堘 東边堰頭早田一坵四斗五升 東至鄧西至溪南至賓具田北至堰溝 盤總坑早田三坵

五斗 東至李西至路南至郭北至陳金 晚田一坵八斗 東至陳西至金南至鄧北至溪 東村仔坑前早田五坵三斗二升 東至陳西南至溝北至楊 早田一坵二斗二升 東至溝西至路南至黄北至賓具田 早田一坵一斗六升 東至鄧西南至車路北至陳 早田一坵三斗 東西至黄南北

至鄧 后坑早田一坵三斗七升 東至溝西至坎南至鄧北至□ 北坑早田一坵四斗四升 東至黄西至□南至溝田北至楊 門前坑早田一坵三斗 東西南至鄧北至溝堘 東村晚田一坵二斗 東北至鄧西至溪南至鄭 晚田一坵五斗 東至坎西南北俱至鄧 山美洋土龍

早田一坵一斗五升 東至二斗西至一斗南至四斗北至四斗一升 早田一坵二斗 東至三斗西至斗五升南至一斗北至四斗 早田一坵四斗 東至四斗西至六斗南至二斗北至四斗 早田一坵二斗 東南至四斗西至三斗北至一斗二斗 石盤洋晚田二坵九斗 東至兩三斗西至二斗一斗南

至五斗北至兩五斗 早田三坵八斗 東至六斗八斗西至五斗南至三斗北至二斗 早田二坵三斗 東西至三斗南北至五斗 早田二坵三斗 東至二斗西至三斗南北至四斗 早田一坵五斗 東南至二斗西至四斗北至兩三斗 后溝早田一坵四斗 東至三斗西至九斗南至二斗北至五斗 山茜洋

早田二坵五斗 東至二一斗西至兩二斗南至二斗北至二斗五升 早田一坵三斗 東至三斗西南北至二斗 北坑早田一坵三斗 東至溝西至二斗南至三斗北至五斗 坪仔坑早田一坵三斗 東至嶺西至溝南至二斗北至三斗 山美西堰洋晚田二坵九斗 東至六斗一斗五升西至九斗

南至三斗北至七斗 内巷洋晚田一坵一石 東至八斗西南至溝北至茜 北坑肚早田二坵六斗 東至五斗西北至三斗南至溝 坑尾早田二坵四斗 東至三斗西北至一斗南至溝 北坑尾早田六坵四斗 東南至溝西北至嶺 山頭坑早田一坵 東西南至溝北至田二斗

閑讀坑泉水堀早田五坵五斗 東至袁西南至翁税北至嶺 平湖市東下湾井路下晚田一坵二斗 東至墩西至路南至天后宫北至本茜 茜二坵相連 東至墩西至路南至本田北至粱 鶴頭坑早田一坵五斗 東北至黄西南至溪 坎頭村前溢茜坑早田

二坵六斗 東至溪堘西至坎南北俱至黄 后湖中節晚田一坵一石二斗 東至陳西南北至黄 后湖南晚田一坵五斗 東西北至黄南至坎 東边晚田二坵二斗 東南至黄西北至陳 晚田二坵一斗五升 東西南至陳北至坎 坑尾晚田一坵五斗 東西南北俱至黄

下湾村前坑晚田二坵六斗 東至陳西南至劳北至鄭 一坵二斗 東北至本田南至陳西至劳 边嶺坑早田四坵七斗 東南至蔡西至鄭北至溪 早田三坵一石 東至鄭西至劳南至蔡北至溪 早田二坵三斗 東至鄭西南至蔡北至劳 边嶺墩晚田二坵四斗 東至嶺西南北俱至蔡

边嶺溝脊高晚田三坵三斗 東西南北至蔡 宫前晚田二坵三斗 東西南北至鄭 丁滿東溝曲溪上田二坵相連 東至徐西至溪南北至溝 北坑牛路下田二坵相連 東至牛路溝西北至徐南至溝 曲溪下田二坵 東北至溪西南至徐 北坑牛路上田一

坵 東西至徐南北至溝 新村仔前田二坵 東西南至徐北至溪 明堂牛路上坑田一坵 東西北至徐南至坎 又田一坵 東至夫人田西至徐南至坎北至溝 又田三坵 東至徐西南至夫人田北至溝 椰頭二截一坵 東西至徐南至溝北至溝並溪堘 馨水坑田共一所三拾三坵 東至

嶺西南至溝北至吳徐 東溝曲溪坎边長田一坵 東南北至坎西至徐田 孔頭舊車路上下溝田一所 東至泉坎西至孔头路徐南至吳北至吳徐溝田 共種仔十石孔頭舊溝一条曲溪下堰一架起水灌濟馮家湖二溝晚田七坵八斗 東西南至本田

北至陳 堰水應濟東山前坑早田三坵五斗 東西至王南北至陳 坡尾晚田三坵五斗 東南北至王西至本祠田 山芓后坑田四坵一石六斗 東西北至紀至坎南至吳 茜秧坑早田三坵一石四斗 東至袁西至林南北至坎 櫟傘坑早田五坵二石

五斗 東西至紀南至堰北至劉 下肖村前南边坑仔早田三坵九斗 東西南北至紀 門前坑早田二坵五斗 東至溝西南北至紀 櫟傘坑早田二坵一石二斗 東至坎西至堘南北至紀 下肖村南边坑中早田三坵五斗 東南北至紀西至坎 北边坑中

早田一坵三斗 東西北至紀南至坎 山芓坑中早田一坵八斗 東南北至紀西至坎 下肖村西茜秧坑早田五坵一石八斗 東至一斗四斗西至四斗南至車路北至祠田六斗 村南深塘尾坑中早田一坵二斗 東至坎西至堰仔南至二斗北至五斗 坑頭早田一坵

四斗 東至溝西至堰南北至四斗 井頭茜早田一坵 四圍三十一丈六尺 早田一坵 四圍七十三丈 早田一坵 二十一丈七尺 早田一坵 二十一丈六尺 早田一坵 一十丈零九尺 公孫坑早田一坵 三十五丈 早田三坵 四十一丈 早田一坵 二十六丈五尺 早田一坵 二十八丈五尺

早田一坵 五十二丈五尺 早田一坵 五十一丈一尺 早田一坵 四十五丈二尺 早田一坵 五十一丈八尺 公孫坑边茜一稔 二十九丈二尺 落過坑早田一坵 五十八丈一尺 早田一坵 六十丈零五尺 井頭坑早田一坵 五十二丈四尺 早田三坵 四十四丈五尺 官竹坑

早田一坵 四十九丈一尺 田仔二坵 三十八丈八尺 乾嶺宫前早田二坵 五十四丈 溝边田仔一坵 二十四丈 官竹魚美早田一坵 六十七丈一尺 又田一坵 二十八丈六尺 又田一坵 二十三丈八尺 沙田一坵 二十一丈二尺 沙田一坵 六十八丈八尺 湾边田二坵

海邑院試賓興買各田土名四至碑⑤

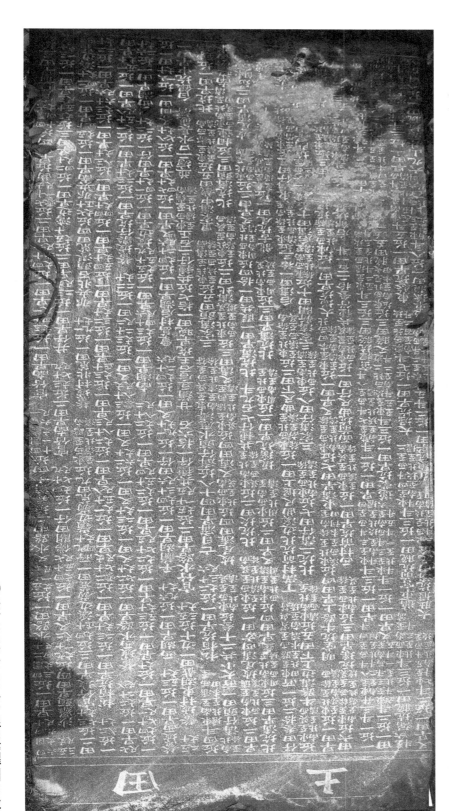

四圍四十六丈九尺 早田一坵四圍二十三丈四尺 水路田一坵五十九丈一尺 又水路田二坵并茼十四坵四圍壹百一十一丈六尺 官竹南早田一坵三十一丈四尺 早田一坵四十六丈六尺 早田二坵七十丈零一尺 曲坵早田四坵四圍六十四丈 官竹前早田五坵六十五丈三尺

沙羅頭早田四坵九十二丈一尺 又早田一坵四十七丈五尺 佛閣田仔一坵四十九丈七尺 官竹南早田二坵三十九丈七尺 井仔早田一坵三丈二尺 早田二坵五十丈 湾边早田一坵二十四丈 早田三坵三十三丈五尺 早田一坵三十一丈 早

田二坵三十七丈 官竹坡早田三坵四十丈正 溪边崩荒田一所九十四丈 嶺边崩荒田九坵東西至路南至嶺北至溪 鰲坡村北荒田一坵一十九丈 那央北石頭滘荒田四坵七十丈正 那央南早田一坵五十丈正 早田一坵二十四丈 溪边早田

一坵二十式丈 松栢坑早田一坵三十二丈 早田一坵二十丈零七尺 早田一坵一十八丈五尺 早田一坵二十三丈八尺 早田一坵三十丈正 早田一坵二十三丈 早田一坵四十五丈 早田一坵四十四丈 早田一坵三十八丈 早田一坵三十六丈六尺 早田一坵二十二丈七

尺 早田一坵二十八丈二尺 鰲坡西水路早田一坵二十七丈 又田一坵三十二丈 又田一坵二十六丈 又田一坵三十丈零八尺 又田一坵三十二丈二尺 田一坵二十二丈 鰲坡樂仔坑早田一坵三十二丈 早田一坵一十八丈五尺 早田一坵一十五丈 早田

一坵四十一丈七尺 早田一坵十丈 早田一坵三十五丈 早田一坵二十五丈七尺 早田一坵二十四丈五尺 早田一坵二十二丈八尺 南湖早田一坵三十六丈四尺 早田一坵五十九丈五尺 坡边早田一坵一十四丈 早田仔一坵二十二丈 西湖早田一坵六十二丈

鰲坡西早田一坵三十五丈 西湖早田一坵六十九丈 平蘭湖早田一坵四十六丈三尺 田仔一坵一十九丈 又田一坵四十六丈二尺 覃葛村后湖早田一坵四十六丈二尺 又早田一坵七十四丈 早田一坵八十七丈 又茼田一坵六十一丈 田一坵

五十二丈 鰲坡村東湖截田一边十坵五十三丈 官竹水路早田二坵五十五丈一尺 共種仔一拾六石 甘蒲豆后石王坑早晚田一拾七坵共種仔二石正東西至嶺南至塘北至潘 並塘二口水長應濟白銀坑中早田一

坵四斗東南至潘西至堰北至本田 松栢坑早田一坵二十六丈三尺 亡日溝早田四十八坵溝仔頭水應濟東至吳西至符南至溝北至徐 三家溝頭田五坵東北至溝南至坑西至蔡 里家溝中截田五坵東至鄭西南至蔡北至溝 北坑早田一坵東西至溝

南北至徐 溝仔頭田一所大小共二十叁坵東西至吳南北至溝 坡尾溝田四坵東西南北至吳 又溝田四坵東至徐西至吳南北至溝 又溝田三坵東北至吳西南至墩 溝北田二坵東北至吳西至路南至溝 北坑溝頭田三坵相連東南北至溝西至吳田 南边溪白水

早田二坵東南至溝西北至溪 坡尾溝四方田一坵東西至吳南至溝北至徐 北坑坎田二坵東南北至吳西至徐 共種仔七石九斗 北坑溝早田一段共田一拾四坵東西北至周南至溝 又早田三坵東北至周西南至□ 坡尾溝早田二坵東西南北俱至吳

北坑溝早田三坵東南北至周西至坡 又早田四坵東南至溝西北至周 又早田二坵東西南至周北至溝 坻瑶坑早田二坵東西北至周南至溝 北坑溝早田三坵東南北至周西至坡 龍舌坑尾田一坵東至周西至□至堰南至溝□ □□□□□□□

仔田叁拾二坵一所東至路西至賓貝符田北至水溝南至坑 丁滿村前坑北边溪曲尺堰上田一坵東西北至徐南至溪 曲尺下田二坵東北至徐南至溪西至吳 后溝田一拾三坵東至徐南至溝西北至吳 東溝仔田五坵東南至徐北至溝西至路 □□□□□□

坵東至吳西南北至溝 牛路溝边上下田五坵東南北至溝西至徐 北坑二溝仔田七坵東西至徐南北至溝 三家溝仔田八坵東南至溝西北至徐 三家溝新開田十坵東西南至徐北至溝 后溝田十坵東至□西至□□□□□ 坑門早田□□□□□□□□

早田一坵東北至徐西至吳南至溪 明堂坑牛路上早田四坵東北至徐南至溪西至本祠田 東溝早田七坵東西至徐南北至溝 又早田一坵東至本田西北至溝南至徐 大堀坑早田一坵東西至徐南北至浦 □□□□田三坵東至坎西北至□南至□ □□□□溝尾□

田 六坵東至徐西至吳南至路北至坑 坻瑶早田三坵東西至徐南北至吳 西村前坑早田一坵東西至吳南至溪北至徐 面前坑曲尺仔田一坵東南至吳西北至徐 共種仔叁拾二石一斗 后郁坑早□□□坵□斗東至坎西北至溝南至四斗 □□□□□

一坵一斗三升東至八斗西至四斗南至二斗北至堰 早田一坵三斗東至三斗西至四斗南至坎北至堰 早田一坵一斗東至七斗西至八斗南至坎北至堰 窑裡坑晚田三坵三斗東至堰西至坎南至二斗北至三斗□□ □□□田□□斗東至□西至坎南至三斗北至二斗 □前坑早

田一坵二斗東至三斗西南至六斗北至一斗五 又早田一坵一斗東至三斗西南至六斗北至一斗五升 邁崇坑早田一坵三斗東至坎西北二边至五斗南至二斗 又晚田三坵東西北至大坵南至本田 晚田五坵□□□東至□西至五斗南至四斗北至溪 晚田二坵一石東至溝西至坎南北至六

斗 漏坑晚田一坵三斗東西南至溝北至三斗 邁車宮前坑晚田一坵三斗東至四斗西至二斗南至坎北至堰 大堀坑早田一坵七斗東西北至坎南至石二斗 東巷坑早田一坵五斗東南至□斗西至五斗北至溝 早田一坵三斗東至三斗西至五斗南至坎北至六斗

又早田一坵二斗東至五斗西至七斗南北至坎 大肚堰坑溝田九坵東西至坎南至二斗北至溝田 边頭坑早田一坵二斗五升東至二斗西南至三斗北至□ 邁車抵晚田一坵八斗東至三斗西至六斗南至九斗北至坎 六九山井頭坑晚田一坵八斗東至石八

海邑院試賓興買各田土名四至碑⑥

西至溪南至溝水北至田一斗　乾嶺前早田二坵六斗四圍三十七丈四尺　又早田一坵三斗四圍二十八丈四尺　邁車坑晚田一坵一石一斗東至分边田三斗西至石二南至井仔北至田三斗　又晚田一坵七斗東至溪西至石一南至七斗北至石八斗　晚田一坵二斗東南至溪
西至田四斗北至田七斗　下蘭沙坑晚田一坵四斗東西至四斗南至六斗北至溝堰　又早田一坵二斗東西至四斗南至坎北至溝　平灘坑早田一坵六斗東至九斗西至六斗南北俱至溝　晚田一坵二斗東至四斗西至三斗南至坎北至二斗　晚田一坵三斗東至八斗西至溝南北至
田四斗　峾裡晚田一坵八斗東至一斗西南至八斗北至大溪　坻瑶坑晚田一坵六斗東北至八斗西至溝南至坎　邁蒙坑晚田一坵四斗東西至溝南北至三斗　扶茂坑早田二坵二石東至八斗西至九斗南至溝北至二斗　北敢坑早田一坵八斗東西
至四斗南至坎北至八斗　湖仔坑晚田三坵一石四斗東至水堀西至五斗南北俱至石二斗　早田一坵七斗東南至溝西至水崗北至路　坑肚边早田二坵三斗東至六斗西至七斗南至二斗北至九斗　南湾二溝坑晚田七坵五斗東至三斗西至一斗南至五斗北至溝　又晚田
一十七坵共一石四斗東至二斗西至三斗南至五斗北至八斗　湖口坑早田三坵八斗東至六斗西至二斗南至三斗北至五斗　坑仔東边早田一坵二斗東北至二斗西南至一斗　東山村前坑晚田四坵九斗東至一斗西至本祠田二斗南至二石田北至四六斗　盤上晚
田一坵三斗東南至一斗西北至三斗東边晚田一坵二斗五升東至五斗南至路西至四斗北至二斗五平家湖坑早田一坵三斗東至溝西至二斗南北至三斗　早田三坵二石三斗東至牛路西南北至溝　甘坡西边村螞蝗
坑早田一坵四斗東西至坎南至四斗北至二斗晚田四坵八斗東西至坎南至二斗北至一斗晚田五坵三斗東至嶺西至二斗南北至一斗甘坡西边村螞蝗坑尾晚田三坵八斗東西南至嶺北至三斗　坑中晚田二坵五斗東西至嶺南北至三斗又晚田一坵一斗東西
至嶺南至本田北至一斗晚田五坵一石東西至嶺南至一斗北至二斗村下早田一坵六斗東南北至一斗西至坎　狗山坑早田一坵八斗東至二斗西至溪边南至四斗北至七斗晚田二坵四斗東至二斗西至溪溝北至溝仔　早田四坵四石八斗東北至坎西至七斗南至二石　下湾村
早田一坵四斗東西至五斗南至溝北至田一斗　邁車坑早田三坵一石六斗東至六斗西北至溝田南至四斗　盧家茴門前坑田一坵四斗東西南至二斗北至三斗又一坵三斗東至四斗西至一斗南至二斗北至五升　一坵五斗東至一斗西南至三斗北至二斗　一坵五斗東至五斗
西至一斗南至四斗北至九斗　一坵二斗東南北至五斗西至三斗　一坵二斗東西至二斗南至五斗北至四斗　一坵四斗東北至一斗西至五升南至三斗　一坵三斗東南至一斗西至五升北至四斗　一坵三斗東至一斗西至溝南至坡北至二斗　二坵相連四斗並坡茴三面環田東西北至車路南至田二斗
一坵三斗東北至二斗西至三斗南至四斗　一坵二斗五升東至四斗西至堩南北至三斗　一坵一斗東北至一斗西南至三斗並茴共種仔四石六斗五升　挪梨仙人洞三溝田一所一百零二坵種仔五石五斗二堰下起水三堰一架溝一条東至
坡西南至陳北至响水堰平湖馬攔前后坑早晚田大小共一百一十七坵食飯田仔一坵坡仔前溝仔田一所東西南至坎北至陳黃塘水長應濟　陶汶村外蘭沙坑早田八坵一石二斗東至三斗西至二斗南至狗腿溝北至溝深坑早田
七坵一石六斗東至四斗西至二斗南至七斗北至嶺　邁車湖田四坵七斗東至溪西至坎南至四斗北至己田又晚田二坵七斗東西至石八斗南至七斗北至田七斗　晚田一坵七斗東至八斗西至石二南至九斗北至坎　邁車艼前湖仔晚田一坵六斗東至六斗西至石二斗南北至溝田
邁車坑肚早田一坵三斗東至五斗西至六斗南北至溝　大邁車洋晚田一坵一石東至一斗西南至溝北至石一　后山茴一坵四圍俱至梁姓茴　林木坑早田一坵四斗東至坎西至溝南至一石北至三斗　后尾田一坵一斗東至五斗西北至溝南至田五斗　牛路
坑晚田一坵四斗東南北至溝西至四斗又晚田二坵五斗東至二斗西南北俱至水溝　江溝边晚田三坵四斗五升東至二斗西至四斗五升南北俱至溝　陳狗坑晚田二坵六斗東至溪西至坎南至三斗北至五斗　光陽坑晚田二坵六斗東至田仔西至三斗南至溝北至溝
田仔　启逢坑晚田二坵一石四斗東至溝田仔西至坎南至七斗北至田仔又晚田一坵一石正東至三斗西至五斗南至溝田北至坎　边溪坑晚田二坵九斗東至茴西至溝南至三斗北至路　后山坑早田一坵五斗東至三斗西至六斗南北俱至溝　又早田一坵四斗
東西至五斗南至溝田北至双溝　又早田一坵六斗東至坎西南至六斗北至一石一　調會二河渠晚田一坵一石二斗東至四斗西至一石南至八斗四斗北至五斗三斗　龍水村前下坡溝頭早田五坵一石六斗東至蔡西南至溝堩北至陳田　壢仔坑西边早田三坵
一石二斗東南北至坎西至蔡田又早田三坵一石東至坎西至張南北至蔡　下坡溝头晚田八坵三斗東至蔡西至坡南北俱至溝　案下坡南边溝晚田一十三坵一石三斗東至坡西南至蔡北至溝　北边溝晚田二十二坵一石四斗東西南至蔡北至坡
北溝尾晚田二坵東西南北至蔡　下坡溝頭晚田三坵四斗東西南北至蔡北边溝晚田十一坵二斗東西南北至蔡　龍水村前早田一坵九斗東至六斗西至四斗南至坎北至堰堩　早田一坵四斗西至石四東至六斗南至坎北至堰堩　早田一坵四斗東至石四

海邑院試賓興買各田土名四至碑⑦

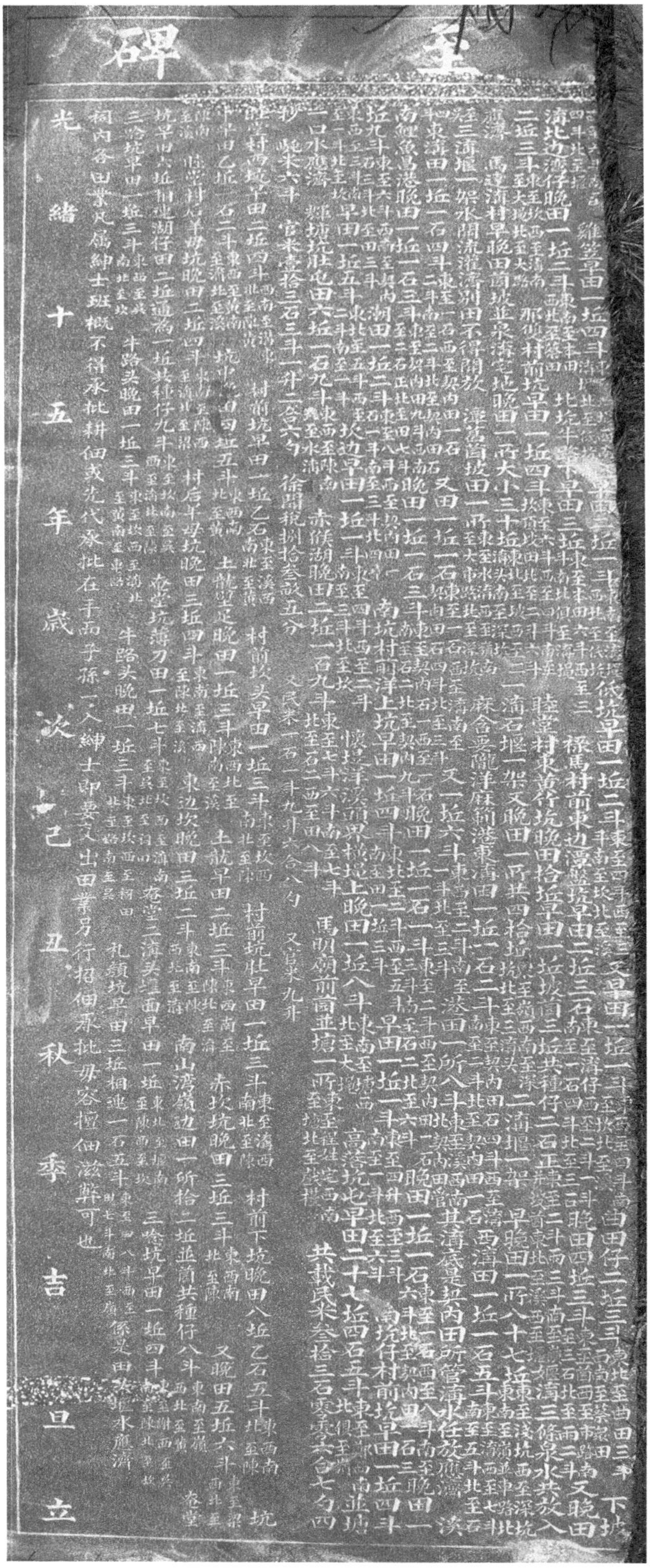

西至六斗南至四斗北至堰　雞笠早田一坵四斗東至□□西南至清堨北至低坑溝早田二坵一斗東南至溝堨西北至低坑低坑早田一坵二斗東至四斗西至三斗南至坎北至溪又早田一坵一斗東西至四斗南至坎北至溪　曲田仔二坵三斗東北至曲田三斗西南至蔡衆田　下坡
溝北边湾仔晚田一坵二斗東南至本田西北至蔡田　北坑牛路下早田三坵東至本田六斗西至三斗南北俱至溝堨　禄馬村前東边潭盤坑早田二坵三石東至溝仔西至二斗一斗南至一石四斗北至三石　晚田四坵三斗東至茴西至市路南至三石北至兩二斗路　又晚田
二坵三斗東至坎西至溝南至大堨北至大路　那雙村前坑早田一坵四斗東至六斗西至四斗南至坎頂坡田北至二斗六斗　睦堂村東黄竹坑晚田拾坵早田一坵坡茴三坵共種仔二石正　東至二斗兩三斗南至嶺并坡茴東北至溪西至堰媛溝三條泉水共放入
應濟　馬達溝村早晚田茴坡並泉溝宅地晚田一所大小三十坵東北至坡西至二溝头南至深坑　二溝石堰一架又晚田一所共四拾坵東至嶺西南至深坑北至三溝头　二溝堰一架　早晚田一所八十七坵東至淺坑西至深坑東南至嶺並車路北
至吳三溝堰一架水開流灌濟別田不得開放　潭葛茴坡田一所東至水溝西至嶺南至大市路北至深坑　麻含要隴洋麻蓊港東溝田一坵一石二斗東至契内田石四斗西至溝南至二斗北至契内田一石　西溝田一坵一石五斗東至溝西至七斗南至五斗北至石
四斗　東溝田一坵一石四斗東至一石西至契内田一石二斗南至二斗北至契内田石　又田一坵一石東至一石西至溝南至契内田石四斗北至三斗　又一坵六斗東西至二斗南至一斗北至三斗　港田一所八斗東至溪西南北契内田晉　其溝底是契内田所管溝水任放應濟　溪
南鯉魚昌港晚田一坵一石三斗東至契内田九斗西南至二石正北至田七斗　晚田一坵一石三斗東至契内石一西至一石南至石二北至契内九斗　晚田一坵一石一斗東至二斗西至契内田一石三斗南至石二北至六斗　晚田一坵一石東至一石西至八斗南至六斗北至契内田一石三　晚田一
坵九斗東至六斗西南至契内石三斗北至田三斗　潮田一坵二斗東至八斗西至契内田一石一斗南至三斗北四斗　南坑村前洋上坑早田一坵四斗東北至二斗西至五斗南至田一坵三斗　早田一坵一斗東至四升西至三斗南至一斗北至六斗　南坑仔村前坑早田一坵四斗
東西至三斗南至一斗北至坎　早田一坵五斗東北至五斗西至二斗南至一斗　坎边早田一坵一斗東至四斗西至二斗南至三斗北至坎　懷堤洋溪頭界横堨上晚田一坵八斗東南至塘西北至大堨　高落坑屯早田二十七坵四石五斗東至鄭西南北俱至嶺　並塘
一口水應濟　輝塘坑肚屯田六坵一石九斗東西至陳南北至水溝　赤猴湖晚田二坵一石九斗東至七斗六斗南至七斗北至石二西至田八斗　馬明廟前茴並塘一所東至程姓宅西南至塘北至戲檯　共載民米叁拾三石零零六合七勺四
抄　駝米六斗　官米壹拾三石三斗一升二合六勺　徐聞税捌拾叁畝五分　又民米一石一斗九升六合八勺　又官米九升
睦堂村西坑早田二坵四斗西南至溝東北至陳黄　村前坑早田一坵乙石東至溪西南北至黄　村前坎头早田一坵三斗東至坎西南北至陳　村前坑肚早田一坵三斗東至溝西南北至陳　村前下坑晚田八坵乙石五斗東西南北至陳　坑
中早田乙坵一石二斗東西至黄南至溝北至溪　坑中晚田四坵五斗東西南北至黄　土䟨壁足晚田一坵三斗東西北至陳南至溪　土䟨早田二坵三斗東西南至陳北至溝　赤坎坑晚田三坵三斗東西南北至陳　又晚田五坵六斗東至梁西北至
陳南至溪　睦堂村后羊母坑晚田二坵四斗東南至陳西至溝北至梁　村后羊母坑晚田三坵四斗東南至溝西至陳北至溪　東边坎晚田三坵二斗東南至陳西北至溝　南山湾嶺边田一所拾二坵並茴共種仔八斗東南至嶺西北至黄　奄堂
坑早田六坵相連湖仔田二坵通為一坵共種仔九斗東至坎南至吳西至溝北至陳　奄堂坑薄刀田一坵七斗東至坎西至溝南至吳北至祠田　奄堂二溝头堰面早田一坵東北至堰南至陳西至坎　三唸坑早田一坵四斗東至謝西至吳南至陳北至坎
三唸坑早田一坵三斗東西至吳南北至坎　牛路头晚田一坵三斗東至坎西至溝北至黄南至車路　牛路头晚田一坵三斗東至坎西至祠田北至路南至吳　礼顔坑早田三坵相連一石五斗東至田八斗西至田七斗南北至嶺係是田头堰水應濟
祠内各田業凡屬紳士班概不得承批耕佃或先代承批在手而子孫一入紳士即要交出田業另行招佃承批毋容擅佃滋弊可也
光　緒　十　五　年　歲　次　己　丑　秋　季　吉　旦　立

興右龕牌位碑①

城角 仔廩生黃普
華澳 訓導吳念祖
霞湖 歲貢歐玉潤
禄家 恩貢鄭士林
曲街 舉人鄧鼎誌
金坡前排 進士黎龍江
調賢 歲貢鄧　碩
林大 群歲貢吳馬暉
西洋 歲貢劉家麟
坡邊 儒學陳本源
調侻 廩生林峥嶸

洪富 宣課大使洪文海
國寶 誥封奉政郭家珣
南亭 巡檢林　扶
鷺感 職員官　紞
水店等村 經歷蔡魁
鷺感 附貢官居恒
安苗 訓導陳國球
清井 經歷王冠美
博懷 經歷鄧廷芝
淡水 庠士陳　連
中□ 坑勅封六品李端慤

方家 國學楊向榮
麻叅 國學莊廷音
洪客 國學吳炳煌
邦塘田西 旌表百歲陳升俊
田寮 例貢吳玉華
蘇樓 增生唐光亨
杜陵 誥封都尉吳恢鎮
安苗坑仔 例貢陳有成
禄□上村 布政分司何岳峰
南頭 例授儒林陳敬承
赤坡 國學梁緒鴻

西湖 處士蘇天烈
邦塘田西 國學陳癸榮
調爽 國學陳　紳
北坑 國學梁　轔
山后 國學陳　薇
連村 國學劉成勲
西山 國學袁爲緇
張家 仔國學黃桂林
平步 國學吳煥璧
瑚村 國學何子儀
調侻 國學林嗣興

户封 國學黃錫玠
陳家 職員陳景泰
博懷 國學鄧粹然
邦穩 國學陳仁民
琛球 職員劉平貴
塘尾 布經許德裕
那炉 國學鍾巨靈
田頭 處士梁學敏
鷺感 貽贈奉政官　運　笏
田寮 職員吳光翰
湖陽 國學鄧會祖

東湖 恩賜九品郭　日　進
烏樹 職員吳天保
官塘 職員唐毓良
屯塘 恩賜七品李　斯　来
談道 職員袁士標
曲街 職員陳廷熊
城角 職員陳士伯
北□ 國學黃鴻雲
方家 職員楊元一
□里 恩賜九品何魁伍
東□□□ 職員李子勲

西山 職員袁元藻
南坑 職員盧元超
東邊 職員沈鴻成
内巷 職員謝克臣
東坎 職員官友安
東門 宦雷王嘉猷
田頭 國學梁　桌
坡仔 職員蔡日承
扶柳 恩賜九品柯　大　謙
金雞 恩賜八品顏　懷　正
坑尾 職員劉定進

夏和 職員李寶山
坑仔 職員陳昌璧
黎郭 國學莫樹楷
題橋 職員宋啟芝
寮仔 恩賜九品羅　振　紀
大房 縣丞姚汝諧
□界 職員何青芝
東坎 恩賜九品官　恤　民
邦塘 恩賜九品李　士　隆
和□ 恩賜八品麥　文　開
八山 職員黃紹富

□坦 處士梁振緯
湖上 處士梁孔伋
平灘 處士程正元
平瀾 國學林作霖
北營 恩賜九品黃　日　麗
陽上 恩賜九品黃　思　元
上家 處士梁朝棟
坑尾 處士陳四八
大井 處士陳缵通
東井 處士李德球
□□ 處士麥其□

水標處士蔡曰詠
鄧處坡處士鄧國治
連村處士劉安雅
林侯處士顏廷璋
西城恩賜九品陳 大富
豐党庠士劉學及
藤家處士吳德裕
富行處士劉定辛
谷倉處士唐日咨
卜里處士王定九
□賢處士李懋山

內巷處士歐大本
西邊處士劉紹緒
南田后山處士林梗
北和國學袁洵傑
東嶽處士蘇允登
平瀾庠士林一枝
塘西邦田武生陳其隆
夏嵐武生陳子政
流沙處士尹希煥
金雞處士顏懷榮
塘家處士尤秉利

金雞處士顏懷彰
邦塘處士李子蓮
烏樹處士吳增豫
夏和處士陳敬熊
官賢職員陳瑞芝
梅田國學吳昌毓
西湖國學蘇光昭
博懷處士鄧悅剛
月屈國學李廷舉
西汀處士劉鴻陞
□□國學馮維垣

蓮塘處士鄭廷漢
高洪處士潘增榮
后坑茅菴處士王開連
英□處士林子球
港東上地處士王道隆
城角處士陳廷璽
□仔田恩賜九品鍾有□
陳師處士王 長
嶺兜處士林文煥
茅□處士王國興
輝□處士林國榮

后郭處士鄭尚達
祿切巡政司□□□
山后國學陳□律
山后國學陳□□
和家上庠生符安邦
□□國學莫鍾□
□家登仕郎陳國昇
□□處士陳仁壽
□內拔貢李書田
后郭處士鄭毓泰
東嶺歲貢莫家□

興右龕牌位碑②

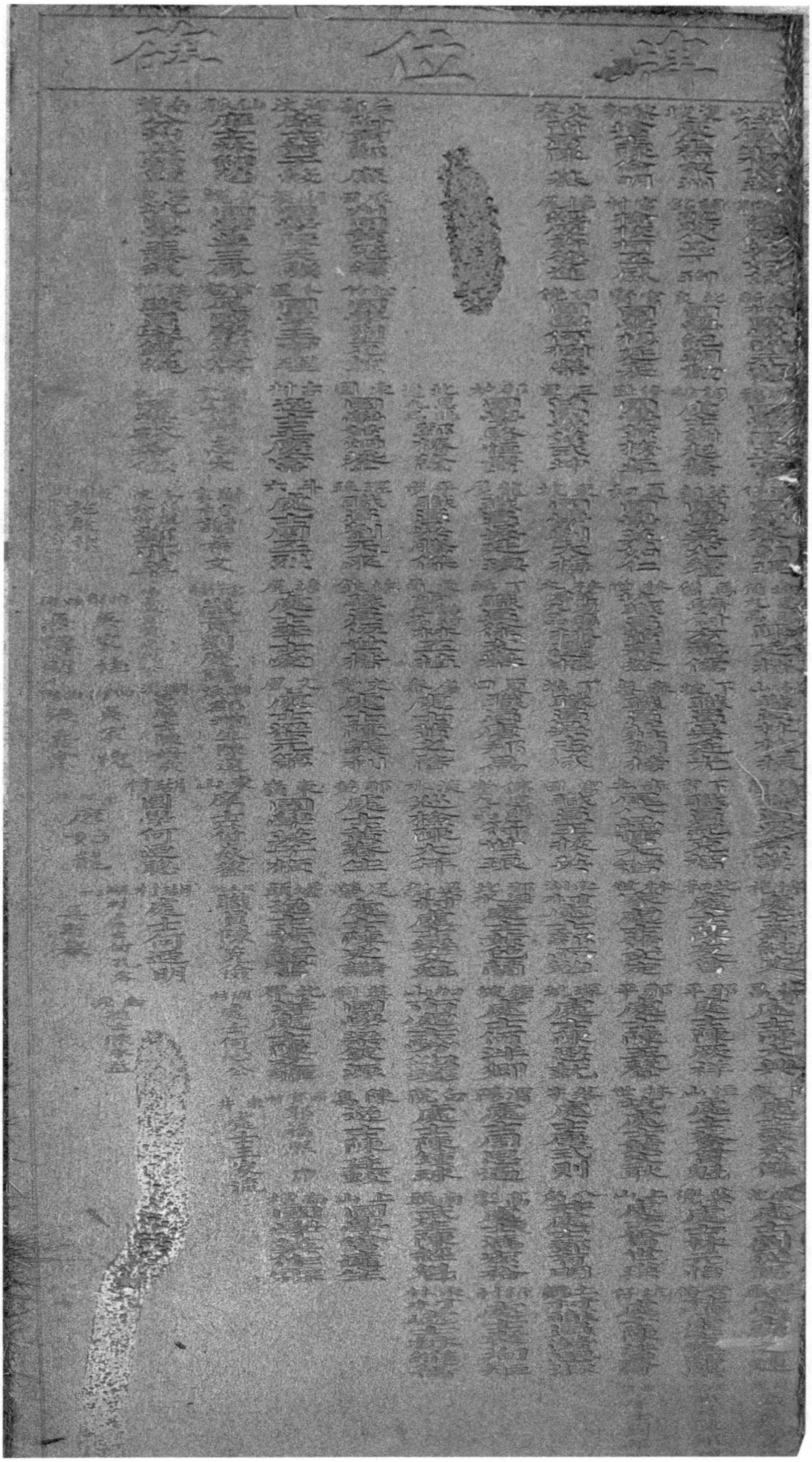

北山仔廩生楊岱瑞
雙坡廩生何家洲
黎郭增生陳倫明
交寮附貢陳　基
后郭附貢鄭　廉
淘汶庠士黃于穀
仙脈庠士林紹德
南薰分州吳朝璽

黎郭經歷莫如誠
調銘貤贈八品丁珣
官村檢校柯丕盛
塘尾經歷許德進
瓜田州同黃冠繹
潮溪國學陳天驥
肇攬國學卓三鳳
呂處坑國學王際龍

吳新村國學閔元憲
北良國學紀朝勳
官賢國學楊廷表
調俔國學何樹榮
松竹國學劉克勳
卜里國學王中理
會宅尾國學鄧鳳竹
扶柳職員宋錫純

那穩國學陳正富
調排處士謝起鰲
停趾國學黃榜卓
三里□國學黃式坤
那炉國學駱恒貴
北邊恩賜九品鄧椿蔭
東園國學黃烱鑾
古村逸士王慶富
謝家村謝志大
□東國學林希儒

溝仔國學蔡朝琨
草朗國學吳允鼇
夏和國學莫如仁
東坡國學劉大梅
龍屋職員吳廷琠
平步職員吳騰傑
琛珠職員劉天来
斗六處士周丕烈
謝家村謝希文
卜陳候選分州鄧亦萃
□□施啟祚

城角恩賜九品陳廷耀
馬留騎尉方鴻儒
林世坑職員黃宗益
林大群恩賜九品林選梧
丁滿職員徐文舉
東角步誥封九品林丕植
林鉄職員伍世楷
塘尾處士李士愛
□□歲貢劉慶鏞
楊上歲貢黃光烈公
曲□吳家桂
曲街吳傅明

南山職員林槐振
下坡職員吳廷光
麻叅職員莊朝榜
丁滿職員吳志成
夏口職員唐邦為
房叅處士黃之階
文堂處士陳義利
文風處士梁元第
潮溪郡增生陳選
潮溪邑庠士陳丹成
曲街吳家槐
曲街張嘉棠

□□職員吳宏謨
下霄職員紀克智
赤土尾八品曹大智
官田職員王抜英
佛堂恩賜九品符世琅
淡水巡檢陳大年
那黃處士黃春生
東嶺國學莫子楨
東山庠士付焱鋆
瑚村國學何迺聰
□□唐如龍

博袍處士鄧純史
北和處士陳友曾
林世家處士黃文定
東湖村處士郭而勉
那梁北水處士黃色蘭
吳新村處士梁文魁
足榮處士陳史讚
壜頭逸士黃紹書
□土地職員陳克儉
瑚村處士何迺明
瑚村處士何孔容
□□吳朝舉

□昌處士陳大興
那平處士陳厥祥
那平處士陳玉聲
琛坑處士陳思就
種坡處士何洋卿
加山市處士勞紹夔
英利國學梁錠源
北界洋處士陳文雅
瑚村處士何心公
白浣處士陳永益

下寮處士張秀傑
恒山處士蔡會魁
林世坑處士黄文耿
落牛處士唐式則
渭陽處士周思通
白院處士陳鍾球
陳高逸士陳廷蛟
國寶村郭福熙
東井處士王家流

靈池處士劉從錫
英兜處士林元怡
上山處士曾世瑛
八角井處士鄧有明
高家處士馮宏裕
南頭武生陳經魁
上山國學曾達生
南壇國學莫作霖

祿馬處士鄧之璉
安苗杜樂只處士程紹熙
坑仔處士陳法齊
土角村職員勞思淑
新村處士袁洵矩
東林村處士林維菁

夏□歲貢鄧□□
陳家職員陳邦興
西边庠士劉邦相

興中龕牌位碑①

西山 舉人袁劉芳
官慕 誥封朝議大夫王祥輝
英良等村 進士程雷發
雷州府段錫林
洪家 進士紀應炎
鐘樓 進士巡撫陳瓆
英山 刺史陳文玉
家□东林等村 進士林文亨
坑尾 知縣林忠貞
海康縣陳瀛藻
東井 知縣周德成
西山 教諭袁鍾秀
大門 樓舉人陳元起

□切 歲貢王定京
東林 晉贈資政林邦魁
東嶺 貢生莫愈良
邁生 歲貢陳殿墀
洪富 歲貢洪毓龍
蘇樓 舉人陳□鼎
樂只 進士蔡 寵
□□ 舉人勞思澄
肇攬 拔貢卓鴻君
符處 歲貢符文衡
祿切 誥贈中憲王承祖
東林 晉贈資政林春華
和家 誥封通奉符維紀

東林 州同林嘉槐
邦塘 晉贈通奉李光洩
南田 訓導陳其籍
邦塘 庠士李廷掄
北坡 恩貢陳巨齊
和家 訓導符作霖
西山 舉人袁元黼
調銘 恩貢丁兆昌
封唐 歲貢李暾曜
祿切 教諭王大臨
山內 廩貢蔡學原
和家 孝廉方正符蘊潤
東林 布經林嘉樫

邦塘 教諭李見龍
山后 同知陳 釗
東林 同知林連天
東林 刑部郎中林嘉材
連村 塩知事劉有慶
邦塘 教諭李光祖
蘇樓 學正唐叔達
東山 庠士蔡鳳遊
和家 國學符蘊深
城家 誥封資政陳朝璽
東林 同知林麗天
白沙 議敘九品柯上超
鐘樓 按察知事陳廷珂

連村 訓導劉廷俊
白沙 誥贈奉直柯芍
邦塘 貤贈通奉李錫齡
西門 學正翁心定
西村 州同蔡卜達
田頭 訓導梁 杰
邦塘 訓導李文龍
西村 附貢蔡占卿
蘇樓 庠士陳宗伯
□坑 附貢吳掄元
西門 州吏目翁心安
邦塘 誥封奉政李毓龍
白沙 按察知事柯大紀

白沙 同知柯揚芳
蘇樓 增生陳應期
西村 附貢蔡式九
和家 員外郎符在廷
調良 廩生何 澍
官村 廩生柯 禧
南門 詹事主簿宋邦昌
博懷 增生鄧肇宣
田頭 廩生梁 璧
洪富 廩生洪毓蛟
蘇樓 布經陳建業
白沙 按察知事柯揚名
琛球 貤贈八品劉龍精

□坑 府經歷吳岳明
祿□ 增生王大受
安茁 國學陳洪璠
蘇樓 縣丞唐汝渲
南薰 敕封修職吳成德
南薰 廩生吳 祺
南門 教諭宋鴻謨
墨亭 國學符居廣
山尾 國學林鍾琇
蘇樓 附貢唐汝濬
北坑 庠士陳天傅
南渡 例封八品涔布楚
東山 國學蔡鳳五

麻叁 貤贈八品莊賢左
本立 庠士陳世詩
夏嵐 增生鄧正殷
田頭 增生梁壯明
覃庇 附貢吳江永
博懷 廩生鄧仕讃
南門 歲貢宋鴻猷
官塘 增生唐其仁
吳新 村附貢關啟勳
調和 附貢鄧扶輿
西門 庠士翁長龍
墨亭 例封六品符有猷
邦塘 例貢李元杰

田頭 國學梁華實
曲街 國學莫彩彬
瑚村 按察照磨何聽然
前塘 例貢李高山
覃葛 國學吳仁極
東山 例貢蔡韶光
南門 例貢宋鴻儒
朳肥 職員周翰梁
田西 附貢謝崧鍾
本立 國學陳鴻治
符處 國學符應斌
西湖 國學蘇文發
調爽 國學陳季賢

睦堂 國學黃思超
曲街 國學陳廷瑚
田西 國學謝岳鍾
前塘 國學李登桂
東林 國學林遇盛
夏和 職員官朝相
潮溪 州吏目陳卜年
新芓 例授都司陳幾周
那爐 市國學吳世濂
夏嵐 國學鄧承殷
新芓林家 經歷陳桂相
塘尾 國學謝朝禮
夏嵐 國學鄧作誥

南薰 國學吳　歆
連村 職員劉青選
錦坡 國學謝有臨
吳新 村國學閔啟楷
北和 職員柯逢輝
潮溪 州同陳卜甲
東山 訓導蔡大成
潭濃 田守府符聖任
內巷 例貢歐巨槐
南田 國學陳兆鰲
陳鉄 國學陳丕高
吳新 村國學闞元經
東林 副貢林龍年

邦塘 國學李錫甲
連村 國學劉文海
吳新 村國學闞啟森
平瀾 職員林嘉會
瑚村 處士何如玉
南田 例貢陳文彩
南門 例貢宋培菁
北蘿 職員黃元良
夏和 吏目官鴻緒
扶柳 職員柯　愷
高田 國學高登梯
夏嵐 職員鄧維殷
龍水 職員蔡景發

坡仔 處士楊伯軒　內巷 附生謝天聰公
西洋 處士周鳳鳴　椽切 國學生王廷經
覃庇 處士吳國禎　椽切 邑庠士王萬青
田頭 處士梁學洙　椽切 國學生王學□
南薰 職員吳丕誥　澡德 附貢何國□
調風 處士鄭元吉　澡德 巡政何維新
吳新 村誥贈奉政闞啟模　澡德村何岳華
草朗 職員潘彰浩　澡德村何啟基
調風 職員鄭立綱　澡德 庠士何廷杰
東山 頭　梁國培　澡德 國學何廷蕃
大橋 處士陳洪政　澡德 佾生何廷鑑
邁創 處士黎全烈　龍馬村陳文富
昌足 國學鄧丕承　大家何之培公

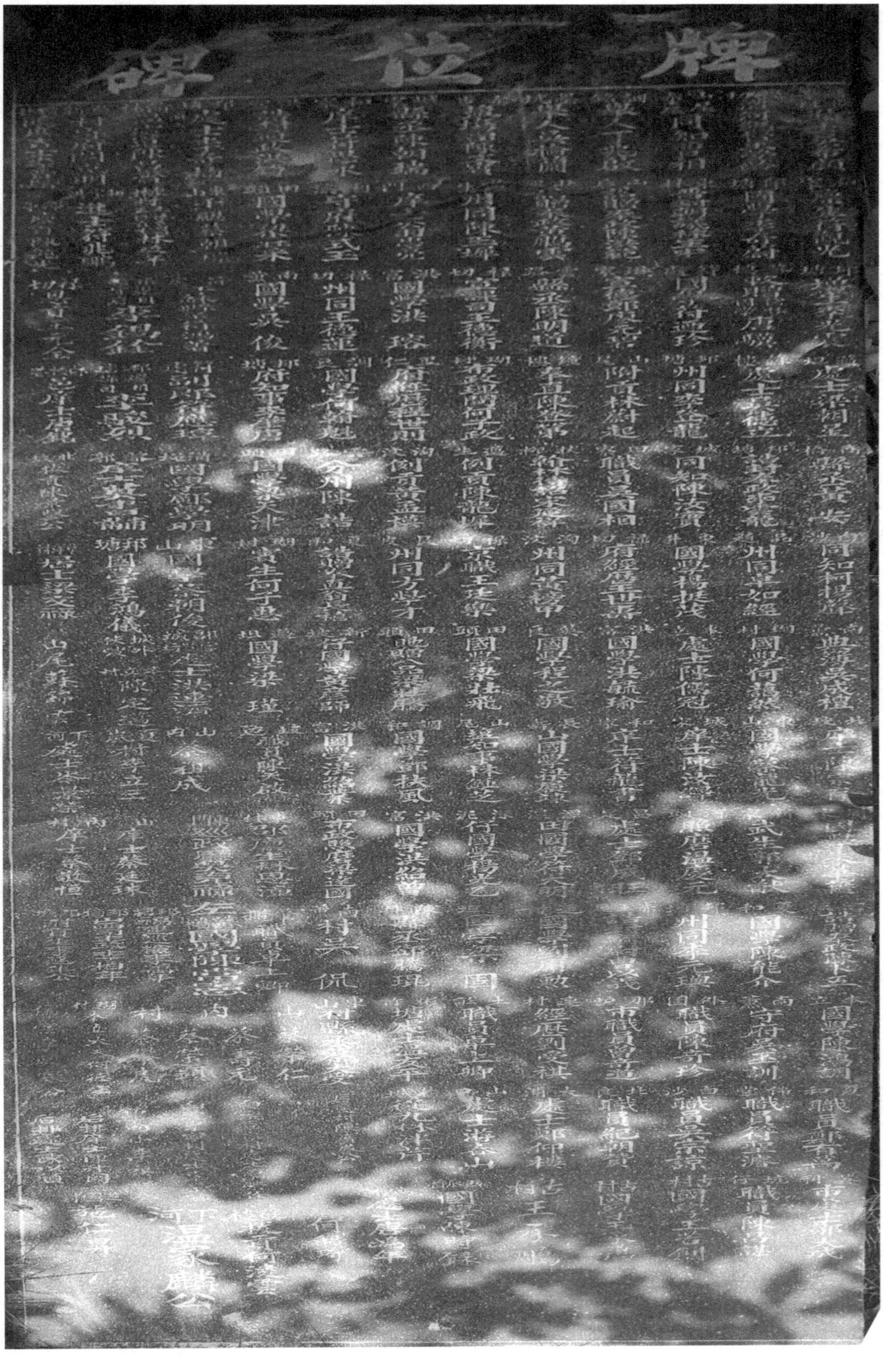
牌位碑

平步□村 進士吳希顏
切祿 漕河總督王夢齡
山尾赤尾 同知曹相
銘調 舉人丁兆啟
坑墨 舉人吳掄蘭
家城 縣丞陳朝瑞
步赤 鹽場司陳文寘
家和 庠士符思水
富洪 誥封通政洪鈞
塘邦 處士李奇楠
林翰 温處道陳昌齊
新□ 村守府關克明
林翰 院庶吉士李晉熙

家和 廩生符觀光
塘邦 國學李奇蔚
林東 晉封朝議林生中
后山 誥贈奉政陳洪範
羅北 誥贈奉政黃鵬雲
生邁 州同陳玉墀
門西 庠士翁忠亮
溪湖 守府陳式玉
頭田 國學梁壯采
山東 千総蔡朝琮
林東 村光祿寺□□□貢生林駿年
村家和 進士符兆鵬
平那 廩貢陳龍光

塘邦 增生李光震
樓蘇 敕贈儒林國學唐驥
處符 國學符迺珍
家琳 宣德郎廖元碧
路雲 縣丞陳明道
切祿 宣課司王德衡
富洪 國學洪　瑢
切祿 州同王德運
薰南 國學吳　俊
處符 江蘇縣丞符鴻著
邦選用塘守府 李錫銓
切祿 恩貢王元全

坦邁 處士梁朝星
樓蘇 處士吳德立
塘邦 州同李登龍
尾山 附貢林蔚起
樓鐘 奉直陳登第
村瑚 布政理問何子政
仁里 府經歷程世則
良調 國學何翰魁
塘邦 府知事李肇唐
處符 副郎符應璋
邦選用塘都司 李駿烈
巷樓蘇 邑庠士唐銘

橋高 縣丞黃　安
塘邦 誥封奉政李雲龍
家城 同知陳汝實
寮田 職員吳國相
柳扶 翰林待詔宋延祥
生邁 例貢陳龍墀
汶淘 例貢黃孟模
路雲 分州陳　誥
頭田 國學梁天津
堀溝 國學鄺學明
郭黎 庠士莫書黼
坡北 拔貢陳景鋆公

沙白 同知柯揚聲
題品 州同卓如經
井東 國學楊挺茂
切祿 府經歷王世壽
汶淘 州同黃榜甲
切祿 京職王廷樂
皮艮 州同方學才
和夏 誥贈奉直翁長禧
村瑚 賓生何子惠
山東 國學蔡朝俊
塘邦 國學李鴻儀
村洋草 居士梁文祿

漁南 典薄吳成禮
村瑚 國學何藹然
立本 處士陳儒冠
富洪 國學洪毓瑜
良英 國學程之敬
頭田 國學梁壯飛
頭田 貤贈八品梁壯騰
坡新 仔國學黃彥師
坦邁 國學梁　瑾
部館城坊 處士洪連濟
城外□坡本村立 陳定邁
山尾蘇錦雲

（北坡）庠士陳宗存
（東山）國學蔡龍光
（城家）庠士陳汝繹
（和家）庠士符龍書
（長壽）山國學梁履竦
（山尾）塩知事林鍾芝
（調和）國學鄧扶風
（洪富）國學洪紹業
（坡边）職員陳天啟
（山內）蔡 祖 成
（夏嵐）村李 立三
（下河）處士岑景榮

（周家）國學朱華籍
（新家）武生郭大猷
（河頭）照磨温慶元
（昌足）處士鄧成旺
（潭濃）田國學符大明
（深泥）仔國學楊光乙
（洪富）國學洪紹曾
（田頭）布政照磨梁達國
（東林）郡廪生林思潼
（東門）巡政廳吳克祿
（山內）庠士蔡廷珠
（村）庠士蔡敬恒

（潮溪）誥贈奉政陳卜五
（夏和）國學陳能介
（邦塘）州同李元瑛
（赤土尾）誥封騎尉曹以義
（連村）國學劉庸勲
（邁坦）國學梁 固
（陳排）縣丞鄧騰琨
（南薰）村吳 侃
（肇攬）職員卓上卿
左（蘇樓）國學陳常憲
（邦塘）福建巡檢李萬年
（邦塘）山西司主政李柏年
（邦塘）附貢生李延年公

（本立）國學陳鴻調
（南薰）守府吳丕訓
（外園）職員陳竒珍
（那炉）市職員曾竒道
（土乸）職員卓上卿
（連村）經歷劉受祺
（彬竹）塘處士温友平
（東山）村縣丞蔡大受
（山）蔡榮仁
蔡壽元
（內）蔡榮顯
（村）蔡攀虎
（瑚村）奉直大夫何德宏
儒學李駿□公

（夏和）職員鄭有萬
（佛堂）職員符聖濬
（白沙）職員吳宗諒
（北良）職員紀朝贊
（大浦）處士鄭仲樓
（山口）處士涛春山
（墨城）從九林泮芹
后褒村陳廣成公
白浣□□村處士李榮任
白浣□寕村處士李榮祿
□□□小李□經公
后排庠士陳升闕
后排處士陳以頎

（英利）市處士鄒大成
（坑仔）職員陳昌謀
（古村）國學王若創
（古村）國學王承鶚
（古村）王 承 鵬
（西瓜園）國學陳時録
（□□）處士唐鴻年
何紹琦
（蘇樓）拔貢何凌雲
（下河）温家麟公
（芝园村）施仁昇

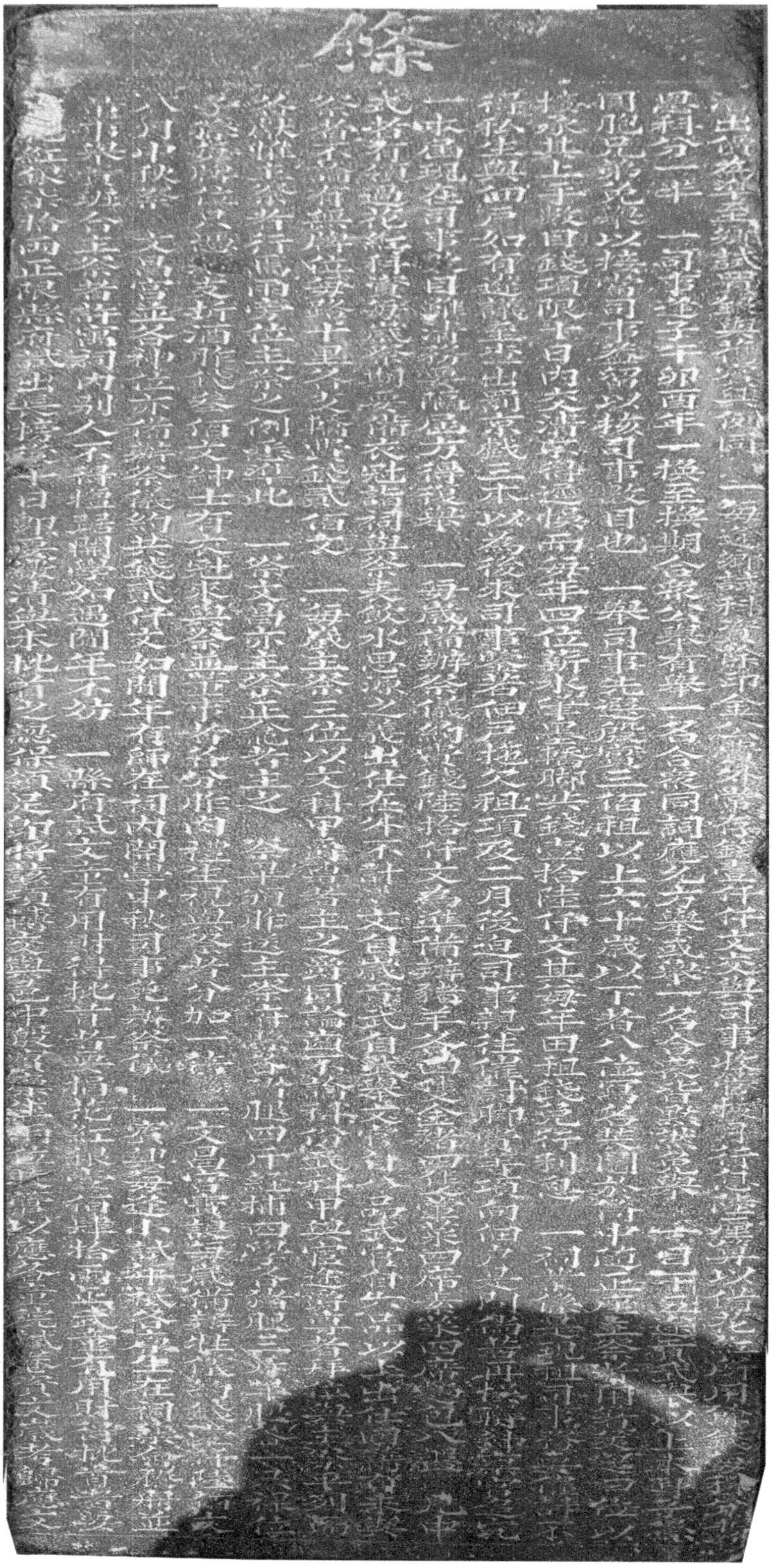

雷州賓興祠規條碑①

沽出價為準至鄉試買銀與舊賓興例同　一每逢鄉試科資除印金公費外常存錢壹仟仟文交與司事收管按月行息陸厘算以備花紅所用餘錢每科分□恩科分一半　一司事逢子午卯酉年一換至換期合衆公舉有舉一名合衆同詞應允方舉或舉一名合衆皆默然免舉　一目下五途貢武舉以上本身子孫同胞兄弟免舉以接當司事蓋留以核司事數目也　一舉司事先選殷實三佰租以上六十歲以下者八位寫名裝鬮於筒中隨正座正祭者用箸筴選四位以接承其上手數目錢項限十日内交清不得遲悞而每年四位薪水筆墨轎脚共錢壹拾陸仟文其每年田租錢免行利息　一祠業係是現租司事務要催討不得私生與佃戶如有違議至查出罰京戲三本以為後來司事鑒若佃戶拖欠租項及二月後追司事親往催討脚費等項向佃戶是問倘若再悞聯紳禀官追究一本届現在司事數目雖清務要隔届方得復舉　一每歲備辦祭儀約費錢陸拾仟文為準備辦豬羊各四隻金豬四隻葷菜四席素菜四席麵包八盤　凡中式者有領過花紅科資每歲祭期要備衣冠詣祠與祭表飲水思源之義出仕在外不計　文自歲貢武自武舉文官自八品武官自六品以上出仕回籍有來與祭者不論有無牌位每路十里各支轎費錢貳佰文　一每歲主祭三位以文科甲爵尊者主之爵同論齒不論科份武科甲與宦途爵尊者拜位與主祭平列而各獻惟主祭者行焉兩旁位主祭之例悉準此　一祭文昌亦主祭正龕者主之　祭畢頒胙送主祭府縣各豬腿四斤經捕四學各豬腿三斤羊腿各一只禄位子孫每牌位只憑□支折酒胙錢叁佰文紳士有衣冠來與祭並董事者各分胙肉禮生視與祭者分加一倍　一文昌宫寶誕每歲備辦牲儀約錢壹仟陸佰文八月中秋祭　文昌宫並各神位亦備辦祭儀約共錢貳仟文如閒年有師在祠内開學中秋司事免辦祭儀　一賓興每逢小試年衹各廩生在祠集會謄册並董事舉貢班合主祭者許寓祠内別人不得擅踞開學如遇閒年不妨　一縣府試文童有用財得批首者要捐花紅銀壹佰肆拾両正武童有用財得批首者要用花紅銀柒拾両正限縣府試出長榜後十日即要繳清與本批首之認保領足即将該項轉交與邑中殷實廩生兩位收管以應各童院試卷資文歲考歸應文

雷州賓興祠規條碑②

歲考科考歸應文科考武歸應武考試□數或不敷取賓興錢補足應而有餘亦歸入賓興司事管理辦公倘縣府之撥□□□凡院試卷資應試之□□□□與
本祠無涉並不得以有無籍口如批首抗違者合邑廩生務要將該童册名下年貌履歷停謄不容異言　一有冒籍應試者而認保會無向賓興會衆□□□
派保□私強保該應試者不得與分印金科資該認派兩保亦不得與分科資　一每科新貢新廩新進大覆後每名□錢壹仟陸佰文交與新貢得□□□□
□□酒席及簪花日各備衣冠到祠行禮如無重病大故而不與祭者扣除科資□□□開宴請合邑廩生與各董事同饮福酒　一每科主祭以新貢□□□
主正龕或僅兩新貢不敷主祭旁位者以府縣學歲試首名收廩者主之　一新拔副優貢要自辦牲儀並整肅衣冠到祠行禮其花紅錢方得支領　一科□□
□以上要自辦猪羊四什並整肅衣冠到祠行禮掛匾其花紅錢方得支領　一司事每年納銀務要□三月份内清取丁色紅單執炤倘有遲悞加□□同□之
事　一賓興初為新進印金被勒始得通邑踴躍多捐乃有餘貲推及科資水脚花紅議此外惟祀典修祠之用方許動支其餘邑中一切公事不得挪借□□□
一賓興祠為邑中會議辦公之所不得借賃居住並槕椅櫈牀敷板等項不得強借出祠彼窩娼聚賭包攬詞訟恃横強踞者申明司事聯為合□□並□□□
□□本人□後印金賓興永不許與　一奉侍禄位香燈者理屋宗器用及各事使喚差遣之伙夫每年支香油工食共錢貳拾仟文四季支領清明年□□□□
□□□□□□法等事倘敢故違立即懲逐　一経立碑之後若有續捐禄位者須要俱照初議欵項亦不得將族内敬捐扣克至禄位次序□□□□□□
□□□□□□□之　一每院試議□□□各章程初由闔邑紳士聯名禀請縣府通詳各　大憲批准立案兹乃鐫石刊板永垂久遠遵行

海康學長明燈記

蓋自日月麗於天古今無不明之世界綱常維於聖宇宙無不明之人心顧天能明而天之明有時而缺不代天以為之明焉勢不可也聖能明而聖之明有時而窮不代聖以為之明焉情不安也求其以人力補天工之缺以後儒扶聖教之窮使之觸目警心慎終圖始者則莫如燈莫如長明燈長明燈者固明天之所不及明即明聖之所不自明也□曩者乎理城工心留郡學　大成殿增輝蓮炬特尊　師表以無雙　東西廡添設蘭膏用筮離明於作兩同心蟻慕接踵鴻儀郡且有然邑將奚若惟是牆高數仞久閲星雷連際末元突遭風雨迺諏辰吉迺任辛勤伐木應聲醵金倡首則見燕梁雲繞雀瓦霞鋪仰而觀者如是其明也朱楹花翻瑤階蓂茁俯而察者若斯之明也櫺星門地近泮池中央位正明於內者自著光華也文明坊象成武曲南極輝聯明於外者非關粉飾也然則邑學至此而罔弗明矣然而邑學至此而仍未明矣則以玉焰屢虛而金英盡息之故矣佛宮不夜曾看荷蓋亭亭神座常花尚取蘇油耿耿至若集大成而生民未有麒麟鳳凰絕其倫傳一貫而斯文在茲覆轉持載合其撰同仰杏壇之教終惗桂爐之燃闇而無光者三千七十淡然失色者三百六旬目擊難堪心香安達獨不思為美為富燈不明而宮牆何以燭其微或舞或歌燈不明而禮樂何以觀其備貴齒尚親之際明不長而趨步不免入於歧雲浮鱗萃之場明不長而衣冠不啻匿乎采況逢　盛世右文化洽左道蹤潛西雍之鼉鼓常新澤流天末東土之鳶旂似昨風及海濱生其間者宜何如頂禮維殷心源遙溯而竟逞奇鬪捷厭循義路禮門圖便營私吝奉南油西漆遂令翥鳳翔鳶之地四顧間幾訝暗塵光風霽月之天重檐內渾疑陰雨回憶占棟隆者剛逾一瞬効茨塈者不過數年而藻火輝煌遽遮蛛網松雲掩映反類鴻濛非無藜杖一星照耀不來孔壁儘有珠花幾朶吉祥莫報虞庠庚子經陳神都守黑丙丁火鍊人少純青凡茲製缺駝頭皆本意慳鵝眼也或者曰朝廷鼎俎丁祭為期校序師儒寅承在意然朔望擎片時之炬豹髓無多即春秋叨兩度之光龍膏絕少德輝難覽殘灯則未續緇帷文采終沈元灯則誰傳絳帳於是鶉火定炎方之位難增氣象於九重天牛金生上界之芒空望炳麟於廿八宿豈其人以地限抑　學不自新此理此情共聞共見言有同儕之約毫無異議之興擁實山者自樂依光戒一毛之不拔沐教澤者弗辭絕晷知眾腋之能成是舉也非乞靈於道德之林非求報於詩書之府夫亦欲含章有慶久照偕占明自靜生十二時無非平旦明由晦轉五百年恰應昌期耳誠使因灯之明者而休而省之且因明之長者而擴而充之將體大學以致治平明新知止於至善遵中庸以闢隱怪明著胥歸於有誠異日者力可回天而天明景運學能希聖而聖明心傳天道也聖道也既於燈兆其祥更於燈引其緒也孰居民首應仲至教於日星凡有人心勿以予言為河漢

丁夘科舉人己酉科拔貢里人李韶繹謹撰并書

天花娘娘廟碑

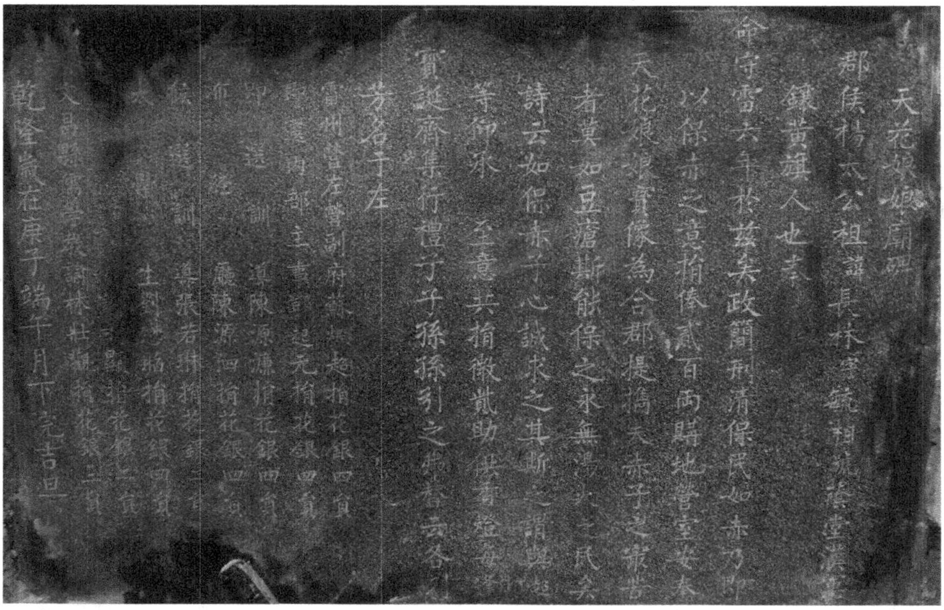

郡侯楊太公祖諱長林字毓湘號蔭堂漢軍
鑲黃旗人也奉
命守雷六年於兹矣政簡刑清保民如赤乃即
以保赤之意捐俸貳百両購地營室安奉
天花娘娘寶像為合郡提攜夫赤子之㝡苦
者莫如豆瘡斯能保之永無湯火之民矣
詩云如保赤子心誠求之其斯之謂與超
等仰承　至意共捐微貲助供香燈每逢
寶誕齊集行禮子子孫孫引之弗替云各列
芳名于左
雷州營左營副府蘇炯超捐花銀四員
即選内部　主事鄧起元捐花銀四員
即　選　訓　導陳源濂捐花銀四員
布　　經　　廳陳源泗捐花銀四員
候　選　訓　導張若琳捐花銀二員
太　　學　　生劉懋昭捐花銀四員
　　　　　　□科顯捐花銀二員
文昌縣儒學教諭林壯觀捐花銀三員
乾隆歲在庚子端午月下浣吉旦

重修郡主天花娘娘廟碑

郡主天花娘娘廟迺

郡侯楊太公祖諱長林憫小兒豆瘡之苦

乾隆庚子年捐俸倡首購地營室安奉

郡主天花娘娘寶像以保佑合郡赤子而建也　咸豐甲寅年

郡侯盧諱端黼

柰府文諱林繼起而重修之迄今數十餘年疾風暴雨靡瓦頹

垣鼪鼯棲楝难伸俎豆之儀霜露沾裳莫展椒酭之献衆等

虔心起造立願重興特以寸甕寸瓦無非布地之金一木一

椽必藉檀那之力敢祈同志共破慳囊成兹美章

天寧寺

重修雷州府天寧寺碑記

郡城西不二里有天寧萬壽禪寺向為文武官僚祝釐之所其地左薄関城右瞰羅湖脈自北來突兀形家以□龍□所迴旋足稱雷陽福地寺之肇自唐大歷開山岫公歷代修治不一而今更摧敗已極也余於丁亥冬承乏此邦嘗與 郡伯各率其屬恭讀
聖諭十六章於寺既畢瞻拜
洊王蒿目關心私念自古人臣居廟堂之上則不忘其民處封疆之遠則不忘其君今余恭膺
簡命作之屏翰而於祝
聖教民之區聽其淪沒於冷烟荒艸則地方其安賴哉因諫之 分巡副使焦公映漢 郡伯趙公光貴
郡丞梁公星煜 海尹南公君璋暨諸屬僚為修復計而紳士兵民咸鼓舞樂勷其事遂選匠庀材諏日經營躬親監視其周垣一仍舊址而木石灰甓非精良者毋得入用工始於乙丑初秋歳終而告竣將見歳時 朝賀朔望訓廸凡吾官僚與郡之縉紳士率覩茲輪奐軒翔莊嚴金碧吾知其皆生歡喜心矣是役也金錢用余月俸外皆士庶衆信所玉成也若曰余一人貪以為功茲則何敢顧中州地氣完密凡構有精藍寶刹雖百十年可以久存而雷郡則歳有颶風捲瓦拔屋以為常今雖覩有落成亦在乎総此之隨時補治耳不然此寺自入
國朝兩經修葺矣距今才三十餘年而傾頽剝落一至於此則感懷今昔不深有望於後之君子哉是
為記 旹
康熙四十九年歳次庚寅仲春穀旦
特授榮祿大夫協鎮廣東雷州水陸等處地方副総兵官左都督仍帶餘功二次王 順薰沐敬撰併捐
俸修整完成

雷州府知府加三級趙諱光貴捐銀貳拾肆兩 海康縣知縣南 君璋捐銀貳拾兩 □□縣知縣□□□ 廉州府司獄司獄□捐銀五錢
廣東分巡雷瓊道陞□□按察使焦諱映漢捐銀貳拾肆兩 琼州府儋州知州祖觀宸捐銀貳兩 澄邁縣知縣高魁標 各捐銀貳兩 候選經歷楊一袒 杜文基 李 蘭捐銀五錢二分
徐聞縣知縣吳 鎬捐銀□□ □□縣知縣曾□□
分守廣東海安營游擊周寅捐銀壹拾兩
雷州協鎮中軍郡參將管都□□□事李文啟捐銀貳拾兩
雷州協鎮屬各營守備 程良棟 李□興 張□保各捐銀捌兩 黃□□ 黃子清捐銀肆兩
千総 □□□ □成□ □□□ 張 翼 王 □ □□□ 李□□ □□□各捐銀弍兩 □保□ □捐銀捌兩
把総 伍 生 □陞 趙□ 王元常 何□ 謝□□ 李□□ 李朝雄 陳之鴻 蔡 金各捐銀□兩
吏部揀選知縣解元陳圖求 舉人陳元起捐銀壹兩五錢 候選訓導歳貢生陳鼎新 候選縣丞國學生林鳴熾捐銀五□壹兩 浙江寧波府學廩監生傅嘉□捐銀伍錢 □□黃連生 謝□□捐銀五錢貳錢 謝振邦 李上智捐銀壹錢
雷州協鎮屬各營百総□□□ □□興 □□□ 各捐銀壹□ □□□ 楊振邦 王 珍 各捐銀□□
雷州府港門商鋪善民 捐銀姓名数目另列于扁

奉断令立畸昤僧户田碑

特授廣東雷州府正堂加四級劉據 □□□□
特授雷州府海康縣正堂加一級紀錄三次張
審看得吳相之控僧會法耀乃托稱戶粁受累而陰圖侵奪寺租者也緣天寧寺內旧有貞女沈氏捨田九頃寄粁於二都二圖一甲戶內□
國朝初年□兵燹荒廢僅存粁稅九十三畝零被同啚陳鄭二戶所佔又報墾稅九十四畝零與寺僧三股分晉至康熙五十七年經寺僧然慈具控□
審斷將田尽帰寺內并刻石碑立於佛殿附載□□□□四至於碑後并發印簿一本給寺僧收執永遠晉業復慮一甲粁戶仍啚僭奪將稅粁改為二甲□
緣是汶陽復□所以為寺田計已屬深遠祇緣田□□□佃戶佃□歷年租谷無進雍正四年又經僧人然慈具控　前署憲陳　批前縣劉令□□詳斷□
自召□□等詳明倘有盜賣盜買追價入官□□治罪亦□執簿在寺雍正十二年奉文自報欺隱僧会法耀□□有墾增粁賦不足照碑內土名四至□□
稅一百六十八畝前後共稅三百五十五畝八分一釐□□是年十一月內奉
上諭清查寺院斋田卑職遵照文行將该寺田畝數目造冊記檔並□明在案嗣後寺中之產宜無復有妄生覬覦者矣不意二甲吳户踵一甲之□智□□有□
始則向法耀承佃法耀□允土字□□□吳相藉稱寺內田□被人僭尽向法耀抄録坵段印簿許其代为清查且稱查明之後另行召佃其時稱□□□□
之妄誕□□□□□□□□□□□抄印簿免至粁累等詞□赴卑職具控卑職以吳相並非業主何須藏冊即云粁寄甲內又□□□□□□□□
中催納有何□累□□□此理兹又揑稱私賣田糧廢棄原施主沈氏祠宇等詞□　憲轅奉批查报遵即喚集犯証逐加□訊□吳相訊□□□□□□
李　審断□□給發田坵四至印簿一樣二本以一本給寺僧晉業一本給吳戶存查後經毀爛等語第　前憲李　之□□二甲所以防一甲復萌侵□□
故並非以二甲粁户尽属公正令其監管寺田而授之以符券也詰訊吳相供稱原無印簿給發則今日之請抄印簿意欲向□□□糧吳相□□□
之憂耶其意不過以□漸增墾其坵段必溢於碑內所載欲為爭僭之謀否則欲為強佃吞租之計耳至所控賣田四坵與租户不得法耀□□佃□其□即
于証符高等亦皆茫然不知符高为寺內老佃豈不聞碑禁甚嚴敢於買受其为誣揑已屬顯然再訊沈氏祠宇倒塌不修一節據吳相供稱□□□□□□
方有沈氏祠宇今已無存夫祠既無存則廢壞已久失修之咎已不在於法耀況法耀現建祠於寺□□□□□两地□□□□僅其力□□□□□□
據吳相稱为父老所傳聞又属無據当年沈氏歿後並無後人誰为建祠而祀此吳相因法耀現立有祠恐所控□虛故揑稱另□□□□□□□□□□
詐查律內盜賣田一畝以下笞五十誣告人□罪者加所誣罪一等吳相誣告法耀盜賣田四坵尚無畝数仍照此律□坐加□杖□□二十□□□□□□
田錢粁若仍寄啚甲完納終致藉端生衅嗣後請另立畸畍寺戶不入啚甲□□延□餘審無干均先省释至寺田之不許盜賣盜買已□□□□□□□□
耀謹守勿替其沈氏祀事並佥以修舉毋忘旧德是否妥協伏候　憲裁奉
雷州府正堂加四級劉　批仰該縣即將天寧寺僧田寄二都二啚二甲之稅粁於乾隆五年分□撥在縣總之末另立畸畍甲催輸完納以杜覬覦□□□
餘如詳發落缴令僧立碑永遠為記　　　白沙社蕥陳姚三氏其施民稅一十六畝零土名白沙洋三腳墓□□□共十坵□
計開　一土名官和社九斗洋土龍村前田一所大小共二百四十四坵相連東至村西至溪南至□北至徐　一土名蘇朗間下田一坵種仔□□
一土名官和社平樂铺前杭仔尾洋田石壁□□□共田八十六坵相連　一土名□□村前菞田并東西兩溝大小共田七十二坵
一土名雷祠庙前田一坵種仔四斗　一土名西湖塘五顕坑田一坵種仔六斗　一土名東洋龍头□角北营□□□□□
乾　隆　五　年　十　月　　　住僧法耀□立

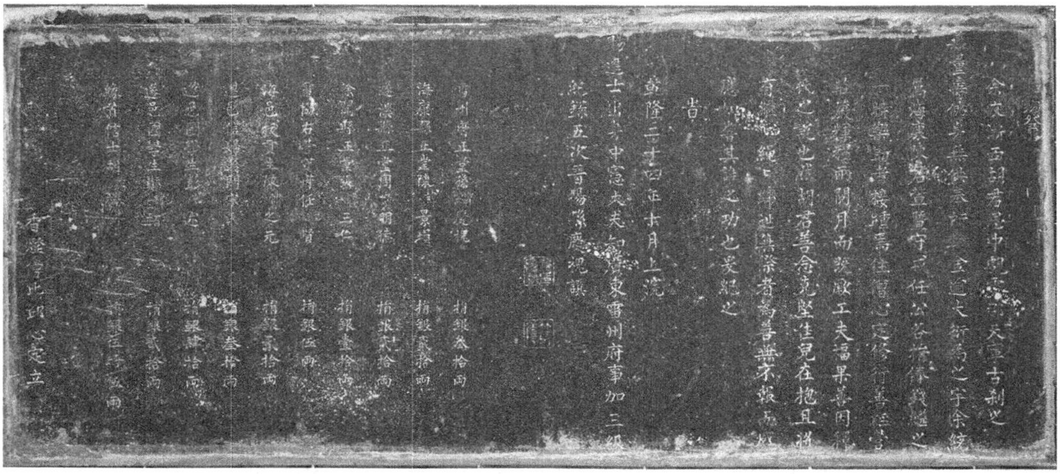

余友浙西胡君思中覩雷郡天寧古刹之
無量壽佛身無供奉所輸金逾大衍為之宇余統
屬海康陳君輩暨守戎任公各捐俸錢繼之
一時樂助者接踵焉住僧心定修行善經營
莊嚴輝耀兩閱月而既厥工夫福果善因釋
氏之説也然胡君善念克堅佳兒在抱且將
有繼繼繩繩綿延無際者為善無不報而感
應如響其誰之功也爰紀之

旹

乾隆二十四年十月上浣

賜進士出身中憲大夫知廣東雷州府事加三級
紀録五次晉陽孫慶槐譔

雷州府正堂孫諱慶槐　捐銀叁拾両
海康縣正堂陳諱景埧　捐銀貳拾両
遂溪縣正堂周諱明德　捐銀貳拾両
徐聞縣正堂張諱三仁　捐銀壹拾両
雷協右營守府任諱賢　捐銀伍両
海邑拔貢生陳諱之元　捐銀貳拾両
遂邑信婦彭門宋氏　捐銀叁拾両
遂邑國學生彭諱述　捐銀肆拾両
遂邑國學生鄭諱柏　捐銀貳拾両
緣首信士胡諱榛　捐銀伍拾伍両

香燈僧比邱心定立

乾隆四十三年林必旺香燈碑

立施田碑人林必旺今有血本銭五十三千當受黄□二契□□
大小六坵共種仔壹石七斗載征米一斗五升二合正土名□□
武黎下蓮村前等處因年老無嗣發願将田并當契二張撥入天
寧寺住僧經晉每年租谷八石五斗正外凑銭七千共典田□□
十千文施入寺内以為永遠香燈撥後六親不得生端異言□□
無憑立碑為記　鄉老　黄金　許文　沈義　長女林　□□

乾隆四十三年六月十九

嘉慶十年十月徐氏女香燈碑

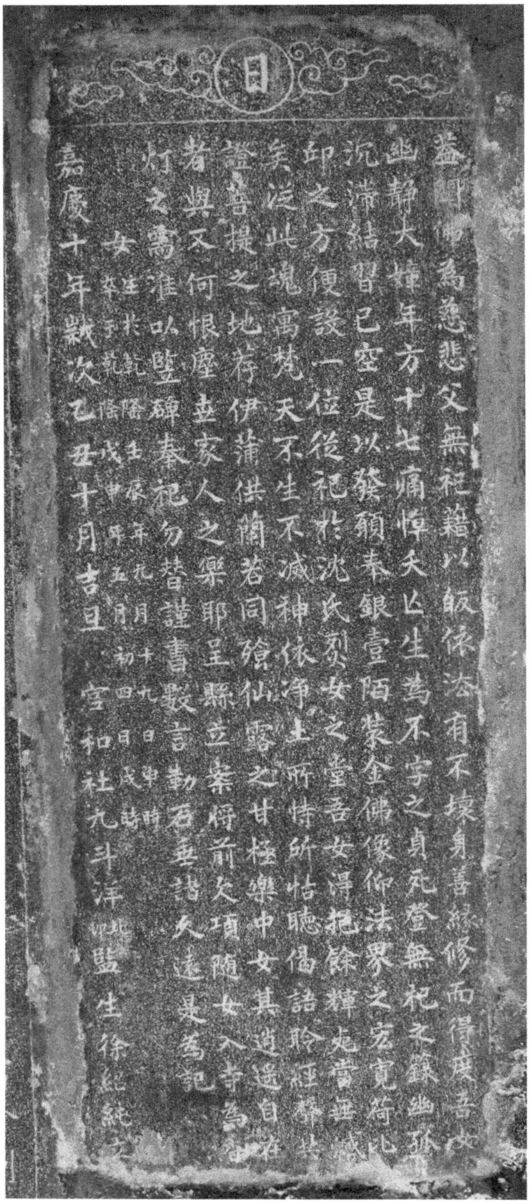

蓋聞佛為慈悲父無祀藉以皈依浤有不壞身善緣修而得度吾女幽静大嫜年方十七痛悼夭亾生為不字之貞死登無祀之籙幽孤沉滯結習已空是以發願奉銀壹陌裝金佛像仰法界之宏寬荷比邱之方便設一位從祀於沈氏烈女之堂吾女得挹餘輝宛當無憾矣從此魂寓梵天不生不滅神依浄土所恃所怙聽偈語聆經聲共證菩提之地荐伊蒲供蘭若同飱仙露之甘極樂中女其逍遥自在者與又何恨塵吉家人之樂耶呈縣立案将前欠項隨女入寺為香灯之需准以竪碑奉祀勿替謹書數言勒石垂諸久遠是為記

女　生於乾隆壬辰年九月十九日申時
　　卒于乾隆戊申年五月初四日戌時

嘉慶十年歲次乙丑十月吉旦　官和社九斗洋北郵監生徐紹純立

嘉慶十六年仲春劉大嫜香燈碑

嘗聞物各有主無主何歸鬼亦有鄉無鄉何宿今劉大嫜乃
連村附貢生劉有惠之女也原與邁生村陳家結婚于歸未
詠倏爾云亡距生乾隆五十九年卒於嘉慶十四年十二月
初一日塟在黃麖村后坐坤向艮墓前有碑爰撥田叁石入
天寧寺與主持僧德本晉納永為侍奉神主香燈清明亡日
之費庶女魂得所依祀典有所賴矣　計開田土名於后

一土名坐落西洋村北晚田一坵載種仔一石伍斗民米一斗三升正
一土名坐落懷堤洋西洋村西港堄仔晚田一坵載種仔一石伍斗民米一斗五升正

旹　嘉慶十六年歲在辛未仲春之月吉旦　貢生劉有惠
主持僧德本　仝立

嘉慶十九年甲戌洪氏女香燈碑

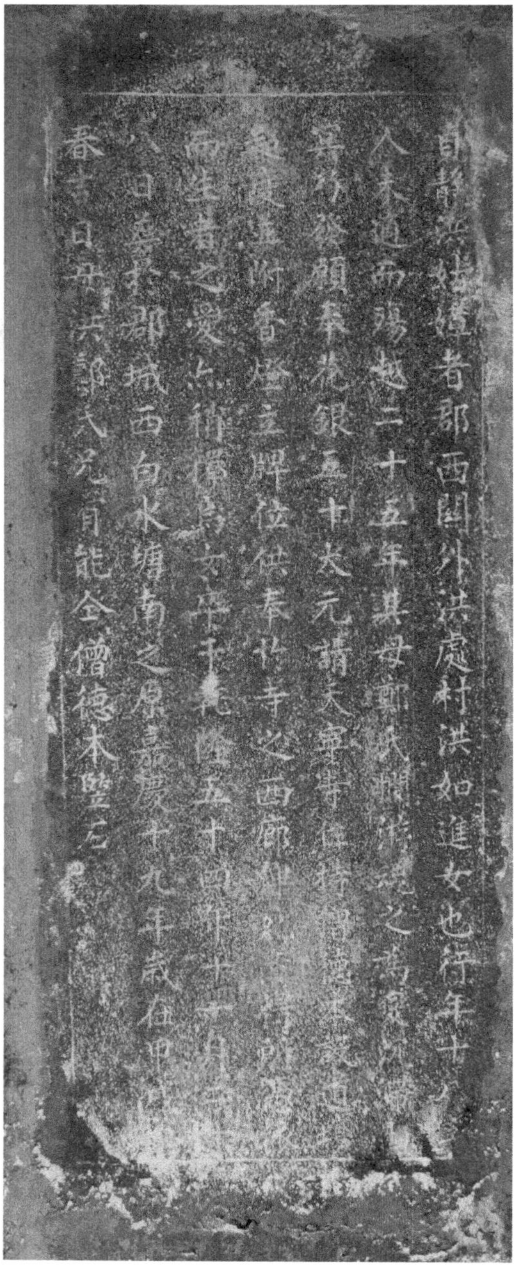

貞静洪姑嫜者郡西關外洪處村洪如進女也行年十八□
人未適而殤越二十五年其母鄭氏憫遊魂之為變沉滯幽
冥乃發願奉花銀五十大元請天寧寺住持僧德本設道場
超度並附香燈立牌位供奉於寺之西廊俾死者得所憑依
而生者之愛亦稍釋焉女卒于乾隆五十四年十一月二十
八日葬於郡城西白水塘南之原嘉慶十九年歲在甲戌
春吉日母洪鄭氏兄有能仝僧德本竪石

嘉慶十九年洪門周氏立牌位供奉碑

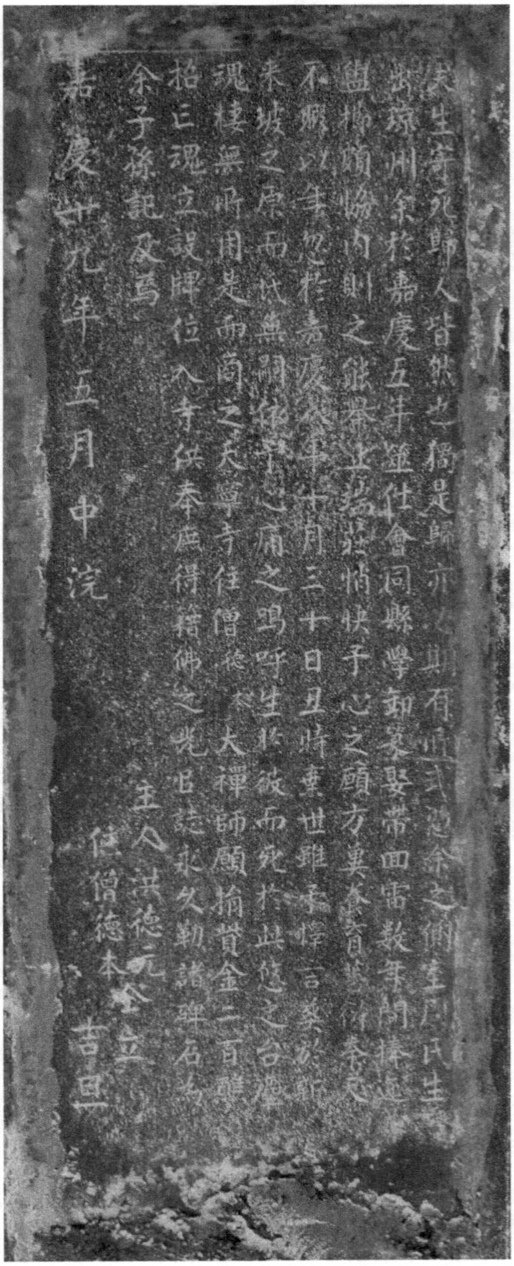

夫生寄死歸人皆然也獨是歸亦必期有所式憑余之側室周氏生
出瓊州余於嘉慶五年筮仕會同縣學卽篆娶帶田雷数年間捧迤
盥櫛頗協内則之䏻舉止端莊悄快予心之願方奐養育蕃衍奈天
不暇以年忽於嘉慶八年十月三十日丑時棄世雖予擇吉葬於新
来坡之原而氏無嗣依予心痛之嗚呼生於彼而死於此悠之台塵
魂棲無所用是而商之天寧寺住僧德本大禪師願捐貲金二百醮
招亡魂立設牌位入寺供奉庶得籍佛之光目誌永久勒諸碑石為
余子孫記及焉
嘉慶十九年五月中浣

主人洪德元仝立
住僧德本

吉旦

嘉慶二十二年彭氏香燈碑

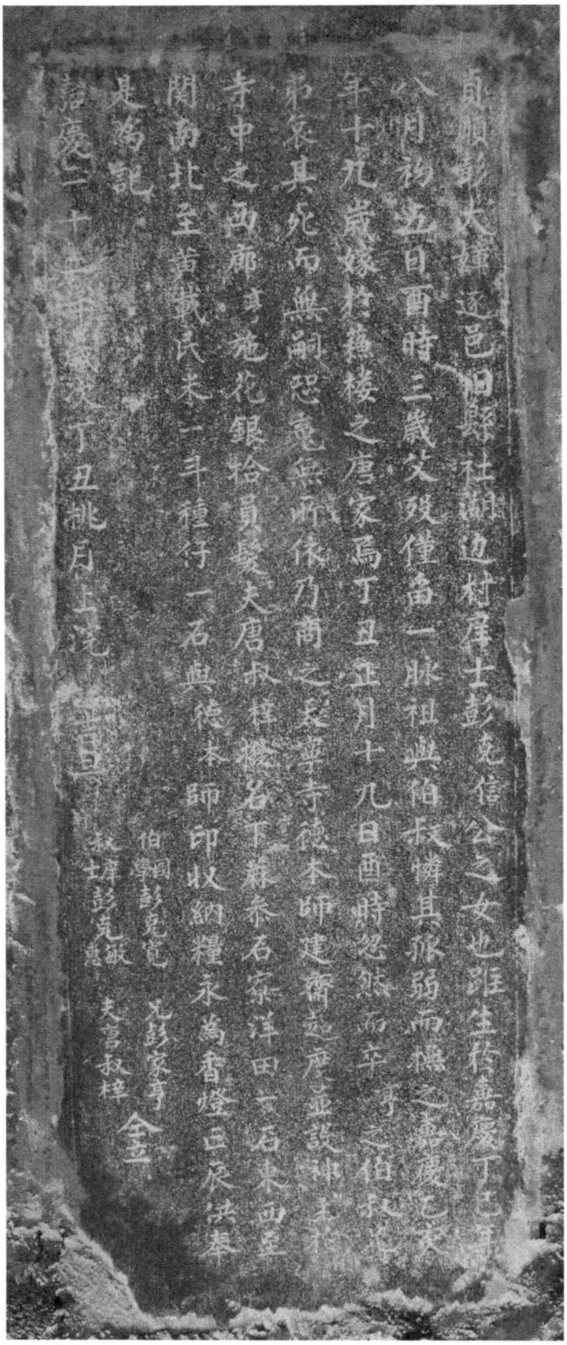

貞順彭大嫜遂邑旧縣社湖边村庠士彭克信公之女也距生於嘉慶丁巳年
八月初五日酉時三歲父歿僅留一脉祖與伯叔憐其孤弱而撫之嘉慶乙亥
年十九歲嫁於藕楼之唐家焉丁丑正月十九日酉時忽然而卒亭之伯叔兄
弟哀其死而無嗣恐冤無所依乃商之天寧寺德本師建齋超度並設神主於
寺中之西廊亭施花銀拾員髮夫唐叔梓撥名下蔴糸石寮洋田一石東西至
閔南北至黄載民米一斗種仔一石與德本師印收納糧永為香燈亡辰供奉
是為記
嘉慶二十二年歲次丁丑桃月上浣　吉旦
伯國學彭克寬　兄彭家亨
叔庠士彭克敏惠　夫唐叔梓　仝立

簡直公碑

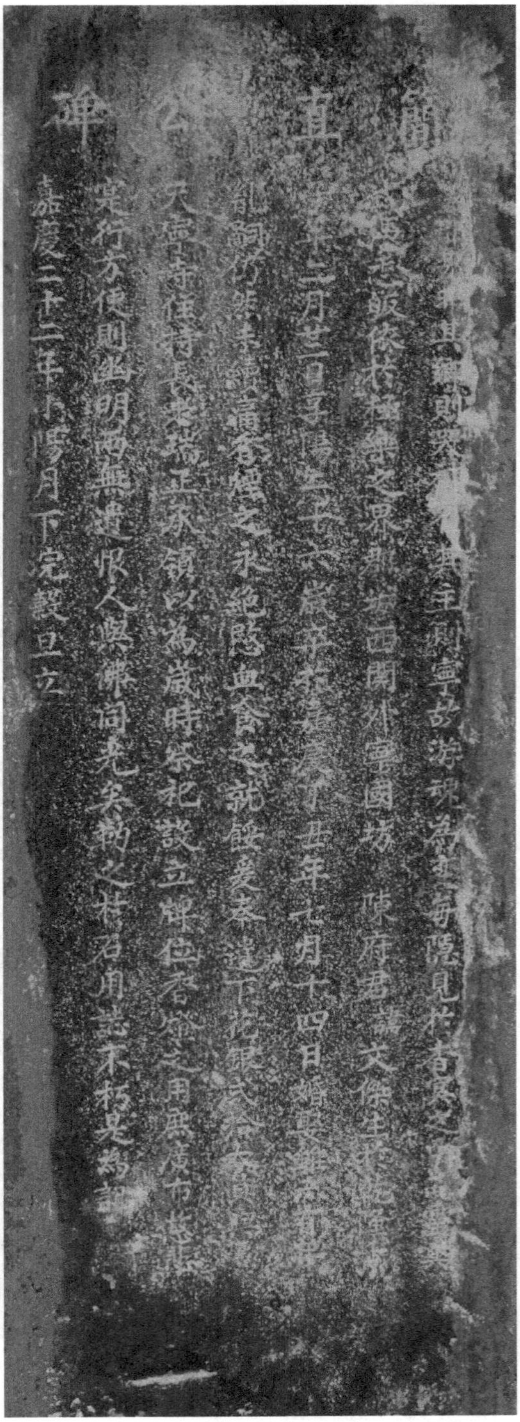

蓋闻鬼非其鄉則哭神有其主則寧故游魂為变每隐見扵杳冥之中而靈异
式憑悉皈依扵極樂之界郡城西関外寧國坊　陳府君諱文傑生扵乾隆壬
子年二月廿二日享陽二十六歲卒扵嘉慶丁丑年七月十四日婚娶雖亦有年
胤嗣仍然未續痛香煙之永絶愍血食之就餒爰奉遺下花銀式拾大員與□
天寧寺住持長老瑞正承領以為歲時祭祀設立牌位香燈之用庶廣布慈悲
寔行方便則幽明两無遺恨人與佛同光矣勒之扵石用誌不朽是為記
嘉慶二十二年小陽月下浣穀旦立

道光四年設洪德標夫婦香燈碑

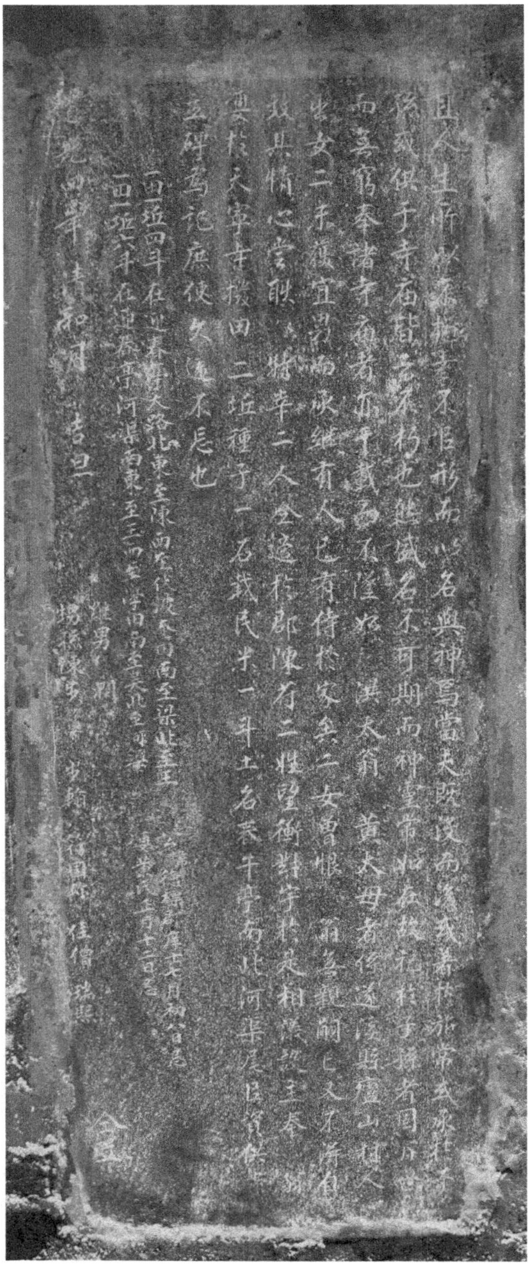

且人生所以不朽者不巳形而以名與神焉當夫既沒而後或着於旂常或承於子孫或供于寺庙皆為不朽也然盛名不可期而神霊常如在故祀於子孫者固百世而無窮奉诸寺庙者亦千載而不墜如　洪太翁　黄太母者係遂溪縣廬山村人出女二未獲宜男而承继有人已有侍於家矣二女曾恨　翁無親嗣己又不得自效其情心尝耿耿特幸二人仝適於郡陳符二姓望衡對宇於是相議設主奉　翁婁於天寧寺撥田二坵種子一石載民米一斗土名春牛亭南北河渠尾巳資供費立碑為记庶使久遠不忘也

一田一坵四斗在迎春亭大路北東至陳西至伏波奄田南至梁北至王

一田一坵六斗在迎春亭河渠南東至王西至學田南至吴北至河渠

公諱德標郡庠士七月初八日忌

婁黄氏正月十二日忌

仝立

道光四年　清和月　吉旦

继男　瀾

甥孫陳步鳌　步翰　符国珎　住僧瑞熙

道光五年李氏香燈碑

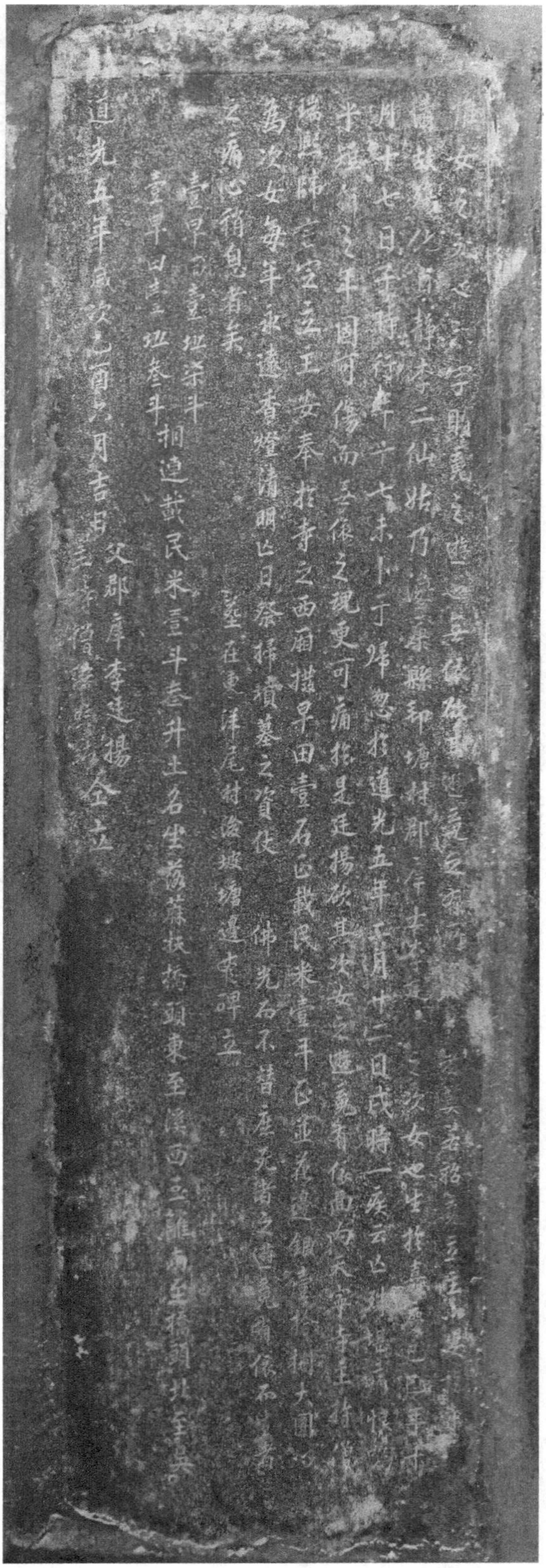

惟女之死也未字則寃之遊也無依欲其遊寃之有所依歸者莫若招寃立主以安於寺□
□故殤化貞静李二仙姑乃海康縣邦塘村郡庠士李廷揚之次女也生於嘉慶己巳年十
月十七日子時行年十七未卜于歸忽於道光五年二月廿二日戌時一疾云亾殊堪痛恨嗚
乎短折之年固可傷而無依之魂更可痛於是廷揚欲其次女之遊寃有依面向天寧寺主持僧
瑞熙師言之立主安奉於寺之西厢撥早田壹石正載民米壹斗正並花邊銀壹拾捌大圓以
為次女每年永遠香燈清明亾日祭掃墳墓之資仗　　佛光而不替庶死者之遊寃有依而生者
之痛心稍息者矣
　　墓在東洋尾村後坡塘邊有碑立
壹早田壹坵柒斗
壹早田壹坵叁斗　相連載民米壹斗叁升土名坐落蘇扶橋頭東至溪西至籬南至橋頭北至吳
道光五年歲次乙酉六月吉日　父郡庠李廷揚
　主持僧瑞熙師仝立

募修達摩佛殿小引

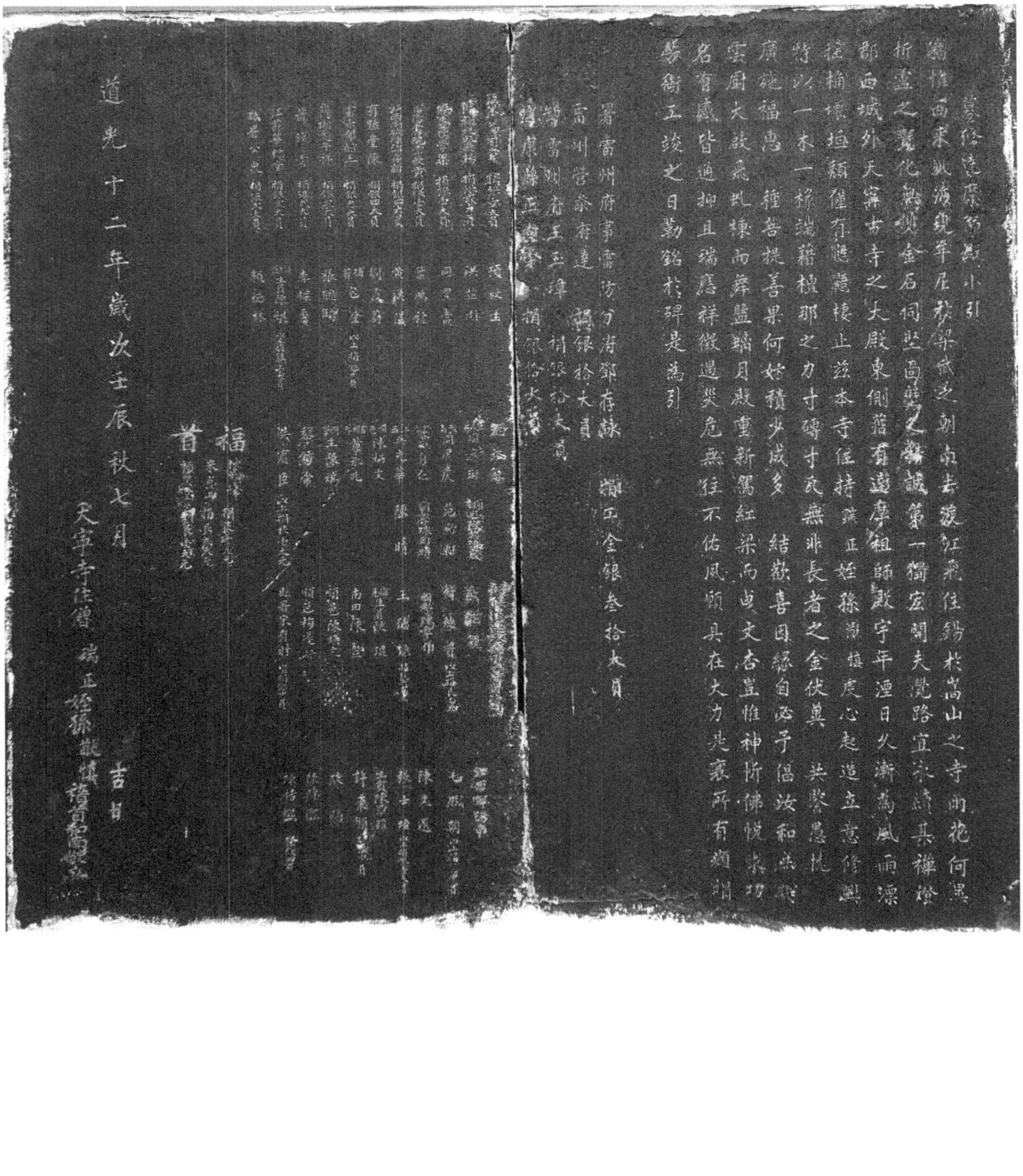
募修達摩佛殿小引
竊惟西來杖渡現年尼於梁武之朝南去渡江飛住錫於嵩山之寺雨花何異
析盡之靈化無礙金石同堅面壁之誠第一獨宏開夫覺路宜永續其禪燈
郡西城外天寧古寺之大殿東側舊有達摩祖師殿宇年湮日久漸為風雨漂
搖榱桷壞垣頹僅存髏體棲止茲本寺住持端正姪孫敬修虔心起造立意修興
特以一木一椽端藉檀那之力寸磚寸瓦無非長者之金伏冀共翳愚忱
廣施福惠種菩提善果何妨積少成多結歡喜因緣自必予倡汝和無從
雲廚大啟飛虹棟而舞鹽蟾月殿重新駕紅梁而映文杏豈惟神祈佛悅求功
名有感皆通抑且瑞應祥徵遇災危無往不佑風顛具在大力是襄所有捐
募衛工竣之日勒銘於碑是為引
署雷州府事雷防分府鄧存詠 捐工金銀叁拾大員
雷州營參府達 捐銀拾大員
雷州府王玉璋 捐銀拾大員
福
首
道光十二年歲次壬辰秋七月 吉旦
天寧寺住僧端正姪孫敬修

竊惟西来汎海現牟尼於梁武之朝南去渡江飛住錫於嵩山之寺雨花何異
折蘆之變化無雙金石同堅面壁之精誠第一獨宏開夫覺路宜永續其禪燈
郡西城外天甯古寺之大殿東側舊有達摩祖師殿宇年湮日久漸為風雨漂
搖桷壞垣頹僅有鼪鼯棲止兹本寺住持瑞正姪孫猷慎虔心起造立意修興
特以一木一椽端藉檀那之力寸磚寸瓦無非長者之金伏冀　共鑒愚忱
廣施福恵　種善提善果何妨積少成多　結歡喜因緣自必予倡汝和庶幾
雲厨大啟飛虬棟而舞盤螭月殿重新駕紅梁而曳文杏豈惟神忻佛悦求功
名有感皆通抑且瑞應祥徵遇災危無往不佑夙願具在大力是襄所有題捐
芳銜工竣之日勒銘於碑是為引

署雷州府事雷防分府鄧存詠　捐工金銀叁拾大員
雷州營叅府達　捐銀拾大員
卸雷州府王玉璋　捐銀拾大員
海康縣正堂余　捐銀拾大員
□□司章　捐銀壹大員　項秋生　□裕菴　廣府候選巡政廳盧□□
候補巡政廳楊　捐銀弍大員　洪芷圍　江西周應琳　即用巡政廳□□　歐　臣　槐　江西鄧徳南
候委儒學梁　捐銀壹大員　同豊當　湖南周廣慶　范　竹　軒　何　徳　貴　以上捐艮乙元　毛熙朝　以上捐銀中員
雷陽書院掌教黃　捐銀壹大員　葉鴻禮　新安戴自仁　國學陳因時　國學陳章伯　陳文選
江西南城縣鄧存譜　捐銀四大員　黃漢儀　江西吳光華　陳　晴　王　徳　懷　捐錢六百文　張士培以上捐銀壹大員
有懷堂陳　捐銀四大員　劉霞蔚　順邑陳炳文　海康生員陳　琨　生員陳章程
雷赤部舘王　捐銀叁大員　捕署包澄　以上捐銀弍元　雷州埠黃永兆　南田陳　筮　許秉順捐銀□中員
陽湖趙□祥　捐銀弍大員　張聰頤　國學生陳端　順邑陳煥文　陳　炳
萧　錦　雲　捐銀弍大員　李標秀　黎鑄常　順邑梅遂□　陳時熙
江蘇華稼堂　捐銀弍大員　海康學生員陳焜以上捐銀壹大員吳賔臣　以上捐艮壹大員　縣署宋有財　以上捐銀中員　陳恬熙　以上錢四百
縣署公衆　捐銀弍大員　賴徳林
福　陳松峰　捐艮壹大元
米崑山　捐艮弍大元
首　楊懋堂　捐艮壹大元

道光十二年歲次壬辰秋七月　吉日
天寧寺住僧瑞正姪孫猷慎稽首和南敬立

道光十三年禄切村王氏女香燈碑

王仙姑廼禄切村國學生命之公長女許配于雷城下河陳家年十八歲未字而卒生于嘉慶丙子年三月廿三日子時卒于本年八月二十日戌時瘞于調袄井頭山坐子向午今将神主送入天寧寺撥錢貳拾千文永為早晚年節亡日香燈供祀之費庶幾魂有所皈與佛同光也

此記

道光十三年十　月十六日□□

道光十三年梁氏香燈碑

盖聞羽駕弹絲魏賢安逍遥仙府譎□浣布杜蘭香還步瑶池古女得祔琼臺玉宇
金母相依者類多如此梁女鄉議貞靜者遂邑白水塘里國學士梁廷寘未嫁之次
女也年十八于道光八年四月十六日戌時疾終痛念孤魂無依于道光十三年九
月齊醮設主送來郡天寧寺廷寘即買五□□田貳坵相連種仔壹石壹斗載民米壹
斗壹升正每年租谷伍石施入寺内交□□長瑞正管租納粮永為朝夕香燈拜掃亡
日之資務要虔誠奉侍庶叅坐三乘蹟□□古矣勒石于寺以垂久遠計開田段四至于后
一田弍坵相連種仔壹石壹斗正載民米壹斗壹升土名坐落五□□□處東至溝□西至坡南至陳田八斗北至寺田五斗

道光拾叁年九月九日立

道光十五年安棠爲亡男及隨價立牌位奉祀碑

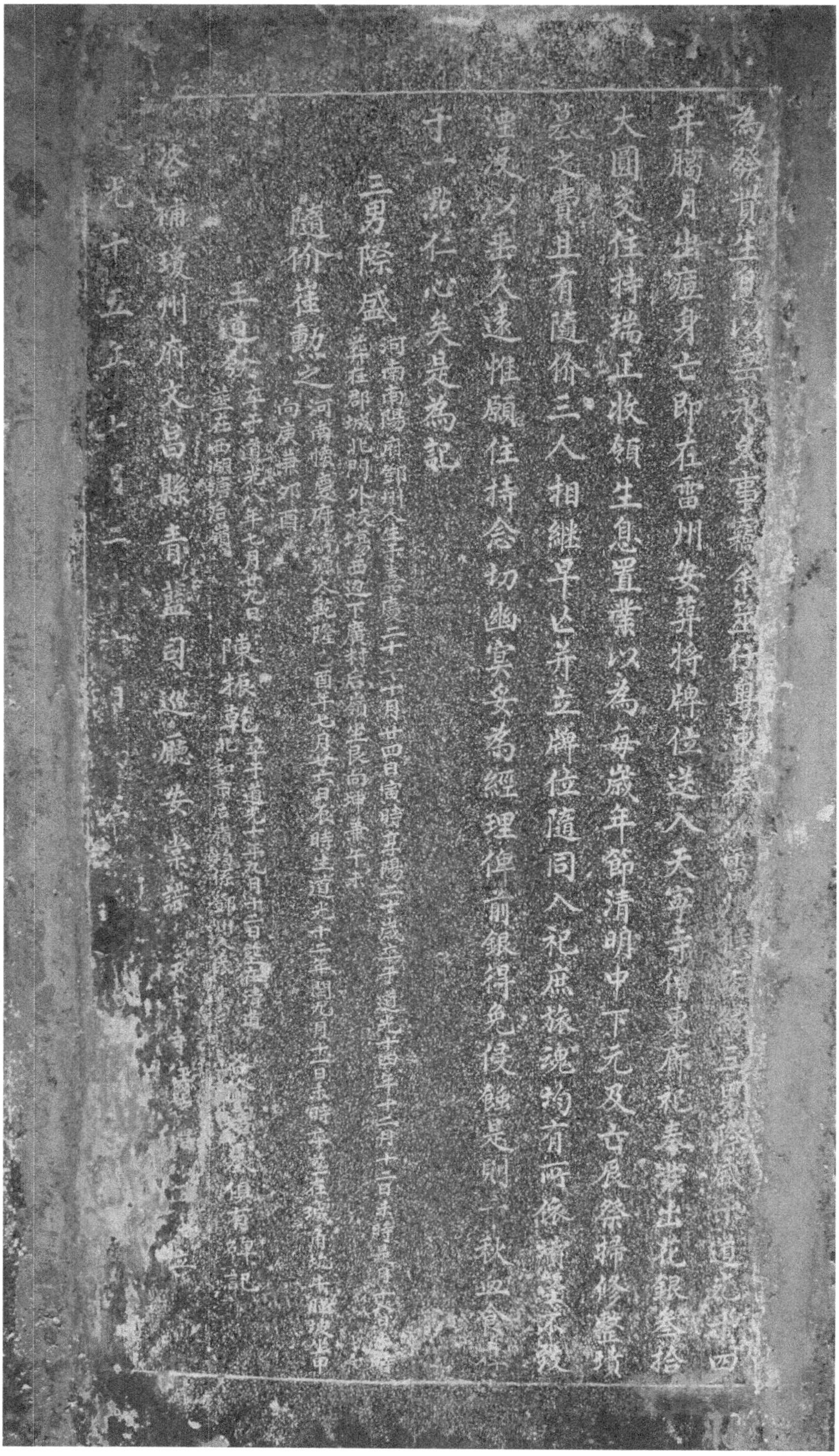

為蔡貲生息以垂永久事竊余筮仕粤東奉派雷州候委緣三男際盛于道光十四
年臘月出痘身亡即在雷州安葬將牌位送入天寧寺僧東廊祀奉蔡出花銀叁拾
大圓交住持瑞正收領生息置業以為每歲年節清明中下元及亡辰祭掃修整墳
墓之費且有隨价三人相継早亾并立牌位隨同入祀庶旅魂均有所依墳塋不致
湮沒以垂久遠惟願住持念切幽冥妥為經理俾前銀得免侵蝕是則千秋血食存
于一點仁心矣是為記

三男際盛河南南陽府鄧州人生于嘉慶二十年十月廿四日寅時享陽二十歲卒于道光十四年十二月十二日未時是月十八日未時葬在郡城北門外校塲西边下廣村后嶺坐艮向坤兼午未

隨价崔勲之河南懷慶府濟源人乾隆乙酉年七月廿六日辰時生道光十二年閏九月十一日未時卒塟在城角坑牛腿坡坐甲向庚兼夘酉

王道蔡卒于道光八年七月廿九日塟在西湖塘后嶺　陳振乾卒于道光十年九月十二日塟在清道北和市后嶺均係鄧州人氏　各价墳墓俱有碑記

咨補瓊州府文昌縣青藍司巡廳安棠識　天寧寺住持僧瑞正仝立

道光十五年七月二十六日勒石

吳家村麥氏碑

温靜麥三嫜迺遂邑增生麥正青之三女寔海邑生員陳世詩未娶之□□□也□□□□□□
子年七月念五日貞靜温和不假母教刺繡拈花出自天成自少與陳門結婚十有餘年不□未□
歸忽於道光十五年三月十五日亥時南柯一夢竟□辞塵享陽二十載哀哉慟也續後姻翁□□
說欲接主回家祀奉方謂女靈克妥青心亦為稍慰是固不幸中之幸也不意事已乢承竟忍□□
委非仁也甘受財帛反抛煙祀非義也前既食言後復違約非信也失此三者其何以□於名□□
青思姻誼之既絕痛女魂之莫依爰招入寺得所式憑今將番銀肆拾大圓施入天寧寺中交與□
師存積以為千秋香燈年節之資日后不得等諸空言以致侍奉有缺謹弁数語以昭永遠是為記
又施入田一契載租伍石交與僧雲山印収納粮以為清明拜掃修理坟墓并忌日之用議定□□
後十日親往坟墓拜掃収租倘後有背言任青另擇別人晉理不致墓之久而湮沒也今將□□□
四至種仔征米開列於后　一土名坐何家頭孔頭嶺田壹坵（東至蘇田　南至黄田　北至歐秧地　西至謝田　共種仔四斗八升　征米叁升）
又何家頭狗腿田弍坵相連　東至麥田　南至葉田　西北俱至麥田

道光拾五年六月二十八日　□　□　生　正　□　仝　□

和家村朱公撥田碑

蓋聞有撥産業扵寺者欵以依　佛同光仗僧供奉使香燈有賴

永流不墜者也𠀋海康縣英風社和家村朱吴氏因髪夫朱祖典

棄世年幼遺氏孀居無出男只生一女氏與伯叔酌議承繼外

願撥田二石五斗入雷城天寧寺内設立神主永奉香灯凡各

僧家不得滅主賣産勒田于碑留傳不朽云　氏髪夫亡日十二月十三

計開田土名四至　田土名坐落九斗土龍村中洋大小田共七坵相連共種仔二石五斗

載民米二斗正　東至寺田南北至李田西至蔡田

親伯戢員朱祖與　親叔國學朱祖興　親姪庠士朱玉琦　朱玉珂

道光十六年桐月　　仝立

道光十七年陳登雲等撥資生息碑

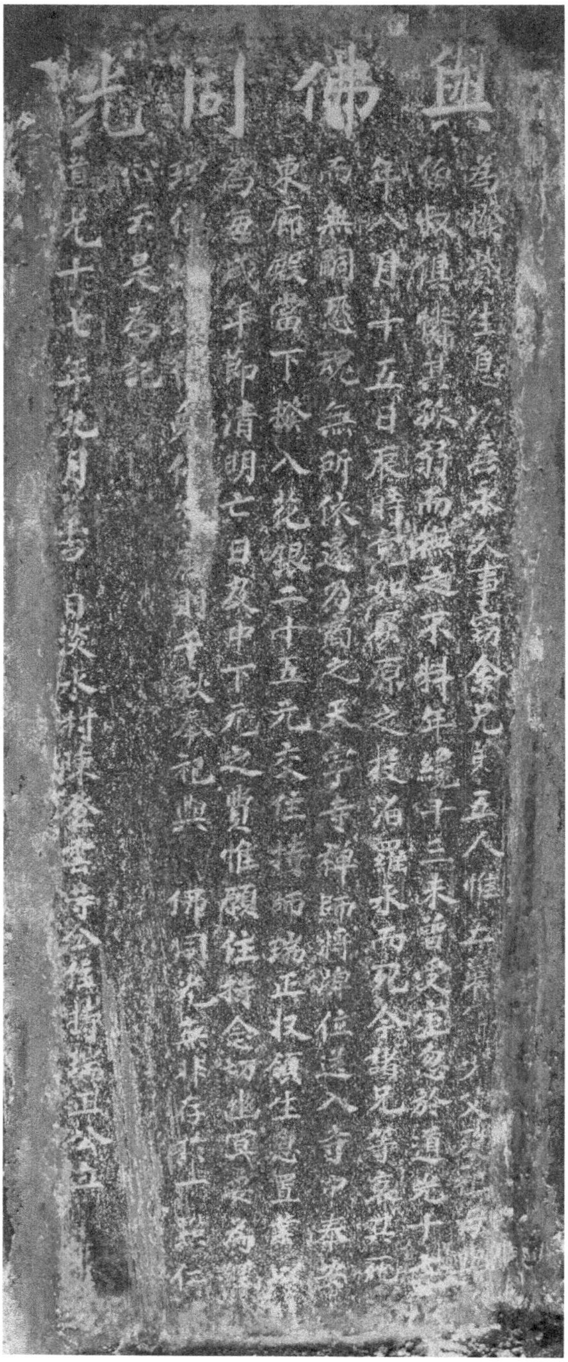

為撥貲生息以垂永久事竊余兄弟五人惟五弟年少父歿祖母與伯叔俱憐其孤弱而撫之不料年纔十三未曾受室忽於道光十七年八月十五日辰時竟如屈原之投汨羅水而死今諸兄等哀其死而無嗣恐魂無所依遂乃商之天寧寺禪師將牌位送入寺中奉安東廊殿當下撥入花銀二十五元交住持師瑞正収領生息置業以為每歲年莭清明亡日及中下元之費惟願住持念切幽冥妥為經理俾口銀得免侵蝕庶則千秋奉祀與　佛同光無非存於一點仁心云是為記

道光十七年九月吉日淡水村陳登雲等仝住持瑞正公立

道光十七年洪氏女立父母香燈碑

盖九送神主入寺供奉者欲魂有所依與佛同光庶香燈有賴千秋奉祀者也玆□
父洪德盛四公母蔡氏只出(氏)一人而香烟無嗣故(氏)同從兄洪才為洪才利商酌將神
主送入天寧寺内安奉即撥銅錢式拾千文交住持瑞正大師収領生息置業以為
每年香燈年節亡日修墓祭祀之費恐後主滅產廢特勒于石以垂不朽云是為記

世居洪富村

公卒于嘉慶五年五月初九日㞺時塟在白高水坡坐庚向甲兼卯酉
婁于道光九年九月廿一日申時塟在天寧寺后坡坐寅向申兼甲庚

道光十七年十二月吉日住持僧瑞正(侄才為才利 適吳門洪女)仝立

道光二十三年吳興凌捐資為亡友置祭田碑

吴承全號立羣吾鄉石門縣諸生仲宣才望繅帛爭迎晚年移硯粵東晤識於珠江旅次一見傾心遂如夙好每見其比事屬辭雖酬應短簡無不委婉入情曲而善達胥底敏妙不獨兼徐庾之長也久依蕃榻彼此幾不忍暫釋既而署南合蕭君欲聘為記室渠因道遠不就以余勸駕姑整祖鞭抵雷後猶手書拳拳以余需次到班期訂珠還之好乃不數月而訃音旋至嗟乎素車白馬愧未親元伯之喪斗酒隻雞何日踐橋公之約去年冬忽由昌江調宰是邑天若憐吾兩人之有挂鏡緣也甫下車即往奠松楸墳雖鞏固保無若敖之嗟爰捐廉代置祭田即託廟僧誠定主持其事而霜露之享祀藉可無缺并將祭田之原起並誌於石

立羣生於乾隆壬辰年□月　日歿於道光辛丑年七月　日享壽七十歲墓在天寧寺之側祭田一坵計價銀肆拾兩正買自九都一啚六甲翁姓坐落白沙洋土名西溝尾每年徵租壹石柒斗紅契當交天寧寺僧誠定收存將来春秋展奠亦惟寺僧是問焉

道光二十三年　月　日署海康縣昌化縣知縣吴興凌斐然竹坡立石

道光二十六年仲冬蔡氏姊妹祭田碑

□之招魂蘭若襄祀檀那者皆憑智燭以徹昏衢藉慈航普渡苦海耳□氏□
□□歸濟陽乃父則遊泮授以二尹而天常為名若夫則講學進於成均而國
□諱熊羆夣空入夢虺蛇两叶呈祥年卅六而孀居越十五而女字長則適於
□黄子如帶次則歸於遂之鄭子元勳無何枝幹頻摧根蒂莫固姊年四十二
□禄妹年三十五而反真属在两年祇踰數月何繼逝之同心也抑仙遊之□
□鏡台齊暗淚洒西天巾幗長辞思依南岸爰與幾男□錫置産田資供養入
寺而証善果借四大以搆禅龕庶菩提樹下姊若妹兮先棲舍利壇前氏與夫
後立云　黄蔡氏亡日十月十五　鄭蔡氏亡日六月十二

計開田条土名四至于後　咸丰三年□□陳氏撥入銅錢壹百千文
□只村深堀坑旱田一坵種仔八斗（東北至溪南至坡西至蔡）录坡坑田一坵種仔六斗（東西南北至蔡）牛路咸坑田一坵
□斗（東西南北至蔡）坡淅坑田一坵種二斗（東西南北至蔡）止共租拾石載民米乙斗五升西南二啚六甲戶首蔡仕能户丁蔡□

道光二十六年仲冬□□□□

（文中『咸豐三年□□陳氏撥入銅錢壹百千文』為小字，字跡與全碑其他文字不同，且有被刮劃痕跡，應是後來補入）

陳見龍為亡子及長媳捐資置祭田碑

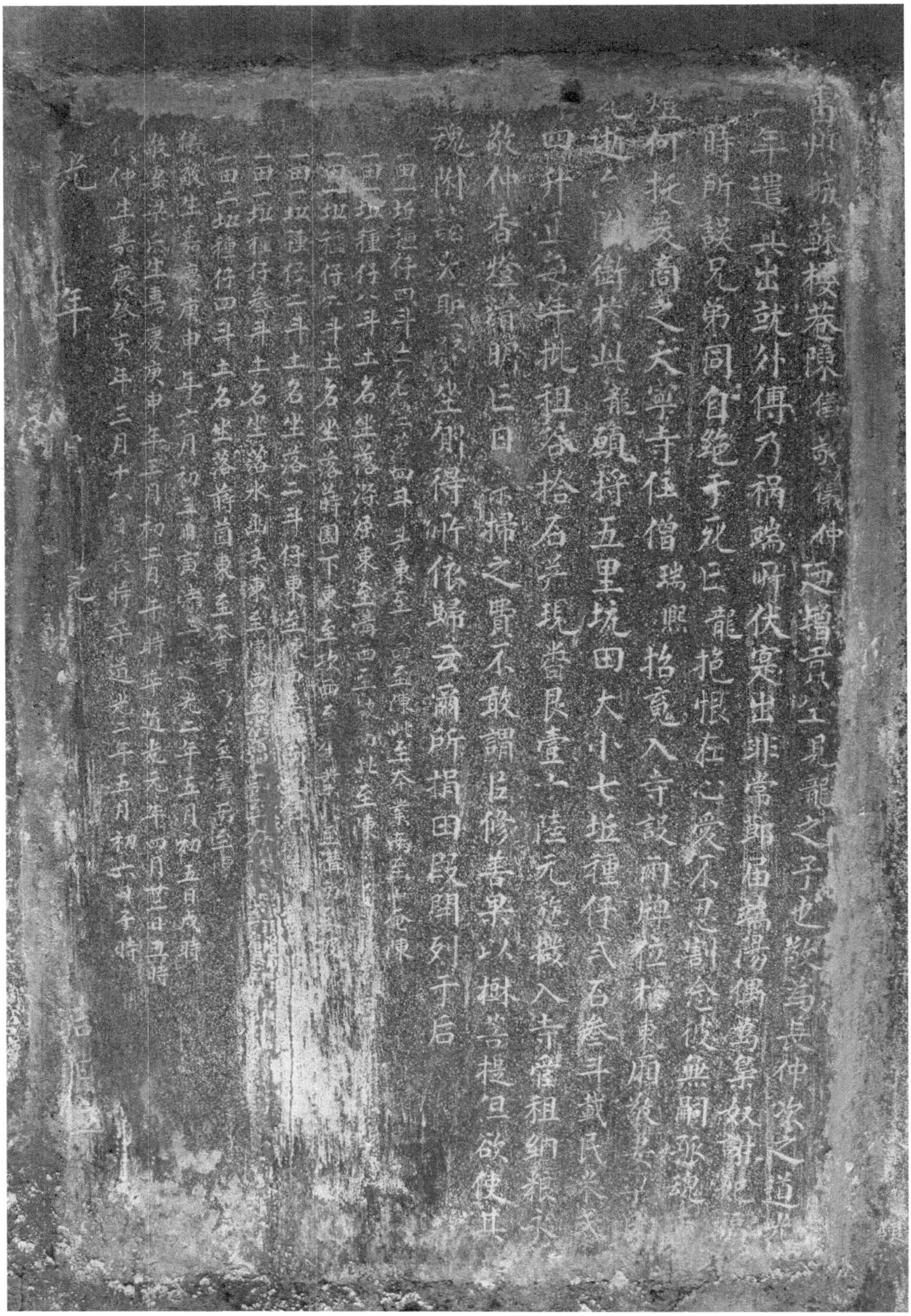

雷州城蘇樓巷陳儀敬儀仲迺增貢生見龍之子也敬為長仲次之道光
二年遣其出就外傅乃禍端所伏寔出非常莭届端陽偶為梟奴謝妃福
□時所誤兄弟同自絕于死亡龍抱恨在心愛不忍割念彼無嗣孤魂香
燈何托爰商之天寧寺住僧瑞熙招[寃]入寺設兩牌位於東廂敬妻梁氏
先逝亦附衎於此龍願将五里坑田大小七坵種仔弍石叁斗載民米弍
斗四升正每年批租谷拾石并現畨艮壹十陸元施撥入寺胥租納粮永
為敬仲香燈清明亡日祭掃之費不敢謂㠯修善果以樹菩提但欲使其
游魂附諸大聖賢坐側得所依歸云爾所捐田段開列于后

一田一坵種仔四斗土名坐落四斗头東至坎西至陳北至本業南至山奄陳
一田一坵種仔八斗土名坐落深屈東至溝西至坡南北至陳
一田一坵種仔二斗土名坐落蒔園下東至坎西至本業北至溝南至坡
一田一坵種仔二斗土名坐落二斗仔東至陳西至溝南至何北至本業
一田一坵種仔叁斗土名坐落水函头東至陳西至溝□南至□北至□
一田一坵種仔四斗土名坐落蒔莔東至本業西北至溝南至陳

儀敬生嘉慶庚申年六月初三日寅時卒道光二年五月初五日戌時
敬妻梁氏生嘉慶庚申年三月初二日午時卒道光元年四月廿二日丑時
儀仲生嘉慶癸亥年三月十八日辰時卒道光二年五月初六日子時

道光 □ 年 □ 月 □ 浣 吉日立

咸豐二年楊氏香燈碑

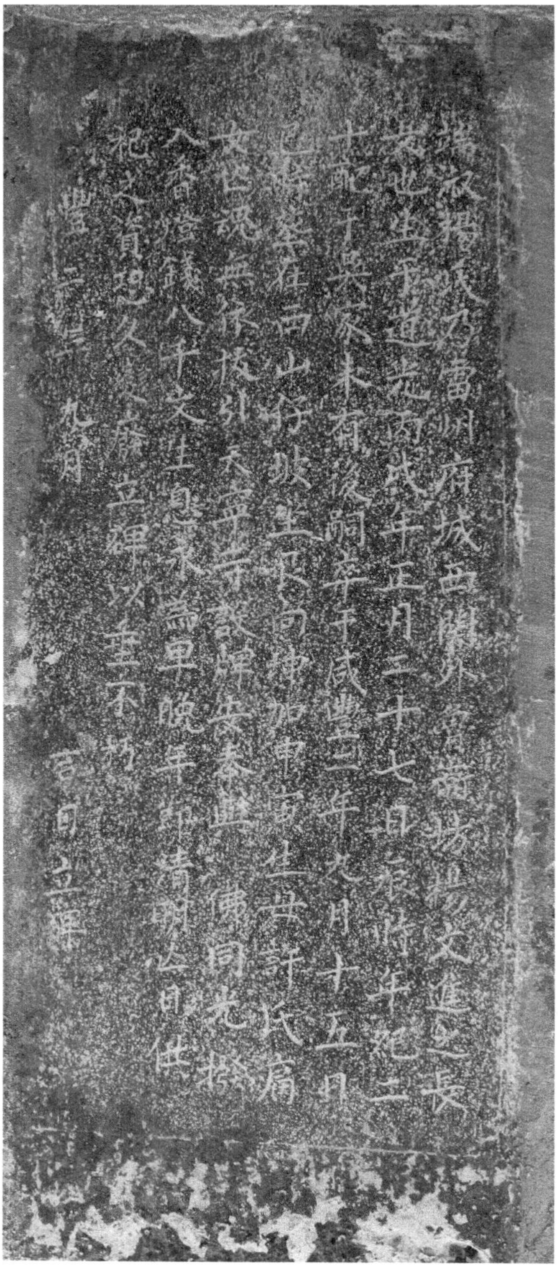

端淑楊氏乃雷州府城西関外魯衛坊楊文進之長
女也生于道光丙戌年正月二十七日辰時年紀二
十配于吳家未有後嗣卒于咸豐二年九月十五日
巳時葬在西山仔坡坐艮向坤加申寅生母許氏痛
女亾魂無依拔引天寧寺設牌安奉與　佛同光撥
入香燈錢八千文生息永為早晚年節清明亾日供
祀之資恐久變廢立碑以垂不朽
咸　豐　二　年　九月　　吉日立碑

咸豐四年扶柳陳氏香燈碑

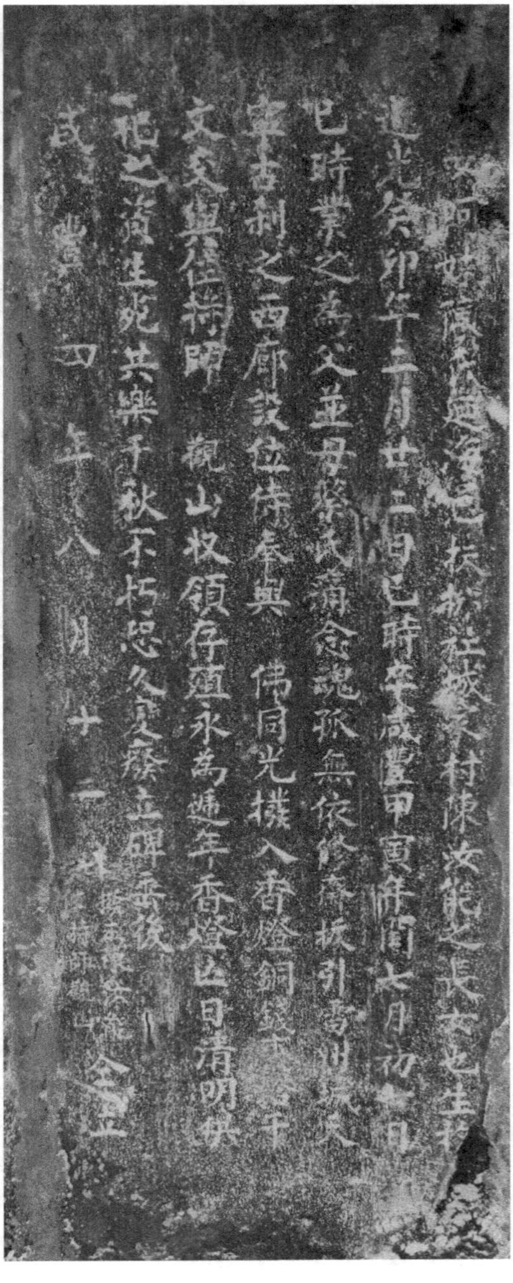

□女阿妹陳氏迺海邑扶柳社城家村陳汝能之長女也生於
道光癸卯年二月廿二日巳時卒咸豐甲寅年閏七月初七日
巳時業之為父並母蔡氏痛念魂孤無依修齋拔引雷州城天
寧古刹之西廊設位侍奉與　佛同光撥入香燈銅錢壹拾千
文交與住持師　觀山収領存殖永為逓年香燈亾日清明供
祀之資生死共樂千秋不朽恐久變廢立碑垂後

咸　豐　四　年　八　月　十　二　日 撥主陳汝能 住持師觀山 仝立

香燈碑記

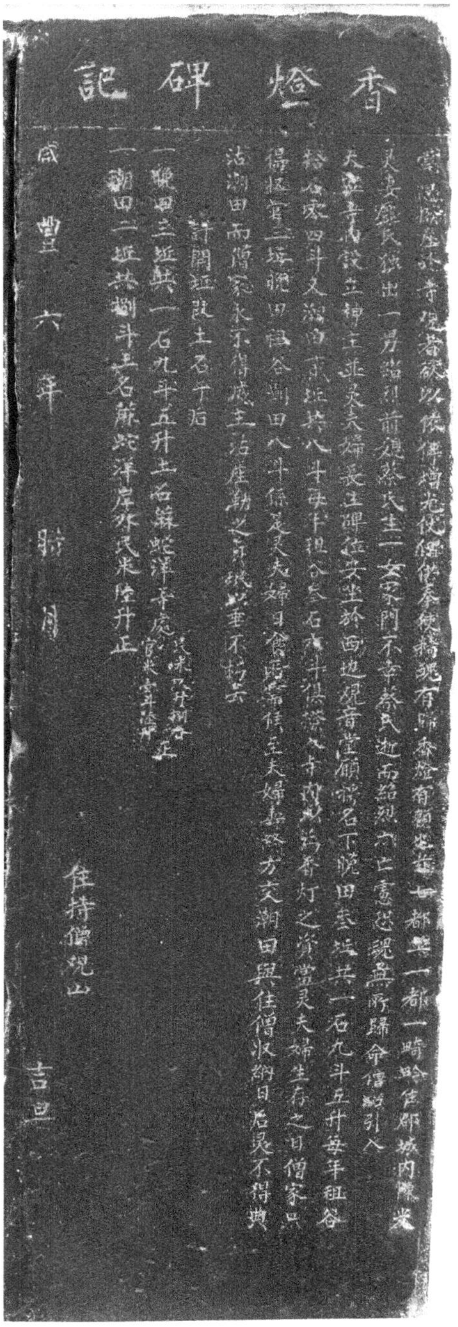

嘗思撥産於寺観者欲以依佛增光仗僧供奉使精魄有歸香燈有賴也茲七都二一都一畸畛住郡城内陳光

灵妻龐氏独出一男紹烈前媳蔡氏生一女家門不幸蔡氏逝而紹烈亦亡慮恐魂無所歸命僧招引入

天寧寺内設立神主並灵夫婦長生牌位安坐於西边観音堂願将名下晚田叁坵共一石九斗五升每年租谷

拾石零四斗又潮田貳坵共八斗每年租谷叁石六斗俱撥入寺内以為香灯之資當灵夫婦生存之日僧家只

得収晋三坵晚田租谷潮田八斗係是灵夫婦日食所需候至夫婦壽終方交潮田與住僧収納日后灵不得典

沽潮田而僧家永不得滅主沽産勒之貞珉以垂不朽云

計開坵段土名于后

一晚田三坵共一石九斗五升土名蘇蛇洋等處民米玖升捌合官米壹斗陸升正

一潮田二坵共捌斗土名蘇蛇洋岸外民米陸升正

咸　豐　六　年　腊　月　　　住持僧观山　　吉旦

咸豐十年黃二公香燈碑

黃二公諱世□享阳六十一卒于咸豐三年三
月廿七日葬在五显坡坐庚向甲附祖坟妻陳
氏痛先灵之莫継念嗣後之無人故撥銅錢十
五千以為香灯之用旹咸豐十年三月吉日安
坐神主依佛同光是為記

咸豐十年三月僧本初立先人香燈碑

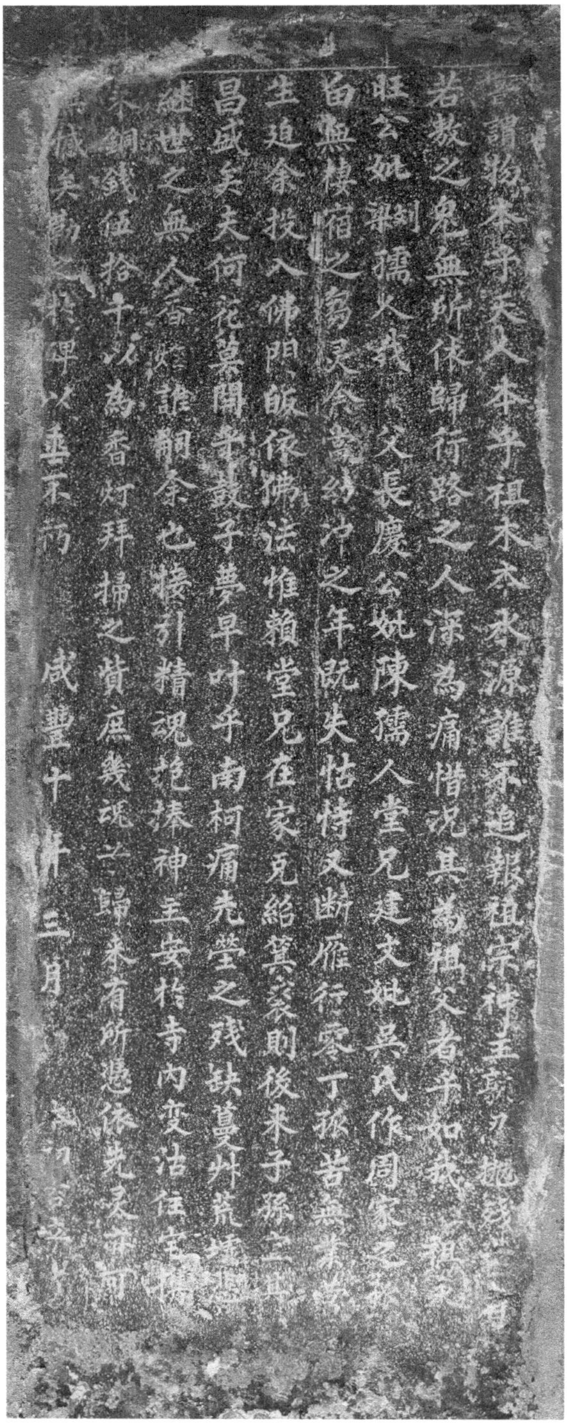

嘗謂物本乎天人本乎祖木本水源誰不追報祖宗神主孰忍拋殘亡者

若敖之鬼無所依歸行路之人深為痛惜況其為祖父者乎如我　祖永

旺公妣梁刘孺人我　父長慶公妣陈孺人堂兄建文妣吳氏作周家之孤

由無棲宿之芻灵余當幼冲之年既失怙恃又断雁行零丁孤苦無業營

生迫余投入佛門皈依佛法惟賴堂兄在家克紹箕裘則後来子孫宜其

昌盛矣夫何花萁開乎鼓子夢早叶乎南柯痛先塋之残缺蔓艸荒墟悲

繼世之無人香燈誰嗣余也接引精魂抱捧神主安於寺内变沽住宅携

来銅錢伍拾千以為香灯拜掃之貲庶幾魂子歸来有所憑依先灵亦可

無憾矣勒之於碑以垂不朽　　咸豐十年三月　　本初吉立

咸豐十一年天甯寺裝裱佛像捐資芳名碑

郡城之西有　天甯古刹創自唐大歴年間為雷州一大勝会也宏開寛路超群生於四大之中普渡迷津証慧業於三

摩之地億萬家心香頂祝千百年甘露長垂無如年載夂遠雨漬塵封珠火模糊金花剥落蓮萼座上難稱智慧之名寶

珞幢間莫識莊嚴之相鎮　瞻拜之下志欲修而力有未逮也茲謹將　大殿

十八羅漢天地兩藏諸佛装裱金容鎮　仔肩而身任之其於

弥勒達摩普庵韋馱給孤長者康皇玄玹華光監齋諸尊願衆信傾厥義囊共成美举尔特書芳名於貝葉咸登歡喜之園証密諦於菩提

共結因縁之果是為引

賜進士出身特授雷州府正堂周　捐銀拾元　單縣弟子周京秀　捐銀弍元　廣西宜山縣信官梁開嵩　捐銀弍元

藜照堂劉　捐銀四元　留餘堂劉　捐銀弍元　南海弟子謝炳森　捐銀拾元　文昌弟子鄭松年　捐銀弍両正

同豐當各捐　海康弟子翁心安　加葉迺畒　番禺县淩熙縉　会稽县周培之以上各　加应劉慶桊　遂溪吳南山以上各捐　海康弟子李龍川　捐銀中元

雷州部館銀式　海康弟子陳嗣立　应温鏡堂　府倉□蔡景春　高程氏捐銀　州梁同修　梁吳氏銀中元

程安誠元　吳橋弟子陳永泉　州陳純華　曲石口何良彬　□陳氏乙元　缘首嘉應州沐　恩信戢周鎮坤敬捐銅錢陸拾伍千文

咸豐十一年六月　吉　日住持僧觀山立

同治元年奉憲示諭碑

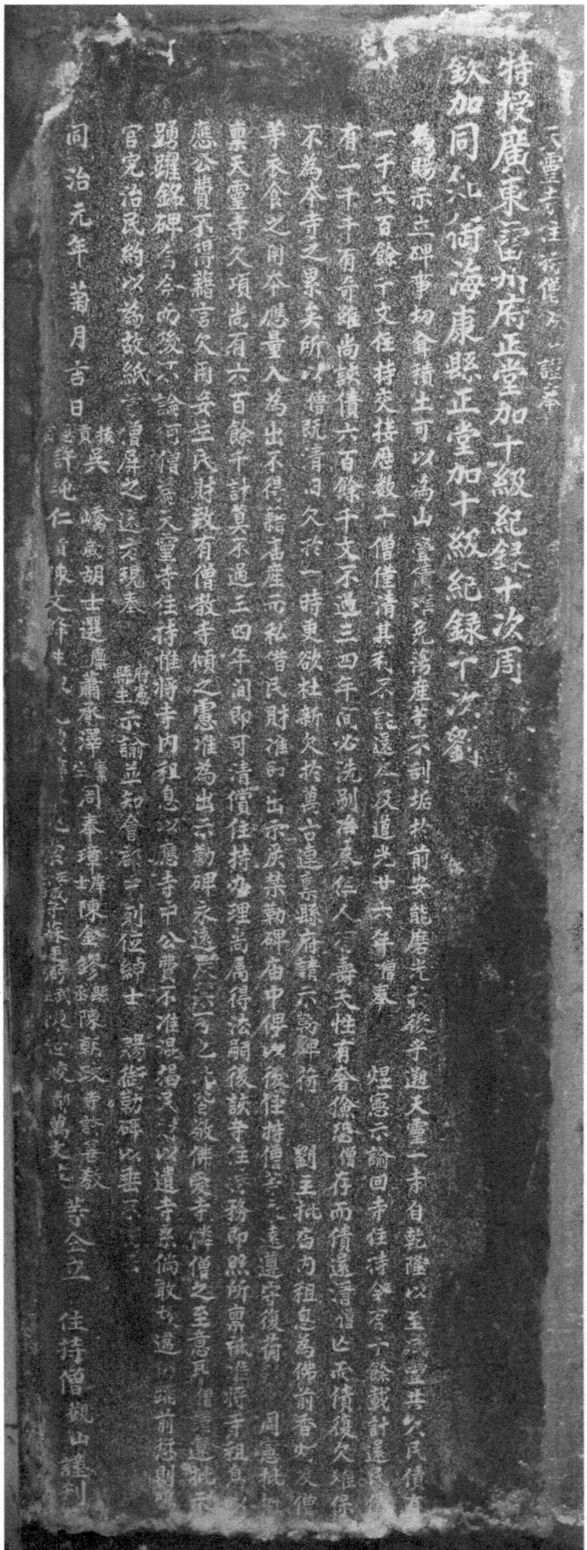

天霻寺住持僧观山謹奉

特授廣東雷州府正堂加十級紀録十次周

欽加同知銜海康縣正堂加十級紀録十次劉

為賜示立碑事切伞積土可以為山叠債难免蕩産苟不刮垢扵前安能磨光扵後乎遡天霻一寺自乾隆以至咸豐共欠民債有一千六百餘千文住持交接歴数十僧僅清其利不能還本及道光廿六年僧奉 煜憲示諭回寺住持今有十餘載計還民債有一千千有奇雖尚諉債六百餘千文不過三四年间必洗刷净尽但人有壽夭性有奢儉恐僧存而債還清僧亾而債復欠难保不為本寺之累矣所以僧既清旧欠扵一時更欲杜新欠扵萬古連稟縣府請示勒碑苟 劉主批庙内租息為佛前香灯及僧等衣食之用本應量入為出不得藉庙産而私借民財准即出示厌禁勒碑庙中俾以後住持僧等永遠遵守復苟 周憲批拠稟天霻寺欠項尚有六百餘千計算不過三四年间即可清償住持办理尚属得浤嗣後諉寺住持務即照所稟祇准将寺租息以應公費不得藉言欠用妄生民財致有僧散寺傾之慮准為出示勒碑永遠厌禁可也此皆敬佛爱寺憐僧之至意耳僧謹遵批示踴躍銘碑自今而後不論何僧為天霻寺住持惟将寺内租息以應寺中公費不准混揭民財以遺寺累倘敢故違仍蹈前愆则鳴官究治民約以為故紙寺僧屏之遠方現奉 府憲縣主示谕並知會郡中列位紳士 賜銜勒碑以垂不朽云

同治元年菊月吉日

貢拔吳 嶠歲胡士選 廩蕭承澤 生廩周奉璋 士庠陳金鏐 丞縣陳朝政 寺許善教

貢恩许纯仁 貢陈文鋒 生陈元□ 士庠陈兆棠 營左城守蘇延弼 生武陳世蛟 鄰萬文英

等仝立 住持僧觀山謹刊

同治四年城角村陳玉環夫婦香燈碑

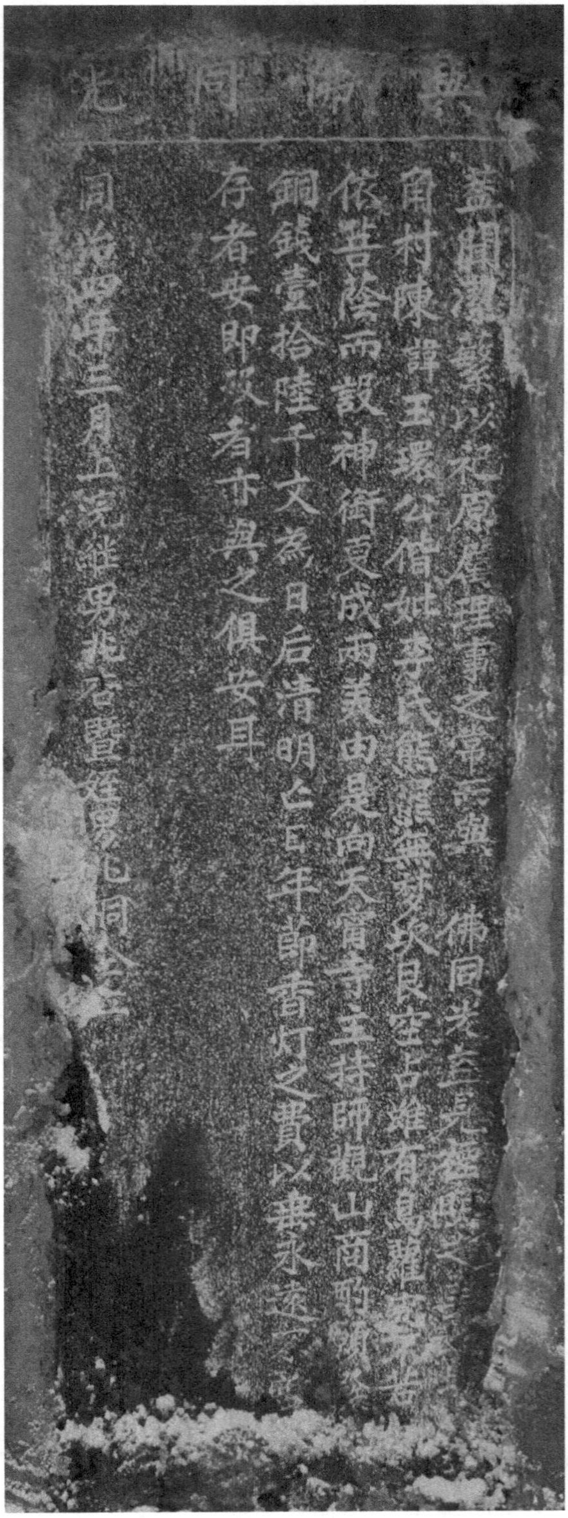

蓋聞潔蘩以祀原属理事之常而與　佛同光益見禋明之長如城

角村陳諱玉環公偕妣李氏熊羆無梦坎艮空占雖有烏蘿究不若

依菩蔭而設神衛更成两美由是向天甯寺主持師觀山商酌願撥

銅錢壹拾陸千文為日后清明亾日年節香灯之費以垂永遠不啻

存者安即歿者亦與之俱安耳

同治四年三月上浣継男兆杏曁姪男兆桐仝立

香燈碑

嘗聞君子之道造端夫婦是以男女居室人之大倫也抑知男女不嗣□□□逾自相闕滅雖有香烟究不如清淨叢林之為久長也如符村　欽賜副榜何如琦公之次子何霖臣厦廣村　陽山教諭楊　翊公之次女楊氏婚配二十餘年室而不育今則子嗣已絕矣夫婦已歸於九原矣厦廣村楊忠恕堂公議請法師引亡魂設牌位在　天寧寺安座建壇設醮道法周隆功果成就皈依尊佛接引西天同登□□□捐入寺香燈銅錢肆拾仟足文交本寺住持大師得　深收掌以為早晚香燈□□□□□□永垂不朽云爾

光緒十四年十月二十日吉旦立

光緒二十七年天寧寺規約碑

一議寺內各人每月每人支香油壹斤四兩拾陸兩碼[illegible]一概平等
一議寺內果樹出息凡寺內各僧人均分一概平等
一議寺內香燈客堂等事雖有專司倘有小恙不能管理而各人亦要相幫不得推諉
一議寺內有公事各人亦要齊集相幫不得推諉
一議入牌位並有人遊山而發心題指香燈各項出息者歸寺存儲
一議寺內不論住持眾僧人等如有在家朋友来往稟明住持各人自己辦理與常住無涉
一議寺內收徒弟要有受戒三年者一人方得收徒二名不容收多以加祖亭之費或在外居靜室收徒弟者惟准二名同居祖亭多則不容庶免後論
一議寺內各人每飱每人街菜錢壹拾文由庫房總發共買隨眾過堂仝桌食飯不得分錢自行買菜
一議寺內各人若有身染病重者由寺請醫調治約用錢多者不過三千文一概平等
一議如有不遵 佛法不守僧規出入不告假逐出山門永不得復回
一議寺內各人鐘鼓响後即鎖大門各人不得出入如有公事稟明住持請匙開門
一議現任住持若有歸單常住出喪費錢貳拾肆千文寺內各人一體拈香唸經仝送
一議寺內眾比丘若有歸單常住出喪費錢壹拾陸千文寺內各人一體拈香唸經仝送
一議寺內眾淨人若有歸單常住出喪費錢壹拾貳千文寺內各人一體拈香唸經仝送
一議寺內各比丘眾僧人等若有不遵規條稟官究治逐革落山永不准向寺居住
光緒二十七年花朝吉旦住持僧傳畇[illegible]刊敬立

一議寺内各人每月每人支香油壹斤四両拾陸両碼□發一概平等
一議寺内果樹出息凡寺内各僧人均分一概平等
一議寺内香燈客堂等事雖有専司倘有小恙不能管理而各人亦要相帮不得推諉
一議寺内有公事各人亦要齊集相帮不得推諉
一議入牌位並有人遊山而發心題捐香燈各項出息者歸寺存儲
一議寺内不論住持衆僧人等如有在家朋友来往禀明住持各人自躬辦理與常住無涉
一議寺内收徒弟要有受戒三年者 一人方得收徒二名不容收多以加祖亭之費或在外居静室收徒弟者惟准二名回居祖亭多則不容庶免後論
一議寺内各人每飡每人街菜錢壹拾文由庫房総發共買隨衆過堂仝桌食飯不得分錢自行買菜
一議寺内各人若有身染病重者由寺請醫調治約用錢多者不過三千文一概平等
一議如有不遵　佛法不守僧規出入不告假逐出山門永不得復回
一議寺内各人鐘鼓响後即鎖大門各人不得出入如有公事禀明住持請匙開門
一議現任住持若有歸單常住出喪費錢貳拾肆千文寺内各人一體拈香唸經仝送
一議寺内衆比丘若有歸單常住出喪費錢壹拾陸千文寺内各人一體拈香唸經仝送
一議寺内衆浄人若有歸單常住出喪費錢壹拾貳千文寺内各人一體拈香唸經仝送
一議寺内各比丘衆僧人等若有不遵規條禀官究治逐革落山永不准回寺居住

光緒二十七年花朝吉旦住持僧傅灼謹刊敬立

重修觀音堂碑

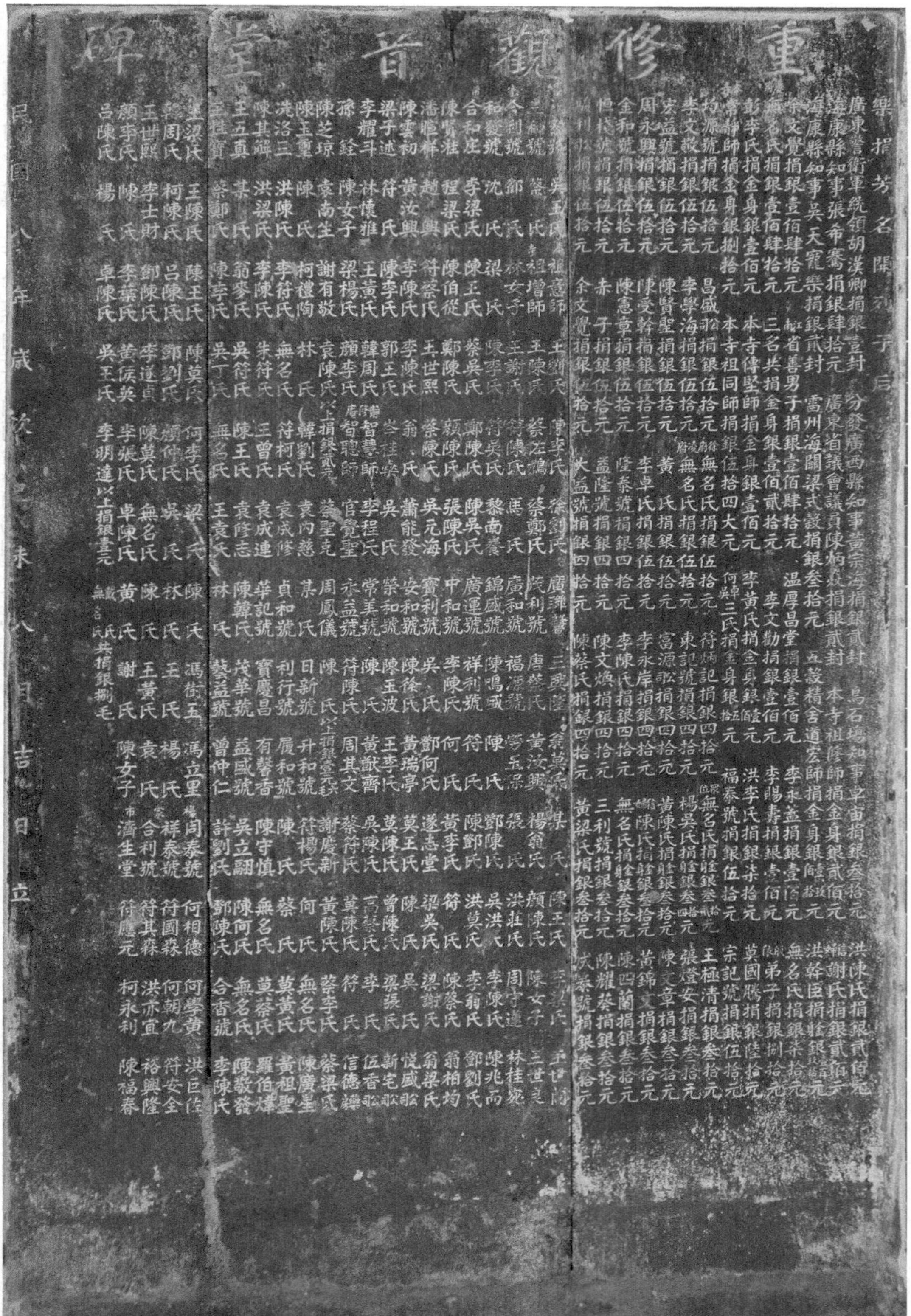

樂捐芳名開列于后

廣東警衛軍統領胡漢卿捐銀壹封　分發廣西縣知事黃宗海捐銀貳封　烏石埸知事卓宙捐銀叁拾元　洪陳氏捐銀貳佰元

海康縣知事張希騫捐銀肆拾元　廣東省議會議員陳炳焱捐銀貳封　本寺祖修師捐金身銀貳佰元　(信婦)謝氏捐銀貳佰元

海康縣知事吳天寵樂捐銀貳封　雷州海關梁式穀捐銀叁拾元　五穀精舍道宏師捐金身銀(壹玖佰拾)元　洪幹臣捐(金身)銀(壹百玖拾)元

余文覺捐銀壹佰肆拾元　(江南)省善男子捐銀壹佰肆拾元　溫厚昌堂捐銀壹佰元　李永蓋捐銀壹佰元　無名氏捐銀柒拾元

(慶府)無名氏捐銀壹佰肆拾元　三名共捐金身銀壹佰貳拾元　李文勸捐銀壹佰元　李賜壽捐銀壹佰元　(飯依)弟子捐銀捌拾元

彭李氏捐金身銀壹佰元　本寺傳堅師捐金身銀壹佰元　李黃氏捐金身銀(壹佰)元　洪李氏捐銀柒拾元　莫國騰捐銀陸拾元

(本寺)常靜師捐金身銀捌拾元　本寺祖同師捐銀伍拾四大元　何(卓吳)三氏捐金身銀(五拾)元　福泰號捐銀伍拾元　宗記號捐銀伍拾元

均源號捐銀伍拾元　昌盛(公司)捐銀伍拾元　(徐府)無名氏捐銀伍拾元　符炳記捐銀四拾元　(眾位)無名氏捐(金身)銀叁(拾貳)元　王極清捐銀叁拾元

李文敬捐銀伍拾元　李學海捐銀伍拾元　(凌府)無名氏捐銀伍拾元　東記號捐銀四拾元　楊吳氏捐(金身)銀叁(拾四)元　張燈安捐銀叁拾元

宏益號捐銀伍拾元　陳賢聖捐銀伍拾元　黃　氏捐銀伍拾元　富源(公司)捐銀四拾元　黃陳氏捐(金身)銀叁拾元　陳文章捐銀叁拾元

周永興捐銀伍拾元　陳受幹捐銀伍拾元　李卓氏捐銀伍拾元　李永岸捐銀四拾元　(信婦)陳氏捐(金身)銀叁拾元　黃錦文捐銀叁拾元

金和號捐銀伍拾元　陳憲章捐銀伍拾元　隆泰號捐銀四拾元　李陳氏捐銀四拾元　無名氏捐(金身)銀叁拾元　陳四蘭捐銀叁拾元

恒棧號捐銀伍拾元　赤　子捐銀伍拾元　益隆號捐銀四拾元　陳文煥捐銀四拾元　三利號捐銀叁拾元　陳耀葵捐銀叁拾元

駿利(公司)捐銀伍拾元　余文覺捐銀伍拾元　大益號捐銀四拾元　陳蔡氏捐銀四拾元　黃梁氏捐銀叁拾元　成泰號捐銀叁拾元

(楊)福泰號　吳王氏　(本寺)祖意師　王劉氏　陳李氏　徐劉氏　廣聯馨　三興隆　翁莫氏　某　氏　陳王氏　李梁氏　王世蘭

三和號　蔡　氏　祖增師　王陳氏　蔡佐鳩　蔡鄭氏　茂利號　唐蔡氏　黃汝興　楊翁氏　顏陳氏　陳女子　王世良

(家)合利號　鄧　氏　林女子　王謝氏　符陳氏　馬　氏　廣和號　福源號　勞玉保　張　氏　洪莊氏　周守蓮　林桂宛

和發號　沈　氏　梁　氏　陳李氏　符吳氏　黎南養　錦盛號　陳鳴盛　陳　氏　鄧陳氏　吳洪氏　李陳氏　陳兆而

(市)合和庄　李梁氏　陳王氏　蔡吳氏　鄭陳氏　陳吳氏　廣運號　祥利號　符　氏　陳鄧氏　洪莫氏　李翁氏　鄧劉氏

陳賢湝　程梁氏　陳伯從　鄭陳氏　顏陳氏　張陳氏　中和號　李陳氏　何　氏　黃李氏　符　氏　陳蔡氏　翁柏均

潘暄祥　趙　興　符蔡氏　王世熙　蔡陳氏　吳元海　寶利號　吳　氏　鄧何氏　遂志堂　梁吳氏　梁謝氏　翁梁氏

陳雲初　黃汝興　李陳氏　李陳氏　翁　氏　蕭能發　安和號　陳徐氏　黃瑞亭　莫王氏　陳　氏　吳　氏　悅盛(公司)

梁子述　符　氏　陳李氏　郭王氏　岑桂燊　吳　氏　榮和號　陳玉波　王李氏　莫陳氏　曾陳氏　梁張氏　新宅(公司)

李耀斗　林懷雅　王黃氏　韓周氏　智慧師（靜）　李程氏　常美號　陳　氏　黃猷齊　吳陳氏　高蔡氏　李　氏　伍香（公司）
孫　銓　陳女子　梁楊氏　顏李氏　智聰師（修庵）　官覺聖　永益號　符陳氏　周其文　蔡符氏　莫陳氏　符　氏　信德（藥房）
陳芝琼　袁南生　謝有敬　袁陳氏以上捐銀貳元　蔡聖克　周鳳儀　陳　氏以上捐銀壹元六毛　謝慶新　黃陳氏　蔡李氏　蔡梁氏
陳玉璽　陳　氏　柯禮陶　林　氏　韓劉氏　袁內慈　某　氏　日新號　升和號　符楊氏　何　氏　無名氏　陳廣星
洗洛三　洪陳氏　李符氏　無名氏　符柯氏　袁成修　貞和號　利行號　履和號　陳　氏　蔡　氏　莫黃氏　黃祖聖
陳其解　洪梁氏　李陳氏　朱符氏　王曾氏　袁成連　華記號　寶慶號　有馨香　陳守慎　無名氏　莫蔡氏　羅伯煒
王五真　某　氏　翁麥氏　吳符氏　陳王氏　袁修志　陳韓氏　茂華號　益盛號　吳立翮　陳何氏　無名氏　陳敬發
王性寶　蔡鄭氏　陳李氏　吳丁氏　無名氏　王袁氏　林　氏　藝益號　曾仲仁　許劉氏　鄧陳氏　合香號　李陳氏
王梁氏　王陳氏　陳王氏　陳莫氏　何李氏　梁　氏　陳　氏　馮樹玉　馮立里　（楊）同泰號　何相德　何學黃　洪巨佐
韓周氏　柯陳氏　呂陳氏　鄧劉氏　顏仲氏　吳　氏　林　氏　王　氏　楊　氏　祥泰號　符國森　何朝九　符安全
王世熙　李士財　鄧陳氏　李遂貞　陳莫氏　無名氏　陳　氏　王黃氏　袁　氏　（家）合利號　符其森　洪亦宜　裕興隆
顏李氏　陳　氏　李葉氏　黃侯英　李張氏　卓陳氏　黃　氏　謝　氏　陳女子　（市）濟生堂　符應元　柯永利　陳福春
呂陳氏　楊　氏　卓陳氏　吳王氏　李明達以上捐銀壹元　戴氏　無名氏　共捐銀捌毛

民國八年歲次己未八月吉日立

海康縣公署示

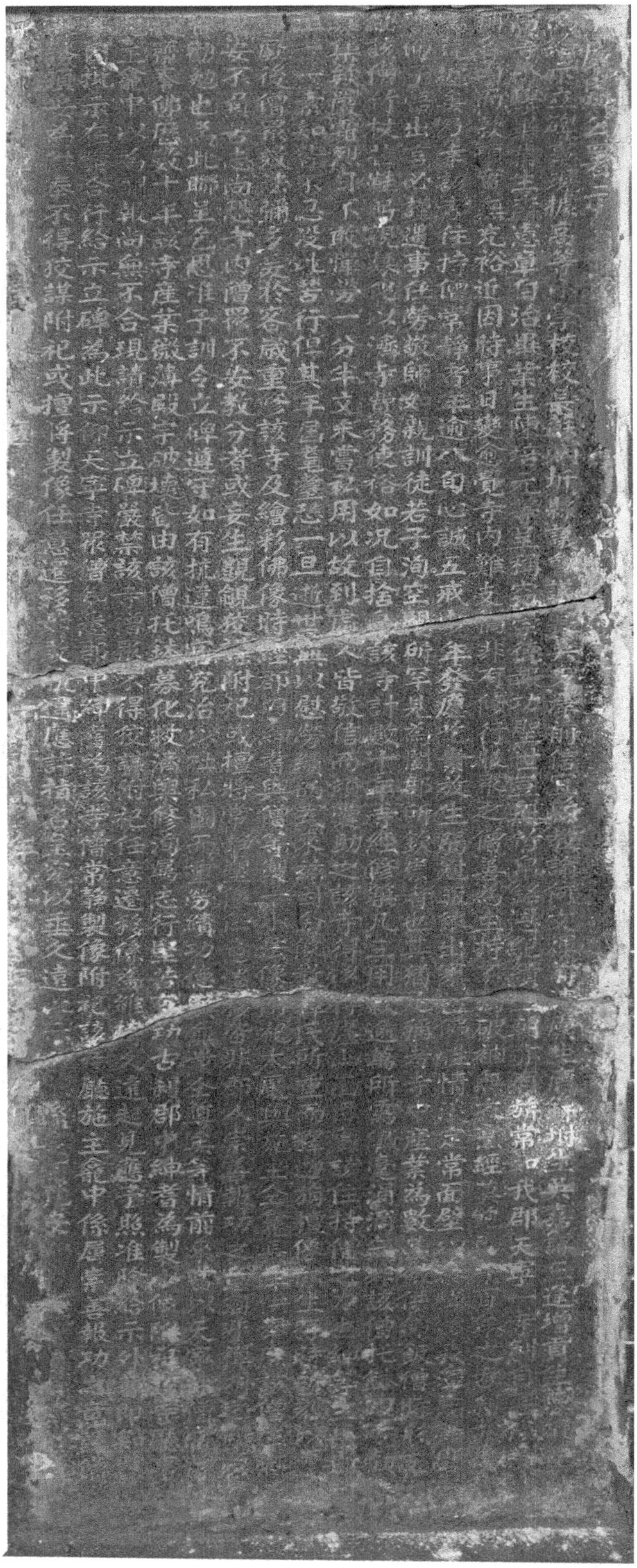

海康縣公署示

為給示立碑事現據高等小學校校長蘇炳圻縣議會議長吳天澤前信宜縣教諭何文煇前清廩生唐錦坩生吳嘉謀王逢增貢生陳炳乾高等小學畢業生李憲章自治畢業生陳培元等呈稱窃崇德報功聖世豈無竹帛銘恩紀績□朝亦有旂常如我郡天寧一寺創自唐代素稱名山而款項實無充裕近因時事日變愈覺寺內難支倘非有修行服眾之僧善為主持不獨破衲無衣烹經莫飽即千百年之古刹亦幾為荒墟矣乃幸該寺住持僧常靜者年逾八旬心誠五戒少年發愿吃素放生弱冠皈依出家禮佛性情淡定常面壁以叅禪物我渾忘□□□而了悟出言必謹遇事任勞敬師如親訓徒若子洵空門所罕見為闔郡所欽崇者也其猶足稱者寺中產業為數甚微供佛飯僧時形支絀該僧竹杖芒鞋躬親募化以濟寺費務使裕如況自捨身該寺計數十年寺經修築凡三用款逾萬所需纖毫涓滴無非該僧托鉢四方勸募集歛嚴霜烈日不敢憚勞一分半文未嘗私用以故到處人皆敬信而傾囊助之該寺得以存廬山面目實該住持僧之力也紳等生長斯土一一素知皆不忍沒此苦行但其年屆耄耋恐一旦逝世無以慰勞績而式來兹因念像教釋氏所重而釋迦旃檀像亦生存時所刻以□事厥後僧眾效法彌多爰於客歲重修該寺及繪彩佛像時經郡內紳耆與僧等製一小法像附祀大廳與施主仝龕長年供奉庶該僧生慰死安不負苦志尚恐寺內僧眾不安教分者或妄生覬覦狡謀附祀或擅將常靜塑像任意遷移皆非郡人崇善報功之意猶非禪門之所以資勸勉也為此聯呈乞恩准予訓令立碑遵守如有抗違鳴官究治以杜私圖而重勞績功德與無量仝尊矣等情前來當以天寧寺僧常靜長齋奉佛歷數十年該寺產業微薄殿宇破壞皆由該僧托鉢募化救濟興修洵属志行堅苦有功古刹郡中紳耆為製小像附祀於寺廳事施主龕中以為酬報尚無不合現請給示立碑嚴禁該寺僧眾不得狡謀附祀任意遷移係為維持久遠起見應予照准除給示外著即知□等因批示在案合行給示立碑為此示仰天寧寺眾僧知悉郡中紳耆為該寺僧常靜製像附祀該寺廳施主龕中係属崇善報功之意該僧等務須妥為供奉不得狡謀附祀或擅將製像任意遷移如敢抗違應許指名呈究以垂久遠此示　縣長何孔安

中華民國十一年三月

民國十一年粵軍第七路司令部佈告

粵軍第七路司令部佈告第三〇號

照得天寧古寺係雷州勝蹟各界人士應共保存以資游覽切勿任意毀損致碍觀瞻仰各界人等一體知照毋違此佈

司令官黃　強

中華民國十一年　　三月廿六日

捐題碑

無名氏　張□氏以上捐銀叁十元　□汝興　陳君親　林泰□　滕照□　□□□
郎中林榮藻　訓導李駿霖　知縣袁洵瀛　通判陳國鈞　武舉鄧定邦　監生陳玉磊　岑勉儒　慶吉祥
監生黃慶瀛　永禎祥　金和號　王和號以上捐銀陸元　雷防分統梁　温厚昌堂　官寶典
監生高志瑩　李立德　李桂芬　陳是祺　林永芝　成泰號　孚益號　□□□
咸泰號　大昌號　悦來公司　昌盛號　季□氏　林□□　陳□□
李壽南　陳賜書　陳乃清　莫王□　朝議第符　□□□　□□□
□□經費局　□□經費局　徐聞□牌局　光佑堂　隆泰號　□□□　□□□
□□號　永和堂　诚心堂　□□□　□□□　□□□　□□□
□□□　无名氏　林□氏　□□□　□□□　□□□　□□□
□□□　林吳□　无名氏　□□□　□□□　□□□　□□□
□□□　府經歷王粵海関　□□□　□□□　□□□　□□□
□□□　磨勘□　裕昌號　廖□□　□□□　□□□　□□□
陳良□　陳有堂　吳廷祺　吳振子　信合□　□□□　□□□
□□符　吳定□　□□翼　德壽堂　□興號　□□號　□□□

（碑面左下方模糊不可辨識。落款被水泥覆蓋）

天竺庵

施主李公創造天竺庵碑文

盖聞白馬馱經西天之法輪顯現金人入夢東土之草木皆生故必成辟支之果而
始衤最上之乘然十方擅越護法功深而破衲仰　佛之光衣食攸賴其来久矣我
雷郡夙號名邦北通高凉南抵瓊岛□城之外創造施主　李公諱光玄妻曾氏創
造菴堂壹座耳房二間内奉侍　覌音宝像菴名安白天竺菴并撥田地塘園一所
以為香燈之資恐事以年湮没後無傳勒之扵石以垂永久扵不朽云
計開菴内塘園地土名四至列后土名俱坐落鄧处地西边　一田一坵種仔七
斗　南北東俱至鄧　西至本業　一田一坵種仔三斗　南至楊　北至黄
東西至本業　共田二坵共種仔一石正載民米壹斗正　一塘園并地一所
西至街　東至本業　南至張　北至韓　載民米三升　内通共田地塘園一
所共民米一斗三升正係本户六甲收納　嘉靖元年冬月　吉旦

佩王成

黃公諱烱坤婁江氏自古耄老廢疾先王所恤况煢煢者婦倚赖無人其當預圖其萬全者為之
何如也　母本江氏適於黃門自幼以孝顺闻柰運命所限屡有生育不能長成聞者為之
痛恨未几门衰祚薄　翁竟先母而長逝
母於是影单形隻愈無所依嗟嗟無夫曰寡無子曰独又年逾古稀危若朝露属在族鄰得不
共為之所也爰是以　翁昔日産業遺諸　母身者尚有舖屋一座二间既無承嗣窃恐産
業無归并没後奉祀無託因与族鄰等商量俟　母归壽之後將所存錢艮以為殯墓所用
其餘剩者并舖屋撥入天竺菴内交與尼師源揚収租永奉
神主每逢夫婦亾日及清明拜掃与各莭祭祀務要將所収舖租請近居族鄰同□拜□□尼
師不得私为方便在族鄰不得生端翻案庶　母之餘魂可安而宗族鄰里亦可共安也豈
非美事哉用是照　母吩咐勒之扵石為後日永存不朽云　此舖價錢弍十弍千五百文
鄰老潘　仁　林魁宝許俊傑 龐高貴王圭□　族老采仁　基成 玉仝立　舖一座二间在　天后庙前東至牌楼西至梁 南至后田北至街
乾　隆　五　十　二　年　歲　次　丁　未　季　夏　中　浣　六　日　吉　旦

道光四年何登卓等為岳父母撥田入庵碑

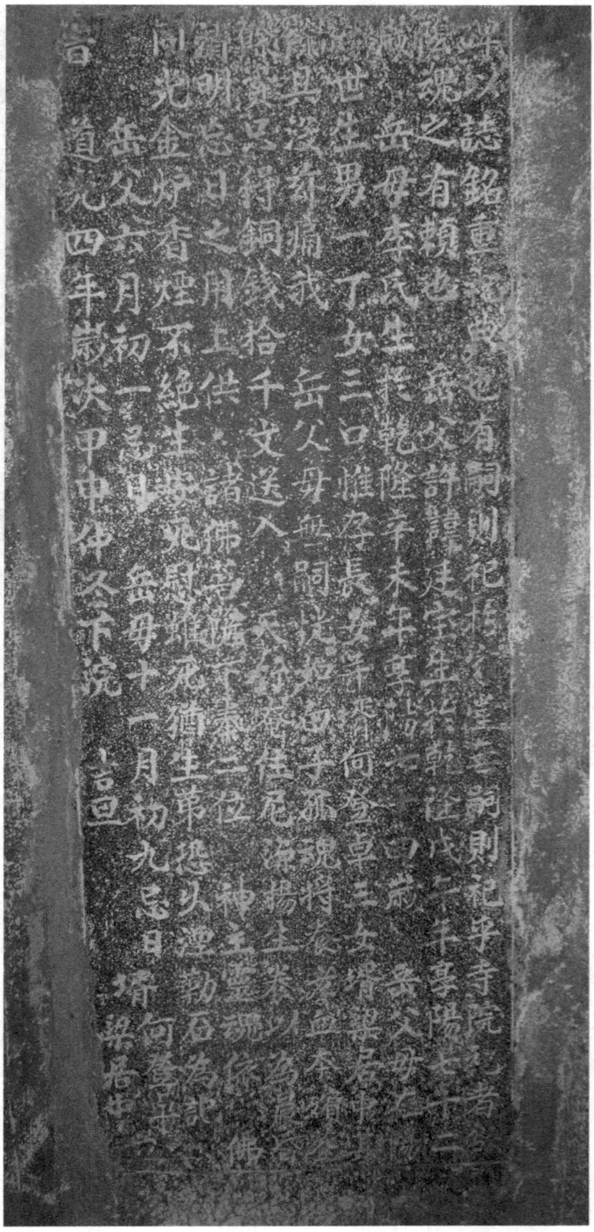

碑以誌銘重祀典也有嗣則祀於家堂無嗣則祀乎寺院祀者欲
陰魂之有賴也　岳父許諱廷宝生於乾隆戊午年享陽七十二
歲　岳母李氏生於乾隆辛未年享陽七十四歲　岳父母在陽
一世生男一丁女三口惟存長女并壻何登卓三女壻梁居中其
餘具没忝痛我　岳父母無嗣恍如白子孤魂將養老血本殯塟
餘資只得銅錢拾千文送入　天竺庵住尼源揚生養以為晨昏
清明忌日之用上供　諸佛菩薩下奉二位　神主靈魂依　佛
同光金炉香煙不絕生安死慰雖死猶生苐恐乆湮勒石為記
岳父六月初一忌日　岳母十一月初九忌日　壻　何登卓　梁居中　立
旹　道光四年歲次甲申仲冬下浣　吉旦

道光十七年李陳氏撥田碑

立撥田入菴人陳作香今将夗早田三斗二坵載民米一升土名坐落
遂溪縣石板村洋每年租谷八斗撥入天竺菴内侍奉李陳氏神主清
明亡日拜掃千古不朽墓塋在火炭坡坐西向東立碑為據

皇清顺化顯妣慈儉李門陳孺人之神位

道光十七年歲次丁酉十一月　　吉日立

咸豐七年卓氏捐錢碑

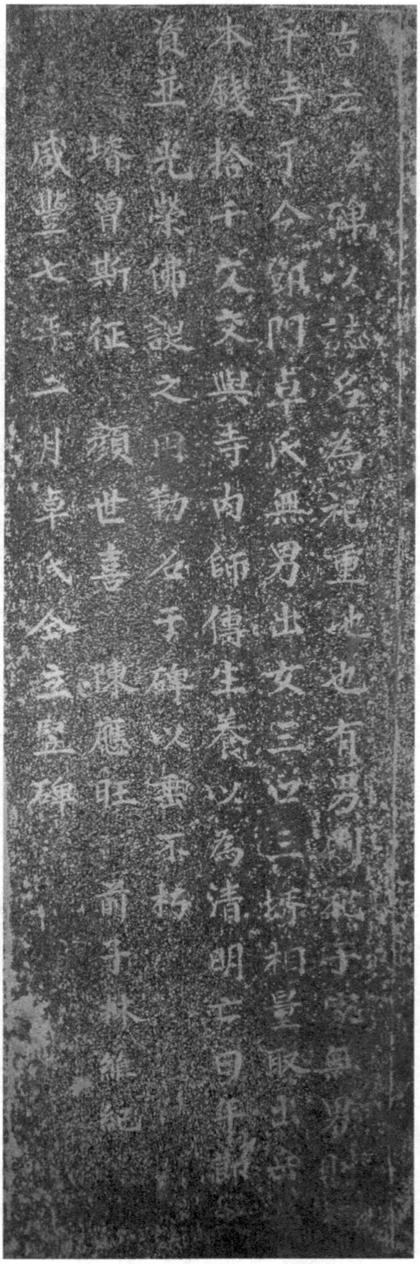

古云云碑以誌名為祀重地也有男則祀于家無男則祀

乎寺于今鄧門卓氏無男出女三口三壻相量取出岳母

本錢拾千文交與寺内師傅生養以為清明亡日年莭之

資並光榮佛誕之用勒名于碑以垂不朽

壻曾斯征　顔世喜　陳應旺　前子林維紀

咸豐七年二月卓氏仝立竪碑

同治四年重修天竺菴捐题碑文①

特授吳川縣正堂姜四百嶺頭村李监生李鍾岳楊大爺葉大爺連村經歴刘受祺刘□亭　　邁生村陳炘
署石城縣正堂袁中憲大夫李樹珍李樹黃茂信運館何大爺蔣長□溝井村王维绸熊有孝　　南與陳用交
署石城縣右堂陳經歴李樹宝沈塘圩陳可恕城家村陳廷□陳釿陳□烜吳川林黃氏陳氏　　敬善堂
署高鎮右營梅菉汎分府蕭田头村梁壯图即用訓導梁壯臨陳廷桂陳汝为林王氏　　高水村監生陳毓麟
高州化右营左部総司何监生梁華寔都察經歴梁啟勲陳朝瑞題橋村宋德成陳章甫　　茂邑监生吳天祥
翰林院林召棠監生梁達観按察司經歴梁岷山梁学山塘尾村謝朝祀林登策蔡李氏　　交芋村陳天章
吳川林詒燕梁子雲梁啓貞梁達德梁達蕪梁達經梁瑞成花桥埠高福来宝昌何黃氏　　大房村陳立德
吳川浣花溪鍾林邁坦村梁嘉槐梁嘉梅南薰村吳仔林吳汝舟林咸泰梅菉李鍾氏　　平步监生吳輝球
翰林院庶吉士陳蘭彬符処村符鶴齡經歴符鴻倬吳新村附貢閔啓勲李陳氏葉氏林氏　　知事吳安邦
黃坡村現署鶴山学陳市头村經歴梁拱璧梁拱南雲路村附生陳宗熙黃坡村陳李氏　　陳家林交行
署海康学副堂陳鄧益源廩生顏光国监生支大本国学卓俊卓德立瑚村例貢何夑然　　調羅监生黃中纯
按察司經歴陳嵩屏奉政第陳吳氏　品題村卓司馬第国学卓政炳陳石麒监生何如意　　沈塘怡和号
即補同知加五級陳光訦総埠陳駿與南头村国学陳良柱□水村国学陳樹槐陳嵩銘　　国学歐巨櫟
戶部郎中鄧祥恩調風市例貢黃中青彭其年彭其祥国学彭风岐彭风彰戰員鄭立綱内巷　　增生歐汝敵
黃坡村陳□森邁生村戰員陳烙陳希福西村国学蔡命胡宝□村州同張圣□以上艮乙元　　以上艮□元

同治四年重修天竺菴捐题碑文②

雷琼兵備道孫艮二元内外総兵艮一元徐邑前山村何詞樂艮三元横都村梁謝氏那屋庄黄幼平
琼州総鎮許艮三元軍营五品陳艮一元塘西庄何啟密艮三元□千梁献琦敦仁村文鑑淵
琼府正堂任艮一元昌化学汪艮一元青桐村例授分州吳運还署門印等勝敞村文發成边巷謝日居　二
琼縣正堂許艮一元海口守府何艮一元木棉庄譚景煥塘西庄布經何啟昌边坡村張世楷　睦堂　名
琼州遊府張艮二元徐闻縣正堂王艮一元南安村例貢符世承监生何啟煌附生張鎮南國学黄允□　不六百
琼州都阃府鄭艮一元徐闻右堂周艮一元英印村鄭楊氏（以上四名艮二元）何祥絢柳尾村国学譚思礼
琼州守府王艮一元徐闻学副堂艮中元頭堂村国学李硯峻何祥光何嘉芝溝西村符世玉
海口叅府梁艮一元徐闻营守府長艮一元錦囊城千総吳嘉猷何嘉麟何黄氏那楚村国学蘇景洵
海口分府張艮一元琼府中書吳儁那楚村蘇光亮那屋庄黄正鄉何嘉龍錦囊城吳隆盛号　以
海口城守滿艮一元吳曾氏海口許和豐号　以上四名艮一兩茅弥村譚陳氏譚王氏陳進利号　上
琼学正堂李艮二元候選訓導王子俊石門嶺监生鍾秉观新村李蔚霞李蔚翘陳茂隆号　捐
琼学右堂張艮一元海口允中号逢盛号例貢林標華林济川英印庄林成椿登仕郎林有喬　艮
朱公舘艮一元海口長豐号新怡隆号青桐村监生吳運轉順安庄黄卷雲子村葉元崇塘西何（王氏）　一
総口艮二元海口錦豐号常松亭江福隆附生吳克功海桃山陳国琨前山市林春鳳北坑楊莫氏　元
税舘邱輝山艮一元海口羅喜隆恭和号芝蘭村稟生鄧荣光和家村蔣紹興黄輝明楊何氏（艮中）元

同治四年重修天竺菴捐题碑文③

雷州府正堂朱捐印　賜進士符兆鵬拔籠井布政司王□海戢員官維国嶺東村葉延超華□村莫其□凖提菴　昌承各二
雷州糸府張捐印　拔元李韶繹　黎郭村莫書簡　官牛市国学生楊挺表柯成桐平與村戢員吳人騏　昌明不十乙
海縣正堂刘　观察第陳璘會国学生莫書雯　戢員陳瑞芝邦塘村李雲鵬田□侯林侯吳国相
雷州守府陳捐艮一元　以上艮一元布政司莫衢亨　平昌村附貢陳鴻逵　李銘恩禄馬村鄧有礼
右営守府羅捐不六百塘尾村監生許德進艮三元詹事府莫樹葉六一村王黃氏樂□村蔡李氏□伯村国学周居魯
左营分府鍾捐艮二元東山村修戢郎蔡大受附生莫書林翁継林王槐植洪富村監生洪瑢周家村州同朱霞　李陳氏
補府經歴張捐艮二元蔡朝舉每名艮四元塘尾村庠士鄺輔国題橋村宋啟祚　二名二元新家村分府郭克明宋蒙便
宝綸堂孫捐艮一元　監生蔡鳳四艮一两王嘉猷　前塘村李發祥　廪生謝瑞斗六村戢員周丕治花橋徐塘氏
孫総爺捐艮二元　国学蔡大卿艮一两陳維新　和家村附生符在庭乾利号周家村国学朱華籍陸堂村黃□
署海康縣張捐艮一元那平村監生陳金声監生林樾　南渡游学静墨坑村举人吳掄蘭大房村国学陳大命　梁廷璘
左營分府歐捐艮一元附貢陳巨倫白沙村監生洪仔醇水村例貢蔡国器灵界村戢員何繩書房糸村知事黃受天
青洞汛林捐艮一元　鶖感村戢員官沈悦来号蘇氏那宛村州同吳振鐸　金瑞泰　金永泰文堂村陳江三陳林氏
庠士陳宗瓛捐艮六元即用布政司官運笏附生符蘊润洵汶村国学黃瑛八鴕井廪生王宗炎增家村巡政張文錦
税舘捐艮四元　官黃氏艮三元廪生宋鴻猷　山美村監生曹有誠炉家村国学陳克仁坑尾村国学林居安
天全州吏目翁心安五艮两唐黃氏南薫村吳俊布政司符鴻翊　蔡恒王謝氏足荣村国学陳爾風　国学林有□每名捐
海頭汛楊捐艮一元　陶汶村黃陳氏吳成德以上艮二元　以上艮一两下田村黃南泰白院村監生李光前艮一元

同治四年重修天竺菴捐题碑文④

六一村王三有東井村楊醇謹北山蔡士超蔡士富陳李氏　恬神监生黄元剛增生郭□南　郑黄氏□
监生王德敬内巷村例貢歐汝煇陳家陳哲山陳鐵陳丕高　訓導黄允球平石监生郑守邦
南呉村戝員陳鈺庠士謝蘭錦坡例貢謝克城譚葛吳官氏　国学黄守爵訓導郑元均　睦堂黄之□
陳国鈞陳春延恬神欽加軍功黄文煥特浪符名荣鄭龍光周家国学周嘉瓚庠士郑邦聘尾坑国学林鴻□
陳纓采陳□杰周家周啓猷錦盤增貢陳籍玉苻江梁氏　上家僚林恒鄉黄畧照磨王秉樞東井增生楊鴻
陳嗣綱陳林氏上郎黄柏林按察司黄鎧鄧宁經吉仔樹鄭福临肇揽国学卓允臧王葉氏　下坑庠士何纘禹
科中書林嘉材洊逢芝教諭黄銓扶茂翁吳氏梁李氏　戝員卓日炯清井王鼎新王陳氏　庠士鄧士林
廩生林樌南渡附貢洊逢泽烏石厥博怌經歷鄧閈益山尾戝員林鍾芝后坑陳炳荣陳俊秀鶱感官蔡氏
符村国学宋鴻純鶱感戝員官運泰监生官惠卿陳郭氏　連村刘文渊冷水坑庠士梁廷春陳世成官吳氏
后郭村增貢鄭丕烈平原监生黄夢貴增生顏冠英鄭梁氏　陳洸汶陳允中梁秀麟永昌号邁坦梁妃述
监生鄭尚志平余莫其昞陳家訓導陳昌遠潮溪陳林氏　南田陳和協陳順利流霞露葉增輝葉龍泉何董氏
淘汶村庠士黄文国賀嘉祉陳延球經歷吳应昌陳吳氏　附貢何泳桂□井国学吳巺仁灵呉监生何縄禹何陳氏
黄璋黄鍾氏官村庠士柯夢瑚柯夢雲附貢吳掄元以上　以上木八百堰头国学鍾毓智平步知事吳观賓
南巺王义隆東園庠士黄甘□附貢黄中正陳鄧氏艮乙　附貢胡振光恩貢周文傑英荳林發祥以上木
高林监生陳金南河头村戝員鄭章翰横山□古□中元　廩生何士賢大房陳龍章陳立樑陳立棟六□

同治四年重修天竺菴捐題碑文⑤

遂溪縣正堂□　增貢生□曾　三盆村□□□　東山嶺仔村庠士生王銘玥南山村監生吳上□符尾村知事吳紹稷□□村戰員梁濟　澎調羅村戰員陳光裕何子□
遂溪縣右營李　朱怡豐　三盆村沈□達　实□村州同陳思成　霞山村監生黃全明　例貢吳紹程吳仁傑高山村廩生高振鏞　廩生梁亶国学陳毓球　陳□□
遂溪城守葉　歐義盛　廩生黃文錦　陳敬思　陳敬讓　監生黃廷煥　黃綬　国学吳聯英吳振煜戰員高振璠高振煥　冷水坑梁維綱　調川村陳兆榮
東山營守府梁　歐萬春堂　□村州同周之紳　增生陳敬恕　例貢黃廷□黃金富　吳振英吳清和本立村国学陳鴻潤　湾川国学陳偉观　柯成貴
東山營分府梁　教戰梁禺□　平石監生鄭龍光　北座村曹日昀　官田村国学周立義　新村庠士林定国　陳昌实　宜尔堂周　信善陳毓琳　李芳茂　江宜安
東山營総司梁　監生梁有明　例貢鄭邦選　曹日昱　曹乃謙　国学周明廣周錫□　庠士林文進国学林如棠芦山村優貢洪啟元　經歷陳子韶　黃廷選恩敬堂黃
東山營分府陳　監生張廣源　黃□村王式燕　鋪仔村梁陳氏　卜莫村林毓璜戰員林鴻憲新墟廣利号吉昌号布經洪毓璨　以上每名捐不八百文　曾二婥
以上每名捐艮一元　監生殷德光　王謝氏　梁佩美梁大婥　蘇二村千総黃思增　育成号連昌号　附貢洪毓琛洪榮光　实榮村国学陳賓献　吳甘氏
東海龍好村李　陸帝祐　草洋武庠熊培新　城月市羅仁貝當　千総黃思海　黃暢然經歷周恒昌周協和監生洪泰豫洪毓堪　潭畔村洪錫類　雷州口门房
吳氏男李秀山　陳其昌　邁龍黃道本　調川村陳星鏡　例貢黃思濃　黃俊卿□□昌黃陳氏　監生洪毓琮洪居易　舉人黃飛熊仙村国学　徐廷琛
二名捐艮九錠　陳　超　邁合戰員金作琳　貢生陳星鋒　国学黃思添　黃鴻才湖光村廩生彭文謨監生洪筹　以上三名捐不七百文　鄧林
調邏村陳□□捐艮十三元　鄭怡隆　訓導金□□　田体村職員梁天保　黃希廉　黃鴻　国学彭□彭玉棟　花村林毓英林昌嶧　北月村增生陳鴻逵　李陳氏
北月村戰員陳經修　赤坎塩埠洪　坑灶監生黃昌臣　国学梁天桂梁天本　五里村阮慶盛阮毓瓚彭清志邁圩陳四來塘边村国学吳日貞　陳定遠平衡村黃乾元　陳李氏
□山村監生洪毓琇　永裕隆　賔高監生梁川梁尊玉　梁賢元　国学阮光槐阮北麟湖边村例貢彭亦臨溫处村黃聯□　新坡村張金利黎郭村　莫桐氏
暢□村戰員陳友情　兩順號　梁修齊　調豐村程鵬萬程鵬舉臨海村国学王国秀庠士彭宏基彭亦齡溪头村総司吳廷超　暢侃村国学陳洪培　莫小姐
調豐村經歷程学汾　永全號　州同梁香　程鄭氏洪符氏　国学孫志益孫文安国学彭王振彭得名国学吳□修　鰲夾嶺洪楚材　下河陸史氏
以上每名捐艮二元　歐　氏　戰員梁蘭　監生楊敏明程宇光　王□洪塘北村陳天輝旧縣村例貢彭樹德平衡村生員黃炳星　木蘭村陳国詒黃永□　黃大婥
潭畔村監生洪良訓　調坦村蕭应珠　邁泗村彭錫綬庠士程德□　鹿渚村例貢謝啟珩李雲梯国学彭春農　卜札村張慶臻以上每名　登仕郎陳開緒以上十　以上十
臨海村王国南　山尾村庠士李天培　生員符廷献　暢侃村例貢陳友德調羅村監生陳德耀宝滿村例貢梁昌国平樂村武生黃金臺捐艮　湖边村彭宏文一名捐　九名捐
以上每名捐艮一兩暢□村陳合裕以上每名捐艮一元　陳友澧陳□光　木蘭村陳国光　梁承錦梁陳氏　東霞村黃継馨黃陳氏一元　平衡村黃維慶不六百　不四百

撥田碑

立撥香燈田人蘇楼巷陳李氏為女子陳十八陳維盛
两位姑嫜身故魂無所歸與天竺奄住姑商量永遠奉
祀撥出六都□畐□九甲戶首陳世㒰北□洋䖝田叁
□每年收租壹石貳斗載民米叁升交與天竺奄管批
納糧以為香燈清明各費永垂不朽十八維盛嫜卒□丑月廿七
□□□□□壹坵東西南俱至田陸斗北至田壹石
光緒十一年八月吉日立

天竺菴長生祿位記

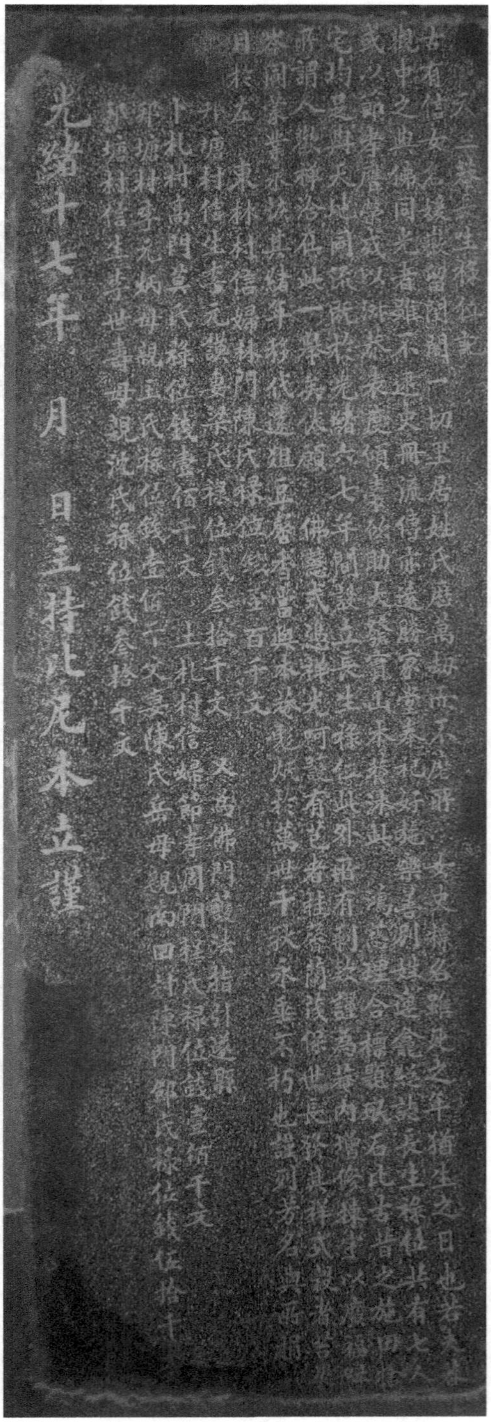

古有信女名媛徽留閨閣一切里居姓氏歷萬刧而不磨所　女史標名雖死之年猶生之日也若夫菴觀中之與佛同光者雖不逮史册流傳亦遠勝家堂奉祀好施樂善别姓連龕総誌長生祿位共有七人或以節孝膺榮成以淑恭表度傾囊佽助大發寶山本菴沐此　鴻慈理合標題珉石比古昔之施田捨宅均足與天地同流既於光緒六七年間設立長生祿位此外所有剩欵謹為菴内增修棟宇以廣福緣所謂人歡禅洽在此一舉矣伏願　佛慧式憑禅光呵護有芭者桂馨蘭茂保世長發其祥式穀者苔異岑同蒙業永恢其緒年移代遠俎豆馨香當與本菴彪炳於萬世千秋永垂不朽也謹列芳名與所捐目於左　東林村信婦林門陳氏禄位錢壹百千文

邦塘村信生李元謨妻梁氏禄位錢叁拾千文　又為佛門護法指引遂縣

卜札村高門莫氏祿位錢壹佰千文　土札村信婦節孝周門程氏禄位錢壹佰千文

邦塘村李元炳母親王氏祿位錢壹佰千文妻陳氏岳母親南田村陳門鄧氏祿位錢伍拾千文

邦塘村信生李世壽母親沈氏祿位錢叁拾千文

光緒十七年　月　日主持比尼本立謹

重修天竺菴碑記

我雷之有天竺菴蓋創自明嘉靖元年矣菴堂原有二進産業無幾歷來主持者皆甚艱□越至道光咸豐年間菴主　廣和年老無徒修書往遂溪蓮花菴延請尼□事奉香燈適我母子三人由石城三角山村李家出家在蓮花菴與師商量師即讓我母子三人同來天竺皈依　廣和為師我母時年四十道號續蓮我時年九歲道號　本立我妹時年五歲道號　本深母子三人耐苦修行事師敬　佛無一不專心致志不意我母自接主持之任至同治二年慘被風潮沖崩菴室浸壞　佛像斯時　佛無遮□之所人無托足之區三四五年至六七八年　本立不得已乃同母披星戴月忍餓抵寒遠往高廉雷瓊□求富家捐助銀両復造菴堂三進並買地加造两傍餘屋開光諸　佛寶像增置産業至我母仙遊以後

本立又將一己所作功德之錢積少成多加買田産新造大錫五事一付費金一百元廳中金字扁額一幅並對二聯費錢六十千棹椅器具無物不臻美备菴中景象至此差慰我心矣我之一身復造菴堂以並重修約有四次雕刻　佛像以並開光亦有五回需費浩繁雖獲檀樾好施寔賴　菩薩默佑猶願後之主持者誠心奉　佛將我所置之産業而擴充之□我所厚望也勒之貞珉以垂不朽云

計開本立主持時所□之田于后

一□……

一□……

□……

光緒二十六年歲次庚子季秋吉日主持師本立

（碑末記錄田土三列文字被人為破壞，難以辨識）

西湖公園

雷州十賢祠記并重建緣起

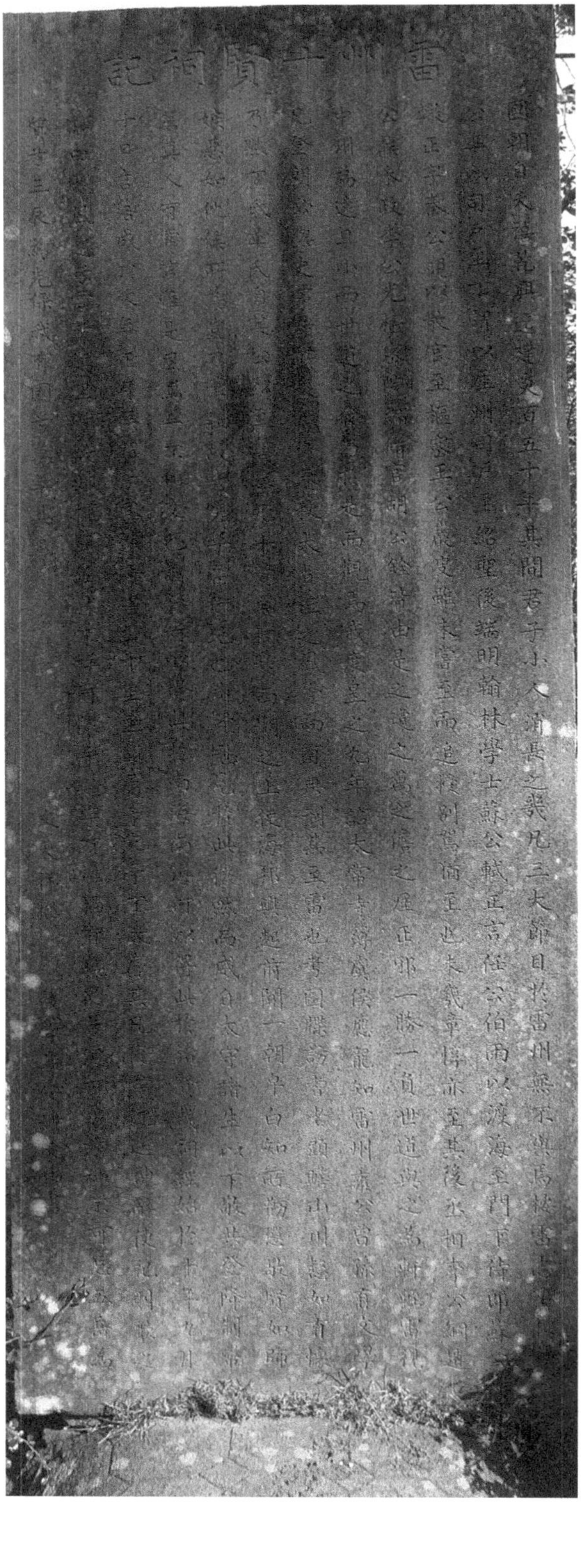

國朝自天禧乾興迄建炎百五十年其間君子小人消長之幾凡三大節目於雷州無不與焉桉雷志丞相寇公準以司戶至丁謂以厓州司戶至紹聖後端明翰林學士蘇公軾正言任公伯雨以渡海至門下侍郎蘇公轍正字秦公觀以散官至樞密王公巖叟雖未嘗至而追授別駕猶至也未幾章惇亦至其後丞相李公綱趙公鼎叅政李公光樞密院編脩官胡公銓皆由是之瓊之萬之儋之厓正邪一勝一負世道與之為軒輊雷視中州為遠且小而世道之會乃於是而觀焉我度皇之九年詔太常寺簿虞侯應龍知雷州雍公曾孫有文學凡登朝必與史事諸所衮鉞得春秋大旨植之風聲尚有典刑其至雷也考圖牒訪耆老顧瞻山川怒如有懷乃黜丁氏章氏自萊公以至澹菴凡十賢為祠於西湖之上使海邦興起前聞一朝卑白知所勸懲敬賢如師嫉惡如仇侯所為豈刀筆細故哉嗟乎雷何地也諸賢冠冕於此儼然而威自太守諸生以下敬共登降制幣薦奠人有常言惟是風馬牛不相及也諸賢何以得此於南海南海何以得此於諸賢哉祠經始於十年九月十日吉落成於次年正月侯謂予同館走書數千里至贛屬予記予不敏序其凡復為迎送神辭使祀則歌之辭曰颷風起兮雲黃萬里兮故鄉桃茢兮祓不祥何懷乎斯宇兮惟獨有此衆芳海可竭兮神不可忘五岳為質兮三辰為光保我有國兮萬年其昌

文天祥撰　　後學歸安姚文田書

嘉慶九年夏六月司臬粵東訪雷州卤湖上之所謂十賢祠者已久廢爰作書謀諸權雷守山陰宗君聖垣議於雷陽書院擇地建十賢堂因出家藏文山先生所為祠記屬學使者姚君書之既泐石矣會堂成旵十二月既望宗君奉十賢栗主入祠曰歸石於祠陷諸壁并誌重建緣起如此淮海裔孫無錫秦瀛謹跋

（該碑有帶跋版本，但原碑已遺失，僅存照片，正文内容相同，現將跋文附上，以供參考）

游羅湖賦

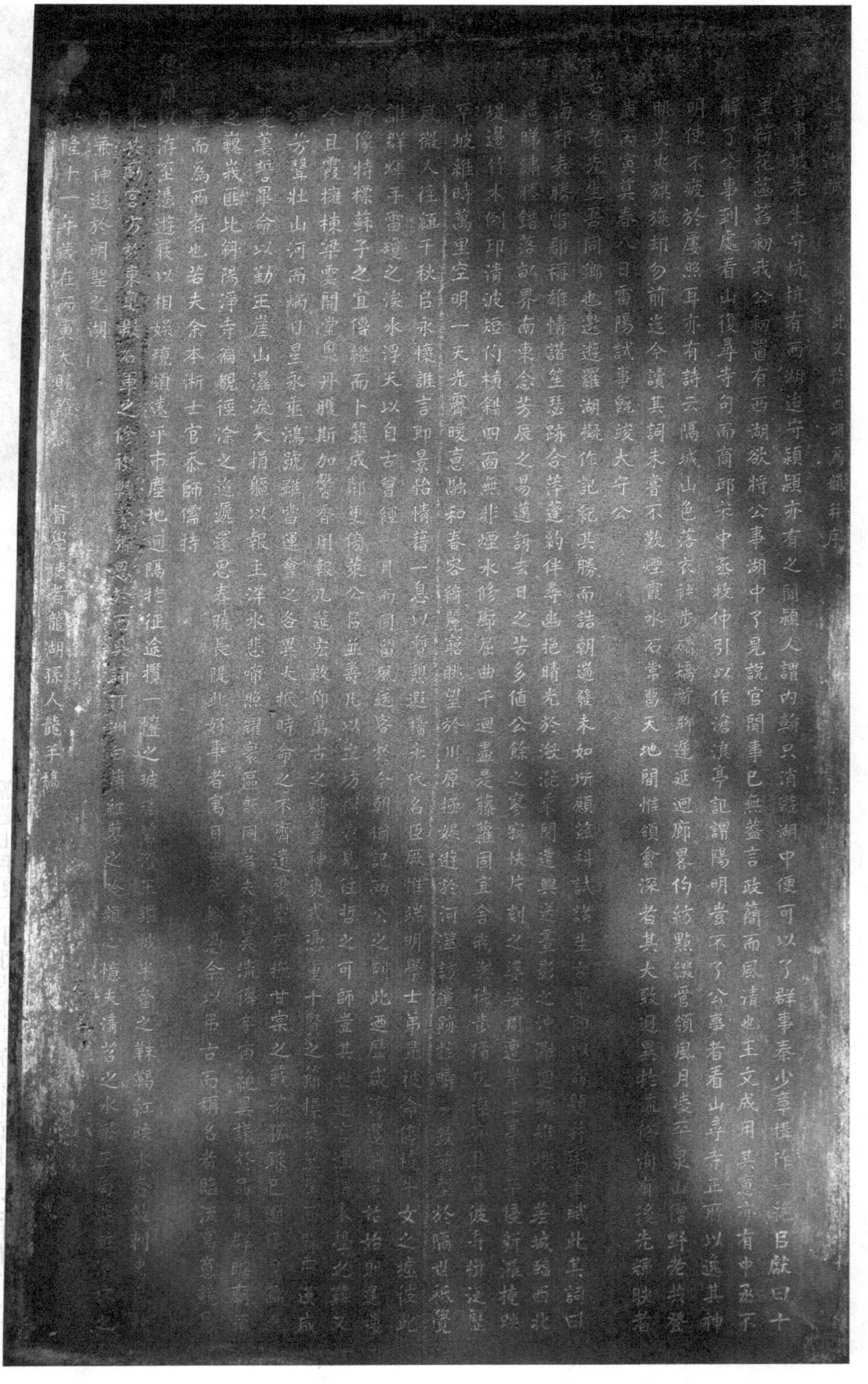

遊羅湖賦 以東坡憩此又號西湖為韻拜序

昔東坡先生守杭杭有西湖迨守潁潁亦有之聞潁人謂內翰只消遊湖中便可以了群事秦少章搆作一絶㠯獻曰十里荷花菡萏初我公初置有西湖欲將公事湖中了見說官閒事已無葢言政簡而風清也王文成用其意亦有中丞不解了公事到處看山復尋寺句而商邱宋中丞牧仲引以作滄浪亭記謂陽明豈不了公事者看山尋寺正所以逸其神明使不疲於屢照耳亦有詩云隔城山色落衣袂步碕矯首聊遲延迴廊畧彴紡點綴晋領風月凌平泉山僧野老共登眺央央旗旐却勿前迄今讀其詞未嘗不歎煙霞水石常畱天地間惟領會深者其大致迴異扵流俗洵有後先輝映者

歲丙寅莫春八日雷陽試事既竣大守公

若谷老先生吾同鄉也邀遊羅湖擬作記紀其勝而詰朝遄發未如所願茲科試諸生古學即以命題并率筆賦此其詞曰

海邦表勝雷郡稱雄情諧笙瑟跡合萍蓬約伴尋幽挹晴光於瀲灩乘閒遣興送畫影之沖瀜迴瞻雉堞參差城臨西北遙睇繡塍錯落畆界南東念芳辰之易邁訝去日之苦多值公餘之寥寂快片刻之婆娑周遭岸上亭臺平侵新漲掩映堤邊竹木倒印清波短彴橫斜四面無非煙水修廊屈曲千迴盡是藤蘿固宜舍我輿徒步循仄徑亦且駕彼舟楫泛歷平坡維時萬里空明一天光霽暖意融和春容綺麗窮眺望於川原極娛遊於河澨訪遺跡扵疇　欽前型於隔世祗覺風微人往緬千秋㠯永懷誰言即景怡情藉一息以暫憩遐稽宋代名臣厥惟端明學士弟昆被命停橈牛女之墟彼此誰群輝手雷瓊之涘水浮天以自古曾經一月而同留風送客於今朝猶記兩公之到此迺歷咸淳還遡景祐始則建樓繪像特標蘇子之宜傳繼而卜築成鄰更傍萊公㠯並壽凡以立坊樹表見往哲之可師豈其世遠言湮謂來學之難又今且霞擁棟梁雲開堂奧丹雘斯加馨香用報几筵宏啟仰萬古之精靈神爽式憑重十賢之節操乘箕尾而歸西漢咸頌芳聲壯山河而炳日星永垂鴻號雖當運會之各異大抵時命之不齊遺愛空存撫甘棠之蔽芾孤踪已逝傷貝錦之斐萋誓畢命以勤王崖山濕淚矢捐軀以報主洋水悲啼照耀寰區既同著夫懿美流傳宇宙絶異議於品題群瞻廟貎之巍峩匪比斜陽淨寺徧覩徑涂之迢遞還思春曉長隄此好事者寓目興懷輙憑今以弔古而稱名者臨流寫意競易羅而為西者也若夫余本浙士官忝師儒持

使節以洊至憑遊屐以相娛境頗遠乎市塵地迴隔扵征途攬一嶝之玻璃碧澄玉鑑披半奩之鞢鞨紅映水壺效刺史㠯飲泉共勵官方於東粵擬右軍之修禊轉縈鄉思於西吳誦丁洲白蘋紅蓼之吟頻心憶夫清苕之水歌玉局淡粧濃抹之句兼神遊於明聖之湖

乾隆十一年歲在丙寅天貺節　　督學使者龍湖孫人龍手稿

（該碑方誌中有收録，文字略有不同，可相參酌）

海康義學記

漢阡邡令勸課椽史弟子悉令就學其有通明經術者顯之右署義學之名始彰後世治不古若義
學有廢有興余來撫是邦首邑伍令来謁即諄諄以興學為請余曰此固吾之素志也況
聖天子加意學校庶共勉之郡城中有雷陽書院先即舊加新規制咸備因訪海邑義學舊址無存公餘
之暇同伍令步城外之西湖躋　十賢祠見其基址曠衍因左右躧覩葢發源於麻囊拖於英靈始
入於羅湖百雉旁列雙塔前拱擎雷諸峰葱翠而環衛珠海眾賴𧆑瀁而復迴一島有一島之奇一
潭有一潭之勝真送目之不暇洗耳之可悅且泉溜石橋下透明月一片其殆合州之靈境也乎是
宜於祠前構義學以爲造士之區伍令韙焉邑有明經郭生用芳慕學有志義勇必爲即慨然捐資
獨任其事故其材不賦而羡匠不發而多凡講藝之堂栖士之舍無不具足其經始及落成之本末
總爲若干日并新　十賢舊祠何其周且速也歲丁卯余適有調南雄之
命海邑諸生咸請余記之余惟立人之道曰仁與義孔子曰近義喻義徙義孟子曰集義取義由義葢仁
之用即義之當精義之方即求仁之本諸生豈可徒事乎尋章摘句此日陳義以種之异時行義㠯
達之無負乎設學命名之意而教化可㠯漸深也夫教化所以善風俗必久而後至於善漢治近古
吏皆久於其職故楊仁得以大興義學廣宣教化今伍君令海邑已八載矣或者其庶幾焉伍君名
斯琳江西新建舉人
中憲大夫知雷州府事紀録三次黄錚
乾隆十二年歲次丁卯中秋節穀旦

奉天誥命碑

奉
天承運
皇帝制曰考績疏庸錫類重推恩之典
加二級令補翰林院編修陳昌齊之父世
令緒茲以覃恩封爾為奉政大夫右春坊右中允加二級
榮天休弗替
制曰官學方成讀父書而繼世
編修陳昌齊之母

奉
天承運
皇帝制曰考績疏庸錫類重推恩之典服官資敬流根標式穀之功爾歲貢生陳何書乃原任詹事府右春坊右中允加二級今補翰林院編修陳昌齊之父世擅倩門代傳素業家風淳厚誕垂弓冶之良模庭訓方嚴式啟詩書之令緒茲以覃恩封爾為奉政大夫右春坊右中允加二級錫之誥命於戲薄籯金而示誨世澤常延錫鞶帶以加榮天休弗替
制曰宦學方成讀父書而繼業愛勞交備稟母訓以揚名爾柯氏乃原任詹事府右春坊右中允加二級今補翰林院編修陳昌齊之母克樹芳型尤多慈教著承筐之雅範早知率禮無僭寓徙宅之深心果見克家有子茲以覃恩贈爾為宜人於戲彤毫灑潤爰推顧復之恩彩翟流芳永荷龍光之典
制曰家法嚴明先重趋庭之教壼儀純備尤嘉晝荻之功爾王氏乃原任詹事府右春坊右中允加二級今補翰林院編修陳昌齊之繼母稟聞懿訓作配名宗殫育子之劬勞恩同毛裏篤因心之慈愛道在均平茲以覃恩封爾為宜人於戲灑中天之嘉渥慶澤宏敷播内則之芳蕤惠風肆好
乾隆五十年正月初一日
在籍守制兵科給事中臣陳昌齊恭繕
（該碑從中間斷開，右半塊寬43厘米，高228厘米；左半塊寬45厘米，高228厘米，現存雷州市西湖公園）

翁氏兄弟樂善碑

世之好善樂施者多矣未有一門之内兄弟若出一心者或同居共捐多金而兄弟分題其名即異居而兄弟各捐金於一事者又有之矣未有一慨助於衆力已集之後事将成而幾幾乎不能成而使之不日觀成一慨助於衆力未集之先事欲其成而斷斷乎不易成而使之有志竟成噫其功大其人奇矣余宰南合興復濬元書院工将竣貲竭無能為力得職員翁誠煥者慨然身任捐番銀四百圓院免一簣之虧余後復欲改建十賢祠宇志固殷無貲不能集事又得附貢翁誠貫者捐銀四百圓為之縁首誠煥亦捐銀壹百圓而衆人始聞聲響應斯二役也非此两人功無有成理此两人固同懐而各持門户者也其他勿具論即此好善樂施之一事其心已可槩見矣夫星聯璧合天之瑞也雙歧两頴地之靈也難兄難弟而並生於一門人之傑也楚語曰惟善以為寳誠煥兄弟不誠可與天之瑞地之靈共稱寳於一時乎且又聞積善之家必有餘慶其亦将錫餘於後人競秀儒林與書院祠宇竝峙於海邦而不替余嘉其功之大而因以識其人之奇也是為記

嘉慶己夘莫春中澣

連城謝邦基撰并書

海康濬元書院膏火碑

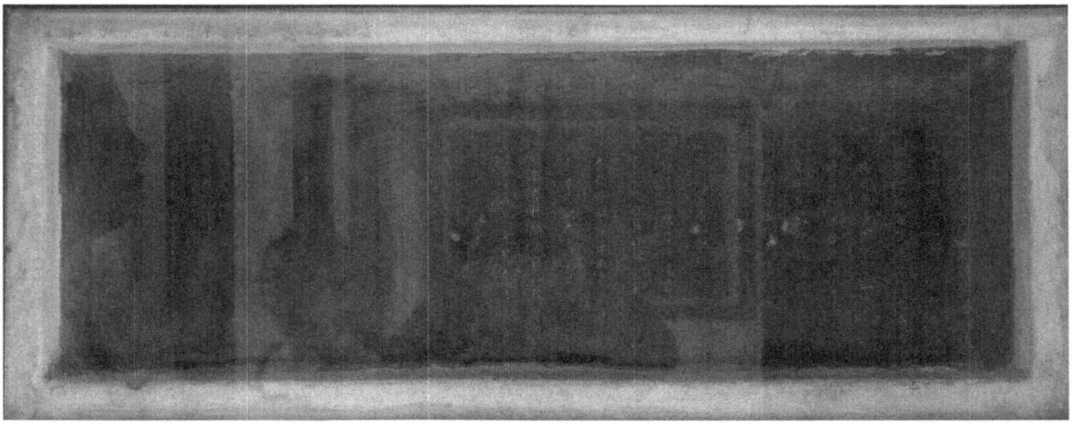

為諭知事照得上下交孚人情不甚相遠官民兩洽此理同是一心余以菲材暫膺民社深慙教養之無方敢謂撫循之有序且時僅三月為日無多即不染一塵何足為恠縱令稍有懲創偶合輿情未必剖決是非皆愜人意今日交卸起程猥蒙闔邑諸生拜登牌額酒醴贐我夫價程儀真乃不虞之譽殊增非分之慙卻之恐無以養地方忠厚之風受之實有以貽宦途浮薄之誚情既虞乎兩難理必求於一是辱承厚貺毋用矯廉除拜登牌額酒醴酌留夫價肆拾圓其餘贐儀壹佰圓移送本縣歲典生息由書院司事取息湊作諸生膏火之需不為納交於士林亦非要譽於閭里竊以廉泉可鑒同懷冰潔之操從茲文運宏開共誌玉成之美特諭

陳公名詮號秋岩楚北江夏人以軍功官粵東九峯巡檢獲盜升遂溪縣丞道光五年代理我海康縣事五月涖任八月交卸其間僅三月餘耳積案一清民情稱快時以轉餉奉調去之日闔邑士庶醵金制額爭餽贐焉　公酌取之餘付書院膏火既不拂其情而更溥其惠益信我　公之明敏廉能凡所以教養斯民者皆出於至情至性非矯偽者之能企及萬一也謹勒其諭於石以垂不朽

海康縣闔邑紳士袁元黼等暨書院生童莊汝廉等謹識并書石

濬元書院復買大要田碑

書院乃一邑養士之地科資亦三年賔興之典我濬元自　謝主建立未有變更未有增置者也原置田畆土名帖尝每年租錢六……

收租不足司事呈禀　陳縣主批准变價另置於道光五年变得銅錢八百六十千文生息一年除原租外尚剩息錢四十千文並原……

七年置四田壹拾八石弍斗價錢壹千弍百叁拾千又納印契税錢柒拾千文除原存田價外尚欠錢肆百千文蒙

邑侯徐太爺名汝述有栽培之意加增置之恩捐俸錢肆百千文以填足田價誠足養士於一邑歷賜賔興於三年者也□食其德者自當不忘……

夂遠俾合邑士子咸觸目而記於心焉　其田載民米壹石五斗零四合四則官米弍升四合每年批現租銭柒拾柒千文

土名四至税畆坵段開列於后　一土名坐落大要下田村前晚田壹坵乙石弍斗東至黄南至溝西北至陳　又早田壹坵六斗東至……

□溝　又晚田壹坵伍斗東西北至陳南至溝　又晚田壹坵玖斗南北至溝東西至陳　又晚田壹坵捌斗東至莫南至顔西北至陳　乙土……

前晚田叁坵相連共伍石捌斗東至陳北至溝西至莫南至顔　又晚田壹坵玖斗東至黄南至顔西北至溝　又晚田弍坵相連乙石伍斗南……

至李北至黄　又晚田乙坵六斗東北至莫南至顔西至陳　乙土名坐落后坑早田乙坵捌斗東至李南至黄北至顔西至溝　又早田叁……

斗東至黄南北至神田西至顔並溝　又早田乙坵九斗東西至溝北至顔南至神田　又晚田乙坵乙石六斗東北至黄南至翁西至溝……

道　光　十　年　夏　閏　四　月　中　浣　吉……

官氏施田碑

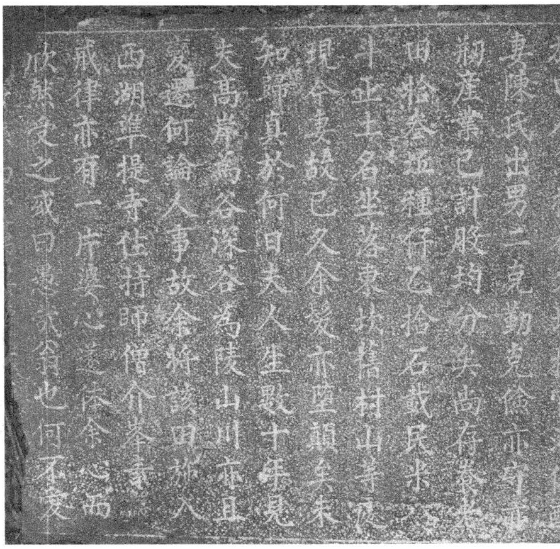
官氏施田碑
施田人爲德社東坎村官鴻儀[illegible]
妻陳氏出男二克勤克儉亦[illegible]
翻産業已計股均分矣尚存養老
田拾叁坵種仔乙拾石載民米[illegible]
斗正土名坐落東坎[illegible]村山寺[illegible]
現今妻故已久余髮亦垩顛矣未
知歸真於何日夫人生數十年見
夫高岸爲谷深谷爲陵山川亦且
變遷何論人事故余將該田施入
西湖菩提寺住持師僧介峯[illegible]
戒律亦有一片婆心[illegible]余心[illegible]
欣然受之或曰愚哉翁也何不愛

此[illegible]子[illegible]田[illegible]施入
寺[illegible]佃仍余子若孫[illegible]之每年現
租錢拾叁千文於二月十五內繳
寺以爲納粮並侍奉余與妻神主
香燈忌日之費倘租無欠惧不得
加租改佃是施之之中即寓守之
之法後有萬年寺在則田在余子
若孫之佃此田亦無不在余與妻
得長依佛門入三摩之地明五蘊
之空不在或如在也如是謂余爲
愛子若孫乎抑不愛子若孫乎或
愚或智必有能辨之者或人默然
而退因書而刻石於壁以垂久遠
施主官鴻儀自記
計開土名坵段四至于左
一土名坐落東坎得村山脫田八坵相
連種仔七石二斗東北至坎西至陳
南至官
一土名[illegible]坑口叁坵相連共乙
石四斗西南至溝東至[illegible]北至官
一土名坐落東坎村前脫田二坵種仔
乙石二斗[illegible]至俱官
一土名坐落東坎村前脫田乙坵種仔
二斗西北至溝東南至官
[illegible]修寺空[illegible]此田不得變賣
道光廿八年二月十五日官鴻儀立

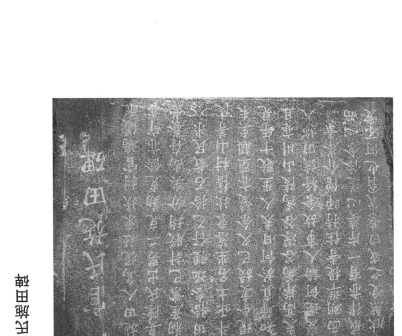

施田人烏攬社東坎村官鴻儀配妻陳氏出男二克勤克儉亦守亦剏產業已計股均分矣尚存養老田拾叁坵種仔乙拾石載民米八斗正土名坐落東坎舊村山莑處現今妻故已久余髪亦墮顛矣未知歸真於何日夫人生數十年見夫高岸為谷深谷為陵山川亦且變遷何論人事故余將該田施入西湖準提寺住持師僧介峯素嚴戒律亦有一片婆心遂体余心而欣然受之或曰愚哉翁也何不愛子若孫而爱佛與僧乎不知余為此舉正爱子若孫也其田雖施入寺承佃仍余子若孫議乞每年現租錢拾叁千文於二月十五內繳清以為納粮並侍奉余與妻神主香燈忌日之費倘租無欠悮不得加租改佃是施之之中即寓守之之法後有萬年寺在則田在余子若孫之佃此田亦無不在余與妻得長依佛門入三摩之地明五蘊之空不在或如在也如是謂余為爱子若孫乎抑不爱子若孫乎或愚或智必有能辨之者或人默然而退因書而刻石於壁以垂久遠

施主官鴻儀自記

計開土名坵段四至于左

一土名坐落東坎舊村山晚田八坵相連種仔七石二斗東北至坎西至陳南至官

一土名魚橋黌地坑田叁坵相連共乙石四斗西南至溪東至扶北至官

一土名坐落東坎村前晚田二坵種仔乙石二斗四至俱官

一土名坐落東坎村前晚田乙坵種仔二斗西北至溝東南至官

或逢修寺空費此田不得變賣

道光十八年二月十五日官鴻儀立

陳氏女碑

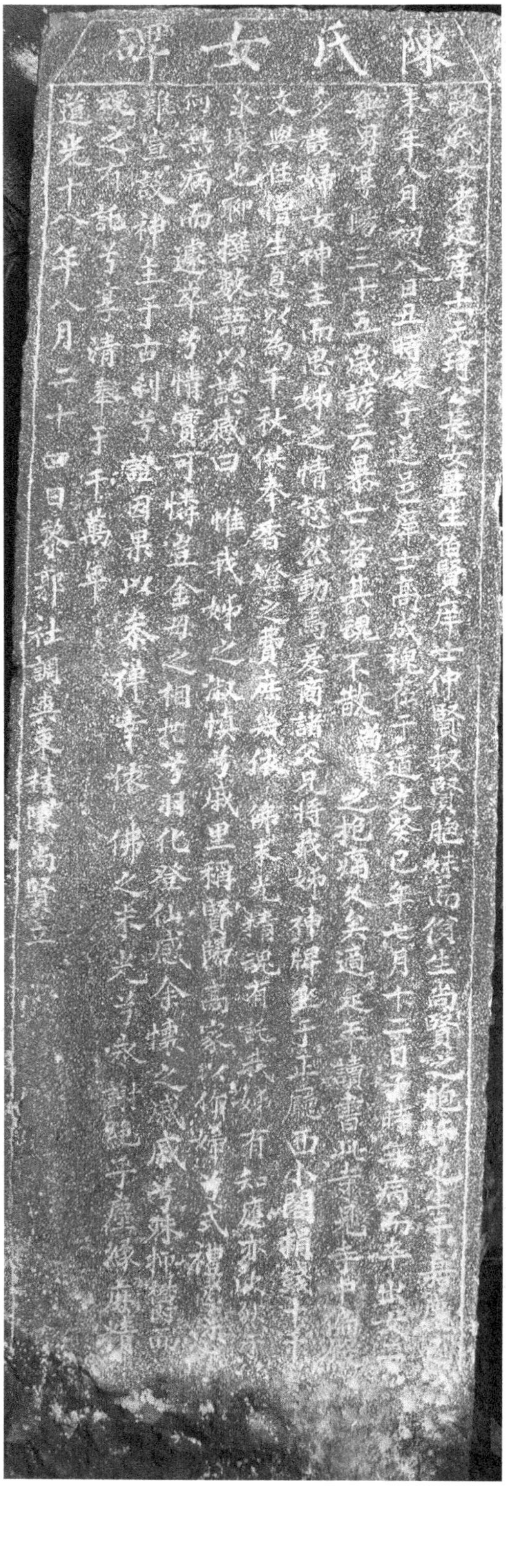

陳氏女者遒庠士元琦公長女監生伯賢庠士仲賢叔賢胞妹而俏生尚賢之胞姊也生于嘉慶己未年八月初八日丑時嫁于遂邑庠士高成槐在于道光癸巳年七月十二日子時無病而卒出女二無男享陽三十五歲諺云暴亡者其魂不散尚賢之抱痛久矣適是年讀書此寺見寺中偏殿多設婦女神主而思姊之情愻然動焉爰商諸父兄將我姊神牌坐于正廳西小閣捐錢十千文與住僧生息以為千秋供奉香燈之費庶幾依　佛末光精魂有託我姊有知應亦欣然于泉壤也聊撰數語以誌感曰　惟我姊之淑慎兮戚里稱賢歸高家以作婦兮式禮罔愆何無病而遽卒兮情實可憐豈金母之相揩兮羽化登仙感余懷之戚戚兮殊抑鬱而難宣設神主于古刹兮證因果以忝禅幸依　佛之末光兮永謝絕乎塵緣庶精魂之有託兮享清奉于千萬年

道光十八年八月二十四日黎郭社調爽東村陳尚賢立

西門夫人宫

乙未仲秋碑

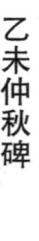

神威赫奕千秋肅祀典之虔廟貌巍峨百世仰宏
規之重恭唯
天后聖母靈能護國非徒小補之功德足庇民匪伊
一人之績為闔山之保障作海國之津梁吾方
建廟通衢春秋血食凡以奠居土之寧止亦以
昭行路之福星固宜朱宮煥彩常壯南嶺之州
詎可粉堊凝霞乍沒西陵之草邇来風雨淩侵
棟宇朽蝕聞者動瓦解之念見者抱巖牆之憂
中衆等虔心改造立愿重興特以長廊春雨非
一木之可成燕寢清香賴十方之協力雖桑梓
之同切歎聚沙之為難念唯往來　君子縉紳
先生好善勸施捐資樂貢将寸絲寸粒自可積
致神倉片瓦片木于焉合成大厦俾美輪美奐
飛虬棟而舞盤螭鳥革翬飛駕虹梁而洩文杏
神歡人悅瑞應祥徵仰冀同心受茲介福

信生梁光斗謹序

行規各項鐫列

葛布行規錢四拾玖千壹百文（棉花各項在內）
店行規錢叁拾千零貳百四拾文
早街行規錢捌千四百四拾五文
榔舖行規錢陸千壹百陸拾文
大鑼一對出息錢貳拾陸千五百文
紗燈一對出息錢壹拾陸千柒百文
執事出息錢陸百陸拾四文

友仁赤子喜助香燈錢柒千文
首二班赤子喜助香燈銀伍員
輔仁赤子喜助香燈銀伍拾員

乙未仲秋首事

陳志魁
蕭文達　梁光國　蘇王義
李聯攀　何其明　何賢魁
陳燦中　梁必煥　白純圭
江濱彩　朱成繡　林永旺
呂聚豐　何俊昌　陳國玉

輔仁赤子銀壹百員　吳　周銀捌員　梁必焕銀肆員
其昌赤子銀貳拾員　林義安銀柒員　陳志魁銀肆員
盧振國銀壹拾肆員　李聯攀銀陸員　蕭同興銀叁員
輔德赤子錢捌千文　李開朝銀肆員　許朝端銀叁員
首二班赤子銀拾員　顏廷芳銀肆員　陳齊篪銀叁員
首三班赤子銀拾員　蔡撫遠銀肆員　呂聚豐錢壹千

紳士

舉人鄧鼎誌銀貳拾員　禮樂赤子銀叁員　何俊昌銀壹員半
州同唐履中銀貳員半　梁懷信銀貳員半　鄧纘周錢壹千文
信官陳天瑞銀貳員　陳回元　鄧允孚　戚清利錢伍百文
貢生郭廷瓚銀肆員　鄭大和　梁懷豐　宋中琦錢叁百十六
貢生吳元傑銀叁員　江濱彩　林厚德　姚浩合　何其英
貢生吳　芳銀貳員　蕭福臨　林錦章　林□盛
塩商廖　昌銀貳員　陳兆鶴　黃鳳瑞　銀各半員
生員鄧元藩銀拾員　朱廣遂　陳萬盛　陳大錫錢四百文
生員陳宗姚銀壹員　歐家琮　鄧大猷　鄧朝岳　莫應賢
監生陳燦中銀貳拾員　蕭而清　銀各貳員　各錢貳百

粵海關　陳高　植吾堂　張星五　胡璉　屈廷玉
潘　洽銀肆員　劉昂　龍禹章　李茂華　邊定　闞弘顯
甄和喜銀貳員　馬榮　高娥山　銀各壹員　銀各半員

羊城藥材行

潘泰昌銀肆員　闞萬隆　胡飬盛　廣寧堂　東昌號
福寧堂銀叁員　程調昌　李萬壽　程泰隆　何合源
潘應利　萬寧堂　余德利　羅萬和　陳裕昌　李芳號

潘盛合　劉玉號　羅萬鎮　俱各　羅萬盛　潘廣安
何保濟　吳光裕　黃華號　貳員　李怡利　陳恩盛
周四源　羅萬順　同寧堂　李合和　闞逢源
潘廣利銀壹員半　萬生銀半員　銀各壹員
周瑞興　余文忠　楊青裔　溫明星　洪江海　常有志
嚴悅來　何其明　何勝德　鄭紹科　梁元合　源元號
黃昌泰　歐家瑛　吳聯第　何義生　李國用　各錢
宋朝合　白純圭　陳鎮傑　余登甲　陸會昌　貳百

廣府　郡

王朝璽　林連英　梁寶来　各錢　洪如進　吳三扶百二
李修蓁　何廣豐　李秀鳳　肆百　金孔燦　陳子成
李　珧　蘇王義　李日進　蕭　泰　歐文興　金孔玉
鄒福文　詹德善　朱成亮　洪江漢　黃延偉　黎天順

福建　内

邱定昌　李俊貴　朱弘壽　洪學渭　洪如新　王　德
滸奉南　宋國乾　曾世明　黃　申　何光登　李　清
潮州　陳乃合　蔡　高　各銀　陳學才　歐光德　孫　成
吳川　吳超振　周懷德　壹員　陳　章　金孔耀　蕭國進
江西　胡延幹　李和生　梁成聰　朱和明　朱弘球　蘇　容
江坪　豐盛號　祝世德　滸泰徵　洪　綱　龍　高　經義堂

郡内

王嘉義　黃德明　黃色正　常大經　洪如金　各錢
傅元德　陳仁義　各錢　符　才　壹百
梁正和　吳廷欽　肆百　叁百　陳元昌　壽世堂

乾隆肆拾年歲在乙未秋季捌月中浣吉旦陳燦中等仝立

建造照牆屏門樂助碑記

義興行文邑布客捐花銀拾員

仁興行文邑布客捐花銀捌員

玉樹行文邑布客捐花銀伍員

海康埠郭捐花銀貳員

陳有源捐花銀肆員

徐茂昌　仁　興　朱廣遂　温廣利

陳平易　何廣豊　許裕豊　吳廣興

義　興　梁廣盛　朱貴臨　梁新豊

蕭玉樹　李泰盛　李逺合俱捐花銀壹員

鄧同升　鄧元良　李萬利

鄧元賓　梁裕源俱捐錢壹千　林　貴三百

梁懷豊捐錢捌百　閔三合　白純圭陸百

王德成　黄應隆　裕　興　有　章

黄巨豊　唐恊和　林錦章　錦　盛

梁懷信　洪悦信俱捐錢陸百

胡廷幹　林厚德　陳文明　邱明興

甘學聖　盧廷用　陳騰珍　陳裕成

陳仕元　李公和俱捐錢貳百　王廣興壹百

丁巳季冬首事陳有源等仝立

何廣豊

陳平易

梁裕源

白纯圭

嘉慶十七年卓記捐資碑

從来人賴神以庇佑神亦賴人以奉承願奉
必資乎用我境
天后聖母每年費用殊多又無創置産業是以仝各
舖公議本街菠布棉花出入按収扣頭小舖
卓記荷沐　神庥自嘉慶三年至十四年本舖
共収扣頭銀除公用支外斷買東洋晚田三坵
價錢伍拾柒千文又當何文衡園塘一契價錢
叁拾肆千伍佰文夫此田園出息有限亦得以
助所需若夫巨創鴻業以奉承是又望各舖之
留心於此者
計開土名四至列后
一曲堁處壹坵　四斗　東北至□西至黃南至河
一土名坐落長沙尾壹坵種仔六斗　東西至塘南至□□□□
四斗坡壹坵　四斗　東南至□西至刘北至□斗
共載民米壹斗零伍合　啚置二都二啚奇零
此田每年批租谷肆石貳斗正議照年成□□
園塘每年租錢肆千伍百文二月收現□
嘉慶二十五年又將石四田租息斷買□字界晚田一坵
載民米四升八合土名座落養牛亭后大河外東边　東至□陳西至□南至□
嘉慶十七年二月十五日赤子蕭卓記敬立
（『嘉慶二十五年』後兩列文字為後來增補）

西園古廟

重造白馬陳婆廟樂捐芳名碑

攷之廟者貌也古人建廟以妥神俾入斯廟者焄蒿悽愴如彷彿乃神之容貌焉然神之在廟肅肅者必赫聲濯靈冥漠中與人相感應而人始上棟下宇刻桷丹楹成犧牲潔粢盛以報之非□於祭祀而然也郡垣伏波關西園 白馬陳婆古廟之創建盖亦有年矣因新政公路舉行廟後基址有碍路綿將廟毀拆□為坦途至此而神之雍雍在宮者今為之梳風洗雨矣 神之洋洋在上者今為之暴日磨霜矣同人□自傷心僉願再新厥廟奈井深綆短汲泉殊難致行簿醵貲成城有眾所望仁人君子不拘善男好女大啟金箴助修瑤洞行見彼也駢臻百福此也雲集千祥爰為之序

發起人 郭雲從陳世□陳仲明□□□陳總興林翰儒蘇春□周符文□成文□宮周陳□□關良卿 梁發□莫□□陳□□

郭雲從捐大洋伍拾元 □春美捐大洋伍拾元 陳三記捐大洋□拾元 王邦昌捐大洋貳拾元 昌發號捐大洋□拾元 □□大洋□拾元 □□□大洋式拾元陳□□大洋□□□

尤蘭亭 陳紹德 黃有德 恒益號 步雲號 僧源成 張中山 南貝號 善居堂 保安堂 陳光保 川泰號 吳洪二 下河梁氏 蘇昌德 □□□ □□□ □□□

林幹臣 □□永勝公司 傳瑞明 錦盛號 裕和堂 □□立泰號 張燭新 逢源號 □□日全號 余逢文 吳紹保 恒昌號 王培祖 □街全記號 勝和號 中和號 黃信朋 旺安勝

陳祖利 以上捐大洋拾元 彭德賢 益利號 劳朝寬 悦貝公司 陳学文 養和堂 赤坎匯豐號 莫敬三 柯日昭 元益號 陳才山 泰記號 下河官温均 周行號 陳汝□ 五知軒

廣隆泰 濟和堂 黃美香 永興號 錦新號 □□祥香號 周政林 福記號 赤坎宇記庄 唐寿軒 陳春華 生金號 周有德 吳守清 廣和號 林吳氏 東海姐 元利號

和發號 天寧僧人祖泉 林柯桂 成利號 華益號 □□劳作侯 蔡謂德 仁壽堂 赤坎華文號 黃汗忠 王爵五 南泰號 陳述孔 毛伯昂 長祖李記 上益號 来利公司 陳氏

宏益號 益香號 捷興號 泗利號 合利庄 梁耀卿 岑瑤光 調和堂 王玉麟 陳其盛 何炳熙 財利號 唐有美 無名氏 鄭元寿 何貝記 下河何氏 卓吳氏

綸盛號 赤坎合利舘 全記號 赤坎鄧氏 廣興隆 聯發庄 潘家秀 廣永貝 周廷選 鄧德連 二桥全記號 永香號 陳本立 永新號 顔学党 昌明號 鄧文林 □门昌利號

均源號 東林林麟年 咸泰栈 恒栈號 讓吉號 隆貝號 李光保 同昌號 赤坎孫陳氏 劳学易 信合號 黃造岐 李有典 廣同利 □□荣成號 英記號 洪朝貝 日利號

福泰號 以上捐美良拾元 永發號 常興號 馮亨記 益美號 林進貴 陳继滿 赤坎中昌 張国謨 曹珠記 勝利號 元盛號 芝昌號 □□廣盛號 □長卿 和合香 陳氏

敬仁莊 張安和 富昌號 三興號 南利號 □□□無名氏 劉進翼 □□永泰號 翁述賢 吳三妹 三元宮元貝號 陳治全 陳景昭 亭閔林氏 城內張妃泰 利香號 永生堂 李有德

以上捐元拾五元 李永富 長發號 莊芝桂 南昌號 王莫氏 伍怡貝 長隆號 以上捐元良二元 吳祥龍 陳兆記 亦香號 陳培哉 黃有礼 劉廷春 同貝號 美成栈 闵符氏

永安堂 吳海汌 浩利號 唐景双 謝有仁 廣貝號 源貝號 □□洪芝茂 楊世侯 黃培荣 泰記號 元貝號 吳元卿 兩和號 洪妃三 黃廷富 李氏 □山合貝公司

兆昌號 以上捐大洋八元 廣安堂 荣興庄 莫萬魁 水工洪芝全 鄧仕喜 吳用之 陳文宝 吳全安 瑞記庄 林大成 祥益號 何宗貝 劳立□ 長源號 李仲明 岑謨臣

王栈興 義益號 李孔南 金和號 盧有英 水工洪維長 劳吳氏 宋守宜 沈□珍 楊陳氏 足記號 利貝號 胡錫長 林吳氏 宏昌公司 新益號 無名氏 永快樂

永和堂 捐大洋七元 □□裕發公司 成泰號 梁啟業 木工蔡心信 黃兆南 大利公司 梁啟聖 王玉能 三元號 陳則民 貞利號 中貝號 顔元貝 永盛號 恒利粮店 李述唐

以上捐大洋拾五元 榮記號 乌石永和堂 荣泰號 伍有貝 下河雷莫氏 瑞貝號 王萬珍 梁啟列 洪春波 昌記庄 陳光生 永利公司 源利號 林敬德 利盛號 明利號 朱林

陳□□ 莫金福 乌石兩盛□ □□香金號 合成筒 公記號 公安堂 宏發公司 合益號 林才生 川記號 李成林 無名氏 □□長利號 宏貝號 德記號 德芳容 無名氏

捐大洋拾二元 香泰號 以上捐大洋五元 □□陳重桂 官□□ □□陳毓秀 簫宗翰 □□錢學儒 龐性仁 陳芝連 源發興 □街瑞記號 陳培元 得利公司 鄭佩恩 福成號 勞國芝 陳爵侯

黎添記 益盛號 □□合新號 吳榮養 伍梓桂 下河溫厚昌堂 陳駿臣 萬寶来公司 菜園符南山 滸耀伯 廣泰號 麥洪攀 陳培立 下河陳銘三 以上捐大洋□元 鄭明貴 紀助□ 同泰粮店

謝朝興 和合隆 同福號 斗桔何氏 蔡官曾 □□陳何氏 益安堂 曲街寶香公司 利豐號 黃玉壽 廣德堂 華軒號 勝利公司 □□仁德里 怡興號 義豐號 張芝和 鄧敘明

黎忠義 符應桂 二林莊 斗桔林二姐 赤坎無名氏 林文哉 杏林堂 □□陳珍重 敏記號 陳敬昭 綸昌號 陳長興 鄧均泰號 杏和粮店 黃德称 彭光國 新發號 鄧性純

阮爵盛 恒利莊 以上捐毛銀伍元 斗桔蘇慶連 烏石李恩波公司 黃克求 永利公司 鄉□陳學海 翁炳輝 鄧美卿 華盛號 鄧仕喜 寶利號 高紹駿 □□□ 三豐號 鴻源號 鄧陳氏

鄭明才 裕源莊 楊英記 斗桔黃克求 烏石公上公司 洪繡甫 源利與 高廟嚴福勝 陳佐賓 蘇慶陽 德運號 符洪卿 熊鼎彝 □□□ 陳德喜 寶發號 廣源號 全豐粮店

戴榮生 業記棧換 陳紀元 斗桔顏維六 □□梁毓劍 陳啟良 均利號 □□梁華春 廣和號 □容莫唐師 何長榮 張其平 陳鴻□ □□□ 關進蘭 楊陳氏 謙泰號 源香隆

李維揚招學 以上捐大洋六元 陳保泰 斗桔黃美香 烏石永利興公司 梁文臣 愈安隆 梁開春 黃其全 全和號 福興號 周天龍 □□山 陳正堂 鄧陳氏 榮益號 胡兆鶴 南兴信香號

游輔周 宏棧號 永源號 斗桔關良卿 烏石楊寶政公司 吳壽齡 人安堂 梁宋卿 關良卿 日香號 益興號 陳廷書 □□三記號 謝天錫 王淵明 崔國泰 無名氏 南兴同義利

游釀南 均興號 榮昌號 斗桔蘇培利 烏石鹽务鴻發公司 馮炳德 利與號 烏石公平公司 吳廷春 隆記號 廣安隆 葉當春 下河許梁氏 莫開泰 廣發號 唐忠秀 吳發立 南兴錦繡號

周成文 陳番齋 裕隆號 劉介如 □□梁成候 林敬芝 德豐祥 烏石陳才卿 鄭德茂 瑞金號 美豐號 吳靜善 下河歐國樑 鄧學聖 黃壽文 曾永寬 陳汝洽 南兴義隆號

林時清 何安泰 協成益 以上捐大洋四元 □□梁成卿 梁玉桂 豐泰號 □□開記 戴河水 有馨香 陳篤記 □菜無名氏 下河陳德全 勞梓桂 蕭哲卿 春發號 祥泰粮店 南兴利群棧

洪廷楨 陳黃氏 宏興莊 赤坎連發號 以上捐大洋三元 韓光後 廣昌號 以上捐大洋二元 鍾嘉堂 宝興號 □□王子義 利發公司 均興號 鴻發號 瑞隆號 符炳興 劉巨猷 南兴林福履

黃兆連 陳明德 祺益號 山西袁洵□ 下河無名氏 陳康榮 萬泰號 明昌號 蘇慶利 永興號 合發號 榮發號 劉海章 茂華號 協隆號 梁贊廷 □□怡興號 南兴廣昌號

黃全興 顏定禮 安壽堂 以上捐毛銀四元 捐□銀三元 陳春山 萬安號 泰棧號 陳邦教 陳元香 源益號 連勝公司 藝興號 陳元瑞 陳德記 蕭大成 陳學柄 劉爵卿

民國十七年歲次戊辰六月吉旦立

夏江三聖廟

建造三聖廟宇碑記

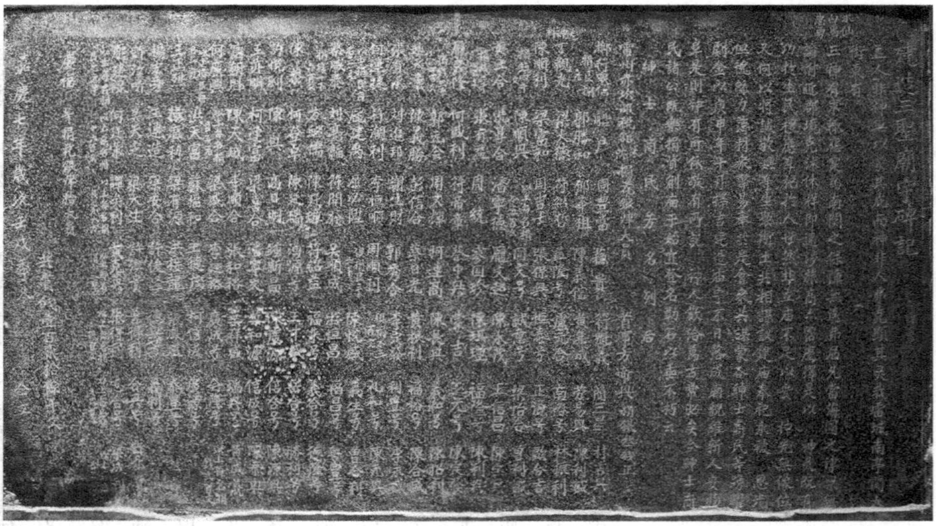

盖人非神無以彰其庇而神非人弗克顯其灵我雷城南亭閡大
街東有（水仙 白馬 忠勇）
三神有求輒應寔為南閡之保障無遠弗届乂當海國之津梁無
論附近郡境克沐休祥即遠涉旅商亦霑慶澤是以　神灵既有
功於生民禮應享祀於人世然非立庙不足以妥　神光無像位
又何以将誠敬興等生聚斯土共相謀議建庙奉祀永被　恩光
但愧縣力薄材衆擎易舉於是會衆共謀彙各紳士商民等踴躍
劇金以庚申年十月擇吉建造庙宇不日落成廟貌維新人安物
阜是則神有所依敬有所記　神人歡洽萬古常昭矣今紳士商
民諸公既樂捐資創庙于始宜登名勒石以垂不朽云

紳　士　商　民　芳　名　列　后

雷州赤坎部税舘朱沈捐花銀肆大員　　首事方帝與捐銀叁錢正
榔行衆信　船户　同豐當　蘊　貴　符魁義　簡三星　林吉與
（捐艮捌元）郭勝和　鄧峯祖　陳義信　黄集成　劳易與　陳利盛
（送神料）丁觀光　梁大德　符紹哲　益隆号　盧元合　南裕号　林振利
陳順利　梁富和　周吉士　張保與　恒泰号　正源号　歐合吉
（捐錢四千文）陳順與（以上每名捐不五百文）同文号　誠意号　梁怡合　曾利盛
黄正合　洗享合　潘寧德　龐文超　陳永茂　王信昌　陳宝與
（捐錢二千四百文）張有益　周　統　廖國珍　陳琪瑾　福隆号　陳利與
龐義隆　何盛利　符帝章　蔡中與　棠　吉　至元号　陳定發
（捐錢三千四百文）郭元会　周文輝　柯連高　陳長與　義和号　陳招利
趙天章　陳義勝　彭信合　蔡日光　黄振利　福裕号　陳合盛
張有水　刘進邦　謝生財　郭秀合　李定發　利豐号　李永盛
何連捷　符潮利　李恒順　周順利（俱捐不三百文）礼和号　陳元與
（以上捐艮每名二元）龐建禹　屈必陞（俱捐艮三不六十分）陳悅盛　義生号　曾合利
蔡咸泰　刘亮韜　符開發　吴順成　滸恒昌　福昌号　粵豐号

捐錢一千六百文

陳　恭　許悅利　王亦明　唐朝魁　何廣興　以上捐艮每名一元　王正烈　楊宏秀　許汝听　龐建禄　以上每名捐艮乙元半

方繼儒　何登卓　陳　㒷　柯連富　陳天成　以上每名捐艮乙元　洪天富　楊廣利　王連造　吳天乏　何廷荣　以上每名捐不六百文

陳廷輝　陳廷瑞　高日明　梁喜合　李順合　梁盛合　蘇福和　梁有源　梁安合　梁大生　譚□利　以上每名捐艮一不六分

符紹益　湧源号　鍾新昌　潘寧文　張和裕　李廷裕　王德茂　洪接龍　許俊隆　許漢貴　黃克英　以上每名捐不三百文

福来号　王才盛　陳廣源　葉和源　葉祥盛　廣成号　柯信成　張鳳凰　德㒷号　曾得利　張得利　以上每名捐不弍百文

義合号　岳合号　信合号　信成号　瑞㒷号　会隆号　廣源号　泰豐号　義利号　合㒷号　志合号　以上每名捐不弍百文

德隆号　勝利号　陳源㒷　陳泰㒷　黃成義　以上每名捐錢弍百文　許□□　梁成利　以上每名捐不弍百文

慶福　等捐花银肆拾大員

共費錢壹百貳拾餘千文

嘉慶七年歲次壬戌季冬　仝立

源香案禁碑

尝□上有恒產之制國家之經費以充下有恒產之規州野之利用常足而庙宇之事神何独不然所以周礼九貢以致

用一曰祀貢洵有見乎事神之道無恒產之道非敬神之道也矧我同人爰居南亭勝地恭奉

境主守犆白馬水仙三聖福神　仁恩廣播闾閻共上春臺惠澤黎敷海宇咸登壽域凡士農工賈被其德者咸尊敬曰地灵

而人傑土旺而財生有明徵矣而百合之升常明之供以昭敬神於不懈以酬神惠於無穷也固宜苐自庙建以来庙每

餘貲香燈之奉無常規宝诞之辰無定之制欲尽事神之道反失敬神之道亦何莫非無恆產之道故缘此同人公議庙后

有土鱿河之横左有南亭港之曲河港荒墟原宜庙中所属河港微利亦惟庙所資而河所出之蔓艸港所租之鴨埠宜

禁人物牛馬不许私取踐傷庶几租息所出永為斯庙常需万世之香灯勿缺千年之爼豆如新此恒產之道乃事神之

道即敬神之道也爰勒石碑以傳永久以志民和而神福云

一禁土鱿河自朱公橋至韓公橋两边所發之艸如有私割者每一人罰𥫗五百文　如有牛馬損傷每一隻罰𥫗四百文

一禁南亭港自鱿舌至港頭所租鴨埠各有公價如有頑梗僭埠者罰𥫗六百文　拿报者俱償𥫗弍百文

首事

符元智　張振統　麥志明　陳廣用　黃錫鉦　李元義　鄭連陞　鄧玉齡　吳竒品　蔡進魁　符天荣　符大貴　許行正　周文廣　劳紹典

林昌茂　方廷超　浒鳳池　李荣春　陳志成　姚德用　黃立位　□有能　陳文艶　何大貴　林永盛　吳嘉貴　符紹良　許行恂　張日貴

林昌建　柯連葦　蔡国用　李向春　黃竒賢　李昌茂　楊大貝　方继尭　陳祖量　王廷敏　李林福　符法効　鄭孔廷　遊文輝

王天福　吳紹伯　譚日陞　柯連陞　方廷階　黃克陞　何連科　張瑞貝　翁祥茂　王得茂　林国昌　方继儒　許廷瑞　黃紹貝

嘉慶十六年歳在辛未月仝立

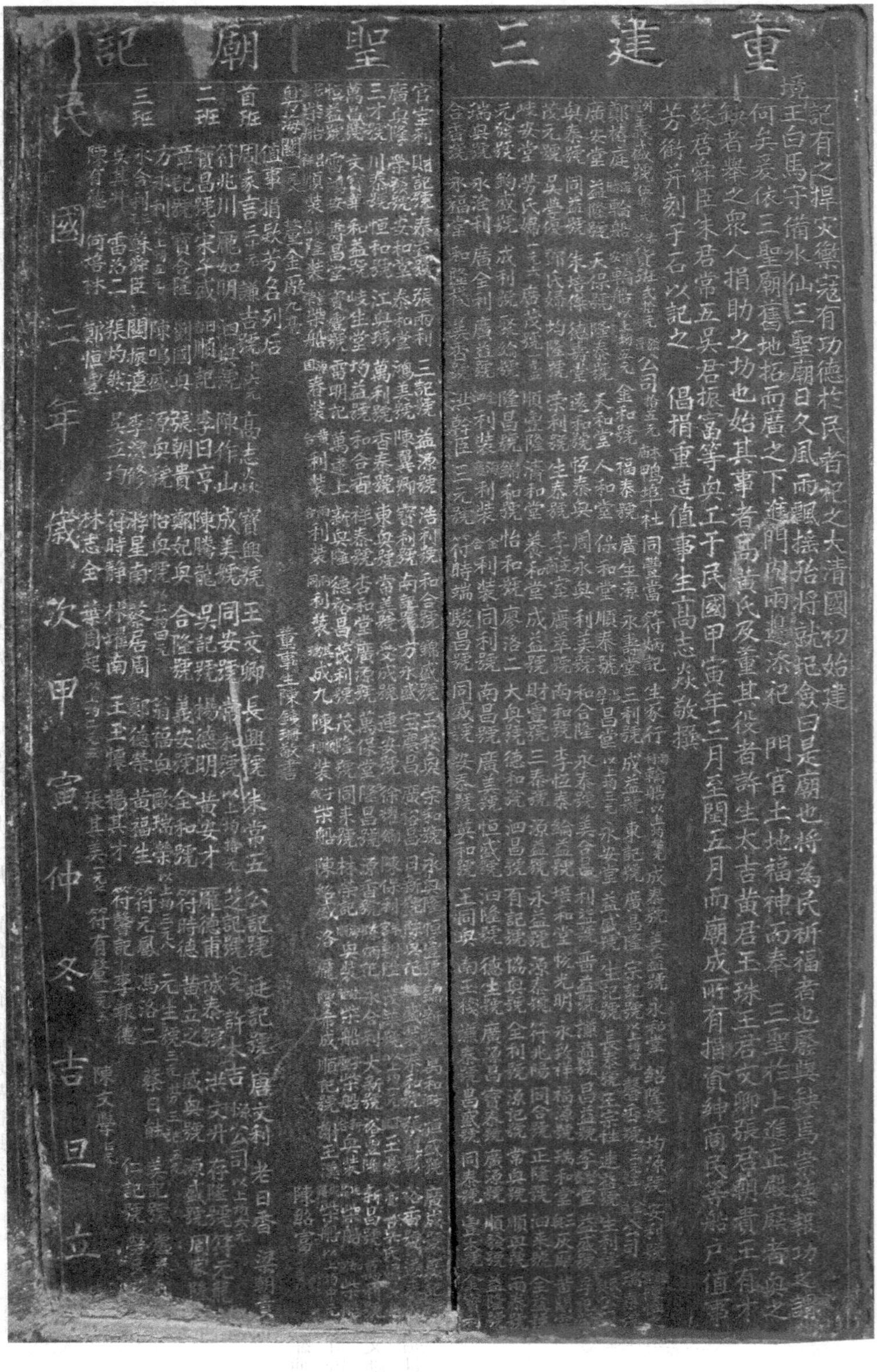
重建三聖廟記
民國二十三年歲次甲寅仲冬吉旦立

記有之捍灾禦寇有功德於民者祀之大清國初始建
境主白馬守備水仙三聖廟日久風雨飄摇殆将就圮僉曰是廟也将為民祈福者也廢興缺焉崇德報功之謂
何矣爰依三聖廟舊地拓而廣之下進門内两邊添祀　門官土地福神而奉　三聖於上進正殿廢者興之
缺者舉之衆人捐助之功也始其事者高黄氏及董其役者許生太吉黄君玉珠王君文卿張君朝貴王有才
蘇君舜臣朱君常五吳君振富等興工于民國甲寅年三月至閏五月而廟成所有捐資紳商民等船户值事
芳衜并刻于石以記之　倡捐重造值事生高志焱敬撰

外羅義盛號伍拾元　赤坎貨班弍拾元　發達公司拾五元　本庙鴨埠社　同豐當　符炳記　生豕行　海利輪船以上均拾元成泰號　美益號　永和堂　紹隆號　均源號　安利號　睦堂陳性之
鄭椿庭　海晴輪船　雄安輪船以上均五元　金和號　福泰號　廣生源　永壽堂　三利號　成益號　東記號　廣昌隆　宗記號　以上均四元　馨香號三元五　全益公司　瑞泰號
廣安堂　益隆號　天保號　隆泰號　天和堂　人和堂　保和堂　順泰號　温厚昌堂　以上均三元永安堂　益盛號　生記號　長泰號　王宗性　連益號　生利號　民興公司
興泰號　同益號　朱培傑　德壽堂　逺和號　恆泰興　周永興　利美號　和合隆　永泰號　美合昌　利益號　晋益號　謙益號　昌益號　李登春堂　益盛號　孚記號
茂元號　吳學優　鄧氏婦　均隆號　荣利號　生泰號　李芝蘭室　廣萃號　南和號　李恆泰　綸益號　培和堂　悦光明　永致祥　福源號　瑞和堂　三興灰廠　黄開雷
岐安堂　勞氏婦一元六　廣茂號一元五　順豐隆　濟和堂　養和堂　成益號　財壹號　三泰號　源益號　永益號　源泰號　符兆陽　同合號　正隆號　泗来號　全益號
元發號　鈞盛號　成利號　聚綸號　隆昌號　錦和號　怡和號　廖洛二　大興號　德和號　泗昌號　有記號　協興號　全利號　源記號　常興號　順興號　两泰號
瑞興號　永淦利　廣全利　廣益號　金泗利装　海慶利装　金合利装　同利號　南昌號　廣美號　恒盛號　泗隆號　德生號　廣源昌　寳泰號　廣源號　順發號　益隆號
合香號　永福堂　和隆棧　美香號　洪幹臣　三元號　符時端　駿昌號　同盛號　安泰號　英和號　王同興　南玉棧　谦泰號　昌盛號　同泰號　豐太號　金寳利
官宝利　財記號　泰益號　張两利　三記號　益源號　浩利號　和合號　錦盛號　王梭興　荣和號　永興隆　恒豐號　錦新號　萬和號　恒盛號　廣成號　廣記號
廣興隆　榮發號　安和堂　泰和堂　鴻美號　陳翼卿　寳利號　南記號　方永盛　宝慶昌　廣裕昌　日新號　陳興記　金安盛装　泰和號　張觀彰　裕香號　遂来號
三才號　川泰號　恒和號　江興琇　萬利號　香泰號　東興號　常美號　受成號　連安號　徐耀卿　陳保利　羊客朝陛　茂華號　以上均一元　下嵐王豪八毫　吳氏婦六毫
萬昌號　文寳華　和益號　岐生堂　均益號　和合香　祥泰號　杏和堂　廣源號　萬保堂　隆昌號　源香號　陳炳記　永合利　大新號　裕豐隆　新昌號　萬利號
恒益號　雷鴻安　壽昌堂　寳豐號　雷明記　萬建上　新興隆　德裕昌　茂利號　茂隆號　同来號　林榮記　海順興装　統發柴船　子聖柴船　新合興装　廷昆柴船　加富柴船
居堂柴船　吕祥順装　廣昌隆装　景荣柴船　海国春装　黄合利装　两合利装　兩同利装　其瑞成九　陳順利装　子成柴船　陳紹盛　洛　麗　陳希成　順記號　謝王漢　成得柴船以上均中元
粤海關一元八　鼇金廠九毫　陳紹富

值事捐欵芳名列后　　董事生陳錢珊敬書

首班　周家言三十元　謙吉號十六元　高志焱　寶興號　王文卿　長興號　朱常五　公記號　廷記號　唐文利　老日香　梁朝貴
符兆川　龐如明　泗貝號　陳作山　成美號　同安號　常和號以上均拾元　芝記號七元　許太吉　源利公司以上均六元
二班　寶昌號六元　宋子盛　日香順記　李日亨　陳騰龍　吳記號　楊德明　黄安才　龐德甫　誠泰號　洪文升　存隆號　符元龍
章記號　寶合隆　劉國貝　張朝貴　鄭妃貝　合隆號　義安號　全和號　符時德　黄立之　盛貝號　源盛號　周家隆
方永利以上均五元　陳鳴盛　源貝號　怡貝號以上均四元　翁福貝　歐瑞榮以上均三元八　元生號三元　劳三記五元
三班　永合利三元　蘇舜臣　闞振連　李潔修　滸星南　蔡居周　鄭德榮　黄福生　符元鳳　馮洛二　蔡日紘　美記號　盧泰利
吳其升　雷洛二　張均然　吳立均　符時静　林耀南　王玉懷　楊其才　符馨記　李報德　仁記號　勞民□
陳有德　何培林　鄭恒豐　林志全　葉周起以上均二元五　張其美一元七　符有鳌一元五　陳文學三元

民國三年歲次甲寅仲冬吉旦立

夏江天后宫

天妃宫祀田記

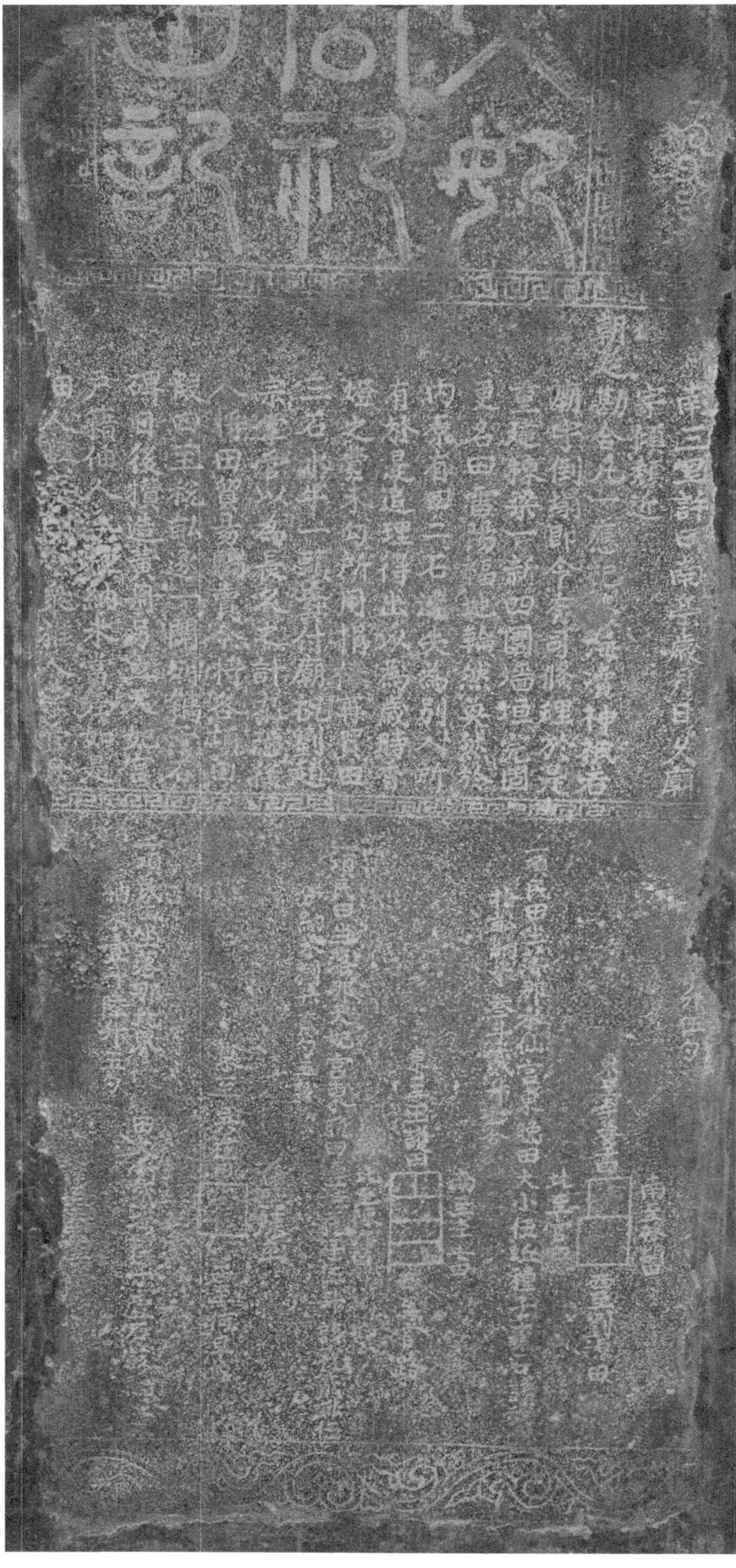

南三里許曰南亭歲月日夂廟
宇傾頹近
朝廷勘合凡一應祀□海瀆神祇若
廟宇倒塌即令有司修理於是
重建棟梁一新四圍墻垣完固
更名曰雷陽福地輪然奂然於
內原有田二石遺失為別人所
有於是追理得出以為歲時香
燈之費未勻所用捐俸再買田
三石水牛一頭□付廟祝劉趙
宗掌管以為長久之計尤恐後
人将田貿易騙賣今将各項田
段四至稅畆逐一開列鐫于石
碑日後攢造黃冊另立天妃宮
戶籍佃人承租納米當差如是
佃人與□□令衆推人掌管毋
……
（碑文左側殘缺）

□□□□□□升伍勺
東至李□□田 [redacted] 西至劉源田
南至林□田
北至官田
一項民田坐落那水仙宮東晚田大小伍坵種子貳石該稅壹
拾畆納米叁斗貳升壹合
東至王護田 [redacted] 西至官路
南至李安田
北至陳□田
一項民田坐落那天妃宮東晚田壹坵種子伍斗該稅貳畆伍
分納米捌升貳勺五抄
東至吳玹田 [redacted] 西至何早田
南至陳三
北至王□
一項民田坐落那北界坡晚田大小貳坵種子壹石該稅伍畆
納米壹斗陸升五勺

施田記

欽差提督珠崖兼筦廉瓊地方印綬監太監陈貫
係福建福州府長楽县人氏以居前戝奉
命来守雷州對楽珠池發心重建
天妃庙宇完備弘治十年四月十五日誠捐銀壹
拾伍两買到雷州衞前所十户岳璟泰原買海
康縣第九都戶何鉄那天妃庙前西邊田壹項
大小壹拾捌坵种子四石连地壹所該税壹拾
伍畝施于
本庙永為常住香灯之费今具四至下項于後
计開田十八坵连地壹所
东至官路 西至溪 南至曲溪 北至黄明蔡田
弘治十肆年歳次辛酉仲□□□立

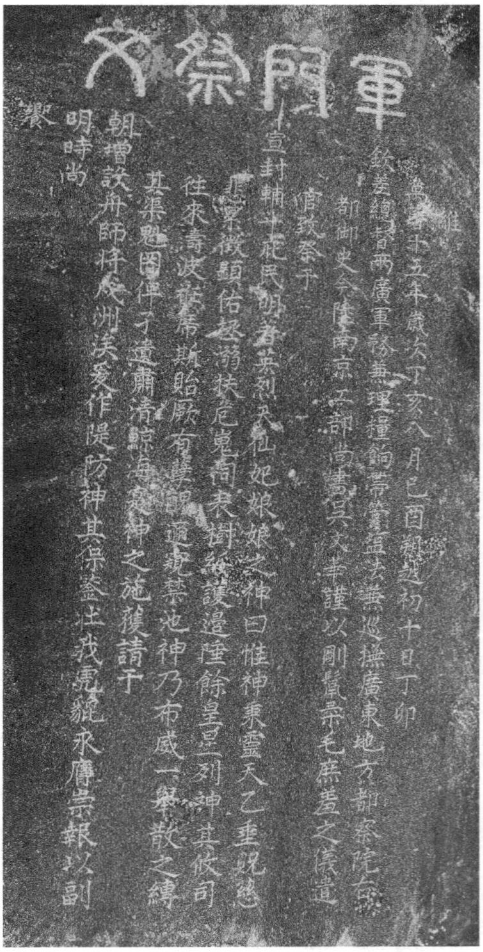

維

萬曆十五年歲次丁亥八月己酉朔越初十日丁卯

欽差總督兩廣軍務兼理糧餉帶管塩法兼巡撫廣東地方都察院右

都御史今陞南京工部尚書吳文華謹以剛鬣柔毛庶羞之儀遣

官致祭于

宣封輔斗庇民明著英烈天仙妃娘娘之神曰惟神秉靈天乙垂貺慈

悲累徵顯佑拯溺扶危嵬祠表樹綏護邊陲餘皇星列神其攸司

往來濤波袵席斯貽厥有孽魄邇窺禁池神乃布威一舉散之縛

其渠魁罔俾孑遺肅清鯨海寔神之施獲請于

朝增設舟師將戍洲渼爰作隄防神其保鑒壯我虎貔永膺崇報以副

明時尚

饗

重脩天妃龍應宮記

雷陽故有天妃祠祠去南渡可十里許天妃於海神最靈諸渡海者必走謁祠問吉凶或中流難起則舟人匍匐叩神望赤光熒熒薄帆檣則神来也舟人無恐矣以故瀕海在在置祠而潿洲有焉潿洲孤島立起海中沃壤而僻於珠池亾命嘯聚輒掾大艇闌入剽竊則居民載牛酒酏糈餉之神惡其弗率也時見夢於居民曰若不捕奸而反以佐奸罪浮於奸若不悛大師且至吾不能為若庇矣潿洲民惴惴大恐而監司少參王公叅軍陳公廉得其狀謂全粵何賴於撮土而令之延蔓以種禍宜罷之便乃以事白制府吳公請盡罷潿洲税而徙其民於内地吳公報可遂遣材官具舳艫載之材官以告神神欣然從也乃奉其像輿父老子弟俱來悉入郡祠中而梵宇湫隘且就頽圮無以妥神靈王公乃謀於郡守周公郡丞趙公郡倅傅公司理鄭公暨海康尹陳公益拓故址撤其舊而新之議成諸公捐金佐費而以趙公董其役方鳩工庀材擇辰舉事而大風猝起海上波濤人立大木千章逐巨浪至皆閩南杉材孔良豐碩諸公相顧動色謂神力也趙公奉令惟謹朝夕靡懈未幾而工就緒王公率官屬謁廟歸停蓋於南樓陳公為治觴相勞酒數行白雲冉冉起空中則螭龍挾雲卭首蜿蟺而當前隱見騰翥與波光上下若翠羽若紫雲若絢錦若璘玢若虹蜺之垂耀若陽和之映瓊瑶若飛雲之曳旌旗觀者如堵嘖嘖稱異謂為神宮應也遂扁其額為龍應宫聞之王者德及重淵則龍遊沼池蕞爾遐區何來異物毋亦珠池澄清瘴海波息大化淳流而神物來見與斯亦奇矣祠成前後堂若干楹左右室若干楹齋室若干楹中石坊一座門楼三楹軒敞偉麗入窓洞開憑闌倚徙則曉雲暮烟横紫物外奇觀隱隱直墮几席睇眸四顧萬頃桑麻耕犁相屬遠峯高頂縹渺若出雲端臨瞰長江千帆隱現欸乃聲淒樵童牧夫旅客游人躡足蒼苔水石若晻映於碧煙翠靄沙汀竹樹間歷歷可見則此宇亦曠然大觀哉世稱紫府碧虚叢霄明霞之舘或幻誕不列祀典而是神也明示吉凶則當祀脱危解厄則當祀禁邪誡惡則當祀父老德神若壇社何敢忩功矧奇事多種種可紀不佞敬為授簡而綴記以垂無極云時王公以擢去而繼王公董成其事者則大叅應　僉憲許公也王公名民順金谿人應公名存卓仙居人許公名國瓚晋江人周公名良寘晋江人趙公名佑卿蘭谿人繼丞郡者徐公名學周嘉興人傅公名宴鄖陽人鄭公名子亨羅源人陳公名錦漳浦人叅軍陳公名居仁亦晋江人而奉委董役者經歷陳卿也例得並書云

萬曆丁亥歲仲秋吉旦

賜進士第徵仕郎翰林院檢討郡人鄧宗齡頓首撰　篆額書丹李能白督工吏目工夏惟訓

（該碑府縣志中有收录，文字与原碑略有差别）

雷州府為設田修廟以杜侵沒碑

雷州府知府韓　為設田脩理廟路以杜侵沒永為經久事照得
天妃廟原設有廟田每歲供奉香燈之外餘為脩理之資然向為守廟人所侵費無遺每□□□□□脩理無措動……
人仰屋之嘆者且并　天妃宮前起一帶橋路岸堤至渡南兩處路頭亦俱崩壞年久本府□□心憚已並捐俸葺……
去後日久廢弛或終于傾圮倘無以處置之何以為善建不拔哉故于今立法查將原置廟田□租共稅陸拾貳畝……
□納稅餉外尚該租銀陸両柒錢柒分叁厘玖毫又新捐特侶麒麟小山等處無稅官田壹頃壹拾玖畝肆分肆厘……
肆絲捌忽陸微捌僉該餉銀陸両肆錢肆分俱每歲各徵租餉收貯府庫各分其半為脩理官路廟宇之費則不惟……
□于設處抑且私不擾于民力侵沒之弊可杜脩理歲積有資矣為此今将各田四至租額餉銀細数逐一刊立碑……
為遵守不朽

計開

　該鋪壹所前至大街後至夏河每年該納稅粮銀叁両柒錢

一天妃宮原置民田地舖共稅陸拾貳畝叁分該米壹石玖斗九升玖合捌勺三抄每年該納稅粮銀壹両柒錢……
遼餉銀肆錢叁分陸厘壹毫　一天妃宮東晚田叁坵種壹石五斗稅陸畝肆分伍厘租銀玖錢李彥佃耕　一……
宮東晚田大小伍坵種貳石稅壹拾壹畝柒分壹厘租銀壹両肆錢伍分張蘇楊佃耕　一北界坡晚田大小貳……
壹石稅叁畝柒分伍厘租銀伍錢周魁佃耕　一天妃宮前并西邊田大小壹拾捌坵種肆石連地壹所稅貳拾肆……
壹分伍厘捌毫内除荒蕪外租銀壹両貳錢　一五里閘路西潮田壹所種貳石稅壹拾玖畝捌分壹厘柒毫夂……
□□佃　一天妃宮東草蘊土龍内田貳坵稅貳畝零肆厘貳毫租銀陸錢伍分李彥佃耕　一天妃廟地稅□……
分柒厘叁毫柒絲　一廟後田壹坵種肆斗稅貳畝租銀壹錢伍分　一廟後田壹坵種肆斗稅貳畝租銀壹錢……
蘇軒佃耕　一本廟東邊大門楼屋壹間租銀壹錢周思住西邊大門壹間租銀壹錢黃文才住　一廟前東西
鋪屋老鋪貳拾間茅鋪叁拾叁間每間每年租銀柒分共銀叁両柒錢壹分正

上俱本廟田地屋共租銀捌両玖錢壹分内除納稅餉貳両壹錢叁分陸厘壹毫實存租銀陸両柒錢柒分叁厘

一新捐特侶塘小山湾田貳拾玖畝捌分零陸毫叁絲貳忽陸微該餉銀壹両伍錢佃户凌進王明
一麒麟湾塘田壹拾捌畝陸分叁厘伍毫壹絲陸忽零捌僉該餉銀玖錢肆分佃户凌福李忠
一塘邊湾田稅柒拾壹畝該餉銀肆両正佃户□正□一　一天妃宮關部龍船溝東邊魚塘一口五畝……

上三處俱無稅官田每歲收租餉共銀陸両肆錢肆分正　望樓一座地宽壹拾肆畝陸分捌厘正……
項除納粮無稅外每歲通共實該徵收租餉銀壹拾叁両貳錢壹分叁厘玖毫貯納府库内□除聽給□庙……
燈銀壹両貳錢餘銀壹拾貳両零壹分叁厘玖毫收貯府库各分其半為三年五年大脩小脩官路廟宇之費
其娘媽神誕祭祀猪羊等項俱本府借辦以省靡費無益俱不得擾及守廟之人如是則可垂之永久矣
外碑亭後填築岸基壹條量稅玖厘係用價買黃明外母莊氏之田并勒碑以杜擾侵

□□□年　□　□月　　廿七　　日立

（碑下方字跡被水泥覆蓋，右邊落款也被水泥覆蓋，均無法辨識）

重脩天妃廟碑記

東南海國民多走舟楫風濤震蕩時拜呼
天妃遂有祥光下護履險如夷予奉
簡書入粵抵雷每經津畔必有特廟詢述伺予昔聞然恪謁瞻仰丈六金身詳攷而知
天妃為閩莆林氏女夫天初不誕
妃為男子而為俔妹何耶以男子則多氣直俔妹則多婆心故珠瓔貝珞之間其為普渡慈航殊至也原所自
屬見亢潔女昇為
明神波濤清净至靈多在洪澤中以東南之民一葦凌波顛傾之狀苟非
天妃錫慈膠舟滅木豈可勝言即今徑洪浸者往來如陸
天妃之功庇斯民大而遠哉祀之以入
朝典也固宜雷陽渡南濱際有廟溯厥始建謀木維艱未幾而中洋飄來梗楠如莽足充欂桷蓋神驗矣故俗
歲雷三月出遊郡城神輿時自飛動蒼髫士販非獨心薰體不敢褻近晋雷尤竒矣哉去秋風変土木皆圮妥
□□□□□總鎮崑山公郡守閔浮樽年兄彙資鳩餙予亦得籍手附告成事壽之貞珉固知
神妃錫福無疆而昭祀不朽云先公諱啓玉號崑山蜀人也　旹
順治十年歲次癸巳孟夏之吉
賜進士第廣東承宣布政使司奉
勅分守海北海南道右叅議古吳陳嘉善頓首拜撰
分守道陳嘉善助銀二十兩　雷州協鎮府先啟王助銀五十兩　雷州知府事閔渠黄助銀十兩　海康知縣魯晋助銀五兩
都守千把等官　王會友　張鎮殷各助銀三兩　陳元鼎助銀十兩　陳琪　王命新各助銀二兩
孫國輔助銀伍兩　陳啟龍　吳大用　郭龍　張福勝　駱先之　駱□之　陳勝江　黄彪
未李秀　孫成　各助銀一兩

（民國《海康縣續志》有收録，内文與原碑略有差异）

重修天后宫碑記

事之無裨於民物者君子弗道

天后慈航聲靈赫濯利济群生厥地廟祀之九鼓檝揚帆出入利導暨禦菑捍患莫不倚為海天嵬柱即縉符斯工者朔望禮謁

焉盖以

神之功雖巨涛漲溢而郡内安全屢有明徵也闻之黎献所傳旧建庙宇殊多可观草創有浮棟之奇落成有騰龍之瑞□□

来榱瓦垣墙歆朽漫漶郡人歆即舊制而新之戊午秌　前任雷州分府潘　為民倡修且椰行商賈每　貿易食徳於

神踴躍捐金樂成其事工興於己未歲之春竣於庚申歲之秋自是規模聳峙徂徠之松新甫之栢建成蟠龍妙局矣

神之為灵昭昭也裨於民物其永久也夫爰為之序以鐫於石

庚戌科進士雷州府教授珠江陳振桂撰　　計開椰行各號捐銀

前署雷州府正堂莊松承捐銀拾両正　公贝　和隆　昌盛　公盛　公明　永昌　信合　會益　隆昌　廣合

前任雷州協鎮府姚源忠捐銀貳拾両正　廣亨　合利　利盛　永寧　萬贝　恒足　合贝　元贝　信義　宝昌

前任雷州分府潘起龍捐銀貳拾両正　宏盛　合昌　萬全　萬利　全贝　美盛　萬益　永盛　合勝　源盛

前任海康縣正堂張元彪捐銀陸両正　有柏　長利　錦生　和泰　仁昌　永贝　元利　吉利　廣利　徳合

徐闻营英利汛總司吴　魁捐銀捌両正　徳昌　永利　廣盛　泰合　利貞　福昌　信昌　琼昌

粤海関雷州口弟子王　璽　捐銀拾両正　已上各號共捐銀玖百壹拾弍両正

許若齡　林　振　陳正誼　鄭元炳　張振忠　陳聖拔　陳弘義　陳嘉舜　尹昌明　顔正位　黄啟美

傅天茂　陳上達　蔡兆俊　陶子成　陳雅訓　李挺秀　柯恢先　王　治　陳奇章　陳爾善　陳宗耀

椰行另外陳大魁　陳廷相　陳　仁　韓德耀　陳雅璉　傅扶漢　顔宗盛　周宏仁　何廣文　張文昌　陳如玉

增捐姓名顔騰標　陳迪簡　鄧鼎銘　楊九鼎　李啟茂　唐　璋　林德盛　符其瑜　鄧维柏　盛鳳文　廖应誠

刘奇瑜　鄭良幹　唐　驥　陈允琳　韓明□　張輝烈　刘　□　蘇時中　楊明貴　陳绍聖　符其□

陈简心　陳允球　陳垂璧　陳帝相　陳嘉猷　陳宗英　黄大珍　唐　偉　黄炯乾　□懋鼎

督造　陈大魁　陈鼎芳　傳天茂　蔡兆俊　庙祝王大成

乾　隆　歲　次　癸　亥　仲　冬　吉　日　仝　立

（《民國縣志》所收碑文略有差異，無題名）

重修天后廟碑

沐　恩南亭街栜榔行衆士商重修

天后宮大堂拱廳東西两廊屋宇工料各項共計費用銀五百貳拾両零

計開各號列後

廣合　政興　德利　公盛　信興　雨金　轉興　克昌

信合　公興　信成　信源　廣順　益隆　寶盛　寶興

萬利　順利　信彰　德興　德盛　信隆　源興　茂豐

廣亨　源利　德合　義盛　福興　和生　仁昌　公茂

源昌　茂隆　隆昌　泰昌　萬盛　隆盛　泰合　義取

董事　曹輝祖　鄭大棣　廟祝　黄法効　王道魁

乾隆貳拾肆年仲春　吉旦竪碑

重修天后宫碑

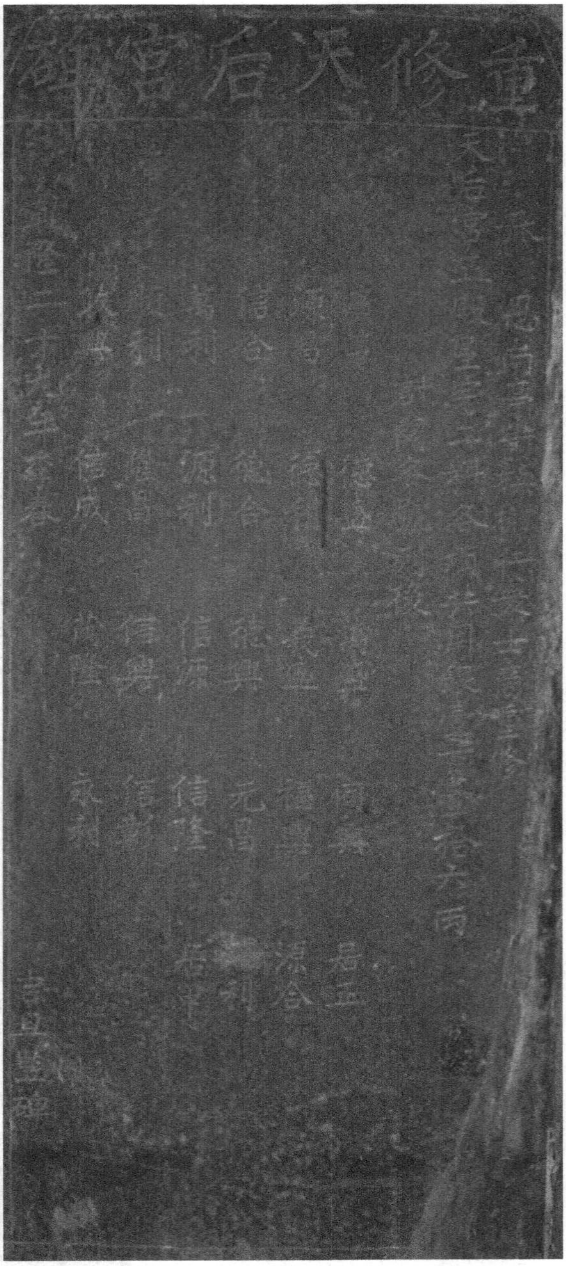

沐　恩南亭街梹榔行衆士商重修

天后宮正殿屋宇工料各項共用銀壹百壹拾六兩

計開各號列後

廣亨　德盛　萬盛　同興　居正

源昌　德利　義盛　福興　源合

信合　德合　德興　元昌　□利

萬利　源利　信源　信隆　居中

順利　隆昌　信興　信彰

政興　信成　茂隆　永利

乾隆二十九年季春　　吉旦竪碑

乾隆三十年蒙縣斷墾築溪港以資香燈碑

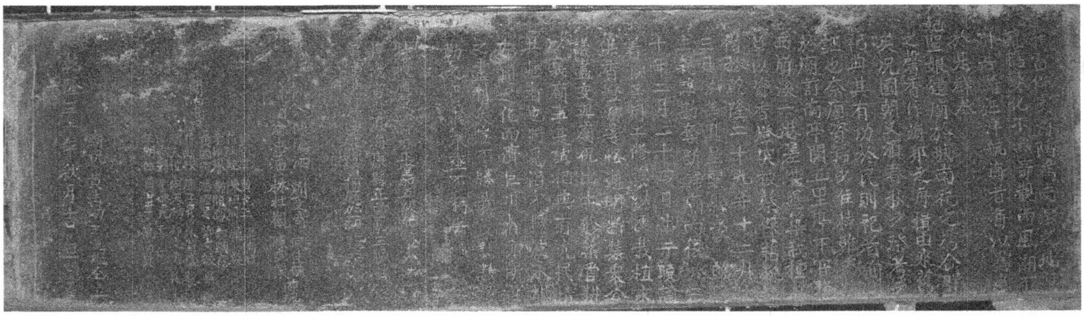

我雷僻處海隅為南溟之地雖
鯤鵬變化不無奇觀而風潮不
測浩瀚汪洋航海者每以為患
於是群奉
天妃聖娘建廟於城南祀之為合郡
之馨香作海邦之舟楫由來舊
矣況國朝又頒春秋之祭考之
祀典其有功於民則祀者洵非
誣也奈廟資稀少住持難支茲
於廟前南亭関五里亭下官路
西崩溪一港差堪墾築栽種蓆
草以資香燈突被蔡傑藉税影
僭於乾隆二十九年十二月十
三日卿等具呈稟縣承蒙　韓縣
主親臨勘奪断歸廟内復於三
十年二月二十四日出示曉諭
着卿等用工修築以便栽植永
供香燈卿等恪遵明断集衆公
議盡交與廟祝出本修築管耕
以襄廟事是誠祀典有光民情
共愜者也將見海不揚波永覩
安瀾之化而濟巨川者亦所往
之盡利矣豈不勝哉爰誌数語
勒之貞珉永垂不朽云

特授廣東雷州府正堂加五級記録十次陳
特授雷州府海康縣正堂加三級韓
署雷州府經廳海康縣督捕廳加一級記功六次潘

紳衿　陳騰泗　劉文奇　何佳典　陈琬□
　　　翁忠藩　林壮觀　陳奕業
　　　黎朝陞　黃色正　梁儒龍
　　　符陳紀　陳祖周　龐　英
　　　李振譽　鄭題鳳　鄭顯應
関内商民　黃國卿　潘國賢　鄧文蛟　吳　□
　　　符萬欽　陳子昇　張賢豪　蔡有□
　　　趙天位　何天榜　祁文光　吳　□
　　　何振綱　李德晃　王　仁
　　　王朝佑　黃日葉　龐高貴
廟祝　黃法効　王道魁　仝立

乾隆三十年秋月吉　旦

入班碑

恭維

聖后為合郡之慈幃更為梆行之衆母功德巍峩應天時行塵而勿替故凡托宇下而營
　生理者咸奉為香火叺共答　鴻庥玆九等初入梆行新　恩自同舊　澤後至無
　殊先登爰仝竭悃忱簽名勒石庶藉
聖母恩光財由道生利叺義和昌熾綿遠永傳不朽云所有姓名開列于左
　支有九　盧廷用　黄文彩　黄朝香
　陳嘉會　黄鴻烈　陳維屏
　蔡騰璠　岑延昇　謝振廷
　蔡文献　劉德潤　余光國
　曾克繩　吴志超　吴廣成
　符魁平　滸世任　吴明珠
嘉　慶　十　二　年　歲　次　丁　夘　仲　冬　吉　日　仝　立

維我

天后聖母系出福建莆田神周天下中外輔國有功庇民有德歷朝加封祀典昭然跡其功德所流惟於海國多建竒功我雷三面潮海　母之神靈隨潮布化吾儕之沾濡巨澤者猶深也故建廟於郡之南亭関以祀之廟前潮港廻還三十六曲出大潮溪　母后之赫濯始能亭潮水潆廻而潮水之潆廻益以彰　母后之赫濯也則有港利應归　母廟為薦獻香燭之資嘉慶七年被洪水冲崩南亭港頭第一曲與王元昌何登卓兩田夾界昌藉稅影佔卓□嘉慶十三年争控　廖主訊明照稅管業港漕二家不得填塞昌仍違断復塞卓呈控　劉主案下関内吳雲鴻等聯名叙明荷蒙堂訊港漕断属官荒奉批官荒之地本應入官拠称　天后神廟向無租息灯火之資呈請將近廟之官荒港漕批准入廟以為香燈薦献之費事属可行況該處港漕向為王何二姓争佔成訟經　本縣訊断各管各業不許侵佔官荒各具遵依在案茲據聲請前來准將該処官荒港漕归入　天后神廟以資灯火永息王何二姓侵佔之念候委員勘驗丈量勒石庙前以存永久即此定案可也而南亭溪港向道一所既有冲崩港漕一應归廟所有資息每逢　寶誕芳辰設陳薦献香燭之費于后不准藉田影佔一息民争一昭神貺茲奉　縣案廟祝黃德廣請示勒石以傳不朽云

計開土名列后　一土名南亭港頭第一曲冲断港漕一曲　一土名淺昌潮溪冲断港漕一曲　一土名五里亭上旧埠冲断港漕一曲

陳瑞英　許連元　黃國盛　鄭連彪　黃廷鏘　□□□

南　吳志光　蔡　興　何連捷　龐建勳　吳嘉貴　□□□

亭　吳雲鴻　陳元章　黃元超　方日新　李潼贊　方廷超　□□□

関　盧忠義　謝仙助　龐　超　何拔友　何純元　盧□□

黃　蘭　董　進　簡居中　陳朝舉　王日陞　王□□

蕭國英　符廷璋　黃金彩　劉進鳳　陳國扶　□□□

滿洲正紅旗分守廣東雷州等處地方籴府加一級功加一等紀録一次德

署廣東雷州府正堂加五級紀録六次吉　代理雷州府經廳加三級紀録三次許

特授雷州府海康縣正堂加六級紀録十次劉　特授海康縣督捕廳加三級紀録五次戴

賜進士出身誥授中憲大夫原任分巡浙江温處道海康陳昌齊

嘉　慶　十　六　年　歲　次　辛　未　仲　冬　上　浣　吉　旦

（碑文最下方没入水泥，難以辨識。該碑收錄於縣誌，碑文與縣誌錄文略有差异）

郡主天后宮遊江碑

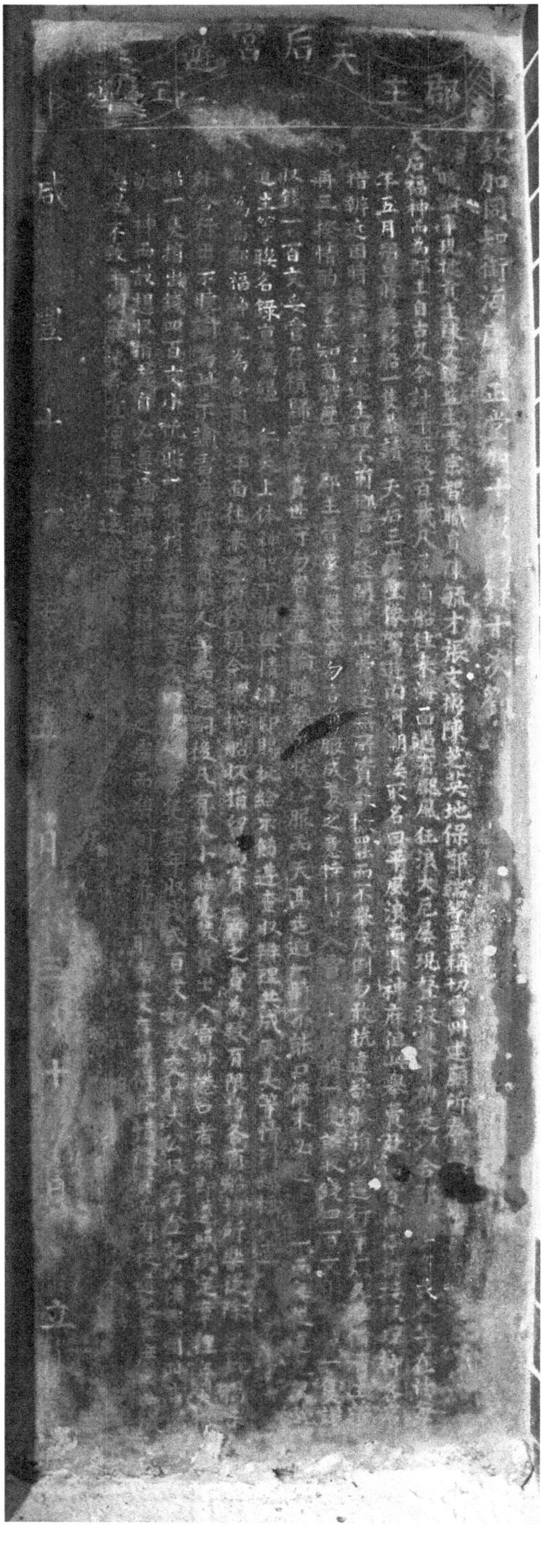

欽加同知銜海康縣正堂加十級紀録十次劉
曉諭事現據貢生陳文鋒监生黃宗智職負陳毓才張文彬陳芝英地保鄭端等稟稱初雷州建廟所奉
天后福神而為郡主自古及今計年經数百載凡属商船往来海面遇有颶風狂浪大厄屢現聲救護奇功是以合郡紳士商民人等在於每
年五月朔旦修造彩船一隻恭請　天后三座坐像駕遊内河潮溪取名曰平風浪而賽神庥但此舉費欵向皆南亭街接販琼椰各店
措辦近因時遷境異該途生理不前椰店既経閉歇此費遂無所資欵撤罷而不舉成例勿敢抗違欵派捐以遵行事煩又難備濟生等
再三揆情酌處素知商船歷需　郡主普度之恩諒亦勿吝剪腋成裘之意特將出入雷港大帆船一隻議收錢四百文小帆船一隻議
収錢一百文妥晉存積歸欵為費世守勿替蓋輿論雖然眾悅心服而天高地逈一時不能口傳未必遐迩歸一而無後違之異勢
迫生等聯名録稟萬懇　仁天上体神眖下順輿情維即賜批給示飭遵查収辦理共成厥美等情到縣據此查
天后宮為雷郡福神尤為各商船洋面往来之所仰賴今議按船収捐留為賽　神之費為数有限諒各商船均所樂從除稟批揭示
外合行出示曉諭為此示諭雷廣行各商船人等知悉嗣後凡有大小船隻裝貨出入雷州港口者務即遵照現定章程每大帆
船一隻捐出錢四百文小帆船一隻捐出錢一百文□□□每隻按年収錢弍百文如数交於大公収存登記以備費用此事□
敬　神而設想收捐者自必遵諭辦理諒無籍端加派之虞而樂輸者亦當照章交存毋得各惜微資而有從違之異庶幾共成
美舉不致年例廢弛各宜凛遵毋違特示

咸　豐　十　一　年　五　月　三　十　日　立

源福社立碑記

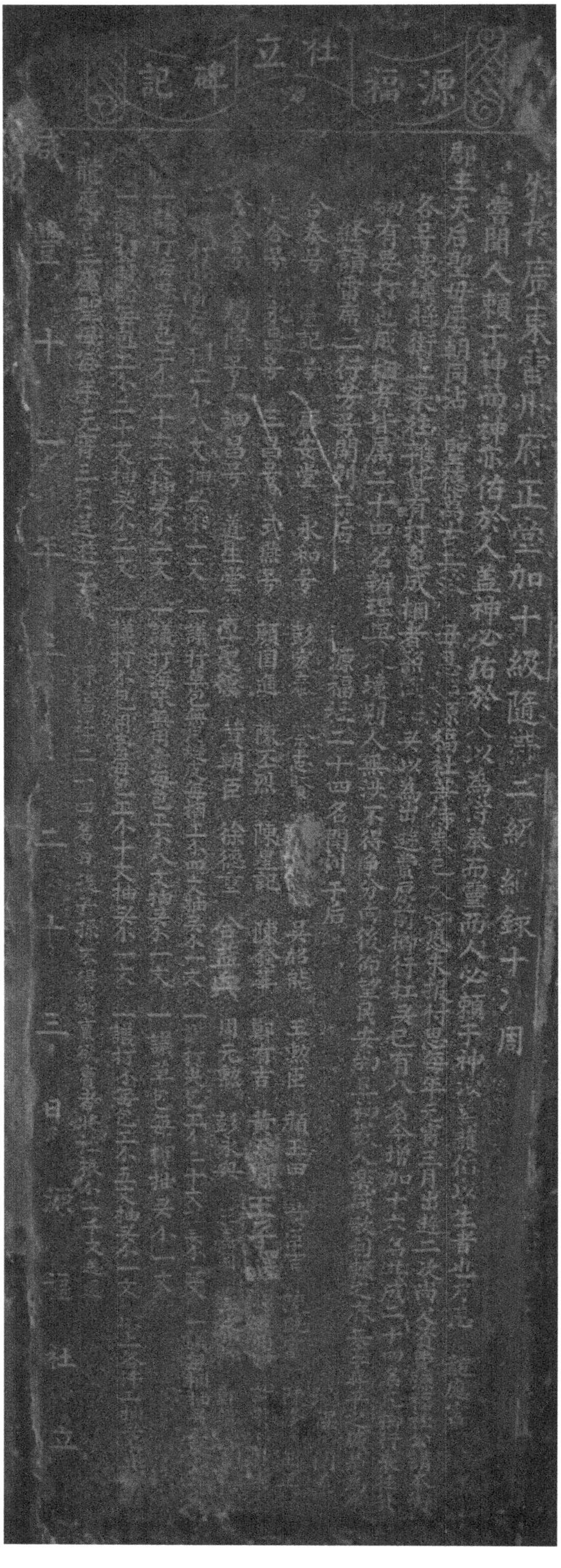

特授廣東雷州府正堂加十級隨帶二級紀録十次周

嘗聞人賴于神而神亦佑於人蓋神必佑於人以為侍奉而靈而人必賴于神以為護佑以生者也乃思　龍應宮郡主天后聖母屡朝同沾　聖德萬古共沐　母恩如源福社等侍奉已久知恩未报忖思每年元宵三月出遊二次尚欠資費源福社公請本街各号衆議将街上来往雜貨有打包成梱者照梱扣头以為出遊費原前榔行扛头已有八名今增加十六名共成二十四名凡榔行来往貨物有要打包成梱者皆属二十四名辦理與外境別人無涉不得争分向後仰望民安物阜神歡人楽咸歌利賴之庥共享昇平之盛是為序

経請雷廣二行芳号開列于后　　源福社二十四名開列于后　　地保　関差

合泰号　臺記号　廣安堂　永和号　彭宏泰　蔡志賢　□□□　吳紹能　王勲臣　顔玉田　黄臣吉　陳既富　陳隆　王正

長合号　永昌号　三昌号　式燕号　顔國進　陳丕烈　陳星記　陳彂華　鄭有吉　黄玉卿　王子鐸　周□□　許宗　周盛

金全号　均隆号　泗昌号　道生堂　陳聖德　黄朝臣　徐德重　合益具　周元勲　彭永具　王嘉用　王之安　鄭端

一議打草包每梱工朩八文抽头朩一文　一議打草包無用縫皮每梱工朩四文抽头朩一文　一議打尖包工朩二十文抽头朩二文　一議每梱抽头工底朩一文

一議打海味每包工朩一十六文抽头朩二文　一議打海味無用索每包工朩八文抽头朩一文　一議草包每梱抽头朩一文

一議打蒔粉每包工朩二十文抽头朩二文　一議打朩包用索每包工朩十文抽头朩一文　一議打朩每包工朩五文抽头朩一文　以上各件工抽头朩共□□

龍應宮三座聖母每年元宵三月送遊工資　源福社二十四名日後子孫不得別賣欲賣者將社根朩一千文送還

咸豐十一年三月二十三日源福社立

重修樂捐芳名

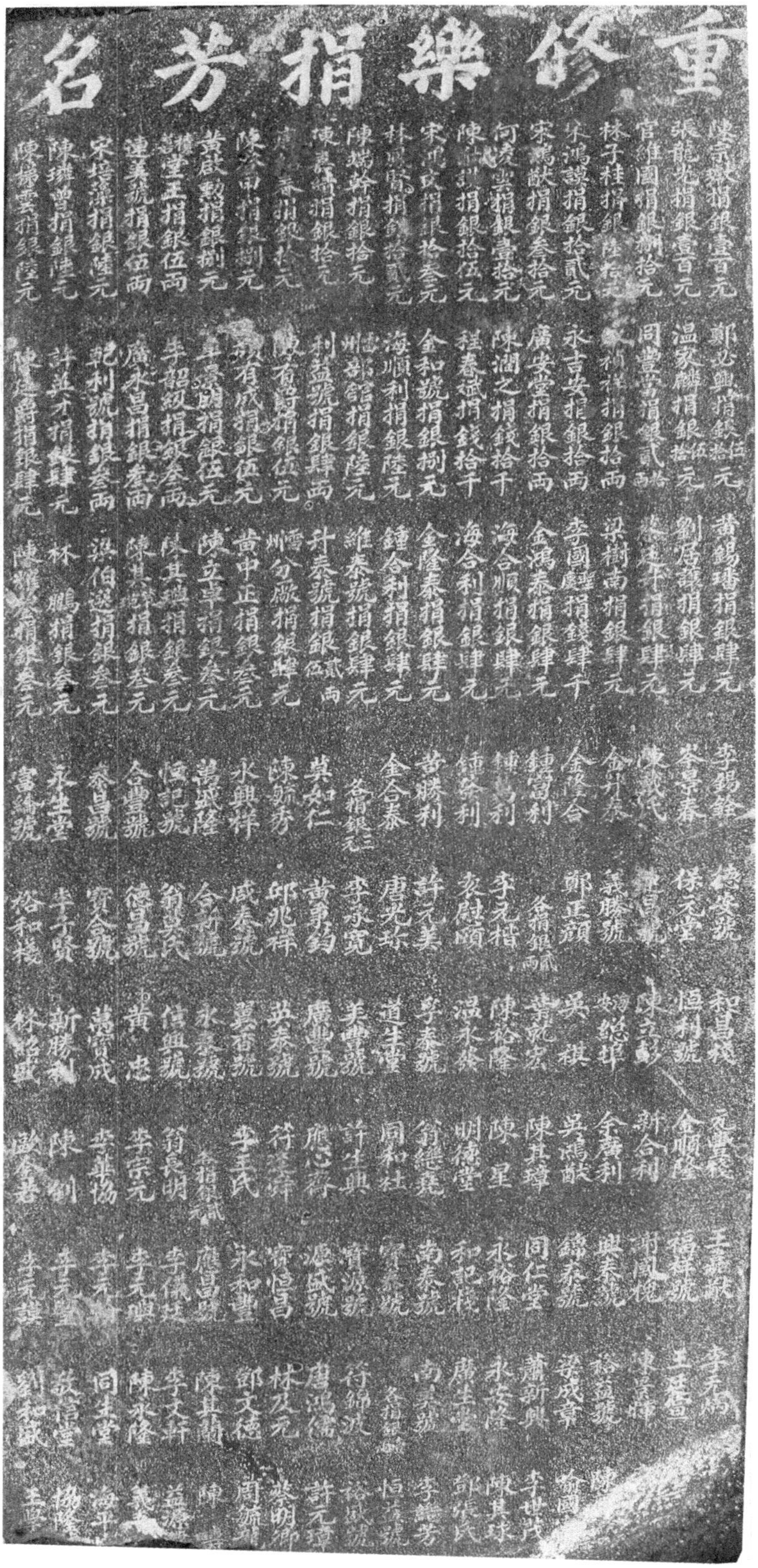

陳宗驥捐銀壹百元 鄭必興捐銀伍拾元 黃錫璠捐銀肆元 李錫銓 德安號 和昌棧 元豐棧 王嘉猷 李元炳 □□□

張龍光捐銀壹百元 温家麟捐銀伍拾元 劉居讓捐銀肆元 岑景春 保元堂 恒利號 金順隆 福祥號 王廷宣 □□□

官維國捐銀捌拾元 同豐當捐銀貳拾兩 蔡廷升捐銀肆元 陳戴氏 連昌號 陳立彭 新合利 謝國槐 陳景暉 □ □

林子桂捐銀陸拾元 □禎祥捐銀拾兩 梁樹南捐銀肆元 金升泰 義勝號 海安總埠 余廣利 興泰號 裕益號 陳□□

宋鴻謨捐銀拾貳元 永吉安捐銀拾兩 李國聖慶捐銭肆千 金隆合 鄭正顏 吳 祺 吳鴻猷 錦泰號 梁成章 喻國□

宋鴻猷捐銀叁拾元 廣安堂捐銀拾兩 金鴻泰捐銀肆元 鍾富利 各捐銀貳兩 葉就宏 陳其璋 同仁堂 蕭新興 李世茂

何凌雲捐銀壹拾元 陳潤之捐錢拾千 海合順捐銀肆元 鍾萬利 李元楷 陳裕隆 陳 星 永裕堂 永安隆 陳其球

陳猷謨捐銀拾伍元 程春斌捐錢拾千 海合利捐銀肆元 鍾癸利 袁慰頤 温永癸 明德堂 和記棧 廣生堂 鄧張氏

宋鴻文捐銀拾叁元 金和號捐銀捌元 金隆泰捐銀肆元 黃勝利 許元美 孚泰號 翁繼堯 南泰號 南美號 李繼芳

林鳳賢捐銀拾貳元 海順利捐銀陸元 鍾合利捐銀肆元 金合泰 唐光珎 道生堂 同和社 賓泰號 各捐銀壹兩 恒益號

陳端幹捐銀拾元 雷州部館捐銀陸元 維泰號捐銀肆元 各捐銀三元 李承寬 美豐號 許生興 賓源號 符錦波 裕盛號

陳嘉績捐銀拾元 利益號捐銀肆兩 升泰號捐銀貳兩伍 莫如仁 黃秉鈞 廣豐號 應心齋 源盛號 唐鴻儒 許元璋

唐紹春捐銀拾元 陳有爵捐銀伍元 雷州分廠捐銀肆元 陳毓秀 邱兆祥 英泰號 符逢舜 賓恒昌 林及元 蔡明卿

陳登甲捐銀捌元 顏有成捐銀伍元 黃中正捐銀叁元 永興祥 咸泰號 翼香號 李王氏 永和豐 鄧文德 周毓龍

黃啟勳捐銀捌元 □景明捐銀伍元 陳立卓捐銀叁元 萬盛隆 合新號 永泰號 各捐銀貳元 應昌號 陳其蘭 陳 疇

積善堂王捐銀伍両 李韶級捐銀叁両 陳其瑍捐銀叁元 恒記號 翁莫氏 信興號 翁長明 李儀廷 李文軒 益源號

連美號捐銀伍両 廣永昌捐銀叁両 陳其□琬捐銀叁元 合豐號 德昌號 黃 忠 李宗元 李元瑍 陳永隆 義□號

宋培藻捐銀陸元 乾利號捐銀叁両 梁伯選捐銀叁元 泰昌號 賓合號 萬寶成 李華協 李元翰 同生堂 海平□

陳璘曾捐銀陸元 許英才捐銀肆元 林 鵬捐銀叁元 永生堂 李子賢 新勝利 陳 釗 李元璧 敬信堂 協隆號

陳梯雲捐銀陸元 陳廷爵捐銀肆元 陳耀鋈捐銀叁元 富綸號 裕和棧 林紹盛 歐金若 李元謨 劉和盛 王學□

（該碑散落于夏江天妃廟碑廊外。無時間，無落款，下部殘缺）

重建仙城會馆燕喜碑記①

友石齋陳廣和書鐫

□……□九月十八日雷郡海風陡發民居蕩析仙城會館之前後兩座亦少被摧毀内有燕喜亭古樸而隘同人懋
□……□謀所以兩補葺之一時踴躍義捐輸囊恐後焉爰諏吉旦修墉垣易樑棟塗塈茨施丹頀規為式焕氣
□……□成後致書扵余求誌其事余謂會館之設所以安衆志妥　神靈也衆志安而應求可通乎聲氣
□……□感孚不隔扵幽明人　神胥安樂莫大焉原夫燕喜之有亭也建自乾隆壬寅由来已久第規模稍隘
□……□同人兹則廓而大之法制脩而觀瞻肅輪奐飭而奕祺傳意美法良日盛而月新矣初非窮奢極靡踵
□……□天事必端乎始創制且尚乎更新古所為棟宇易穴處之風也意者仰　聲靈之赫濯念氣數之推移
□……□風伯之威以為草故鼎新之兆歟美矣盛矣蔑以加矣今而後共沐　神麻飲和食德覩斯亭者莫
□……□而無虞夫雖美弗彰雖盛弗傳矣爰執筆而為之誌
□……□　身　題　補　河　南　柘　城　縣　知　縣　蔡　超　羣　拜　撰
□……□□明大　老善貽　老珩琛　葉廣德　温孟賢　陳丕承　黄持平
□……□□□虔　温聲昌　張仕謙　黎蕙正　周彩明　黄維昕　康得常
□……□　芳名助金開列于左
□……□□□□助工金四拾大員　致和當助工金式拾大員　義和號助工金捌大員正　廣成號　序成號　寶源號　泰生堂　同裕號
□……□□□□助工金四拾大員　泗成當助工金式拾大員　金和棧助工金捌大員正　三田號　三利號　再昌號　公興號　和豐號
□……□□□□工金四拾大員　公和當助工金式拾大員　瑞昌號助工金捌大員正　成泰號　五福堂　天和號　□□號　廣和號
□……□□□□□金四拾大員　義成當助工金式拾大員　又行號助工金陸大員正　怡盛號　萬泰號　合盛號　廣茂號　順成號
□……□□□□□□四拾大員　廣安當助工金式拾大員　合彰號助工金五大員正　已上各助叁大員　興隆號　太昌號　悦興號　以生堂
□……□□□□□□四拾大員　成德當助工金式拾大員　隆盛號助工金五大員正　廣和號　錦隆號　廣德堂　永春堂　同德堂
□……□□□□□□□拾大員　廣成當助工金式拾大員　利元號助工金五大員正　香蘭號　宜安號　泰和堂　泰隆號　同安堂
□……□□□□□□□拾大員　香山麥英助工金式拾大員　穗昌號助工金五大員正　信和號　誠合號　濟生堂　百草堂　已上各助工金壹大員

□……□□□□□□□□□大員　赤坎船商助工金式拾大員　祥元號助工金四大員正　式燕號　方仁堂　裕興號　和生號

□……□　□□□□□□□員　禮和號助工金壹拾五大員　長泰號助工金四大員正　信記號　廣来堂　德生堂　升利號

□……□　興記號助工金壹拾五大員　梁倫興裝助工金叁大員正　何□利裝　同興號　恆和號　達生堂

□……□　廣行行助工金壹拾四大員　梁泰来裝助工金叁大員正　宏利號　公興號　萬德堂　天泰號

□……□　廣成當助工金壹拾四大員　日章號助工金叁大員正　阜成號　已各助式大員上　福生堂　遂和號

□……□　德和堂助工金壹拾大員　安和號助工金叁大員正　榮茂號　元興號　廣興號　順香號

□……□　□豐號助工金壹拾大員　順隆號助工金叁大員正　錦來號　已助工金九錢□上　廣和號　利誠號

（碑上部殘缺，現存於雷州市博物館）

館燕喜碑記

三全號助工金四拾大員　瑞利號助工金弍拾大員　恒豐當助工金□拾大員　利昌號助工金叁大員正　合源號　金福號　友信號　德源號
綸元號助工金四拾大員　同益當助工金弍拾大員　合記號助工金壹拾大員　卓隆號助工金叁大員正　安全號　美元號　人和號　安和號
尊利號助工金四拾大員　同有當助工金弍拾大員　泗益號助工金九大員正　泗来號助工金叁大員正　肇隆號　敬記號　洪昌號　同来堂

今將各行號芳名敬送助金開列于後　梁輯宜助工金叁大員正

梹榔行敬送香資弍拾四大員　黃良均　李連魁　尹士希　陳啟元　左應華　陳秀林　黃敬堂　梅冠麟　陳應詔　陳琼賜　黃長富
雷州行敬送香資弍拾大員　黃適均　梁啟東　温永璨　陳徵元　黃秉璋　梁靖廉　明顯昭　梅登瑞　陳其長　陳景熙　黎天元
曲界廣行敬送香資弍拾大員　胡意明　已上各助金弍大員　陳榮顯　陳耀宗　范惠之　梅朝棟　明偉昭　温鳴凱　劉翰璧　温旻開　李星耀
潮州行敬送香資壹拾大員　已上各助叁大員　同豐號　陳允徵　陳允彥　尤端行　温好之　明德純　温維有　梅嘉福　盧汝癸　盧琦珍
海康縣儒學黎　璞助弍大員　陳章成　成豐號　黃浩平　陳紹謀　梅朝舉　已上各助金壹大員　蔡濟廣　劉純輝　潘靖業　陳植芳　明國昭
兩興號敬送香資叁大員　助壹両五錢正　老能謙　黃方平　陳宏彰　范仰宗　黎應台　薛聯瑞　左明遠　黎緝熙　陳士游　康偉漢
閘内雷行敬送香資弍大員　陳期用　老拜謙　黃遂端　陳献彰　梅榮芬　助金五錢正　黃之洋　朱步騫　黎文熙　梅掄芳　盧茂昭
邱凌秋助工金弍拾大員　黃本仁　已上各助壹大員半　梅華顯　陳璧彰　邱憲常　老超榮　陳紹堂　黎泰元　黎珍連　劉見祥　黃仰廷
梁楚期助工金壹拾四大員　老升慶　洪品芳　陳泰成　邱行中　吳敬貽　老進琛　陳英聯　黎惠元　陳餘芳　馮顯遂　老庚元
張肇敬助工金壹拾大員　老傑富　助金壹両正　陳粹滋　李韶秀　黎仰中　老敬琛　梅秩倉　陳迪禧　陳南和　柯遂隆　老汝霖
馮睿修助工金壹拾大員　老偉富　老仁昭　尹天眷　丁明大　林裕遠　老名秀　温謙常　葉蒼培　陳啟章　黃學深　伍映文
梁允猷助工金壹拾大員　老佑富　老經望　尹天茂　郭濬德　范永祺　老常昭　温學修　吳麗高　關英南　黃啟槐　梁紹元
黃維麟助工金壹拾大員　老廷弼　老經維　尹信球　温孟賢　范維祺　老寧貴　温遠芬　邱静謙　關泗祿　邱敬熙　全生堂
張端朝助工金八大員正　陳震南　老業儒　康德常　鄧會章　范翼祺　張建常　温澤芬　邱純中　岑洪安　邱素豐　廣生堂
張挺修助工金八大員正　林敬遠　老啟震　康維吉　吳印輝　郭友德　老景儒　温俊上　陳偉勝　温作善　邱泰蒼　萬保堂
黃持平助工金六大員正　林仍遠　老卓謙　康鳳和　周彩明　林奇遠　老啟祥　温德上　温煜秀　何舜珍　邱世開　和生堂
張超琼助工金五大員正　范開儀　老平謙　温聲昌　關智襄　黃履平　老啟泰　尹茂業　李静昭　康道遠　梅灝聯　名元店

張冠琼助工金五大員正 陳述堯 張仕謙 温冀上 温高朗 陳順傳 老應富 康潤邦 郭開熾 陳叶蓮 馮甸謀 廣昌店
張亮琼助工金五大員正 張翼垣 張儀邦 温敏上 陳紹林 康旦堯 老榮顯 葉廣德 張仁傑 鄧汝芬 黄其猷 益生堂
張務琼助工金五大員正 林圖遠 黄師淳 温百上 區維光 邱階和 老惠富 葉文光 盧勝珍 梅祐芳 張應瑭 德壽堂
張乾夫助工金五大員正 胡佐明 黎鑄常 温澤培 温雲晞 吳遂榮 老志富 陳以瓚 郭雲章 邱鴻舉 陳宏佐 友名店
黄維斆助工金五大員正 何學菁 黎德良 温和猷 温潔琛 李凝秀 老純富 左乂登 梁本敬 黄聖夫 黄應天 老典儒
林文驂助工金四大員正 温輝廷 張明泰 温顯揚 吳偕平 葉啟垣 老汝槐 温懿良 何敬本 黄英年 鄧麟之 張汝安
黄維昕助工金四大員正 李蔭餘 馮啟祚 古佐明 區本元 温啟初 老汝椿 古汝壽 康敬于 邱泰瞻 尤廷選 已上各助工金壹中員
邱冠北助工金四大員正 李殿元 黎汝驥 老笈謙 李章華 黄□庸 老汝櫟 范彰璧 鄧汝榮 李俊萬 陳倫慶
李品芳助工金四大員正 陳廷靄 李祖成 老政富 康序示 朱翼池 黄亮槐 梅永泰 温泰安 老珩琛 范英威

道光二年四月重修立石

（碑現存於雷州市博物館）

奉立星君碑記①

九江友石齋陳廣和書鐫

□……□愈增故前人之所爲非必有待乎後人而後人之所舉行究亦可以通前人

□……□梓于異地而爲報賽之區也義繫夫通商阜財則敍時伏臘而祀之者宜莫

□……□郡之仙城獨闕焉溯雷郡之有仙城會館也昉自前明至

□……□之載在碑文具有可攷迨嘉慶癸酉年復有拜亭之建則對越之維嚴边道

□……□也其後繞以垣墉雜蒔花木凡所建置罔不畢備以故恢宏壯麗甲扵雷

□……□謁廟貌得與鄉人士相接具言中座奉祀　關聖大帝後座奉祀

□……□帛星君獨闕竊所未安爰謀所以新祀之曁與　列聖開光衆僉曰善于

□……□月初十日巳旹新設星君牌位奉祀于　關聖大帝之側而列聖尊容

□……□于是日天朗氣清太陽拱照鄉人士既樂斯舉之有成可以匡前人之

□……□逢其休則此日之受廛于斯者其興發正未有艾之豈徒爲報賽之區

□……□備耳爰爲之記俾後人有所考且勒高義姓名于石並垂不朽云

□……□二等借補海康縣儒學訓導南海戴挺生撰

□……□陳宏彰　明顯昭　康善和

□……□黎緝熙　黃芳平　老錦榮

□……□列　于　左

□……□館(敬送香資)金壹拾大員　徐邑當商(敬送香資)金陸大員正　梁怡興敬送香資金四大員

□……□館(敬送香資)金壹拾大員　(佛鎮)永升號(敬送香資)金壹拾大員　梁謙德敬送香資金四大員

□……□金開列于後

（碑刻由兩部分組成，前部分碑石上部殘缺，後部分為助金題名，碑額有『星君碑記』四字）

星君爾記

道光十三年歲次癸巳仲秋吉旦立石

同豐當助金弍拾大員
同和當助金弍拾大員
中和當助金弍拾大員
廣昌當助金弍拾大員
福來當助金弍拾大員
巨益當助金弍拾大員
怡升當助金弍拾大員
尊利號助金弍拾大員
利元號助金弍拾大員
綸元號助金弍拾大員
廣全號助金弍拾大員
天和號助金弍拾大員
三全號助金弍拾大員
三昌號助金弍拾大員
泗昌號助金弍拾大員
金和號助金弍拾大員
如新號助金弍拾大員
廣益號助金壹拾八大員
三昌棧助金壹拾七大員
長泰號助金壹拾六大員
東昇號助金壹拾六大員
誠泰號助金壹拾四大員
瑞昌號助金壹拾四大員
泰盛號助金壹拾四大員
三和號助金壹拾四大員
安全號助金壹拾四大員
中和堂助金壹拾四大員
廣安堂助金壹拾四大員
香蘭號助金壹拾大員
美昌號助金捌大員
安和堂助金捌大員

利元棧助金捌大員
正和號助金柒大員
同仁堂助金柒大員
两全號助金陸大員
三益號助金陸大員
合記號助金陸大員
同福號助金陸大員
源來號助金四大員
奇香號助金叁大員
裕昌號助金叁大員
萬德堂助金叁大員
德和號助金弍大員
宜昌號助金弍大員
義和號助金壹大員半員
裕興號助金壹大員
元興號助金壹大員
宏聚號助金壹大員
仁生堂助金壹大員
宏福社助金叁大員
老廷弼助金伍大員
老拜謙助金四大員
老平謙助金叁大員
黎緝熙助金叁大員
梁本敬助金弍大員
老錦榮助金弍大員
盧琦珍助金弍大員
黃芳平助金弍大員
老卓謙助金弍大員
老仁昭助金弍大員
老憲弼助金弍大員
老榮顯助金弍大員

黎瑞光助金壹大員
黃持平助金壹大員
黃浩平助金壹大員
曾貴榮助金壹大員
康詔常助金壹大員
康善和助金壹大員
孔達堯助金壹大員
明顯昭助金壹大員
陳宏彰助金壹大員
老永謙助金壹大員
老承謙助金壹大員
老信謙助金壹大員
老容謙助金壹大員
老智富助金壹大員
老經維助金壹大員
老典儒助金壹大員
老汝霖助金壹大員
黎成桂助金壹大員
黎惠元助金壹大員
黎懷恩助金壹大員
陳其長助金壹大員
陳紹泰助金壹大員
陳紹堂助金壹大員
陳泰成助金壹大員
陳煥文助金壹大員
陳粹滋助金壹大員
關平剛助金壹大員
關朝爵助金壹大員
張滙榮助金壹大員
張務琼助金壹大員
張超琼助金壹大員

張濟時助金壹大員
張應培助金壹大員
黃維昕助金壹大員
黃良均助金壹大員
黃秉璋助金壹大員
黃敬堂助金壹大員
王乾始助金壹大員
李殿元助金壹大員
李學堯助金壹大員
鄧盛華助金壹大員
鄧叶之助金壹大員
尹和徵助金壹大員
范開儀助金壹大員
林仍遠助金壹大員
楊輝漢助金壹大員
温啟猷助金壹大員
盧仁謙助金壹中員
盧登魁助金壹中員
盧賢珍助金壹中員
盧玠珍助金壹中員
梅秩蒼助金壹中員
梅理中助金壹中員
梅漢濤助金壹中員
梅冠麟助金壹中員
梅雲階助金壹中員
黃浩南助金壹中員
黃孟如助金壹中員
黃照林助金壹中員
黃澤豐助金壹中員
黃安圖助金壹中員
黃德昌助金壹中員

黃文燦助金壹中員
鄧顯祥助金壹中員
鄧傑華助金壹中員
鄧恒芳助金壹中員
曾志堂助金壹中員
曾蒞堂助金壹中員
曾國業助金壹中員
曾華業助金壹中員
康　綽助金壹中員
朱明業助金壹中員
趙汝宗助金壹中員
洪汝齡助金壹中員
洪汝襄助金壹中員
范肇祺助金壹中員
區汝福助金壹中員
周仲良助金壹中員
熊瑞雲助金壹中員
李萃廷助金壹中員
莫秀蕃助金壹中員
羅毓漢助金壹中員
左思猷助金壹中員
區懋寧助金壹中員
何得昭助金壹中員
尹聰敏助金壹中員
蘇章然助金壹中員
岑應相助金壹中員
吳泰業助金壹中員
老昭榮助金壹中員
老景儒助金壹中員
老應昌助金壹中員
老協徵助金壹中員

老科貴助金壹中員
老濬榮助金壹中員
陳得中助金壹中員
陳協中助金壹中員
陳懋中助金壹中員
陳餘芳助金壹中員
陳昭□助金壹中員
陳秀昌助金壹中員
陳景光助金壹中員
陳捷明助金壹中員
陳景賢助金壹中員
陳應開助金壹中員
陳朝弼助金壹中員
陳允徵助金壹中員
陳琼賜助金壹中員
陳榮富助金壹中員
陳汝安助金壹中員
陳遂端助金壹中員
陳錫爵助金壹中員
劉澤廣助金壹中員
劉章林助金壹中員
關名揚助金壹中員
關忠業助金壹中員
關拔羣助金壹中員
關榮標助金壹中員
關英南助金壹中員
劉見祥助金壹中員
劉純輝助金壹中員
温懿良助金壹中員
温協舒助金壹中員
温逺芬助金壹中員

温聲昌助金壹中員
温百上助金壹中員
明國昭助金壹中員
明敏修助金壹中員
明德謙助金壹中員
梁佐清助金壹中員
梁本懷助金壹中員
梁仲貴助金壹中員
梁仲勤助金壹中員
梁緝元助金壹中員
梁嘉元助金壹中員
梁紹元助金壹中員
張禹謨助金壹中員
張文燦助金壹中員
張藝榮助金壹中員
張作芳助金壹中員
張殿倫助金壹中員
張超倫助金壹中員
張道榮助金壹中員
張俊傑助金壹中員
張仁傑助金壹中員
黎德餘助金壹中員
黎奕連助金壹中員
黎章連助金壹中員
黎俊超助金壹中員
黎鑄常助金壹中員
黎秉廉助金壹中員
黎璧璋助金壹中員
陳汝祥助金壹中員

道光十三年歲次癸巳仲秋吉旦　立石

雷州碑刻集

下

杨培娜　谢湜　编著

雷州文献丛书

中山大學出版社
SUN YAT-SEN UNIVERSITY PRESS
·广州·

目录

白沙鎮

雷祖祠

雷州重修威德王廟記

環九州山林川谷之神以功血食載於典章類固不一而雷獨得因神以名州其靈跡偉異廟祀隱然振耀海上舊矣僞漢之世號雷神爲靈順明正昭德王　本朝熙寧九年從郡守之請詔封威德王按圖誌與丁丞相謂舊記廟本在西南山岡梁開平中地隨州徙又二年一夕颶風暴作宇内失二梁所在舉郡駭異尋訪乃遷于石神之祠號英榜山者人知神意即其地建廟與石神並坐雨師風伯鼓輪電火咸有位序而山形俯視城社峻峙岑鬱實一邦之望自五代至今廟雖再徙至是神居妥安又二百三十餘季矣比歲以来海氣疏達民服稼穡商舶上下風雲寧善凡休咎動息惟神是告靈響益出公私承事益虔而廟以歲夂不治楹棟欹傾像貌剥落釃酒割牲至者觖望以爲不稱紹興辛未十月前郡守臨川戴侯率籲衆志命縣令朱琬郡進士王掄庀役始大新之前朝後寢重扉周廡宫廬仗衛品式備具富者獻其地壯者効其力明季七月郡守番禺黄公繼至謁款祇肅凡前人意所未至益規度之民大悦喜十月告成凡用工貳萬爲屋玖拾間森嚴華煥視舊丕變迺以書見屬不腆之文俾紀其事以告後來甚盛舉也夫雷震發萬物天之大號也必有聰明正直之靈司帝之權非偶然者况迺廟食一方南面而王垂數百年爲斯民衛所謂能出雲雨禦大災捍大患禮所當祭數者之功實兼有之可不欽哉昔唐裴鉶作書載海康一男子醉呼揮刄與雷爲敵且言震霆隨擊隨走終以無患志恠之士肆其荒誕不經之談布之人間使庸人孺子交口傳授生慢易心瀆神惑衆害於教化莫此爲甚且羅池之祠李儀醉侮堂上出門猶即死矧天六子之首愚民不恭審或爲此吾知其立殞碎必矣逃將安往頃時每憤鉶說之誣思有以正之今迺得纂載英靈之詳與夫綿祀崇奉之盛揭石廟門聳南服之聞永以寧神亦平昔之志也黄公儒雅明恕精練吏道以文學取雋科不數年綰郡符粹然南粤賢大夫也來爲此邦無幾何時恩信大洽治人事神苟可以致力者夙夜勉焉是謂豈弟君子求福不回者宜斯廟之爗然在人耳目也自今以始歲其常有人享神之庥則知受公之賜豈不韙哉戴侯名克仁字希顔黄公名勳字元功皆以考績爲二千石云壬申冬十二月既望莆陽李永年記

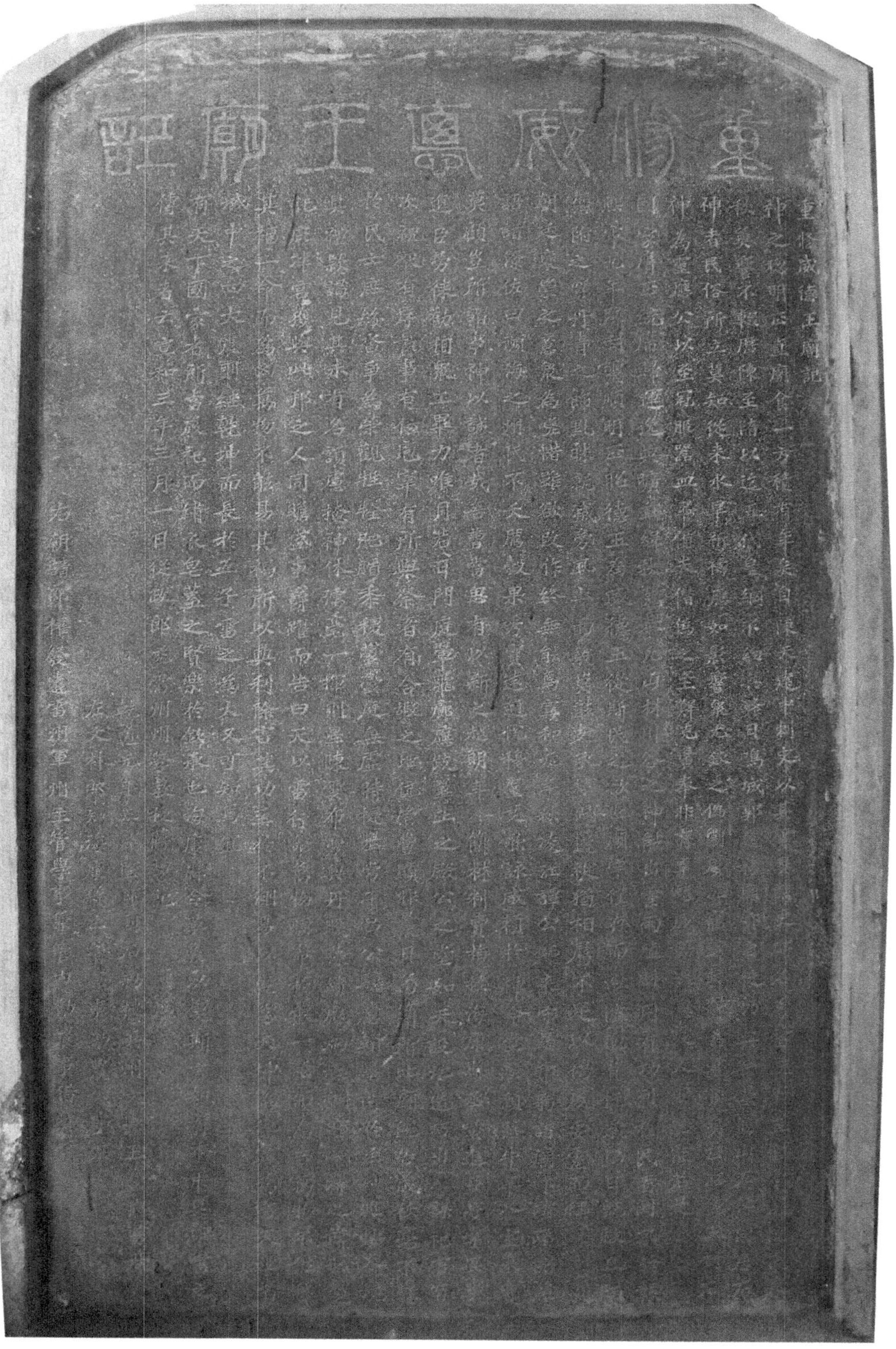

重修威德王廟記

神之聰明正直廟食一方積有年矣自陳天建中刺史以其靈異請更郡名為雷既而置宮宇嚴貌象春秋奠饗不輟歷陳至隋以迄五代皇綱不紐兵鋒日鳴城郭遷移廟亦自徙乃與今英膀山石神同居石神者民俗所立莫知從来水旱祈禱應如影響衆尤欽之偽劉屢加寵錫封神為靈順明正昭德王封石神為靈應公以至冠服器皿畢備夫僭偽之主鮮克貢奉非有卓越感動大惠及人則豈能若是

國家膺正統席歸運逸典曠章緝抉蒐舉凡山林川谷之神能出雲雨殖財用有功烈於民者罔不論報熙寧九年改封靈順明正昭德王為威德王從斯民之欲也廟宇僅存而湫隘迫脅伉歲愒日既敝且陋憑附之質丹青之飾黖昧就滅旁風上雨幾莫能支承糦踐籩袂猶相屬不足以揭虔妥靈而稱

朝廷褒崇之意衆為嗟惜雖欲改作終無能焉宣和元年秋凌江譚公銃来守是邦躬詣廟下躊躇惻然語諸僚佐曰瀕海之州民不夭厲穀果秀實遠邇恱穆耋艾歌詠咸賴於神今堂陛頹落牛羊入室来者莫顧豈所謂事神以誠者哉吾曹當思有以新之越明年冬簡材料費指授海康縣丞黄進臣專掌其事進臣勞徠勸相衆工畢力唯月若日門庭翬飛廊廡跂翼王之殿公之堂如天設地造巧出人謀祀官有次祝獻有序執事有位庖宰有所與祭者有合㲹之地伉崇豐顯非曩日苟簡所比廟既告成秋毫不驚於民士庶紛沓爭為榮觀牲牷肥腯黍稷鬱鬱庭無虚時提舉常平吕公驤意翰墨造於至妙巡按入境具禮款謁見其未有名額慮掩神休濡毫一揮則星陳雲布旁與丹艧藻繢彪炳燦爛實一時之偉也（炳文）託庇泮宫獲與此邦之人同瞻盛事爵躍而告曰天以雷行命萬物聽命於雷一命而為吉萬物不能移其福一命而為凶萬物不能易其禍所以興利除害其功至於不測易以乾為天坤為地震為雷天地者域中之四大震則繼乾坤而長於五子雷之為大又可焉宜

有天下國家者所當嚴祀而繡衣皂蓋之賢樂於欽承也海康縣令莫禦以（炳文）斯言粗有本末具碑書之傳其来者云宣和三年三月一日從政郎充雷州州學教授蔣（炳文）記

乾道元年五月望日刻石勑授英州文學王　掄書丹

左文林郎知海康縣主管學事勸農公事石　安時

右朝請郎權發遣雷州軍州主管學事兼管内勸農事借紫蕭　　翬

創置雷祠焚修田莊之記

鄭際泰題雷□□□□□□□□□□□□莊田□……□
耆事神以實不以文也雷州之有雷神□……□
十餘年□龍□顯跡靈驗彰彰在人耳目□□□□□□州□……□
□□□若□□□□所謂山林□……□
□□之矣其祀之也固宜□□□□□濱海塩課□……□
□□□□□□愈□□□□□□□又誓欲置田以答神貺□□任重慶□……□
□□□□□□□□□□□□省□偶感寒熱病因自念田豈□……□
□□□□□□□□□□□可以置□田以□□□□以□……□
□□□□□□□□□□□□□□□也或□……□
□□□□□□置田若□□□利於一時□□□□□□□□□□□將以祈□……□
□□□□□□□□□□□□□□□□□則□□□也□……□
廣海人□□□於福田利益之中□有趧敷□□□□□□立石以□……□
封□□□□此□□□□□□□□□□者二十□□□刻□□□□□□□□□□貢士陳□……□
□□□□□□峕□□□□大德十年中秋吉日□□□□□□□□□□□□陳田陳□……□
□□□□□□置□田□……□
□……□
□□□□□□拾□……□

（碑面模糊，難以辨識）

顯震廟田碑

□□□□□歲祀望内山川神示□田跡祈□谥順
□□□雷祖有禦水旱救灾□□患□其□者□□
□□□□祭祀典野□□給□复□則□□□□□
□□□寺觀廟宇□置庄田而□□董□雷廟自
己丑北魏安周天□四年□□陵陈文玉□□州□
得名迨壬申北汴梁乾德二年南康州□奉□□
隨州聚于此□己巳□□宋開寶二年南康州□天
宝十三年□□□□张□今延祐丙辰□七百四□
八年自混一□□□□□□□□□□□□□□
雖遠方來而□奔□□□有捨□器□□□□□□
捨田地助□修理者□租田□□□□畝□□□□
□田直□則□□□□□□□聽明正直依□□□
計較田但不经官給□□□神田久遠侵埋□復歸
□无人供野役无人灑□□□司天□神□□□□
□□司人□□府惟□□□□□必如泰山□田□
□□□□□如常平糶倉□□□□乃□其田現價
□□□施旋买□□下方若會计□州别載□□□
□□□□雷霆人□昭若日星□□□田讼□□繳
□□□神鑒□□□延祐丙辰五月望日陳先□書丹
□器陈森庙祝吴□逸刻碑
□州路儒學學正陳　綸记

□□□□□□□□□□
□□□□□□□□□□
□□□□□□□□□□
□□□□□□□□□□
□□□□□□□□□□
□□□□□□□□□□
□□□□□□□□□□
□□□□□□□□□□
郭城
□□□□□□□□□□
□□□項□□四垢種肆
□□□□□□□□□□
□□□□□□□□□□
□□□□□□□□□□
河西□□□□□□□早
晚田壹拾□垢□拾玖
垢種□拾陸□叁□□
壹拾捌□□拾伍兩□
一契買□阿唐□吳□□
徒□□田肆頃拾垢種
捌碩□捌定叁拾西□
一契買□阿□□□□□
传□□□□□□□□□

□□□□□□□□□□
□□□□□□□□□□
□□□□□□□□□□
□□□□□□□□□□
□□□□□□□□□□
□□□□□□□□□□
□□□□□□□□□□
□□□□□□□□□□
施□早晚田貳頃□□□
垢種子貳碩□□□□
一契陳□捨到那麻□□□
□等早晚田□□□□□
拾陸垢種子玖碩□□
一契陳□□到那帆□田
縣田捌頃□□晚田□□
項總計□□□□□□□
子伍碩□□□□□□□
□□□□□□□□□□
□□□□□□□□□□
□□□□□□□□□□……
□□□□□□□□□□
□□□□□□□□□□

（碑面模糊，難以辨識）

大元宣封雷祖祠記

上天眷命
皇帝聖旨
海康遠在南服雷聲恒化於寰宇之間惟
尔有神實當司之比来守吏削章上言其
在至元導行潦以達戰艘迨于延祐沛甘
霖而稔農畝考茲靈蹟宜易徽稱於戲啓
蟄收聲有赫上天之號令不言善應永孚
下民之禱祠雷神英烈昭恵廣順福濟王
可易封神威剛應光化昭徳王主者施行
泰定二年十二月　日

上天眷命
皇帝聖旨
天施雄斷震動者雷地統元形堅剛惟石
肅将正令遠暨遐陬雷州路海康縣顯震
廟石神土地正順協應孚濟昭佑侯厥土
攸司有相治道龍驤航海居多排奡之功
狼戾粒民潛弭焚炬之患載稽古制宜畀
新封尚左右于尔神庶對揚於朕命可易
封奮靈協應侯主者施行宜令明遠通妙
冲和法師鄭崐玉提點焚修齋執准此
泰定二年十二月　日

宣封雷祠之記
郡各有保封域之神所以相典祀福生靈也不以遐陬僻壤或異雷陽爲
治隸海之北州以雷神以雷廟肆□雷若稽郡誌有陳氏書獵獲巨寶越
幾日天大雷乃震夙生育神以是耴名始固疑其齊諧志恠然帝武龍涎
古未嘗無不必信有徵也又載州南八里山十里水俱由擎雷則古今州
罷率以山川名其鍾靈孕秀為聖賢為神變亦其理也方宋時累蘇穎濱
一行盖以由字為語緒當國者可鄙咲若此其奮筆為記者則以周在陳
為雷以雷種之異乃天建二年殊不攷陳隋皆為合州李唐始改今州名
實貞觀八年也又豈必盡諉諸神而為郡哉雷乃在天百穀草木麗乎土
有土有人神依人而行人貌神之靈以信其威水旱疾疫醮禱人不敢易
其心神固以人也顯震廟王舊號英烈昭恵廣順福濟我
朝泰定三禩秋新被
錫紵為神威剛應光化昭徳王蓋以延祐丁巳有司列其著蹟經臬司上
聞羽流鄭崐玉自
京師衔寵秩来歸神亦榮侈矣又明年丁卯憲副田亞中□憲僉李承務
恪幕長戴承務文璧知事郜從仕思恭照磨袁將□□□首肯鄭請□丹
諸珉以昭
天子之徽命以永爾神之休嘉夫捍菑禦患式克有封承流宣化皆奉成憲
豈特為一郡之光一時之美自今□始□爐惟馨和氣致祥典祀者既神
明其徳物不疵厲年穀薦登神之爲神亦必有在矣庸□□薦侑曲俾祀
則樂歌之
顯闕兮龍堂靈異兮□□中搴兩旗兮來降荔子丹兮蕉黄銀花落
兮苾芳神山□□□光□□兮波□□礪山兮□河風不飈兮海不波
景皇兮□□□□兮中天福梯航兮□□□□□□□□□□□□
載斯□□□□□□□□□山□□□□□□□□□□□□陳福淵立

廟神感應記

廟神感應記

□□李宗奇文並書

康多具風恠每歲爲雷陽患至正三年夏六月霪滂尤惡渾鹵溢浸田不得畊城圮屋壞民困無告廉訪使朵兒只□□諸僉事亦速福沙□經歷月彌失不華公相与率吏屬秉誠具香幣禱于雷廟之神曰邊甿瘠稀賴歲以生茲瘁農力將委溝壑神尚念恤哉祠畢顧瞻廟像且壞且墮漫漶弗鑒無以妥靈示密明典謀將葺而新之明日風恬雨憩陰霾盡收天淨日升歲乃大熟遂各捐稟祿售才僦工易陳施采赫奕儼雅如梳其址復奠禋潔以告終功耆耄乃相謂曰惟憲官公正神祀鉅明祈福臨十芟夷奸孽察理機務蓋以至誠而事神治民神既以誠應然捍菑禦患神故得食茲土西猺寇邊無寧月今而堡障聿脩酋率復署旌功□戮陳謨諭□策議永圖其至於斯神宜有以彰威靈殄殲兇類輯寍吾良民乃神終福而□□□□□□感戴□德以祝告於來者其季冬十有弍月九日□立

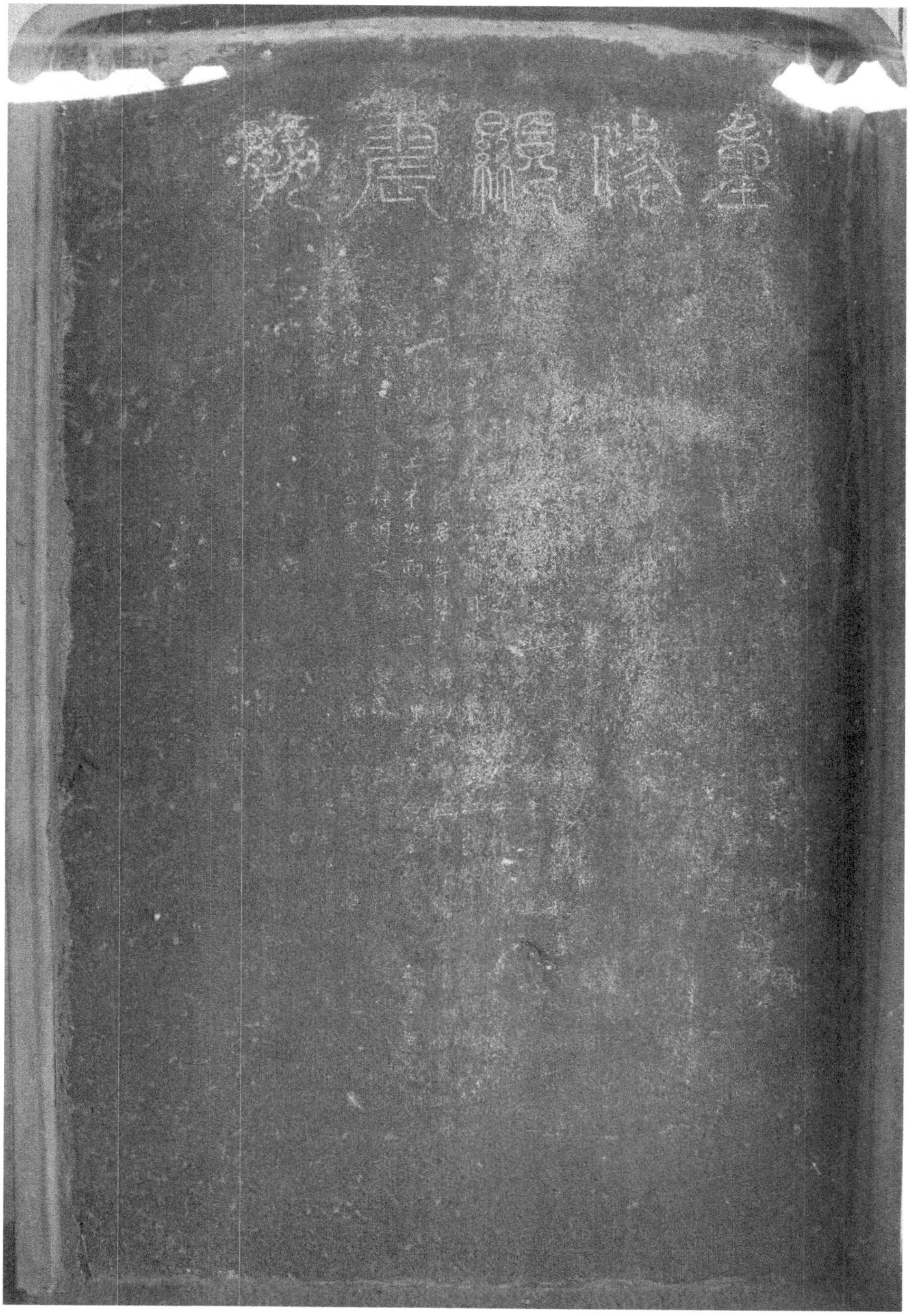

□□□□□□□□□□□□□□□□□□□□□□□□□□□□□
□□□□□□□□□□□□□□□□□□□□□□□□□□□□□
□□□□□□□□□□□□□□□□□□□□□□□□□□□□□
□□□□□□□□□□□□□□□□□□□□□□□□□□□□□
□□□□□□□□□□□□□□□□□□□□□□□□□□□□□
□□□□□□□□□□□□□□□□□□□□□□□□□□□□□
□□□□□□□□□□□□□□□□□□□□□□□□□□□□□
□□□□□□管□□□□□□□□□□□□□□□□□□□□□□
□宜無毫髮□□不□□而□□□虹□棟宇□□□□□□□□□□□
□□□□□□懷居□□夫□雨□神位秩□繪塑□□□□□□□□□
□□□□在上不怒而威士庶仰觀□□□□□□□□□□用成□□□
□而嘉□□□神明之惠也□民者之□也何彼此之間哉□故在郡城北
□志郡城之南五里許者謂雷□□□□□故自北而南□□□逾久□□
□□□□郡人將立石以垂永久大□主事諸賢俾屬□徐容記之容聞雷
□山川風物□異今雷郡□□於□□無田□□於神□所聞□□□□來
□□□識其□□之大□若夫明神□祀之□□□其封□□□之名□詩
□□□□至正十年□月朔日前進士□補高州路摠管府事徐容撰

海北海南道宣慰使司□元□前□事□□□□□□□
□海北海南道慰使司□□□□□□□

（碑面模糊，難以辨識）

雷祠富有利用碑記

州以雷名地之靈也廟以雷顯神所棲也顯震廟興置本末兩廡圖碑具存撰厥端緒所從来遠矣廟有
神帑祠官匿焉先是有司考籍得錢壹千壹佰柒拾緡用修
三君殿既克完美羨餘藏之郡庫庫掌計小吏張福昌者實收貯之尋以疾卒又幾陸沉而莫之究也至
正十一年夏郡起北門甕城迎
雷君至城樓以壓之月余有司褻慢俄而雷雨暴作乃孟秋八日憲府率官屬送
神馭還是日天色即開朗嗣後風不怒電不激雷不震云將事之前夕民有張伯玉即福昌父也夜夢厥
子哭頓在途聆其告語如平生居見掌庫籍監神之儲總實之目蔀年云彩乢苻八而八之為戎卒需一紀之
數寔已私是圖弫受寘誅既覺測所謂得非
雷廟寄庫錢即總楮幣七十有六封官貸其六十有四私侵其十有二悉合所言之筭即呼家人語之曰
今紀綱清明百司庶府奉戢惟謹吾儕小人其敢欺之乎縱幽寘不可知倘致顯戮汝輩何所逃也翼旦
聞上司詣廟愈謀不自安又明日具告于郡郡白于憲府會憲府體究前事咸歸正之仍益楮幣捌拾肆
封共為壹佰陸拾乏命屬司簡信實民十六家均領焉元本恒留出息相繼不絕并勒之堅珉以垂永久
可謂思患而預防者雷廟有銀器□□□□□庫□有銀器皿九十一件銀腰帶三通重叁佰柒拾捌兩
有畸並從單之租本錢為乏壹佰有陸拾月息壹佰陸拾兩歲收息錢叁拾捌乏以供晨香夕燈修營之
費十六家姓字附于碑陰續有充仭財及規運者仍列于左自是廩有餘粟藏有餘實帑有餘資供具秩
然祭不缺廟貌日益崇麗憲端一言之重而
明神陰受其惠傳曰神依人而行諒哉容嘗讀易考雷電合一之卦惟噬嗑與豊君子取象皆以刑法言
蓋電之燭幽遐雷之警聾聵實上天耳目之官而代天理化者也君子威斷如雷明照如電明威相濟刑
罰其有不中者乎懲一人而千萬人服功化豈不大哉變遐荒為善俗當自茲始容以同知高州攝雷郡
目擊其事郡幙俾予記稟諸憲府曰韙遂刻諸石朝列大夫同知高州路總管府事權雷州路事徐容撰

至正辛卯良月吉日憲吏何廷端

海北海南道肅政廉訪司知事寇勉

僉海北海南道肅政廉訪司事孛羅

正議大夫海北海南道肅政廉訪使恩寧普

施田記

欽差提督珠池蕪管廉瓊地方印綬監太監陳　貫係福建福州府長樂縣人氏叨居前職奉
命来守雷州對樂珠池發心重建
雷祠廟宇完备陸續用銀壹拾兩銅錢貳千五百文買到附近廟前田貳石柒斗伍升連廟後地□□
墻内地壹丈餘共税壹拾叁畝柒分施于　本祠又造漁船三隻並入
本祠永為常住香灯之費今具田地坵片四至下項于后

計開

一弘治九年十二月初四日用錢四百文買到海康縣四都四啚白院村人陳鈺祖置那庙西早田乙坵種子八升該税四分填築為地盖庙

一弘治九年十二月初八日用錢三百五十文買到本縣四都四啚白院村人吴友文父置那庙下早田東壹段種子七升該税三分填築為地

東至庙　西至本業　南至庙田　北至古路

一弘治十年十一月十六日用銀三兩買到本縣在城東北隅一啚人馮流那白院酸堀早田壹坵種子七斗該税三畝五分

東至吴孝　西至吴浩　南至陳能　北至陳國

一弘治十一年八月初一日用銀二兩買到同縣二都白院村人黄經祖置那文甲晚田乙坵種子五斗該税二畝五分

東至買主　西至吴逢　南至小溝　北至

一弘治九年十二月初六日用錢乙千五十文買那四都九啚英榜村人吴現同兄吴觀祖置那略□地近庙後東田二坵并後叚围墻内地乙丈餘入雷庙

東至本業　西至本業　南至庙　北至本業

一弘治十年八月初一日用銀三兩□買到吴友文同父吴□祖置那文甲晚田乙坵種子六斗該税三畝

東至劉志敬　西至馮流　南至吴容　北至陳□

一弘治十一年六月初二日用銀二兩買到四都二啚人吴浩己置那文甲晚田乙坵種子五斗該税二畝五分

東至買主　西至黄經　南至水溝　北至

一弘治十一年八月初四日用錢七百文買到第四都七啚人陳德厚祖置那昌舖□下早田乙坵種子三斗該税乙畝五分

東至陳宜　西至吴浩　南至坡　北至

弘治十四年歲次辛酉季夏吉日立

嘗謂敷祀道之經者存乎物展物釆之儀者存乎誠此事神之要道而君子之所貴也自夫寡德而欺天者廢其物挾智而慢神者虧其誠此神之所以不惠而祀典日荒也觀夫

雷祠顯震南荒名高今古亢近而士夫君子無一而不欽崇焉況扵遠者乎有西橋楊公諱澄廣西宜山人也卓犖不群早領鄉薦继而受

朝廷明命作令海康以清白自勵聞其名者皆稱其爲賢也且景仰英山有素知其不爱牲玉於神得不推爱民之仁心以為事神之盛節耶於是敬捐俸資不惜財也置田三斗不恥費也香燈有供昭物彩也外盡物而内盡誠則祀典之彰歷百世而可稽矣若我公者固可以見其用心之深遠而治民事神之道其兼體不累者乎然要其終之所以光治道陟崇階受介福及裕嗣續之昌榮者是則神明默相之功也愚何容贅因掌廟陳善千長蔡善光述奉田之請故書以記之

用俸銀叁两買到第四都人陳□那廟下早田壹坵種子叁斗該税一畆五分如遇攢造撥税收入陳善户内今具四至于后　東至劉相金　西至陳俊　南至陳玉　北至陳百忍

嘉靖貳拾年歲次辛丑季夏朔旦郡人後學輼山丁文隆撰

欽典鐫記

大明皇貴妃杜氏啓恭惟
皇帝陛下
聖仁溥博
天德高宏宰萬物而咸遂其生統九州而均蒙其化景仰絃歌中國幸逢賔服外夷匪賴
恩光奚臻泰慶伏惟
皇太子裕王本命丁酉年正月二十三日申時建生上属
紫微星垣主照切惟
皇統在躬　國嗣及已
聖姿初弱恐微垣尚歉輔弼之星　膚壽式成祈南极益拱長生之宿若非　神祇默祐曷致　国統悠隆是以奏奉
聖旨頒降
御香金銭謹差正一嗣教大真人府賛教張正直賫詣廣東
雷神寳殿恭同雷州府知府羅一鶯同知張準通判李能香推官柯乾敷雷州衛指揮柏淩漢白翰紀孫鑑趙廷舉文
應祥府經歷宋炅照磨鄭國賔衛經歷賈一策海康縣知縣易文亨縣丞馬宗文署縣事徐聞主簿周文奎儒學教
授彭範教諭沈琪訓導李日良王廷養吳森典史李子暘千百户沈隆徐文輝程鵬潘恩董潮潘清等齋沐共祝
聖壽綿長下保邉境寧謐伏願
太子厚謙德以承五位握　乾符而撫四夷
天壽益增　國畿永固是以今月初十日恭就　本殿脩建　旹
金籙祈恩福　國裕民懺香吉祥大齋三晝夜满散增設　知府羅一鶯以文埸之後行同知張準以
乾坤海嶽六合萬靈清醮三百陸拾分位亨格　神靈恭祈　景貺仰荷　給田行推官柯乾敷以入
天上神明降百祥而固兹四海　師真雷将　錫萬福而永我　覲行署府事通判李能香也謹附記
千秋　國緒康寧兵戈寝息欽承惟謹昭示無疆
嘉靖三十一年壬子歲九月吉日立石

維

萬曆元年歲次癸酉十月癸亥朔一日戊申

廣東等處承宣布政使司分守海北海南道右叅議諸察謹以牲醴敢昭告于

宣封三殿侯王之神惟

神光烈超形象巳獨存赫監絶覩聞以自運其鼓霄壤宰滇渤風雨噓噏雷電吐吞仰元冥而俯黔雷揭日月而亘嶽瀆是握禍福之柄是尸賞罰之令雖遠近隱顯人物喜怒之殊無所逃於神之明也夊矣故能相功玄默撰德生民造命百物轟然而舉職巍然而擅尊槩巳神而視人職固均大而力易功倍矧爾雷神德秉焱精位啓朱明其視百神爲力尤易為功尤崇察無狀自辛未春備兵南韶渴慕英靈以職羈未逮遥謁兹者蒞守雷陽奔走山海日親簿書夕覩月星允惟神休是賴第追論連年及今七月颶風猛作破舟沉兵寇縱民毒心切懿思豈本職塵鞅弗遄于蒞官與豈前司兹土者牲幣有未修與豈巳予在嶺南政多苦窳恐遺孼海北先此巳示警與雖然今之仕官以王事而省私親者衆也予來遲謂我親不可謂弗遄赫赫威靈前此者不敢不告虔也不可謂弗修予往政固乖謬不敢不恪職且猶可改轍神念宿轄必有陰牖曷忍終棄今而後請與神期神之精靈英爽予不敢違務宜符幽賛以無速戾于地方若神于兹日斡禍福於須臾回慘舒于焱忽易颶暴而興祥雲變瘴霧而揭皦日積四陽于始復震百里而無驚東漸西被奠寧南極俾三府州邑既巳知神之無負扵尊大又巳卜神之果不棄棄殊德玄造天不神遣是亶在神察謹備崖州之沉速無能命使玄夷聊將假此清香以達神之左右惟神圖歆無忽

尚饗

甲辰之役際明謬得謝褐来知海康康故有雷神廟云廟修於乙巳之七月閱一年而始落成當吉涓告廟之日或有問于余曰睠茲蒼碑四壁纍纍矣碑所記犬耳九動疾雷破卵理有之乎余曰此語類齊諧何足道所可道者惟神為古合州賢刺史生榮死哀廟食世世無窮期云爾或曰誌傳神姓陳諱文玉生於斯仕於斯洵鄉賢而名宦也迺特擅州名何居余曰風雷之變大木斯拔卵山之梁徙而白院雷實為之其貌名而實不亦宜乎或曰如子持論較正然而吊詭驚愚之說众數不敵也設弗碣將揖反走坐上座而為壇見河伯者接踵焉安用新其廟爲余曰否否洛誥有之王肇稱殷禮祀於新邑咸秩無文夫新邑無文者猶咸得與於殷禮況舊國舊都煌煌載在祀典者乎又況有功德於民最大且久欲湮沒得乎而可令其祠之一日不蔽風雨乎或曰神往矣其當季功德與神俱往矣今子顧光大之將何以徵往而詧之來余曰何知往牒目擊而道存矣君不見蠢茲雷民自井牧什伍以来其仁義禮樂之所甄陶聲名文物之所風諭何啻幾千載而頑慢弗率嚚陵詬誶之日聞則前此艸昧可知已惟神崛起此土奉王無私為二千石翼然提其威命靈爽之衡而赫然流其天地神明之譽大啟其報於白沙僊祀之後而綦濯其靈於颼飄鬱律飄鐘飛棟之初延及於今見有負屈含冤不怨之官而怨之神者則爍兮質成之王也又見有為善而得福為惡而得禍不尸之俗而尸之神者則儼乎司命之君也嗚呼人心不同如其面焉而一語及於神則遍雷之民若老若少若婦若子若智若愚罕有不色战股栗者此可稔神之精英無翼而飛不脛而走能節民驕淫無忌憚之性而曲發其不死如綫之良以與國家吏治相表裡不然誰與補短移化而仁義禮樂聲名文物之用窮無乃令賈君房復生願與珠崖共棄乎語神至此寧待論世知人尋聲逐響而功固已覃矣而德固已靄矣然則余之穹窿其堂而莊嚴其界也固宜是役也府縣衛所公為檀樾採使積施可五百金而典史甘汝銓寔董其事易前後殿材以鍈力其東殿棲石神西殿附李將軍亦如之復增置海北靈祠大門樓一中殿拜亭一東西兩廊鐘鼓樓各一其左官廳移後約數武或曰為民圖報是不可無書遂記諸石　旹

萬曆歲次丙午仲夏吉旦

賜同進士出身文林郎知雷州府海康縣事前觀工部政梁谿鮑際明薰沐譔文　郡庠生吳良胤書丹並篆額

方余未至海康時稔聞有所謂雷廟者靈炳一方矣迨涖任後肅謁廟貌目擊祠宇思爲之新餙
而未遑也辛亥秋始克脩葺竣工于是雷裔陳生朱衷朱□□鼎□□元勛等磨貞石請記其事
余固讓不獲因率勒梗概而付之余聞月令云雩祀百辟卿士之有益于民者以祈穀實春秋傳
云祛禦大菑則祀之祛捍大患則祀之迺知古來祀典爲民設也詔讀云乎哉若雷廟可覩已按
郡志陳公刺茲郡生有惠政歿有靈異鄉人立廟祀之俗稱雷種故廟以雷名其廟刱於陳代徙
於後梁禋祀於南漢而嘉封錫號於宋元累葉迄我
朝龍興洪武改封雷司定祀上元厥後成弘間屢因圮壞而脩廓之邇者前令鮑公業已締搆堂宇
繪塑諸像卒以覲行而未竟余來海康先經紀民事而後致力於神祠乃聚材鳩工命巡檢唐大
伸董其役以增葺其所未脩而彩餙其所未周始事于筍月朔日竣事于臘月穀旦其費出取之
贖鍰其工力用之農隙不越数月而競趋樂赴廟貌煥然更新此豈余之私媚倖福哉竊計涖邑
以來禱祈暘雨應若桴鼓秊穀登而氛祲息海無鯨波民無禍厲詎敢曰余不敏所能致然寔惟
是赫奕明神陰騭而顯庇之余敢忘美報乎故今之修葺一以爲民報福祐之仁一以示後之尹
茲土者似續而常新之俾神之有益於民禦菑而捍患者永爲海壖蒼赤所憑依也斯則立石記
事之微意也既記之又作歌以遺雷裔令歲時歌以祀之歌曰神感雷精托異胎以作神君歿不
灰廟食英靈山之隈電爍梁飛英榜來錫民福履穰民菑海濵萬竈靖氛埃累代褒封廟貌恢金
符玉冊幾番開余謁霧區奠荔醅惻然命匠整傾頹工役秖爲民福催願得從今永護培五風十
雨慶豐垓祥臻殃弭登春臺靈光萬祼赫如雷　旹
萬曆壬子孟夏之吉
鄉進士文林郎知海康縣事山陽張和拜手謹記　裔生陳萬□書丹□□□

（民國《海康縣續志》存有録文，文字略有差异）

雷祠田記

廣東雷州府海防清軍同知應世虞浙江僊居人
欽差督理糧餉分守海北南僉理嶺東宣威兵備道廣東布政司布政使陳玄藻福建莆田人捐銀肆拾兩□
雷祠置買後項田土議合雷州遞年管□收租積貯以資修理香燈之費今將田土税畝開列于後以垂永久
計開
一買陳朱表廟下田壹坵種仔陸斗載民税叁畆正價銀壹拾壹両東至大埇　南至王　西至陳　北至溝
一買陳朱表廟下田壹坵種仔壹斗五升載民税柒分價銀貳両正東至王　南至陳　西至王　北至港田
一買陳庭訓廟前田壹坵種仔玖斗載民税肆畆伍分價銀拾伍両正東至陳　南至溝　西至港田　北至莊
一買陳彥昌廟西田壹坵種仔叁斗載民税壹畆伍分價銀伍両正東至王　南至陳　西至陳　北至陳
一買陳良猷廟下田壹坵種仔叁斗載民税壹畆伍分價銀肆両伍錢正東至王　南至劉　西至陳　北至陳
上伍項通共計税壹拾壹畆貳分正
外附記
先任知縣吳弘仁施銀買土名黃律田壹坵種仔陸斗載民税叁畆正
先任通判葉茂悦施銀買土名廠下田貳坵種仔壹石陸斗載民税捌畆正
一項麻扶坡坑燒后田一坵種仔二斗載民税一畆正
旹崇禎貳年己巳孟冬之吉
雷州府海防清軍同知應世虞立

夫□世□□□□□□□神□□□之□□□□□□□□□□□
勘工□□□□□□□□果報之□明神□□□□□□□□□□
思□□□□□□雷神乎盖　神之鍾孕□□□□□□□□□□
禦患□□書于郡乘者固不必贅論即□□□□□□□□□□□□
□□之美□或□西北□□□□□□□□□□□□□□□
福□□□□□遠夷□□□□□□□□□□□□□□□□□□
則□神之聰明正直固□□□□□□□□□□□□□□□□
多壘□□□能□□聲□□□□□□□□□□□□□□□□
禍□迎□□□□□□則□醴□□不惟興典祀齋之盛□□□
續其□□□與
天地參□□□□□雷之益詩詠南山之陽書言大麓之聖□□
其烈也□□□雷陽十載□□□□殊興出王游衍之思故特□
捨金錢新廟貌以此告知□之□□□明信□□□□□□□□

計開

一建神前置鐙桌架并帳閣坐祠三間備有□□□□□
一起供殿彩前甲□田□利脩整□□□□□□□□□□□

旹崇禎戊寅季冬朔旦□□□□□□□□□□□□□□□□□

（碑面模糊，難以辨識）

司祠陳庭訓鴆施祠田永勒不朽示後人□□□我

雷祠歷來

春秋享祭載在國典觀其禦災捍患彰善癉惡上下懷德畏威樂於捐産何其英靈赫奕也訓自萬曆四拾壹年□以置祠租有用□廟宇重建奔走不遑歷諸艱辛不敢癉勞無我為　神努力今經多年士民捐施□種子田訓以垂暮之身管□諸事尽数□出□不為之處置善後　神其有以罪我矣切思租田三畆各房輪管近年□租種□□修□時節□設□俱有成規而餘泽之波及後裔亦云遍矣獨养賢盛典古未有設目□人文□□□風微識者將笑我宗之無人也況有事宗庙而無一二冠裳文物以輝煌庙貌是亦宗庙之□乃告之族吾欲集諸項田産盡交□族管領每遇中秋衣冠行祭但凡子性皆禮讓相先無敢不衫不履狂醉呼越豈不善哉識者僉曰□雖□□□於□□亦協從則此舉名置神人庶乎無病矣乃族老過爰議訓去世之後永身配食廟側荐胙於訓之兒孫是在後之賢者哀其幽魂實非訓今日所敢望也雖然所恨者田多價□而税畆並諸舊利僅一二有羨餘而無□□恐難乎激勸後人也惟望後之□問者凡有捐施依訓從出酌議補入贊成盛典將見我宗詩書日旺人文蔚起宗庙之中興□物采其在斯典其在斯

一陳儒登李芳一施土名陳娘躬田一坵種子一石六斗税六畆四分價銀二十四両
一張天祥施土名張天□田七坵種子□石六斗税六畆肆分價銀二十両
一孫良相施土名荇□□田五坵種子□石税三十畆價銀十八両五錢
一陳庭竣施土名調排洋田二坵種子五石二斗税一十一畆五分價銀二十両
一何洪傑施土名麻叁洋田五坵種子五石一斗税二十五畆五分價銀二十両
一李茂施土名麻演田□坵種子六斗税三畆價銀二両
一陳法智施土名西□□尾塘貳口并田共七坵種子一石二斗税貳畆五分價銀五両
一鄭憑可□施土名竹叢尾榜坑田三□五□石五斗税一十三畆五分價銀十四両
一□時特英施土名平余□□茴貳□税六分價銀二両
一陳茂施土名東□山嶺田□□一所税六分價銀一両　周武舉施土名□橋山荔枝□□
一黄□施土名北門□□田價銀五十四両米二升
一陳庭訓躬立土名竹叢□嵐高□内田庄税□頃零六畆六分一厘六毫價銀□……□
一陳九仞施土名双石坑坡田□□石五斗□税□十五畆四分價銀七十五両
一捨主唐見龍田土名坐落麻龍洋大小七十五坵宋村西边䓁□載民税……

隆武二年歳次丙戌仲春吉旦

（碑左下角殘缺）

重修雷廟功德碑

旹　康　熙　五　十　三　年　歲　次　甲　午　仲　春　吉　旦

公諱大成號蓮峯貫係陝西三原人

欽命廣東分巡雷瓊道按察使司副使加七級紀録六次申公重建

海康縣典史加一級胡忠詮督工

後裔監生陳琳（郡邑）庠陳開（琛統性）合族仝立

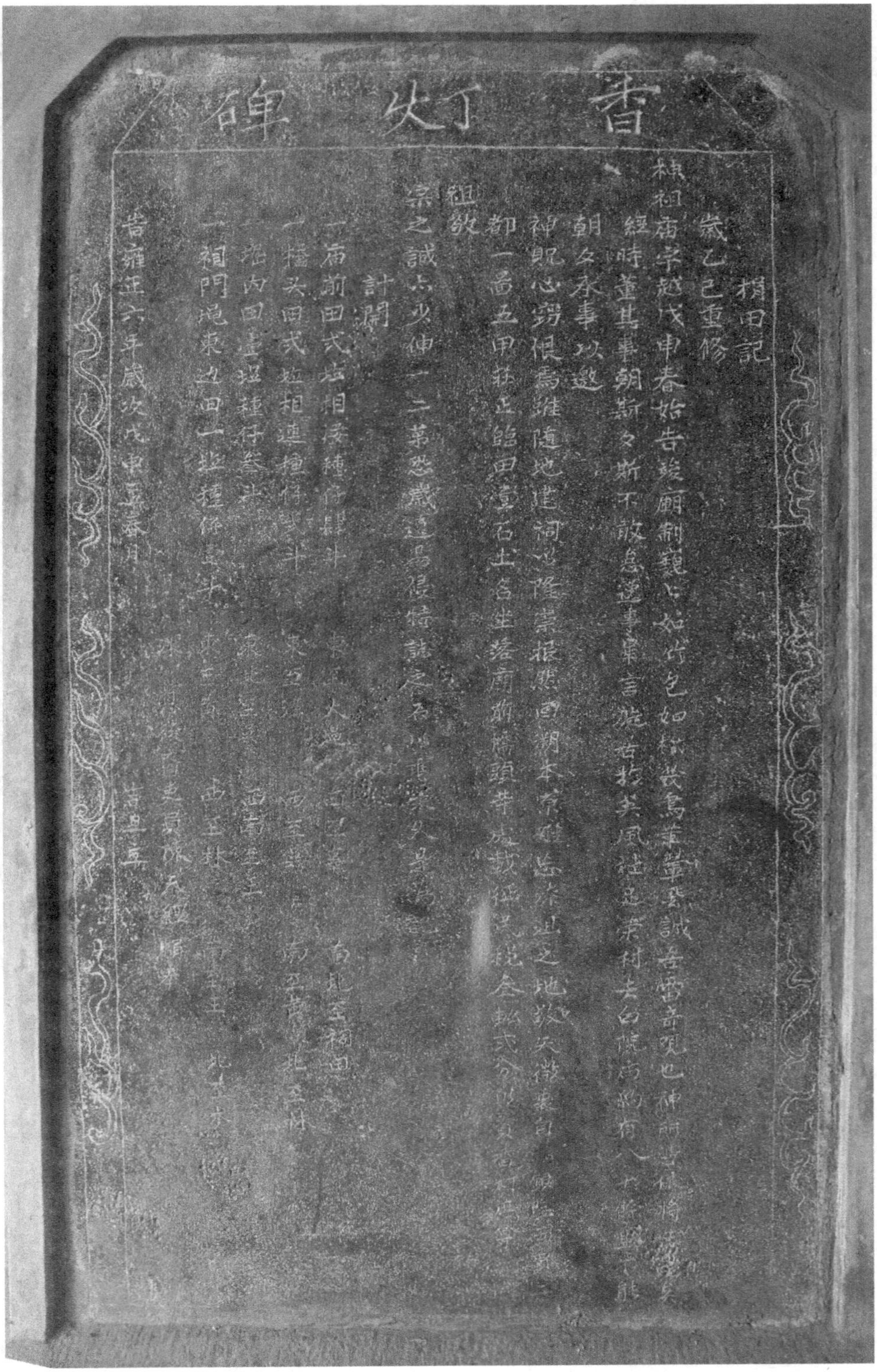
香灯碑
捐田記

捐田記

歲乙己重修

神祖庙宇越戊申春始告竣廟制巍巍如竹包如松茂鳥革翬飛誠吾雷奇观也神所憑依將□□矣

經時董其事朝斯夕斯不敢怠逸事畢言旋居於英風社足荣村去白院庙約有八十餘里不駄

朝夕承事以邀

神貺心窃恨焉雖随地建祠以隆崇报然回溯本原难忘漆沮之地敬天微衷自捐銀陸両買二

都一畐五甲莊正臨田壹石土名坐落廟前橋頭等處載征民税叁畒弍分以資香灯庶尊

祖敬

宗之誠亦少伸一二第恐歲遠易侵特誌之石以垂来久是為記

計開

一庙前田弍坵相接種仔肆斗　東至大堁　西至辜　南北至祠田

一橋头田弍坵相連種仔弍斗　東至溝　西至吳　南至黄　北至林

一堀内田壹坵種仔叁斗　東北至吳　西南至王

一祠門堁東边田一坵種仔壹斗　東至黄　西至林　南至王　北至岑

沐　恩後裔吏員陳天經捐奉

旹雍正六年歲次戊申孟春月　吉旦立

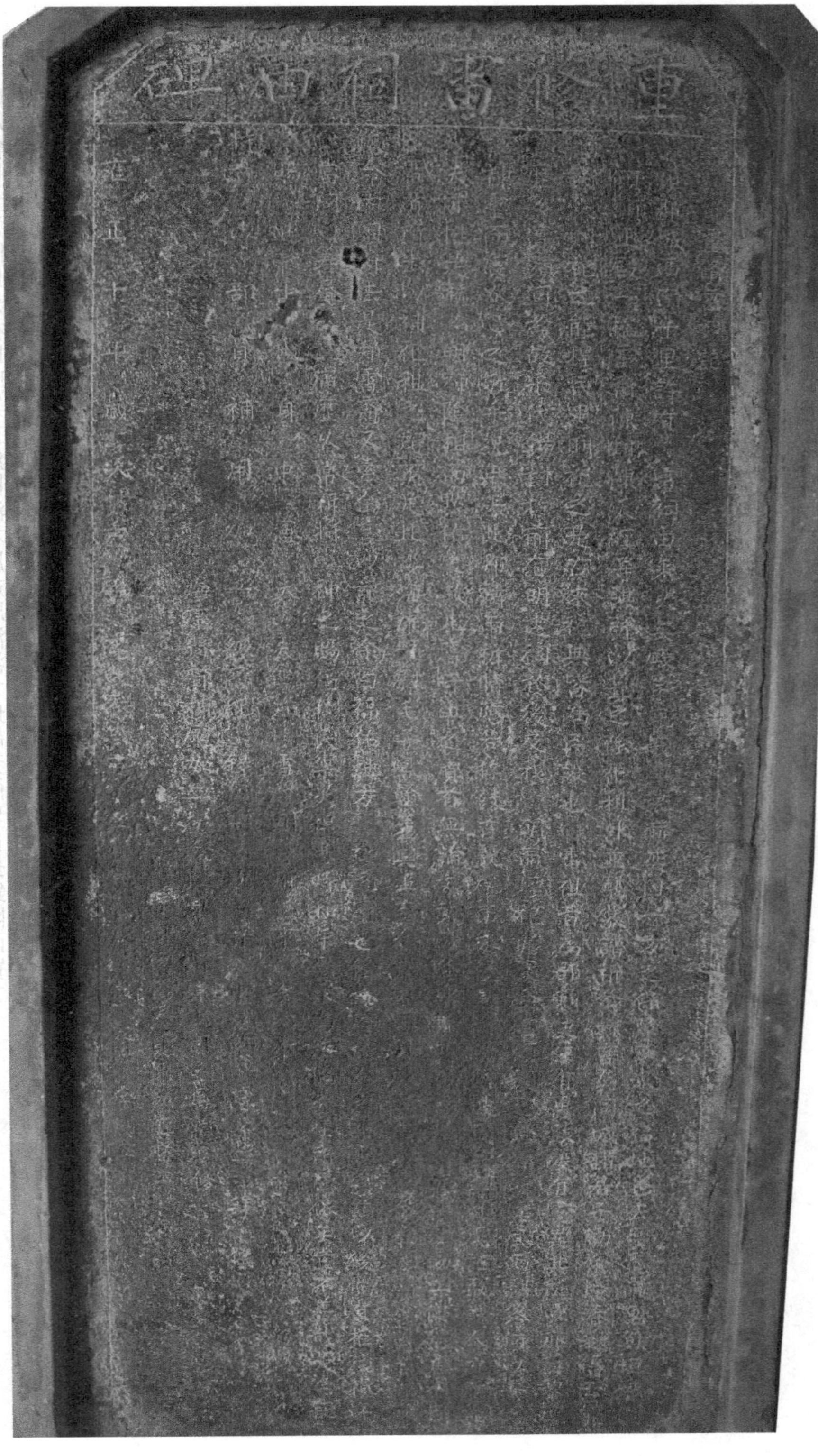

重脩雷祠記

距郡城西南十里許有　雷祠由来久矣殿宇巍峨廟貌赫奕固一方之保障雷陽之福地也去夏□雨連旬垣牆倒塌傾頹正殿一楹雷裔陳（桂琳）陳天經等謀議以葺之除祀租外並製募譜祈余□言為同城諸君子勸余讀春秋傳云能御民災則祀之能捍民患則祀之是古來祀典皆為民設也　雷祖昔為郡刺史生有惠政歿有靈異其所以庇護黎庶皆歷多實積可考故宋代錫封於前有明建祠於後及我　朝而煙祀弗□今□傾頹之際若听其風雨剝落何以安神靈而展人心之敬乎況年来此邦禱雨祈晴應若桴鼓百穀登而氛侵息海無鯨波□□□□□誰敢謂人力所能致夫□惟是赫赫明神陰相而默佑之致凡膺捍菑之責者無論文武咸□樂□共襄盛舉且亦捐金助工俾磚瓦木料之費有所出以補祀租之所不足且委海康縣尉毛子鳳翰董其事至今歲春三月厥正告成□今奉
欽命內□□去是□雷裔又索余言以記之余曰福佑地方　神之事也脩揚膺祉人之事也自玆以後倘有摧残損壞即當同心籌備□□庙歷久常新將　神之賜福於民禦災捍患時和年豐永為海隅苍生所憑依矣豈不善哉是為記

賜進士出身中憲大夫知雷州府事今奉
特旨以部員補用加一級紀録一次晉中葉思華拜撰

海康縣督捕廳加二級今陞東莞縣京山司毛鳳翰督修
雷祠後裔吏員陳天經督工

雍正十年歲次壬子季春□□雷祠後裔仝立

大清敕封碑

雷州府海康縣為懇恩請

旨褒封以答神庥以安黎庶事乾隆十八年五月二十八日據闔邑舉貢監生員陳子良等呈稱海邑先民陳文玉者上有功於國下有德於民唐貞觀
十六年遣禮部侍郎吳從殷建
祠祀之封為雷震王歷朝累加封贈惟我
朝定鼎以来未經查詳等情到縣理合據情照例詳請　各憲轉請褒封奉　督憲班題奏為恭請褒封正神以慰輿情事竊查廣東雷州府城有雷
祖廟誌載其神姓陳名文玉生
於前五代陳時唐貞觀間為本籍合州刺史勦平獞獠築建州城民被其德歿後成神効靈報國唐時即加褒封因改合州為雷州歷代除患救災
屢著威靈梁宋元明各加封號
國朝康熙二年天旱推官何芳騰赴廟祈禱立時雨深三尺三年知府陳允中平黄明標之乱四年除陳老子之妖俱獲神助五十一年大旱疾疫雷
瓊道申大成備牒虔禱旬日内
雨足疫消事皆載於誌乘雍正三年會經前督臣孔毓珣題請褒封經部議覆以姓氏事蹟正史不載未邀准行臣任内乾隆十八年十月又據廣
東布政使石　轉據雷州府士
民呈籲具詳請題褒封臣以部駁有案未敢率辦迨臣巡閲營伍前抵雷郡復據士民環籲共稱雷祖正直聰明凡遇地方旱潦疾疫有求必應祈
申下悃等情臣隨親至其廟考
驗碑記所載顯靈事蹟確有功德於民又據雷州府知府馮祖悦面禀乾隆十七年雷郡亢旱該府禱神應期得雨此係親歷之事現在民間諸事
祈禱無不如響斯應今請封之
與悃洵為激切等語臣伏念我
皇上崇德報功沿海諸神多邀　封號此雷州府雷神既於
本朝歷著捍禦保障之功現在士民有求必應永被其德前因雷州僻遠致正史未載實為海疆正神似宜邀
恩一視同仁錫以封號下慰民情至該廟原設有祀産春秋致祭無庸動支公項應令該府附郭之海康縣知縣届期親祭以昭祀典臣謹恭摺陳奏併
將歷代封號另開清单恭呈
御覽伏乞
皇上睿鑒訓示謹奏奉
硃批該部議奏欽此經　内閣　禮部議覆該臣等議得祭法有云能禦大災則祀之能捍大患則祀之兹據該督奏稱唐合州刺史陳文玉勦平獞獠
建築州城民被其德歿後遇□

方旱潦疾疫有求必應
本朝屢著捍禦之功士民激切籲請等語應如所請
敕加封號以示褒崇恭候
欽定既足以昭假神明亦可令民聽不惑至春秋祭祀該督既稱廟内現有祀産毋庸動支公項屆期令附郭之海康縣知縣致祭等語亦應如所奏辦
理俟
命下之日臣部行文該督一并遵照可也臣等未敢擅便謹　題奉
旨依議雷神封號用宣威布德之神欽此欽遵於十月初三日奉到勒石
乾隆十九年歲次甲戌仲冬穀旦　分巡雷瓊兵備道德　明　雷州府知府馮祖悦　雷州府同知朱　藩　海康縣知縣黄元基勒石

廟田租碑

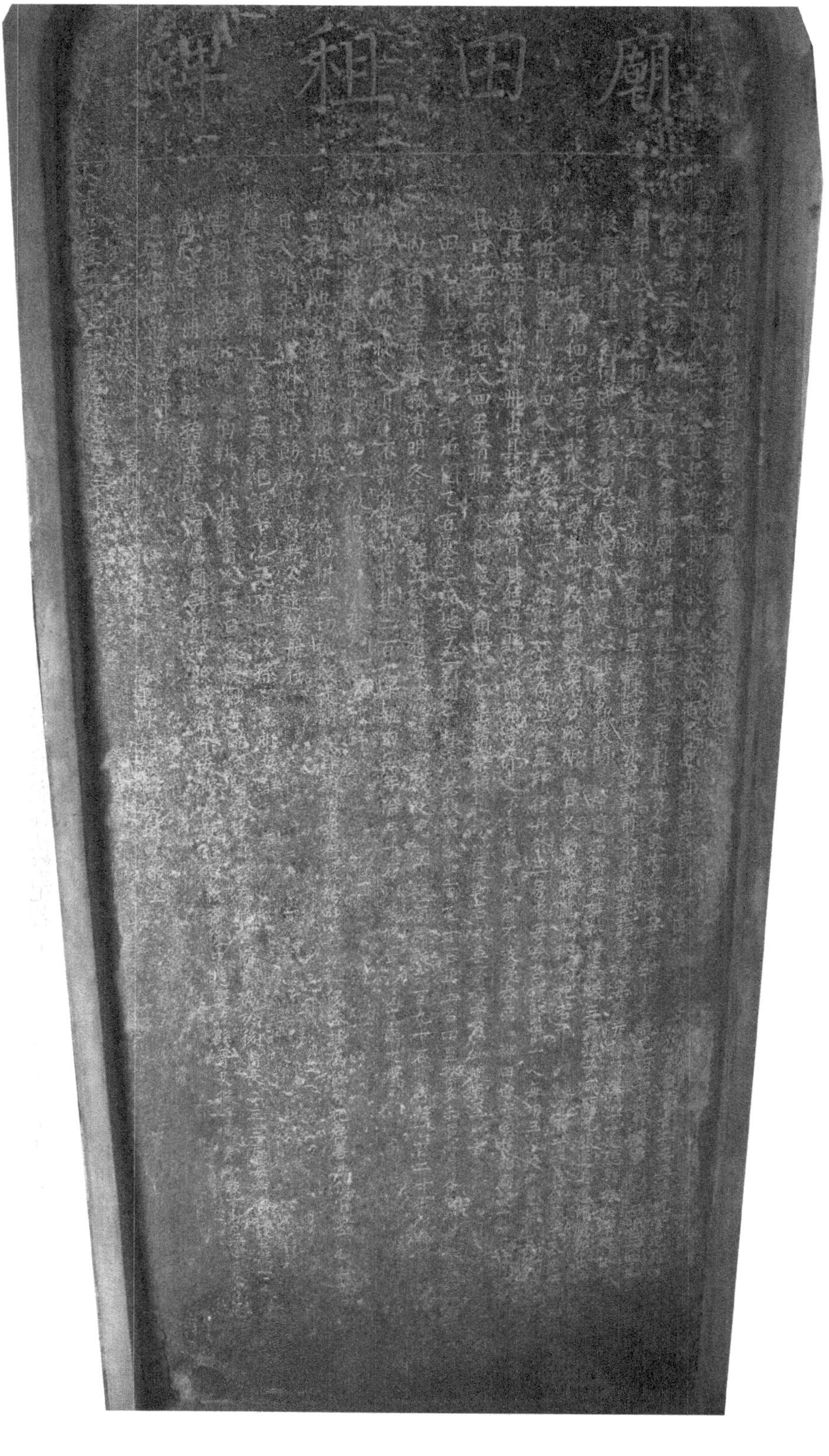

雷州府海康縣為乞准清查以光廟貌事查看得雷郡之有
雷祖神祠自陳代至今歷有年所緣祠向設田租穀四百餘石土名坐落官和沙園椿等處從前俱系後裔長二三三房統管迨雍正五年按丁
分佃奈三房人多心異租欠累累廟事傾頹乾隆十三年前縣黄令設有印簿每年抽田租穀乙百石存修廟宇嗣於二十三四等年陳璋等
因年成不豐拖租未清致陳□□□□（克明）等聯名赴縣呈控陳璋等亦具訴前來卑縣親詣雷祠集訊并據兩造俱有悉聽別姓批耕之供但租田原係
後裔佃種一但使他族承領恐原佃者口是心非當即設鬮　神前拈得異姓批耕字様三房孫子咸皆悦服遞具遵依隨即出示招佃票據
韓　德
蔡文翰　等領佃各給印照惟是每年所收租穀若不分晰明白日久仍復朦朧春秋祭祀若干　神誕費用若干存修廟宇又若干并田地土
李　清
名坵段四至置簿四本三房各給一本繳縣一本存查鈐蓋印信并於三房中每房各擇賢能一人每年三人按年更换出任董理其事年終
造具經費開銷清册出具并無侵冒甘結遞縣以備稽考胥吏不得假手後裔不致侵吞庶　神田世守勿替而廟貌亦可以常新等理合造
具田地土名坵段四至清册一本租穀支銷册一本呈請察核批示以便勒石永垂不朽實屬公便須至申者
田乙千四百九十七坵園乙百零三坵地五所樹一林通共收租穀四百乙十石正土名四至繁多未載册存各衙門案卷每年租穀除廟
内香燈每年春秋清明冬至寶誕五祭出遊安燈修齋演戲及完納丁糧須用穀弍百九十石實存穀乙百二十石以為修廟之需此租穀
一應俱要收入廟倉不許首事私貯其二百九十租内每年除弍十石以為修葺沙園庄廟之費
欽命雷瓊兵備道兼管水利加一級紀録八次張　憲批據詳
雷祠田地各後裔情願批給異姓佃耕一切租穀支銷册目議定章程設給印簿以杜侵吞誠屬保守祀產善法但官吏不得藉端干預致使
日久弊生仰雷州府即飭勒碑以垂久遠繳册存
特授廣東雷州府正堂加五級紀録十次記功一次孫　憲批據詳
雷祠租穀另批異姓佃耕以杜後裔人等日久侵蝕并酌定開銷數目餘存修葺廟宇仍於後裔長二三三房每年各擇賢能一人輪流管理
歲底造具册結繳縣稽查所議頗屬周詳仰即照議飭令妥辦毋使經管後裔從中拖費該縣胥吏假手需索以致有名無實徒費經營仍備
道憲批示飭遵繳册存
雷瓊兵備道張介祺　雷州府知府孫慶槐　海康縣知縣陳景塤　敬立
大清乾隆二十六年歲次辛巳三月穀旦

嘉慶二十一年竪石以杜侵蝕碑

特授廣東雷州府正堂加十級紀録十次雷　為竪碑勒石以杜侵蝕以絶爭端以垂永久事照得

雷祖廟產係于嘉慶十三年経海康縣廖令訊断議舉首事并開列田條坵段設立印簿給與首事經管嗣於二十年陳鴻禮以陳俊等侵吞廢修等由先後赴縣府具控而首事陳俊等亦開列田園清单呈訴當經本府提訊陳俊等並無侵蝕庙產租息情事惟簿載田園土名坵段梜與前碑及從前縣發印簿不符随行縣飭令族衆另舉首事陳經常等經理并查明土名坵段共有若干処因何与従前印簿不符縁由切寔稟覆茲據縣飭據陳姓族長陳洪濬陳運陞陳學斌及首事陳經常陳王謨陳丕業陳廷珍陳勝記陳憲祖等查得庙内現在寔存田壹千零七十四坵又園四十四坵另有零星不成坵段田園地七所每年共租錢式百六十式千四百三十文共租谷式百壹十八石九斗五升前項田園因歷年久遠间有小坵通成大坵以致坵段与原碑及前縣印簿不符苐租息与前無異至舊首事陳俊陳學濂二人住居与庙相近可以就近料理且身家殷寔人亦公正籲請協同陳經常等辦理并将現在田園土名坵段租数開列清单懇請據情轉稟賜文竪碑勒石以垂永久等情轉稟到府據此合行給示

為此示諭陳姓合族人等知悉尔等係属

雷祖後裔所有庙產既經陳經常等協同陳俊等經管務宜小心照料其庙内經費年節祭祀等項收支數目自當遵照章程一秉至公妥為經理不得稍存侵蝕之見即将来新旧交替亦宜遵碑文田園坵段処所租息照旧妥辦毋得再起爭訟各宜凛遵毋違特示

计開田条坵段收支数目列后

调爽前田二坵一石二斗　東门河内田二坵一石　西听塘田一坵一石　壟上田五坵一石二斗　麻畚田一坵三石　黄律田一坵六斗　草黎田三坵八斗

西洋田二坵三石四斗　東门河外田一坵一石二斗　庙前田一坵六斗　白沙洋田一坵四斗　麻亭田五坵六石　下溪田一坵二斗　荇州田七坵五石二斗

馬洋田一坵四斗　堰西田一坵八斗　麻扶前田六坵三石四斗　下溪潮田一坵六斗　四斗坡田三坵三石七斗　西埏田三坵七斗五升　戲台前田三坵二斗

蔡陳田四坵一石六斗　水漓湳田五坵九斗　陳家田五坵一石二斗　馮富田五坵一石二斗　麻扶后田二坵一石二斗　北界洋田十二坵四石三斗　東园田十四坵四石四斗

麻扶洋田三坵二石　馮村上坑田廿三坵三石　馮村下坑田一所廿一坵四石　褚処营田廿四坵三石　南渡田五坵一石六斗　麻斜田六坵四石四斗　时亭田廿三坵八石八斗

坡下田五坵一石　坡仔田五十八坵九石　麻宅田十二坵一石六斗　谷寔田十一坵一石　林西田二所八斗　徐邑顾颜田十四坵六亩　东門茼六帮田

北门地一所　调會地一所　平余园一所　以上每年共批現租〤二百六十二千四百三十文

三帽田四十六坵一石一斗八升　三角田五坵八斗三升　后坑田廿五坵四石二斗　后坑田五坵并三所一百七十五坵五石三斗　英高田九十四坵五石零三斗　甘走斗田十坵六斗三升　木寒头田四坵四石五升

那平洋田十坵八斗七升　朴樹仔田二坵二斗　下村前田九坵八斗五升　東坡田三十九坵四石二斗　石盤田一所五坵二斗　嶺独田一百三十二坵五石八斗　那尾前田七坵四斗

后嶺田八十三坵四石四斗　宫前田七坵三斗　下洋田十二坵一石三斗　门前田十一坵七斗五升　蒿茅田七坵三斗五升　月边田二坵六斗五升　厚皮田七坵二斗五升

舖仔前田三坵二斗五升　古河田九坵五斗　大橋田四坵一石一斗　山市田四坵六斗六升　麻油井田二坵一石　洗馬堀田十七坵八斗　兟眼湖田一坵二斗

平色田三坵三斗　家山前田四坵一石二斗地一捻　那背坑田二坵二斗五升　文堂田一坵一斗五升　肖鉄田一坵一斗四升　沙茼高园田十六坵　共每年批谷壹百六十七石

楊家北角田七坵二石七斗二升　井下田一坵一斗五升　坑肚田一坵三斗五升　劳尾坑田六坵一石一斗　含头田一坵八斗　嶺头田一坵三斗二升　湖田四坵一石二斗

趙家田一坵一斗二升　東坡田八坵二石九斗六升　下土田一坵一斗五升　门前田二坵一石　南边坡田一坵三斗　共每年批租谷三十六石

坑口田四坵一石五斗　瓦瑶埠田二坵一石五斗　瓦瑶坡田八坵一石九斗　浪空田一坵三斗　前山田一坵一斗　廉鈎田一坵五斗　墩边田一坵一斗

東坡田五坵九斗　后坑田一坵八斗　泉水田一坵二斗　黄婁田十坵三石　共每年批租谷一十三石四斗五升

双石田二坵三斗　后坡田六坵八斗　深田洋田四坵五斗　共每年批租谷二石五斗并〤七百八十文

簱佳角田一所四坵二石二斗　排車坡高园一坵　林鉄前高园一坵　每年批現租〤三千六百文

邁咬埠与箢佳角山林一帶相連　排車坡林鉄前山林一帶成連内有高园二所交与佃丁培養樹木長大發賣十分開四与佃丁

庙祝香灯工食田条列

庙前田三坵二石五斗　麻扶洋田二坵一石六斗　大要田一坵一石六斗　白院井头田一坵三斗　白院路𡉕田一坵三斗　大埆边田一坵六斗　湳尾田三坵一斗

四都七啚一甲民米二石四斗一升八合　二甲民米一石五斗二升九合二勺　四甲民米五斗九升三合　十甲民米一石六斗六升五合

四都五啚十甲民米一石九斗四升五合　七都二啚五甲民米二斗四升　徐闻縣十七都十二啚二甲民税六畝

正月初十至十五日　雷祖出遊建醮演戲各項共費𠆤八十七千五百文　春秋二祭每祭費𠆤十千文　每年掃祭坟費𠆤三十千文　九月祝寿演戲各項費𠆤四十七千文

冬至牲品各項共費𠆤五十六千文　每年香油烛宝用𠆤十二千文　每年納粮并帖収共𠆤二十二千三百文　逢祭各村来往脚費多寡未定

嘉　慶　二　十　一　年　五　月　吉　日　立

施港碑記

立施港契人海康縣坡柳社北坛村二都一啚四甲戶首陳休嘉戶丁陳紹祖
居住海边憑港二段載四則官米一斗三升正藉潮水捕魚度口歷来無異至
嘉慶四五年加用工本圍塞其寔利重於前以致豪僯林巨典林逢春等見利
起意倚富恃職狡猾奸謀移稅假照伯佔該港控於八九年間經徐主未結蒙
謝縣主履勘訊明假照塗銷將典杖責断令林姓完案否典貪心仍存死意思
利欲伯归已於道光二十四年翻控趙主祖想勢孤力微貧难富鬪訟必終幽
甘願将到上架下窩港二段載官米一斗三升正施入
英山雷祠三殿王侯　老像忠王庙内永為香灯日后兄弟子孫不得反悔異言祖
即誠心勒碑為記立在庙内施字二紙陰契一紙化归神宮為憑陽契一紙交
與首事執照　　依口代筆人吳傑　　是陳紹祖親手模
　計開四至一港二段土名坐落北坛村等處東至安逓大堩西至大港北至蕡芓大堩南至麻狃大堩
道光二十四年五月十五日立施契勒碑是寔

奉憲建立雷祖祠章程碑

欽加四品銜　賞戴花翎署理海康縣正堂秦　為經諭勒石遵守事案拠監生陳汝舟等呈控陳蘊藏等霸吞祀□□□□□□□
一案當經飭差將陳蘊藏等傳案押追帳部諭發團保局核算去後茲拠團保局紳李駿霖等禀称此案蒙飭調处并將帳部發局
紳等即同两造各人核算查光緒三十年以前經管俱無部具無憑滚算姑就現存帳部逐條核算計存銀七百弍拾元但前以無
部可查經管之人难免無騙吞　一二現两造各人只期後日管理清楚保全祀産為幸亦置前失部騙款於不較均允和息茲两造
各人將祠内所应擬議章程并田畝土名公費各項另立新部一本登記持交到局轉乞將部盖印賜諭立碑俾垂永遠遵守至前
押陳蘊藏等今亦知悔懇准保释將案批銷等情到縣拠此當批禀悉所管雷祖帳目既經該局紳等督同两造核算尚存銀七百
弍十元另立新部註明數目請盖印收執未始非息事寧人之道应即如禀銷案候將部盖印給諭泐石永遠遵守並將押候之陳
蘊藏等從寬開释数部存候盖印發還轉給可也在禀除揭示外合就給諭為此諭給庠生陳汝濂監生陳汝舟等即便遵照泐石
遵守嗣後雷祖庙帳目即以局紳公同議定之章程算明帳目印部為憑輪流經管不得再有侵蝕情弊致干追究不貸各宜懔遵毋
違特諭

擬立各項章程開列于后

一議祠中各項祭費以及遊神演唱諸用每年已除出現田租錢叁百千文倘或办公不敷務要声明監数人並各紳耆酌議□□
一議每年除費納粮外存積之款若非祠中要用不得擅動浪費　一議管数二人凡祠中費用有至弍十千錢以者務要通知監
数人才得動用遊神演唱已有除款　一議每年管数二人一年一換務舉身家殷实者数人對祖拈阄為定每人胙肉壹斤
一議監数二人三年一換管数每年每人工資錢八千文監数每年每人工資錢四千文每人胙肉壹斤　一議管数者每年於□
祭前一日預將一年出入□總数逐一算清用具□□□□□□□□其数額長短務要交清上□□□
庠增附等每路十里往来轎脚錢弍百五十文監生職員等每路十里来往轎脚錢弍百其監数者照僱價給足　一□□□□
衣頂與祭者繳飯錢三百文監数管数者不在此例　一議向例凡有衣頂與祭者分胙肉二份似無區別茲議庠增附及捐戝照
原分胙肉二斤每份重壹斤五貢增一份若庠增附有捐八品以上者分胙與五貢同五貢以上遞增以示優異　一議裔孫與祭
不論文武凡有出仕实缺者五品以下則照庠增附監戝支胙五品以上則照五貢支胙　一議裔孫其由學堂出身者務要有提
學使文憑奬賞註明係庠附貢舉方准照章支領花紅其冬祭與祭亦照章領脚胙食用　一議出仕实缺文自八品以上花紅銀
十元五品以上花紅銀三十元九品及未入流者花紅銀五元武官花紅減半　一議祠中存積之款凡生約務必監管数人出名
及還時須要監数管数人仝到方得收領　一議裔孫進庠者花紅銀三大元　補廪花紅銀三大元　歲貢花紅銀壹十二元
拔優貢花紅銀弍十元　舉人花紅銀四十元　進士花紅銀六十元　由進士欽点部属知縣花紅銀弍十元　欽點翰林花紅
銀四十元　鼎甲花紅銀壹佰元　一議每年收租看田納粮以及办買各項祭物俱係管数人經理閒人不得干預倘管数人照
理不及即派人代理其工食當衆酌給　一議每年冬祭宗子主祭猪头一只其重則照碼称十斤合時錢一千九百二十文重

一年村陳其詩　蓉甫　井园村陳悦心　江亭　守臣　下井村陳尔約　嘉廷
西边村陳有明　有諒　烏崙山村陳汝翼　汝棟　活發村陳鴻年　汝舟　汝藩　汝幼　汝濂
錦盤村陳宗海　調羅村陳樹桂　北月村陳俊三

光緒三十四年十一月冬祭日雷祖後裔仝立

白沙村

五海廟

五海廟行禮社田記

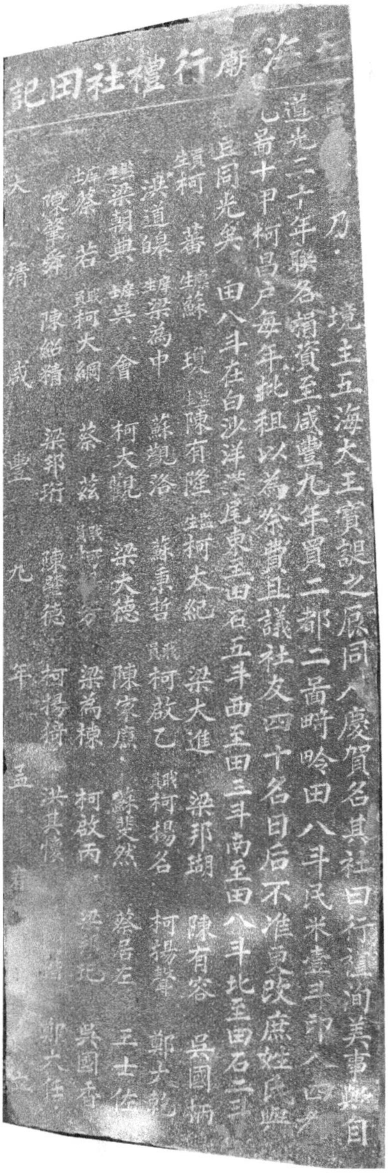

孟□□望乃　境主五海大王寶誕之辰同人慶賀名其社曰行禮洵美事歟自
道光三十年聯名捐資至咸豐九年買二都二啚畸呤田八斗民米壹斗印入四都
九啚十甲柯昌户每年批租以為祭費且議社友四十名日后不准更改庶姓氏與
俎豆同光矣　田八斗在白沙洋港尾東至田石五斗西至田三斗南至田八斗北至田石二斗

生貢柯　蕃　生廩蘇　瓊　生監陳有隆　生監柯大紀　梁大進　梁邦瑚　陳有容　吳國柄
洪道皞　生庠梁為中　蘇觀洛　蘇秉哲　員戢柯啟乙　員戢柯揚名　柯揚聲　鄭太乾
生監梁朝典　士庠吳　會　柯大觀　梁大德　陳家熏　蘇斐然　蔡居左　王士佐
士庠蔡　若　員戢柯大綱　蔡　茲　員戢柯揚芳　梁為棟　柯啟丙　梁邦玘　吳國香
陳肇舜　陳紹精　梁邦珩　陳肇德　柯揚猗　洪其懷　吳國楷　鄭大任

大清咸豐九年孟春吉立

魁星社碑

魁星帝君者□□也□□□□□□□□□□□□□□□□□□□□□□□
至咸豐辛酉年積錢□千零五百買二都五啚八甲晚田七斗民米七升正寄入
十一都六啚一甲户首梁揚煥印収每年將田租以為祭費勒之于石日后不准
添改一□庶得相遵於久遠焉
晚田一坵土名在□□洋溝橋頭東至田石四西至田七斗南至田四斗北至溝
柯　□　□　□　庠士梁守正　庠士梁□□　蘇光洛　柯揚名
洪□□　梁朝□　戰員柯大綱　監生柯大□　梁邦珩　柯揚芳仝立
柯啟□
咸　豐　十　一　年　冬　月　吉　旦

（碑文第一列殘缺，難以辨識）

重修五海廟樂捐碑記

五海廟之由來尚矣前臨九曲後枕層巒近挹平洋遠朝時礼山水之秀灵氣势之雄偉洵占海邑之大观矣矧我　大王之帡幪保障於斯前此不知幾千百年後此更不知幾千百年書曰江漢朝宗於海詩曰赫赫厥声濯濯厥灵鉞窃願稽首頓首為　大王頌之但𨚫自国初立庙或創或因迄今已二百六十餘年庙貌既無甚可观庙垣亦將以不固如其任飄摇於風雨何以报答　神庥爰合衆商量以為重修而工省價廉嫌其不固以為重建而工多價厚苦其無資於是計　本庙所生之息並保甲所存之貲共得銀一千有奇所用仍不敷更楽捐以成厥美迺諏吉日迺相故基迺召工師迺求大木經之營之球之度之擴厥規模倍增物色經始於癸卯冬初告竣於甲辰春首俾庙貌可观庙垣永固如竹之苞如松之茂庶足以禦風雨而妥　神灵豈不懿歟所有楽捐姓名並題於左是為序

六戸樂捐芳名開列于后

洪　皓捐銀拾大元　柯貽年捐銀三大元　梁家誠捐銀二大元　蔡鶴洲捐銀一大元　陳駿易捐銀一大元　陳啓□捐銀一中元　□□□□□□□　□□□□□一大元

洪仕球捐銀拾大元　庠生柯成鳳捐銀二大元　陳廷瑞捐銀二大元　洪希順捐銀一大元　洪毓裕捐銀一大元　洪永和捐銀一中元　□□□□□□□　□□□□□一大元

梁東杞捐銀拾大元　蔡居義捐銀二大元　柯□三捐銀二大元　陳大興捐銀一大元　陳大隆捐銀一大元　陈東區捐銀一中元　□□□□□□□　□□□□□一中元

蔡必隆捐銀八大元　登仕郎陳家廉捐銀二大元　陳君美捐銀一元半　洪希卿捐銀一大元　陳大亨捐銀一大元　□□□捐銀一中元　□□□□□□□　□□□□□一大元

柯鼎新捐銀六大元　蘇焕然捐銀二大元　柯　鉞捐銀一大元　洪克應捐銀一大元　梁世成捐銀一大元　洪□□捐銀一中元　□□□□□□□　□□□□□一中元

洪成臣捐銀五大元　職員柯宗佐捐銀二大元　柯□□捐銀一大元　梁世安捐銀一大元　□□□捐銀一大元　□□后捐銀一中元　陳□□捐銀一大元　□□□□□□□

柯保和捐銀四大元　洪克純捐銀二大元　□□□捐銀一大元　蘇鳳儀捐銀一大元　□□□捐銀一大元　□□□捐芳名門神　□□□捐銀一大元　□□□□□一中元

洪瑞卿捐銀四大元　柯直卿捐銀二大元　柯啓士捐銀一大元　□□敬捐銀一大元　柯□年捐銀一大元　□□□捐銀四大元　□□□捐銀一大元　吳□□捐銀一大元

梁光宗捐銀四大元　梁世鳳捐銀二大元　洪□琼捐銀一大元　洪永才捐銀一大元　柯光同捐銀一大元　吳□□捐銀三大元　黄□興捐銀一大元　吳学興捐銀一中元

柯□□捐銀三大元　陳祥雲捐銀二大元　陳安宏捐銀一大元　柯懋哉捐銀一大元　蘇正和捐銀一中元　郭大端捐銀三大元　勞春茂捐銀一大元

保甲社樂捐錢捌百壹十五千文　庙中現貲四百壹十千文　重建工料共費錢壹千三百六十八千文　共捐银壹百六十三元五□正

首事　歲貢蘇　真　貢生柯成鳳　監生洪　皓　洪有幹　五品軍功梁光遠　蔡克隆　吳德正
歲貢柯　鉞　監生梁邦琳　職員陳家廉　蔡居義　陳思壽　蘇焕然

光緒三十年歲次甲辰仲春吉日三合村仝立

遵示重脩□

□□来龍地脈人物所資風水坟場盛衰所□□□培植長養無□……□削者也自乾隆四十□年柯
鵠等聯名呈明　邑侯王公　蒙給示勒石立禁□□□不古近□……□徒謀自便扵已不顧貽□
扵人或掘擔土沙或損削坟草此不□有傷扵陽□有害扵陰者□……□□户陳英甲等目擊心非
欵復古例重修原禁恭對
境主醫靈五海神前公議例條申明禁約一切白沙坡土沙坟艸籬□……□一白沙洋西至坡边北至南門墟
属在境内俱不准殘傷偺住既禁以後各宜更改前非□……□□庆土物滁豐風水丕振倘有
犯禁照例□罰若不遵從　恩准稟究所有禁條明□……□
一議不准在白沙坡擔沙削坟伐竹木偺造住□……□
□□□者擔沙削坟伐竹□□□錢貳百文□……□

洪維揚　柯世輝　黄若□
□文□　陳國治　陳□□
□映慶　洪道皥　洪□□
□廷□　蔡志聽　梁□□
梁明典　蘇子□　黄元□

□□　□　年　八　月　五

（碑斷為數截，所錄為最上與最下二截，中間遺失）

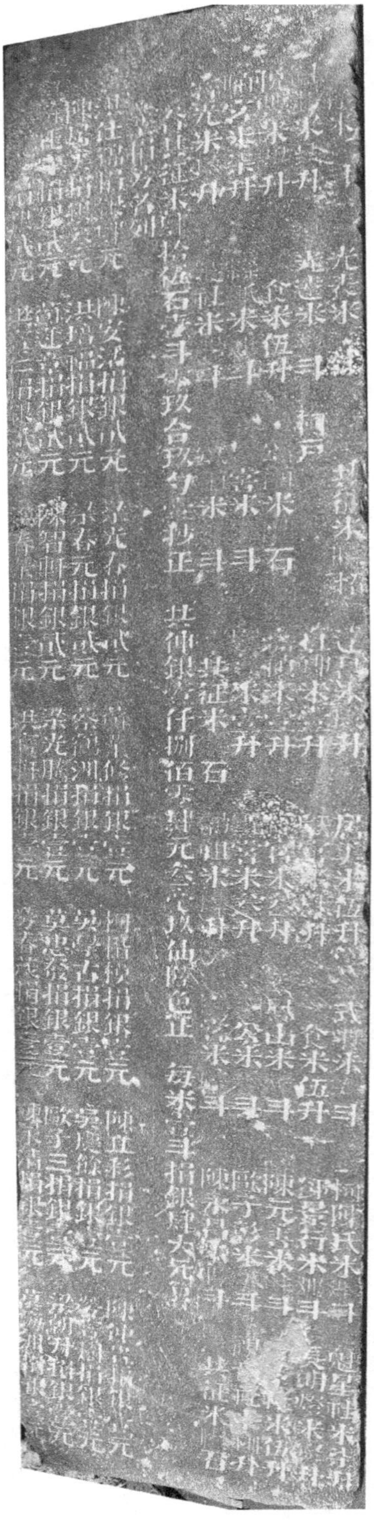

□□米□斗　光表米□斗　共征米□□　達昌米□升　居头米伍升　弍□□米□斗　柯陳氏米□斗　魁星社米柒升
□□米柒升　光遠米□斗　柯戶　□□米壹升　天后宮米肆升　食米伍升　鄧景行米□斗　長明燈米□升
悦豊米柒升　食米伍升　□□公祠米□石　□□米壹升　□□宮米叁升　鳳山米□斗　陳元善米□斗　□□□米伍升
□宮米柒升　□□□米□斗　宮米□斗　□□米壹升　□□宮米叁升　□公米□斗　歐子彭米□斗　□□□米□升
□光米□升　□□社米□斗　□□□米□斗　共征米□石　□□祖米□升　□宮米□斗　陳永昌米□斗　共征米□石
□共征米肆拾伍石壹斗零玖合玖勺壹抄正　共伸銀壹仟捌佰零肆元叁毫玖仙陸色正　每米壹斗捐銀肆大元□
□捐芳名列
洪仕錦捐銀肆元　陳安□捐銀貳元　梁光春捐銀貳元　蘇業修捐銀壹元　柯楷模捐銀壹元　陳立彩捐銀壹元　陳仲□捐銀壹元
陳居□捐銀叁元　洪培福捐銀貳元　梁春元捐銀貳元　蔡鶴洲捐銀壹元　吳學古捐銀壹元　吳慶餘捐銀壹元　勞賓□捐銀壹元
□□□捐銀貳元　蘇逢章捐銀貳元　陳智軒捐銀貳元　梁光騰捐銀壹元　莫忠發捐銀壹元　歐子三捐銀壹元　梁朝升捐銀壹元
□□□捐銀貳元　洪富仁捐銀貳元　溫春榮捐銀壹元　洪寶軒捐銀壹元　勞春茂捐銀壹元　陳永清捐銀壹元　莫海洲捐銀壹元

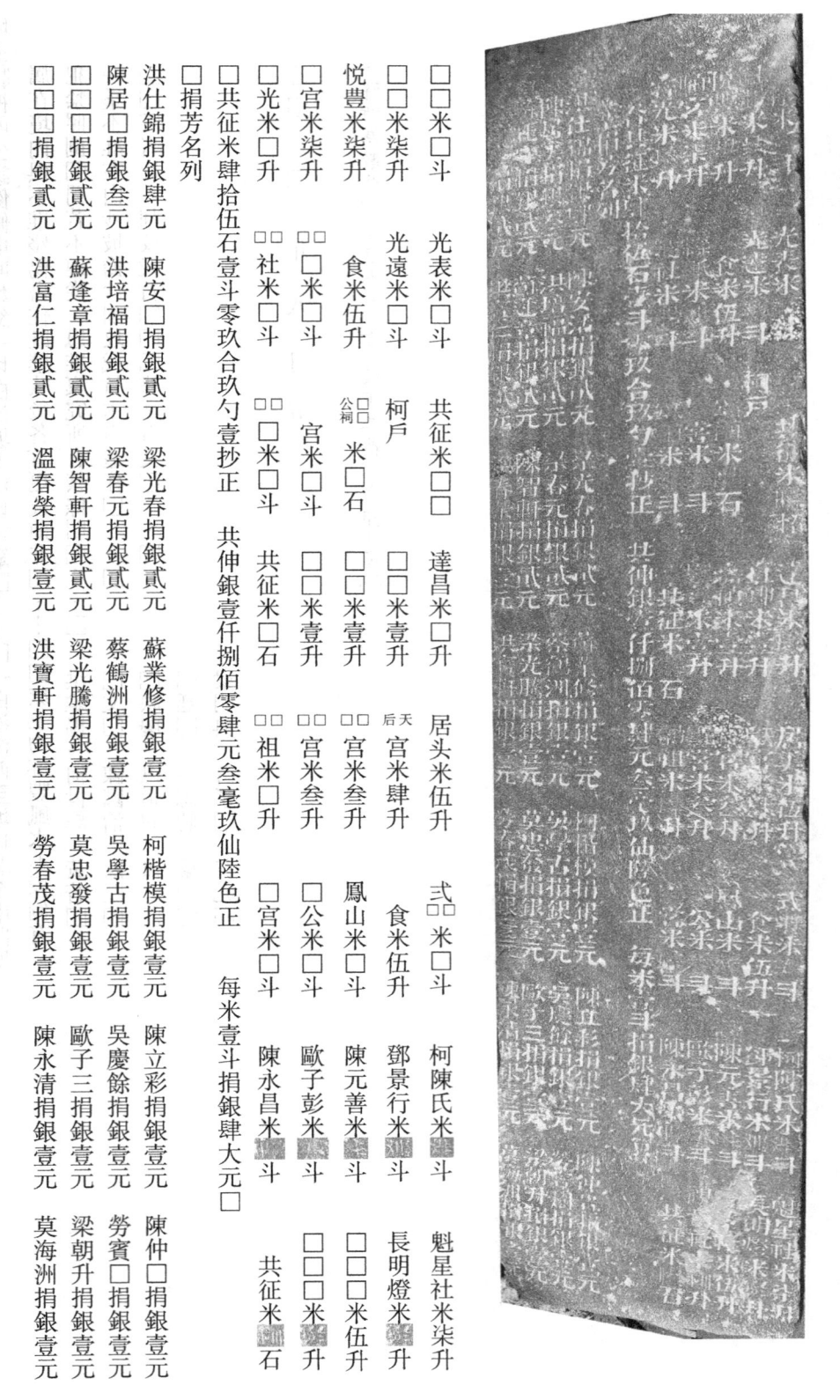

紀秦公重建記

□縣主□□□□集善堂□□□□□□□□□□□□□□□□□□□□□
□□□□□□地□然經□□□□其中□□□□□□□以時虔□□□□□
□□□□□□帝起自□□□□初□□□□□□□□□□化□□□□□□
□□□□□□□而祀□□□□□□□□□□□□□□□赫然最□□
□□□□□□□以故□□□□□□□□□□□□□□□廟宇□座□□
□□□□□有□□□□□□□□□□□□□□□□□□□□□□□□□
□戊已還□於□來□□□□□□□□□□□□□□□□□□軍民天道□
□堂詢及祠宇愀然□□□□□□□□□□□□□□□□□□複以已所
□□□為工民□□□□□□□□□□□□□□□□□□□廟宇重新捍
□□□公之□□□□□□□□□□□□□□□□□□□□五箴上可弘
□□□社□□□□□□□□□□□□□□□□□□□之功□區區保境
已哉環境士民□□□□□□□□□□□□□□□□□□□鈞為神人主
郡之白沙□立願於靈堂该僧□□□□□□□公之功於不朽焉□□□□□
秦公浙江仁和縣□□諱懋義已丑□進士□□授海康縣事□□□□□□□

峕　萬　曆　辛　卯　歲　次　□　□　月　吉　日

（碑面風化嚴重，文字難以辨識）

醫靈堂會田記

夫功足以捍民患則祀之力足以禦民災則祀之德足以却病
瘴而済安全則祀之泽足以润枯槁而勃蒼翠則祀之如我
郡主醫靈大帝保障一方穣生萬彙洵士農之津梁工商之慈
航者也爰稽　堂宇起自先代秦公紀其德於萬曆之中葉
庙貌垂於来今　　偉績幾二百載而常如一日妙術超乎岐伯元
机邁乎扁盧衆等　　素沐　洪麻鳩集同人四十一名捐金六両
買田三石八斗民米四斗五升寄入二都一啚一甲土名坐落蘇射洋又
積金一十四両當租以為香灯祝賀之資慮其　　久而或替同人
曰盍勒之石以垂不朽乎爰付石工鐫之
　北溝仔田一石二斗　西溝内田四斗　西溝仔田五斗
溝尾田九斗　　土圍角田五斗　　后墩田三斗

會首信生黃廷賢陳弘璧男任聖何瑞
黃　璜　黃　祚　陳維新　陳　忠　蘇扳科
梁　龍　蔡　順　陳宗聖　梁　炳　黃如全
蘇若軾　陳光祖　黃進賢　陳日炳　陳德章
陳有倫　梁　騰　陳国珍　黃象賢　洪　紀
信生陳景迪陳人龍士民　柯　儀　黃　玠　黃　生　陳日新　黃亞聖
洪　綱　潘　荣　陳必發　陳　書
陳　臨　陳大成　陳友章　蔡　伯
黃　瓚　蔡　隆　陈拱日　黃　瑄

乾隆六年三月　　十五　　日立

潘憲重修閘記

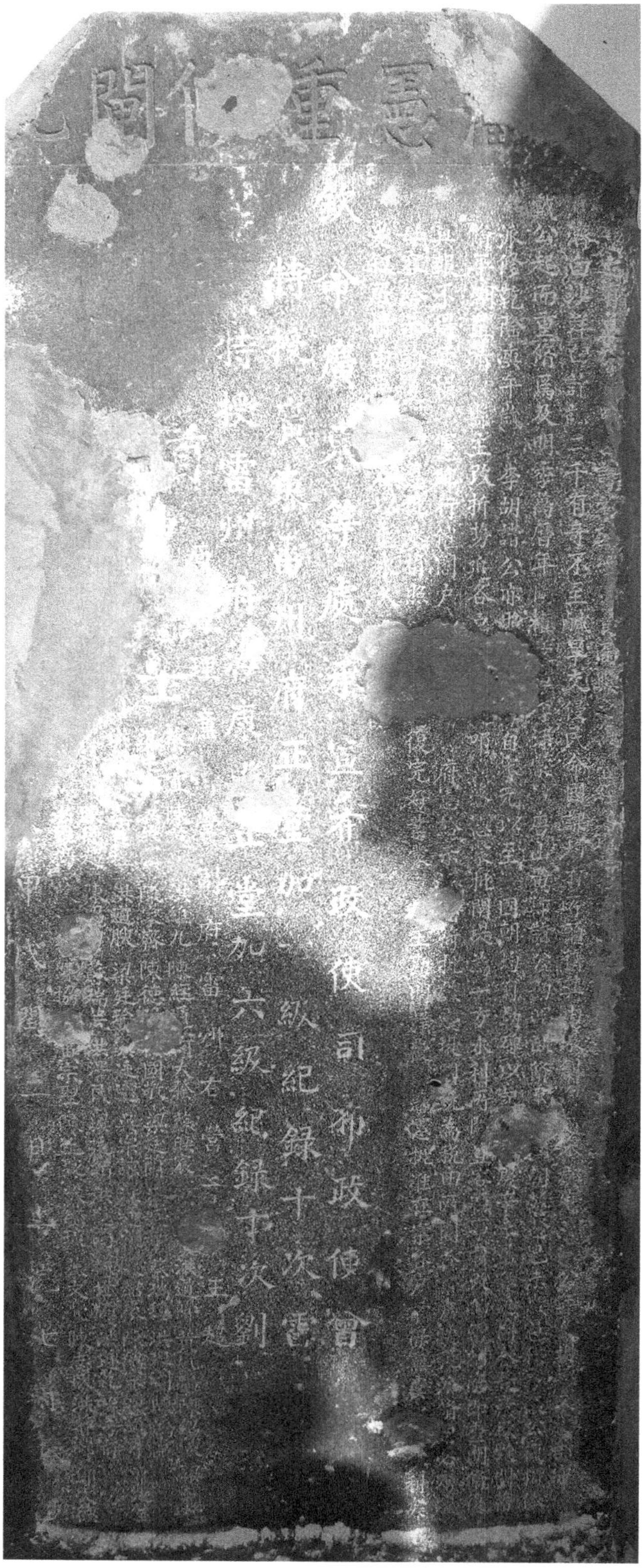

事之有益於民命國課者雖經□食而興之復疊經名擘因而相之自可□□□□□□□此固之□□□引□□
濟白沙洋田計畝二千有奇不至鹹旱交侵民命國課均有所賴得其由來創自南宋郡守　何公年久坍塌又經郡守
戴公起而重脩焉及明季萬曆年間權豪□奪深蒙　唐山黄鄭諸公勘明疏脩至　國朝乾隆己未歲邑侯　張公復捐俸
派修乾隆庚午歲　李胡諸公亦照□□□自宋元以至　國朝均有勒碑以記□嘉慶辛未□德□□人等意欲毁閘藉
脩平湖呈請　縣主改拆勢迫各户□□□叩　藩憲蒙批閘堤為一方水利所關豈容輕事拆改仰雷州府即查明脩復
具報不得延悮　憲牌行催閤户□□□□　府憲給示　□荷批該處堤閘既為税田所關各業户將税派脩閘必踴躍
毋容給示諭遵□□遵批派捐照□□□□復完好業蒙　□主勘明詳覆　藩憲批准在案各户可保無虞□□□利矣
爰敘厥情由再□□石以垂永久

欽命廣東等處承宣布政使司布政使曾
特授廣東雷州府正堂加一級紀録十次雷
特授雷州府海康縣正堂加六級紀録十次劉
原署理廉州營副府雷州右營千總王超

首

事紳士　蔡文宣　陳□□　洪維九　陳經通　何大發　蘇映宸　□□□　洪道韓　黄鳳鳴　陳紹策　梁□□
梁廷□　洪□□　陳家齊　陳德□　□國敬　梁廷蘭　梁□□　蔡瑞璉　洪廷□　陳鴻□
洪□□　梁廷□　洪道腴　梁廷瑜　梁廷選　吳宗諒　梁廷□　陳紹□　陳紹宗　洪道亨　曾廷璧
□替祖　陳德超　陳□□　蘇瑞芸　洪澤民　梁廷□　洪道南　柯世耀　洪道乾　孫子静
□□□　洪維揚　蘇□□　陳協□　黄宗聖　陳進□　蘇毓琉　蔡文亮　陳志成　洪静瀾　鄭文德

甲戌閏二月上浣七月仝立

醫靈五海廟廟產碑

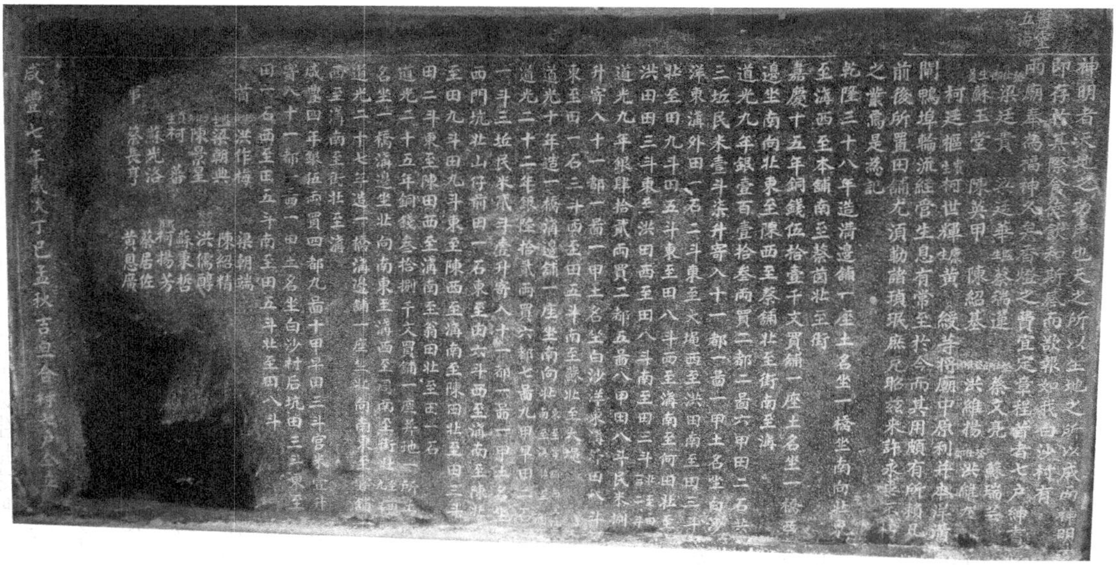

神明者天地之功用也天之所以生地之所以成而神明
即存於其際食德飲和斯感而歆報如我白沙村有
兩廟（醫靈五海）奉為福神久矣香燈之費宜定章程昔者七户紳耆
登仕郎梁廷貴　梁廷華　監生蔡瑞蓮　登仕郎蔡文亮　蘇瑞芸
生員蘇玉堂　陳英甲　陳紹基　登仕郎洪維揚　登仕郎洪維九
柯廷樞　貢生柯世輝　廩生黄綬　等將廟中原利并本洋溝
鬧鴨埠輪流經晉生息有常至於今而其用頗有所賴凡
前後所置田舖尤湏勒諸瑱珉庶克昭兹来許永垂不朽
之業焉是為記

乾隆三十八年造溝邉舖一座土名坐一橋坐南向北東
至溝西至本舖南至蔡茝北至街
嘉慶十五年銅錢伍拾壹千文買舖一座土名坐一橋西
邉坐南向北東至陳西至蔡舖北至街南至溝
道光九年銀壹百壹拾叁両買二都二啚六甲田二石共
三坵民米壹斗柒升寄入十一都一啚一甲土名坐白沙
洋東溝外田一石二斗東至大堮西至洪田南至田三斗
北至田九斗田五斗東至田八斗西至溝南至何田北至
洪田田三斗东至洪田西至田八斗南至田三斗（北至田一石二斗）
道光九年銀肆拾貳両買二都五啚八甲田八斗民米捌
升寄入十一都一啚一甲土名坐白沙洋東溝外田八斗
東至田一石三斗西至田五斗南至蘇北至大堮
道光十年造一橋溝邉舖一座坐南向北（東至旹舖西至溝南至溝北至街）
道光二十二年銀陸拾貳両買六都七啚九甲早田二石
一斗三坵民米貳斗壹升寄入十一都一啚一甲土名坐
西門坑北山仔前田一石東至田六斗西至溝南至陳北
至田九斗田九斗東至陳西至溝南至陳田北至田三斗
田二斗東至陳田西至溝南至翁田北至田一石
道光二十五年銅錢叁拾捌千文買舖一座并地一所土
名坐一橋溝邉坐北向南東至溝西至周南至街北（至田九斗）
道光二十七年造一橋溝邉舖一座坐北向南東至旹舖
西至溝南至街北至溝
咸豐四年銀伍両買四都九啚十甲早田三斗官米壹升
寄入十一都一啚一甲土名坐白沙村后坑田三斗東至
田一石西至田五斗南至田五斗北至田八斗

首　登仕郎洪作梅　登仕郎梁朝端
監生梁朝典　陈紹精
登仕郎陳景星　監生社正洪儒醇
貢生柯蕃　蘇秉哲
蘇光洛　職員柯揚芳
事　蔡長亨　蔡居佐
黄恩廣

咸豐七年歲次丁巳孟秋吉旦合村七户仝立

觀音會田碑記

仲春中浣九日迺　觀音菩薩寶誕芳辰也我等从沐慈仁之澤每思慶賀而愧無資在道光年間乃集同人各捐微貲共存生息至同治元年利本共錢五十弍千文買田四斗将每年田租之錢以為寶誕之費并之碑内二十八名日后不准添改庶慶賀有資永祝千秋不老姓名弗替昭垂萬古如斯焉　一田一坵四斗土名坐落白沙洋山馬莬東至田九斗西至田四斗南至田六斗北至田四斗係七都一啚畸零民米弍升三合三勺正寄入二都一啚四甲户首陳休嘉印收

楽捐芳名

陳賛祖　庠士蔡若　陳國忠　陳紹精　陳有秉　蘇秉哲　陳有魁　洪芹　陳思慎　趙廣和

陳有容　陳家麟　陳啟運　陳家蕙　洪其訓　陳協順　陳思壽　陳協有　李天寧　□□□

陳進統　陳有明　趙廣業　陳居美　陳安居　陳安禄　李魁有　趙廣裕　陳家連

大清同治元年歲次壬戌八月吉旦仝立

重建醫靈宮記

醫靈之廟建自宋昭興間上下原有两座歷朝修葺惟仍其舊洎同治二年下座頹崩而上座亦有將圮之勢七户鳩
議重建鴻圖但資斧無幾乃遍簽題如裘集腋而後成功焉經始於癸亥仲冬落成於甲子首夏因刻碑以記之
曰正座三間帶拜亭兩廊左右繞天庭門樓高聳如華蓋内外尊嚴樹玉屏較昔規模應爽塏捐題泐石姓名馨

七户 首事 監生社正洪儒醇 廩生蘇瓊 蔡居右 梁邦珩 陳有柄
登仕郎陳景星 庠士梁為中 陳紹精 職員柯揚芳 庠士柯鉞
按察司知事柯大綱 監生洪昌江 黄恩廣 蘇秉哲 蔡長亨

計開樂捐芳名 廣府藥材行捐花銀伍拾元
例授按察司知事柯大紀捐錢叁拾千文 陳肇舜捐花銀壹拾元 庠士梁為中捐銅錢壹千文 陳紹德捐銅錢壹千文
悠久社捐錢貳拾千文 陳有柄捐銅錢陸千文 庠士柯鉞捐銅錢壹千文 陳啟運捐銅錢壹千文
登仕郎陳景星捐錢貳拾千文 監生梁邦琳捐銅錢陸千文 蘇秉哲捐銅錢壹千文 洪有美捐銅錢壹千文
戰員柯揚芳捐錢貳拾千文 庠士梁守正捐銅錢肆千文 陳肇精捐銅錢壹千文 洪有恒捐銅錢壹千文
南門市六品軍功黄宗智捐銀貳拾大元 修戰郎洪道皞捐銅錢貳千文 蔡居右捐銅錢壹千文 梁大資捐銅錢壹千文
戰員柯揚名捐錢拾伍千文 登仕郎洪作梅捐銅錢貳千文 戰員柯揚猗捐銅錢壹千文 陳家進捐銅錢壹千文
監生柯揚聲捐錢拾貳千文 梁邦璵捐銅錢貳千文 戰員柯啟乙捐銅錢壹千文 廣來堂捐花銀壹大元
監生社正洪儒醇捐錢壹拾千文 蘇聯興捐銅錢貳千文 庠士柯成柏捐銅錢壹千文 黄恩廣捐銅錢陸百文
按察司知事柯大綱捐錢壹拾千文 監生洪昌江捐花銀貳大元 以上共捐銀捌拾叁元共捐錢壹佰柒拾伍千文
造庙工料一應費錢壹仟貳佰叁拾叁仟餘文除捐外控錢玖佰捌拾叁仟餘文俱兩庙生息併田舖租出

大清同治三年歲次甲子季冬吉旦立

同治四年捐題芳名碑

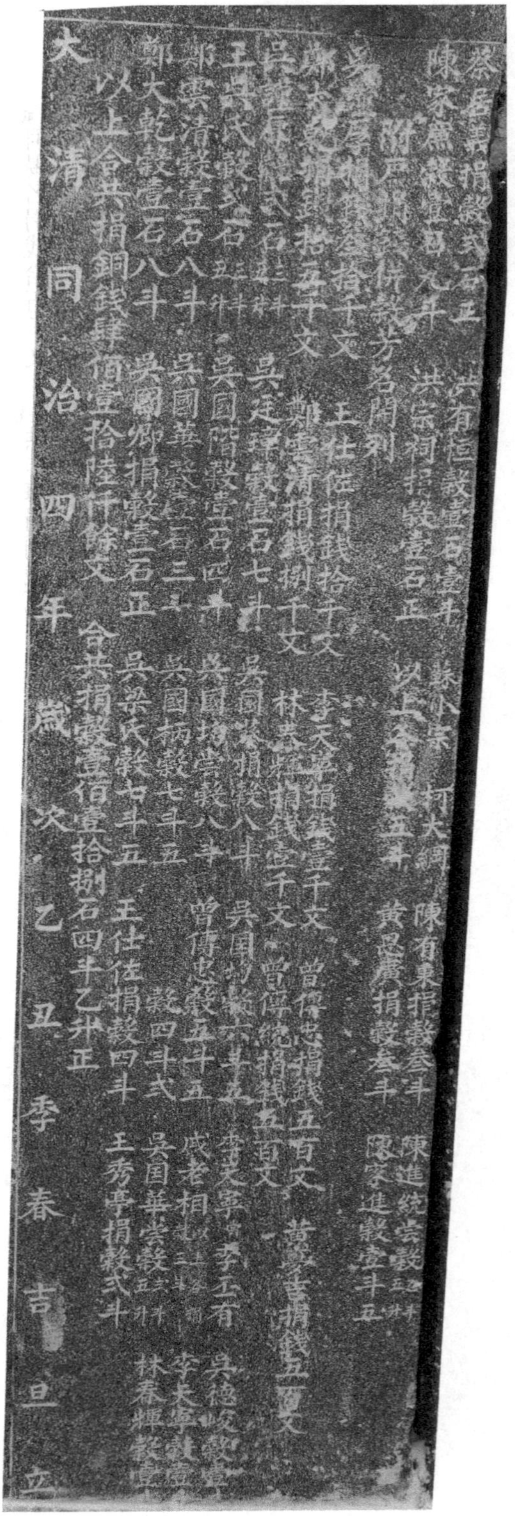

蔡居義捐穀弍石正　洪有恒穀壹石壹斗　蘇小宗　柯大綱　陳有秉捐穀叁斗　陳進統尝穀乙斗五升
陳家廉穀壹石九斗　洪宗祠捐穀壹石正　以上各捐穀五斗　黄恩廣捐穀叁斗　陳家進穀壹斗五
附戸捐錢併穀芳名開列
吳謹厚捐錢叁拾千文　王仕佐捐錢拾千文　李天寕捐錢壹千文　曾傳忠捐錢五百文　黄夢吉捐錢五百文
鄭大乾捐錢拾五千文　鄭雲清捐錢捌千文　林春輝捐錢壹千文　曾傳統捐錢五百文
吳謹厚穀弍石三斗五升　吳廷璋穀壹石七斗　吳國葵捐穀八斗　吳国均穀六斗五　李天寕尝李丕有　吳德峻穀壹斗
王吳氏穀弍石三斗五升　吳國階穀壹石四斗　吳國均尝穀八斗　曾傳忠穀五斗五　戚老相以上各捐穀三斗　李天寕穀壹斗
鄭雲清穀壹石八斗　吳國華穀壹石三斗　吳國柄穀七斗五　穀四斗弍　吳国華尝穀弍斗五升　林春輝穀壹斗
鄭大乾穀壹石八斗　吳國卿捐穀壹石正　吳梁氏穀七斗五　王仕佐捐穀四斗　王秀亭捐穀弍斗
以上合共捐銅錢肆佰壹拾陸仟餘文　合共捐穀壹佰壹拾捌石四斗乙升正
大　清　同　治　四　年　歲　次　乙　丑　季　春　吉　旦　立

（此碑前半部分丢失）

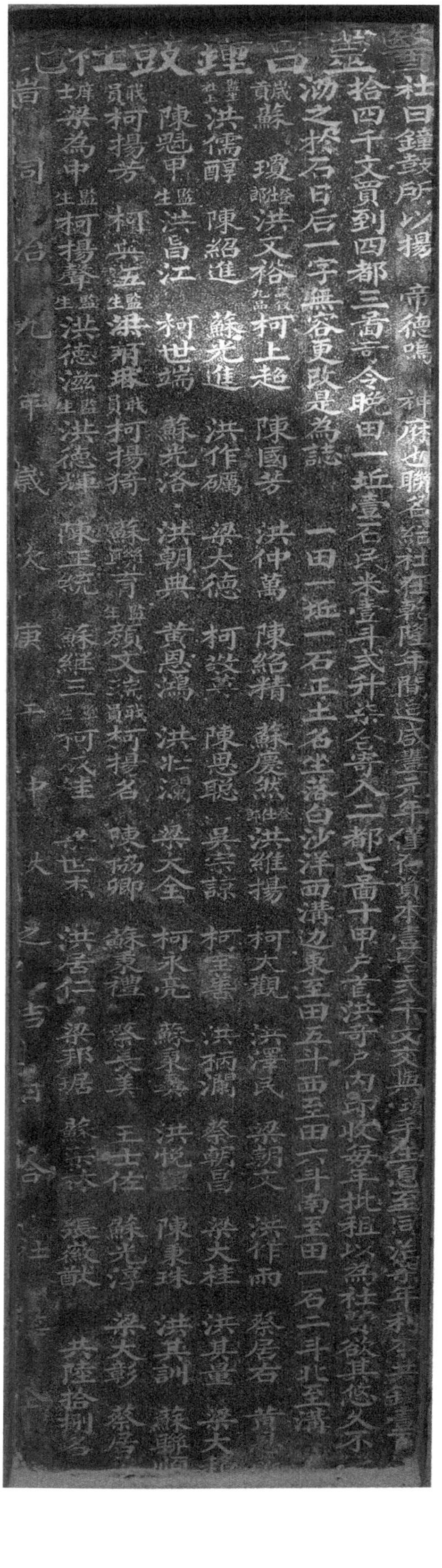

醫靈宮鐘鼓社記

社曰鐘鼓所以揚　帝德鳴　神庥也聯名結社在乾隆年間迨咸豐元年僅存資本壹拾弍千文交與瓊手生息至同治柒年利本共錢壹百壹拾四千文買到四都三啚竒令晚田一坵壹石民米壹斗弍升柒合寄入二都七啚十甲户首洪竒户内印收每年批租以為社費欲其悠久不變泐之於石日后一字無容更改是為誌　一田一坵一石正土名坐落白沙洋西溝边東至田五斗西至田六斗南至田一石二斗北至溝

（歲貢）蘇　瓊　（登仕郎）洪文裕　（議敘九品）柯上超　陳國芳　洪仲萬　陳紹精　蘇慶然　（登仕郎）洪維揚　柯大觀　洪澤民　梁朝文　洪作雨　蔡居右　黃恩□

（監生社正）洪儒醇　陳紹進　蘇光進　洪作礪　梁大德　柯敬尊　陳思聰　吳宗諒　柯宝善　洪柄瀾　蔡朝昌　梁大桂　洪其量　梁大和

陳魁甲　（監生）洪昌江　柯世端　蘇光洛　洪朝典　黃恩鴻　洪壯瀾　梁大全　柯永亮　蘇秉彝　洪悦理　陳秉珠　洪其訓　蘇聯順

（戢員）柯揚芳　柯典五　（監生）梁□瑢　（戢員）柯揚猗　蘇聯育　（監生）顔文瑞　（戢員）柯揚名　陳協卿　蘇秉禮　蔡長美　王士佐　蘇光淳　梁大彰　蔡居勇

（庠士）梁為中　（監生）柯揚聲　（監生）洪德滋　（監生）洪德輝　陳正統　蘇繼三　（監生）柯成桂　梁世杰　洪居仁　梁邦琚　蘇宗林　張徽猷　共陸拾捌名

旹同治九年歲次庚午仲秋之吉日合社等仝立

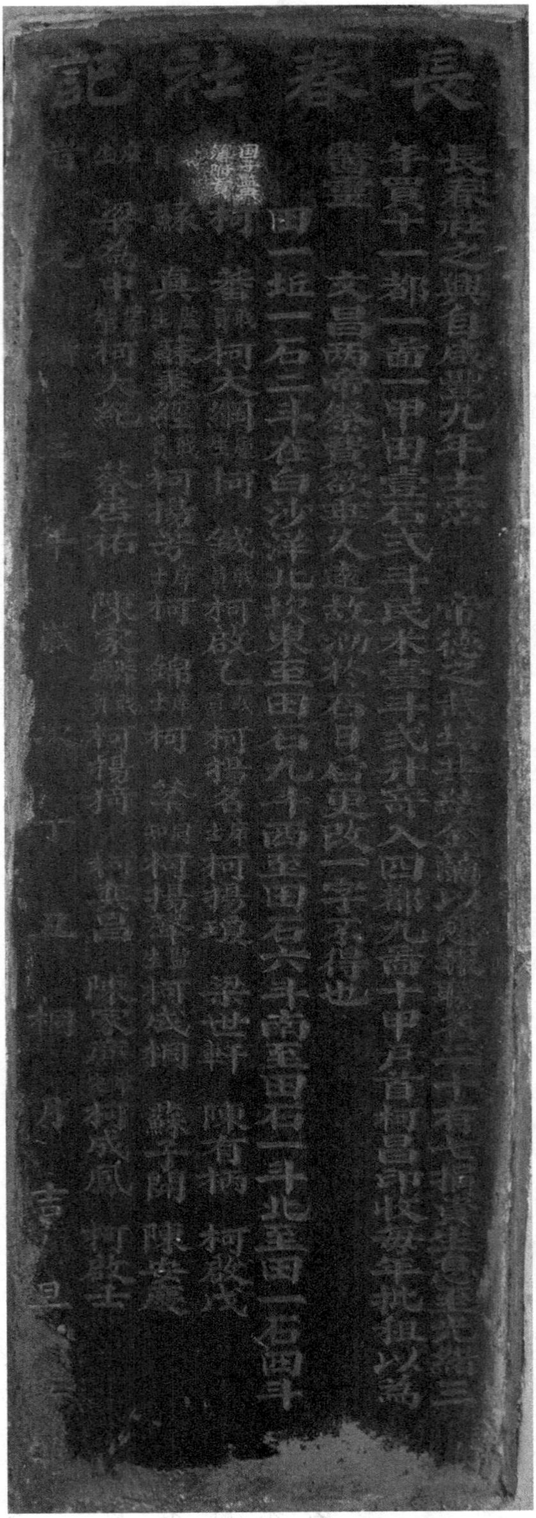

長春社之興自咸豐九年士霑　帝德之栽培共結金蘭以報聯名二十有七捐資生息至光緒三年買十一都一啚一甲田壹石弍斗民米壹斗弍升寄入四都九啚十甲戶首柯昌印收每年批租以為

醫靈　文昌两帝祭費欲垂夂遠故泐於石日后更改一字不得也

田一坵一石二斗在白沙洋北坎東至田石九斗西至田石六斗南至田石一斗北至田一石四斗

（國子監典簿附貢）柯　蕃　（廩生）柯　鉞　（職員）柯啟乙　（庠士）柯揚瓊　梁世軒　陳有柄　柯啟戊

（歲貢）蘇　真　（職員）柯大綱　（職員）柯揚芳　（庠士）柯　錦　（庠士）柯　棻　（同知）柯揚聲　（監生）柯成桐　蘇子開　陳安慶

（庠生）梁為中　（監生）蘇秉經　蔡居祐　陳家麟　（職員）柯揚名　柯奕昌　陳家蕉　（庠生）柯成鳳　柯啟壬

（按察知事）柯大紀　（職員）柯揚猗

旹　光　緒　三　年　歲　次　丁　丑　桐　月　吉　旦　立

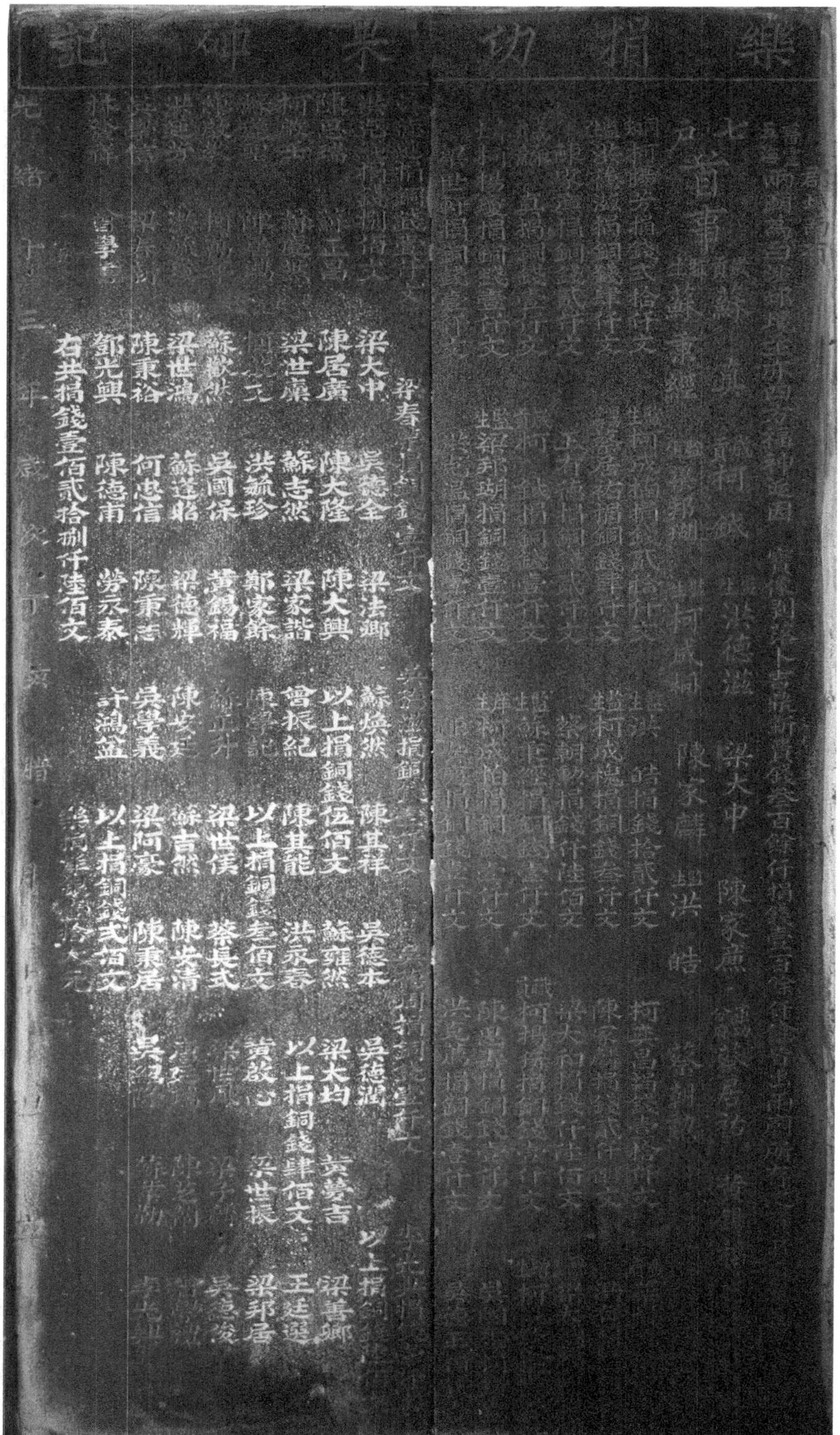
樂捐功果碑記
右共捐錢壹佰貳拾捌仟陸佰文

郡城南有
(醫靈五海)兩廟為白沙邨境主亦四方福神近因　實像剥落卜吉鼎新費錢叁百餘仟捐錢壹百餘仟餘皆出兩廟所存之資所有樂捐芳名勒之於石
七　(歲貢)蘇　真　(歲貢)柯　鉞　(監生)洪德滋　梁大中　陈家蕉　(軍功分府)蔡居祐　黄錫福
戶　首事　(監生)蘇秉經　(監生)梁邦瑚　(監生)柯成桐　陈家麟　(監生)洪　皓　蔡朝勳
(同知)柯揚芳捐錢弍拾仟文　(監生)柯成楠捐錢貳拾仟文　(監生)洪　皓捐錢拾貳仟文　柯奕昌捐錢壹拾仟文　(廣府)藥材行捐銀壹拾
(監生)洪德滋捐銅錢肆仟文　(軍功分府)蔡居祐捐銅錢肆仟文　(監生)柯成槐捐銅錢叁仟文　陳家麟捐錢貳仟肆佰文　洪有朋捐錢貳仟
陳家蕉捐銅錢貳仟文　王有德捐銅錢貳仟文　蔡朝勳捐錢仟陸佰文　梁大和捐錢仟陸佰文　梁大綱捐錢壹仟貳佰
(歲貢)蘇　真捐銅錢壹仟文　(歲貢)柯　鉞捐銅錢壹仟文　(監生)蘇秉經捐銅錢壹仟文　(職員)柯揚猗捐銅錢壹仟文　(增生)柯　菜捐錢壹仟
(庠士)柯揚瓊捐銅錢壹仟文　(監生)梁邦瑚捐銅錢壹仟文　(庠生)柯成柏捐銅錢壹仟文　陳思壽捐銅錢壹仟文　吳國香捐錢壹仟
梁世軒捐銅錢壹仟文　洪克温捐銅錢壹仟文　陳安慶捐銅錢壹仟文　洪克薦捐銅錢壹仟文　吳德正捐錢壹仟
吳德進捐銅錢壹仟文　梁春榮捐銅錢壹仟文　吳德滋捐銅錢壹仟文　吳德周捐銅錢壹仟文　李光典捐錢壹仟文
洪克純捐錢捌佰文　梁大中　吳德全　梁法卿　蘇煥然　陳其祥　吳德本　吳德潤　以上捐銅錢陸佰文
陳思瑞　蘇正昌　陳居廣　陳大隆　陳大興　以上捐銅錢伍佰文　蘇雍然　梁大均　黄夢吉　梁善卿
柯啟壬　蘇慶然　梁世廩　蘇志然　梁家諧　曾振紀　陳其能　洪永春　以上捐銅錢肆佰文　王廷選
蘇逢聖　陳居鴻　柯啟文　洪毓珍　鄭家餘　陳學記　以上捐銅錢叁佰文　黄啟心　梁世振　梁邦居
陳啟教　柯萬年　蘇歡然　吳國保　黄錫福　蘇正升　梁世侯　蔡長式　梁世鳳　梁子麟　吳德俊
洪廷芳　洪毓瓊　梁世鴻　蘇逢昭　梁德輝　陳安廷　蘇吉然　陳安清　唐廷瑞　陳芝蘭　曾學禮
吳學信　梁春新　陳秉裕　何忠信　陳秉志　吳學義　梁阿豪　陳秉居　吳紹隆　蘇業勤　李光興
林發祥　曾學書　鄧光興　陳德甫　勞永泰　許鴻益　以上捐銅錢弍佰文
右共捐錢壹佰貳拾捌仟陸佰文　樂捐洋銀壹拾大元
光緒十三年歲次丁亥臘月吉旦立

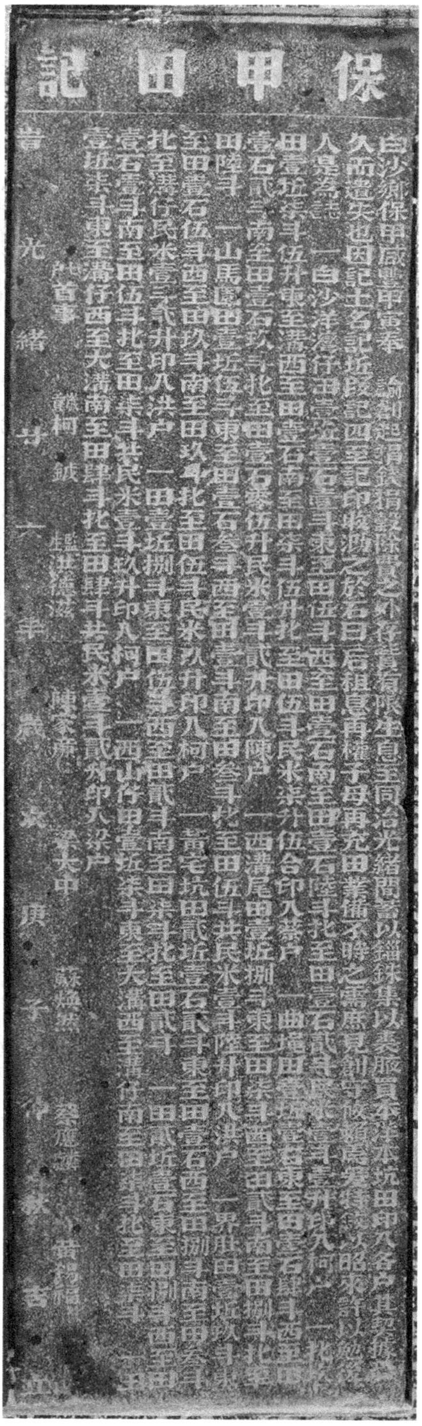

白沙鄉保甲咸豐甲寅奉　諭創起捐錢捐穀除費之外存貲有限生息至同治光緒間蓄以錙銖集以裘腋買本洋本坑田印入各戶其契據恐久而遺失也因記土名記坵段記四至記印收𣿬之於石日后租息再權子母再充田業備不時之需庶見創守攸賴焉爰特敘以昭來許以勉後人是為誌　一白沙洋灣仔田壹坵壹石壹斗東至田伍斗西至田壹石南至田壹石陸斗北至田壹石貳斗民米壹斗壹升印入柯戶　一北坎田壹坵柒斗伍升東至溝西至田壹石南至田柒斗伍升北至田伍斗民米柒升伍合印入蔡戶　一曲堀田壹坵壹石東至田壹石肆斗西至田壹石貳斗南至田壹石玖斗北至田壹石零伍升民米壹斗貳升印入陳戶　一西溝尾田壹坵捌斗東至田柒斗西至田貳斗南至田捌斗北至田陸斗　一山馬園田壹坵伍斗東至田壹石叁斗西至田壹斗南至田叁斗北至田伍斗共民米壹斗陸升印入洪戶　一界肚田壹坵玖斗東至田壹石伍斗西至田玖斗南至田玖斗北至田伍斗民米玖升印入柯戶　一黃宅坑田貳坵壹石貳斗東至田壹石西至田捌斗南至田叁斗北至溝仔民米壹斗貳升印入洪戶　一田壹坵捌斗東至田伍斗西至田貳斗南至田柒斗北至田貳斗　一田貳坵壹石東至田捌斗西至田壹石壹斗南至田伍斗北至田柒斗共民米壹斗玖升印入柯戶　一西山仔田壹坵柒斗東至大溝西至溝仔南至田柒斗北至田柒斗　一田壹坵柒斗東至溝仔西至大溝南至田肆斗北至田肆斗共民米壹斗貳升印入梁戶

七戶首事　歲貢柯鉞　監生洪德滋　陳家蕙　梁大中　蘇煥然　蔡應麟　黃錫福

旹光緒廿六年歲次庚子仲秋吉立

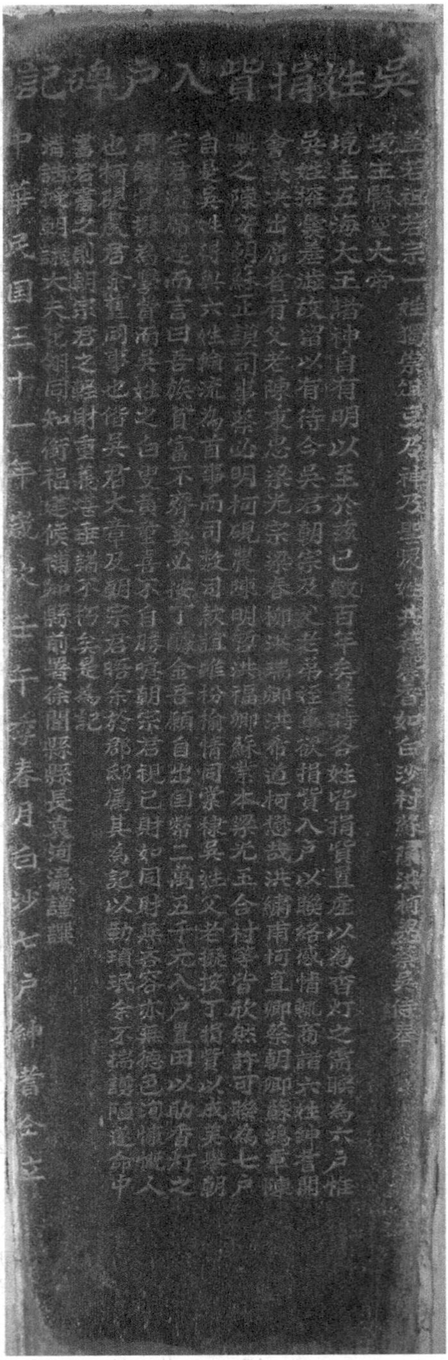

蓋若祖若宗一姓獨崇俎豆乃神乃聖衆姓共荐馨香如白沙村蘇陳洪柯梁蔡吳侍奉

境主醫靈大帝

境主五海大王諸神自有明以至於茲已数百年矣曩時各姓皆捐貲置産以為香灯之需聯為六戶惟吳姓探囊羞澁故留以有待今吳君朝宗及父老弟姪輩欲捐貲入戶以聯絡感情輒商諸六姓紳耆開會議決出席者有父老陳秉忠梁光宗梁春柳洪瑞卿洪希道柯懋哉洪繡甫柯直卿蔡朝卿蘇鴻章陳舉之陳安朝蘇正謨司事蔡必明柯硯農陳明哲洪福卿蘇業本梁光玉合村等皆欣然許可聯為七户自是吳姓得與六姓輪流為首事而司数司款誼雖枌榆情同棠棣吳姓父老擬按丁捐貲以成美舉朝宗君避席起而言曰吾族貧富不齊奚必按丁釀金吾願自出国幣二萬五千元入户置田以助香灯之用餘貲撥為學費而吳姓之白叟黄童喜不自勝噫朝宗君視己財如同財無吝容亦無德色洵慷慨人也柯硯農君余舊同事也偕吳君大章及朝宗君晤余於郡邸属其為記以勒瑱珉余不揣譾陋遂命中書君書之則朝宗君之輕財重義堪垂諸不朽矣是為記

清誥授朝議大夫花翎同知銜福建候補知縣前署徐聞縣縣長袁洵瀛謹譔

中華民国三十一年歲次壬午季春月白沙七户紳耆仝立

白沙洋水沟葺修记

□古来農邨水渠之設原為阻断天然海水潰涌淤内河汇□□□□□□良□利□□本洋水引之□先
□亦原□时□自宋至□今累經修理□□□□□□□□□□□□□□□□□□□□□之□□旱天則坐视
禾苗槁死鄉也無人□□□□□□□□□□□□□□□□□□□□□□□□□□□□□□□全洋耕夫
惨重族叔春华洪君□□等有□□□□□□□□□□□□□□□□□□□□□□□□可以之良田必致
變成荒□故乃□□□□□□□□□□□□□□□□□□□□□□□□□□□□亦可□□既□也兹也
完工峻□父老嘱余作記□□□□□□□□□□□□□□□□□□□□□□□□□□人□其此沟之清
□数百年来破題□□□一□□□□□□□□□□□□□□□□□□□□□□□□□□梁□□撰并書

蘇□□ 陳大□ □□□ □□□ □□□ □□□

梁春華 蘇□□ □□□ □□□ □□□ □□□

發起人 洪□钦 柯承恩 蘇□□ □□□ □□□ 苏□□

蘇启经 陈子卿 洪□□ 吳祖□ 柯南生 蔡□□

中 華 民 國 三 拾 九 年 歲 次 庚 寅 三 月 十 三 日 立

（碑面大部分被磨平，難以辨識）

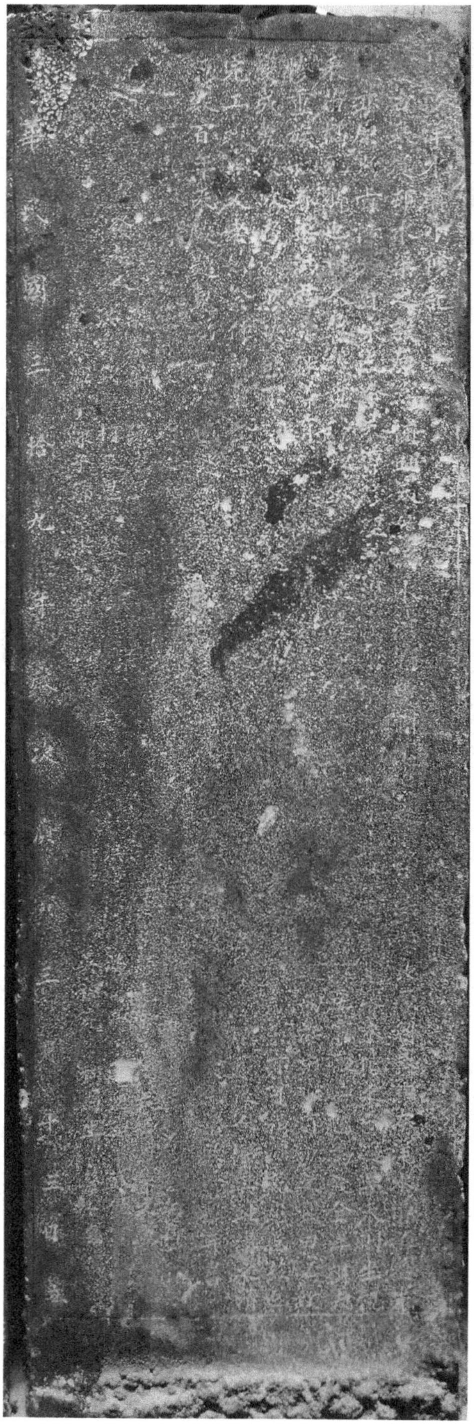

附城鎮

榜山村

雷祖古廟

重建石牛廟記

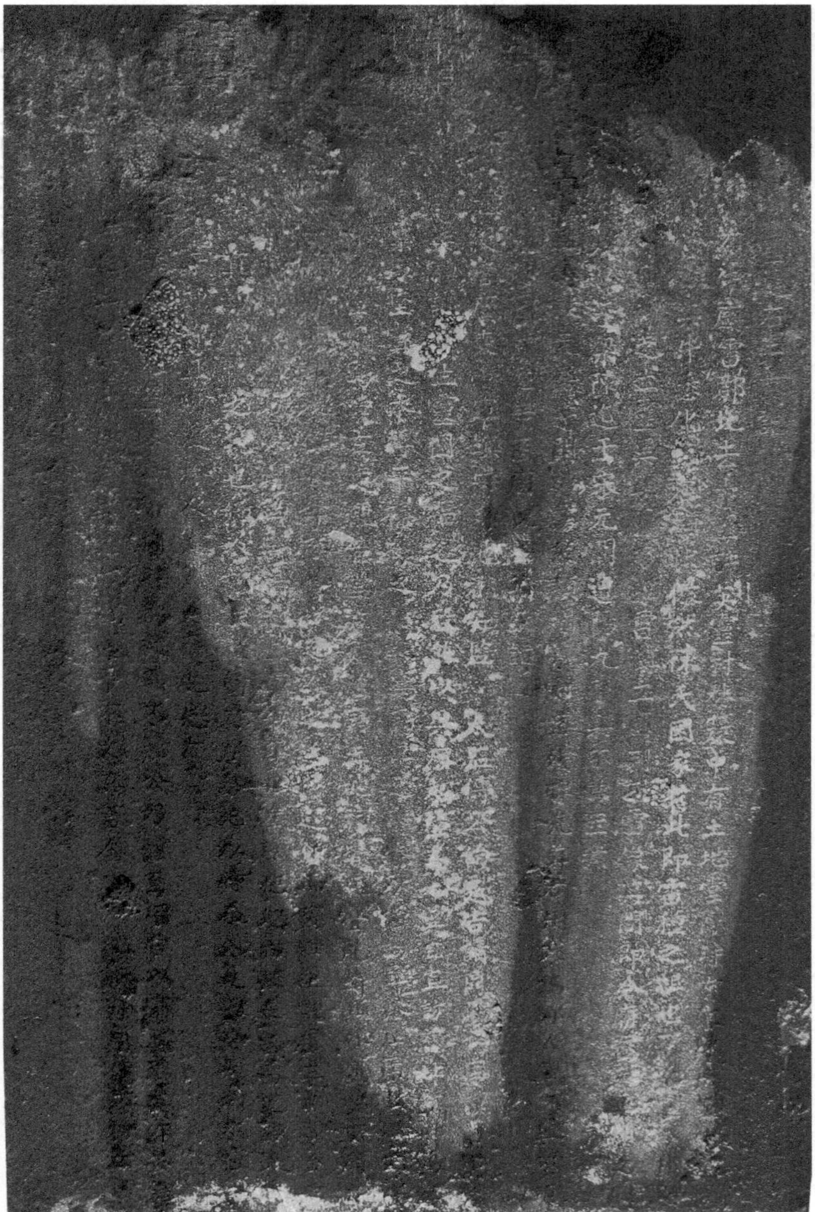

石牛廟雷郡北去十里許英靈村林麓中有土地堂陳時有客陳氏驅牛而過
堂前其牛悉化爲石□狀儼然陳氏因家於此即雷種之祖地乃□□□月久
□雷神之生靈異顯□乃□雷祖立廟列□雷像其間即今廟□□□□之刱
建始于梁陳迄于宋元間遭陽九替興不常至我
皇明綏□□元殿宇門墻蕩然頽塌□剝落殘碑荒辟枯樹寒鴉鄉人觀之無不□
□□□歲在辛酉廟祝□□□詣
欽□提督廣東官軍鎮守珠池都知監　太監傅公倫處告請鼎□□□□□□
□神護□生靈因之福之乃毅然以興發起□爲之異日直訪□士□□鳩工
祭以堅實之木□轉平□□之□□焉□□之勢□以□初□□□兩□□□
□□□□□左建觀音堂右□□廊土地祠皆□疊龍□且外□以□□□
□□□者□□□□□又□□□之鴻鴻□□而□往塑□□三□□金□
□□□□□□間幽□□□□三□□峰□崖□抱廻□□長□□□□□□
□真神□□之□也鄉人□□□绵力所祭祀以時而公之□□□□□不□□
□于神□具□□於人矣然是廟也先有
□□鎮守□□太監陳公瑢捐□□建而不□公乃繼至經營以濟其事□□□
年之三月落成□□□之六月□予不文直書□□纪□永垂不朽云
□明弘治十□□□□□雷□□□□□□吳朝陽撰

（碑面風化模糊，文字多難以辨識）

榜山之東廟建
雷祖赫聲濯靈奠安斯土有虞之後曰維陳氏偉烈豐功名垂萬禩小山進
德北格馮村四社鼎建廟貌攸存厥有吳姓是名造良捐田九石用佐馨
香此鄉紳耆奉為　英靈靈共勷俎豆祀事孔明百有餘年承承繼繼詎知
陳姓自稱神裔認廟為祠屢生覬覦附廟紳士並力匡扶斌也不才忝為
民牧爰集其衆以聽斯獄申詳　府憲碑銘留讀鐵案既成毋庸反復吳
氏廟田捐己所有凡今之人毋為利藪因諮庭議募僧常住稽厥田畆錫
之印簿藉田之入供爾伊蒲以其餘者脩慨是圖春秋誕日虔脩供奉用
迓　神庥香花捧誦從今以後僧盡其誠廟衆稽查永絶吞并毋盜而田
毋竂而守勒之貞珉以垂不朽
文林郎遂溪縣知縣加五級紀録五次芥山汪　斌拜撰　廩生謝聘拜書
計早田三斗土名英山溝大埚　早田一石六斗土名庙后　早田八斗土名英山溝北　早田七斗土名塘口
開早田七斗土名英山溝大埚　早田一石三斗土名坑石　早田五斗土名英山溝北　早田三斗土名庙后
田
條早田四斗土名英山溝大埚　早田五斗土名馮村溝北　晚田八斗土名東山河上　早田九斗土名塘口
早田二斗土名溝北
旹　乾隆甲辰年季秋吉旦 附庙紳士謝 成等 遂溪縣僧會司習學 仝立

同治五年重修題捐碑①

特授雷州府正堂周毓桂捐銀陸拾元　雷州營參將松林銀伍拾元　海康縣蔣廷鈞銀陸元　遂溪縣張璿銀拾元　雷州府學教授龐文□銀弍元　雷州府學訓導王永田銀壹元　海康學訓導曾士梅銀中元　署雷州府學許欽明銀弍元　署清道分司周福培銀壹元　左營守府劉殿高銀壹元　左營把揔歐永超銀壹元　左營外委吳廷超銀壹元　海康典史□燈銀弍元　遂溪典史湯錦鵬銀壹元　遂署范陽堂鄒□□銀弍元　進士楊鱣銀壹元　進士符兆鵬捐銀叁元　舉人卓賡濂銀壹元　舉人李韶□銀肆元　舉人陳喬森銀壹元　武舉黎培新銀壹元　武舉趙天香銀壹元　中書林嘉材銀六元　吏目翁心安銀六元　府經程學汾銀伍元　□縣□梁濟澎銀伍元　□□陳恒綸銀伍元　潯州府經歷曺爾表銀四元　雲騎尉廩生楊其淵銀四元　拔貢翁長健銀壹元　歲貢黃鏐捐銀壹元　歲貢朱名賢銀壹元　歲貢□□□銀壹元　優貢洪啟元銀弍元　歲貢陳炳文銀弍元　附貢關啟勳銀四元　附生周紹義銀□元　經歷麥廣香銀叁元

監張慶□　生林火□　吳起元　陳及倩　周文尉　右各捐銀叁元　教梁禹□　陳昆　職李見龍　教諭全維炯　廩梁鱣　生鄭濟南　州同吳振鐸　府經洪毓瑛　附貢洪毓琛　武生王日陞　右各捐銀貳元

生員高振經　監生洪毓琇　楊汝□　林□□　楊敏朗　歐瑞香　蕭應珠　職高振播　王廷璡　謝汝秀　□□州員全作林　高振煥　右各捐銀貳元

陳昌遠　□□□　貢洪毓瑃　楊丕揚　陳星鋒　生陳籍　附陳胡昌　陳基　貢陳汝楫　廩楊德藻　高振□　王文忠　陳珊枝　□陳貽桂　主黃步蓮　陳育才　右各捐銀乙元

生陳玉璋　歐家俊　符在庭　陳鳳□　梁學瀛　陳桂清　黃鷹揚　梁福□　王兆□　王□榮　符珧祥　阮繼元　梁嘉祉　高振瀛　陳宗献　員符寶光　右各捐銀壹元

生陳登□　員黃炳星　武梁應龍　楊立東　歐定邦　鄧之模　生林日香　右各捐銀壹兩　陳泰香　□朝文　吳其敬　吳克修　王文豪　吳文學　陳德徽　陳駿興　右各捐銀弍元

職黃鎧　陳毓岐　陳毓林　陳登第　陳毓芬　楊盛權　陳可恕　全作嶸　黃如瑋　阮兆麟　簡天緈　官維國　蘇天培　楊正德　楊正煊　□贡莫街亭　右各捐銀壹元

戰吳浩　黃中立　□汝富　全懋治　全作琚　周連昌　鄭高明　負何光世　分蕭俊亭　府吳鎮封　州同簡敬栽　千黃恩海　総黃恩增　監唐檀　宋邦昌　生陳登龍　右各捐銀壹元

監翁継美　楊奇逢　洪泰□　洪應鈞　周際泰　王国泰　洪良訓　吳開熾　周立義　阮樹德　阮光槐　何日盼　梁昌文　潘紹勳　蔡慶雲　生蔡慶泰　右各捐銀壹元

監楊其斌　楊其澄　陳毓球　梁川　楊天華　楊棠華　楊紹中　歐家仁　邵瀚光　梁有明　李學禮　李結菓　張榮成　周汝正　程天華　生楊岳宗　右各捐銀壹元

張汝祐　陳國璜　陳樹爵　陳樹榮　陳日信　葉壯圖　符宗基　宋夢輝　吳日貞　黃進彪　黃庭□　陳廷球　生何翼之　高志沛　高振楠　高志荃　右各捐銀壹元

金隆泰裝捐銀弍拾元　金永泰裝捐銀弍兩　金鴻泰裝捐銀弍兩　雷廣安裝捐銀壹兩　海合順裝捐銀壹兩　金瑞泰裝捐銀壹兩　海裕隆裝捐銀壹兩　南昌號　廣昌號　廣安號　合泰號　連美號　萬源號　泰和號　永和號　應心齋　右各捐銀弍元

聚金堂　泰昌號　利益號　英泰號　合德號　祺泰號　萬昌號　孚合號　寶泰號　右各捐銀壹元

赤坎合泰號　赤坎泰益號　赤坎順昌號　赤坎均安號　花橋福來棧　関部税舘　右各捐弍元　泗來號　廣豐號　黃新成號　梁安和號　怡隆號　林義昌　□□□生　□□□蔡王　花橋永利□　右各捐銀壹元

保元堂	廣順號	同安號……
道生堂	寶豐號	萬成號……
慶生堂	怡和號	和生號……
同仁堂	□興號	巨豐號……
元生堂	恒足號	生財號……
仁生堂	翼香號	益全號……
仁壽堂	福祥號	振昌號……
同德堂	維泰號	永利號……
裕美號	福安堂	合順號……
成益號	慶隆號	建隆行……
均興號	两益號	廣利號……
綸美號	同益號	周吉昌……
穌盛源	益昌號	周連昌……
裕源號	元昌號	喜昌號……
生馨號	祥隆號	寶興號……
錦新號	連勝號	協成號……
啓泰號	□合號	合順號……
連益號	勝鴻號	善富號……
金易聯	協穌號	順昌號……
右各捐銀壹元	右各捐銀壹元	右各捐銀壹元

城東村

迎春橋

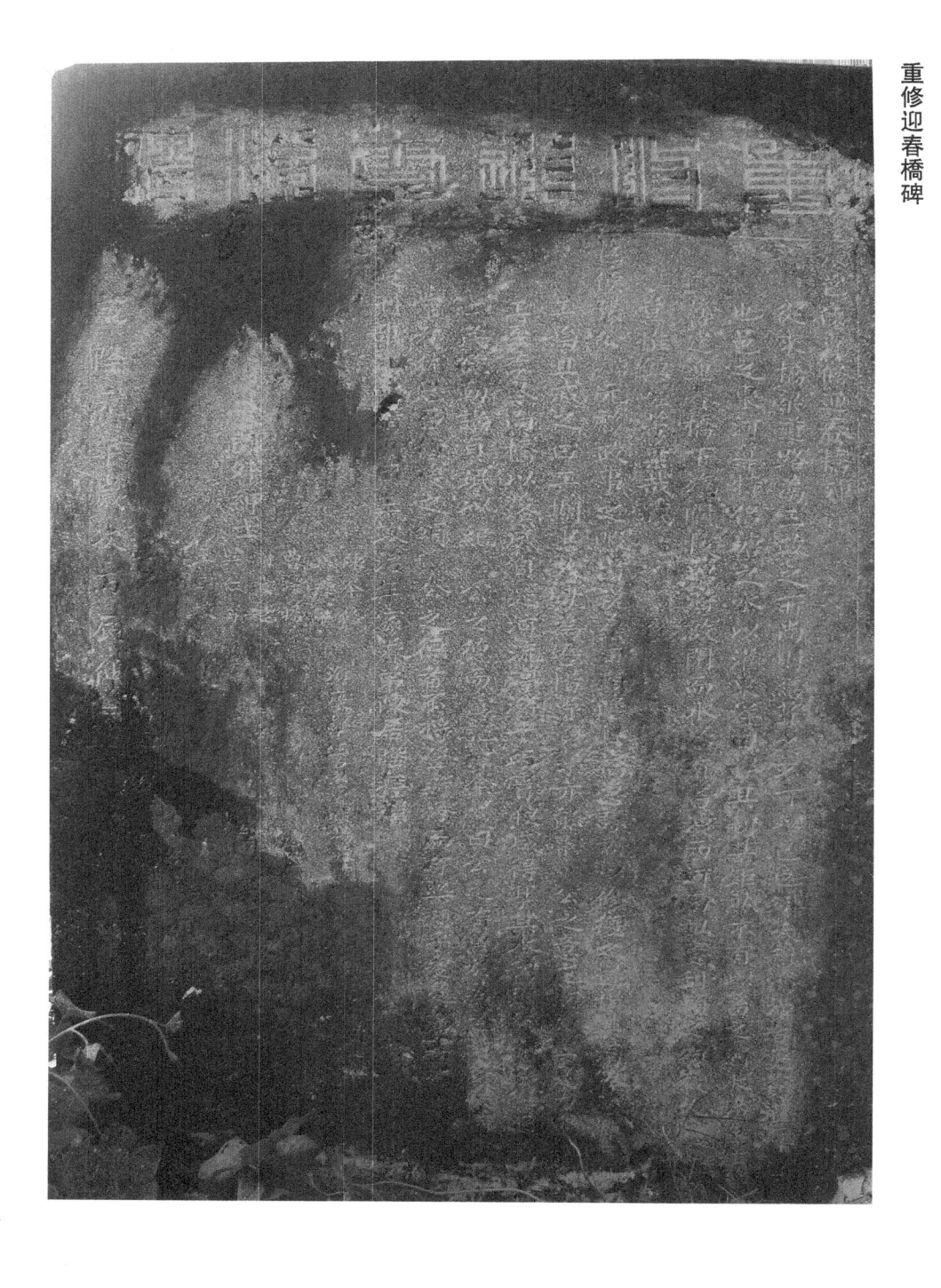

重修迎春橋碑

張邑侯重修迎春橋碑

從來橋梁道路爲王政之所尚則繕葺之不可以已也矧夫利濟涉者更資灌溉則繕葺之愈不可以已也邑之東河導特侶塘之水以灌東洋田畆其利甚鉅然不有以蓄之則水勢直注利之鉅者猶無利也舊建迎春橋下施閘板以時啓閉而水始有蓄洩兩河南畆實利賴之乃歲久則敝橋其傾圮過此橋者豈惟興嗟苦業哉我

邑侯張公諱元彪政事之暇出税桑田顧瞻此橋急謀所以修復之遂捐其清俸召鄉民許若齡等而委之以工焉且戒之曰工期垂成毋爲吾惜費齡等亦能體　公之意庀材鳩工實力經營自雍正乙卯孟秋興工至季冬而橋以落成自是河流渟瀦千頃膏腴咸得享其水利卽行人之往來亦無徒涉之病矣闔邑士民欲勒諸貞珉以紀　公之德而屬記於余余曰公之有惠於吾邑者多矣何獨於橋是記雖然覩甘棠者犹思召伯後之頌　公之德者不將登斯橋而可概想乎爰是爲記

特授刑部□□清吏司主政治年家眷弟陳居隆拜撰

陳余偹
□□□
曹□暘
関外紳士 许若龄
吳仁育
王□□

乾隆元年歲次丙辰仲春

（民國《海康縣誌》有收録，可相關酌）

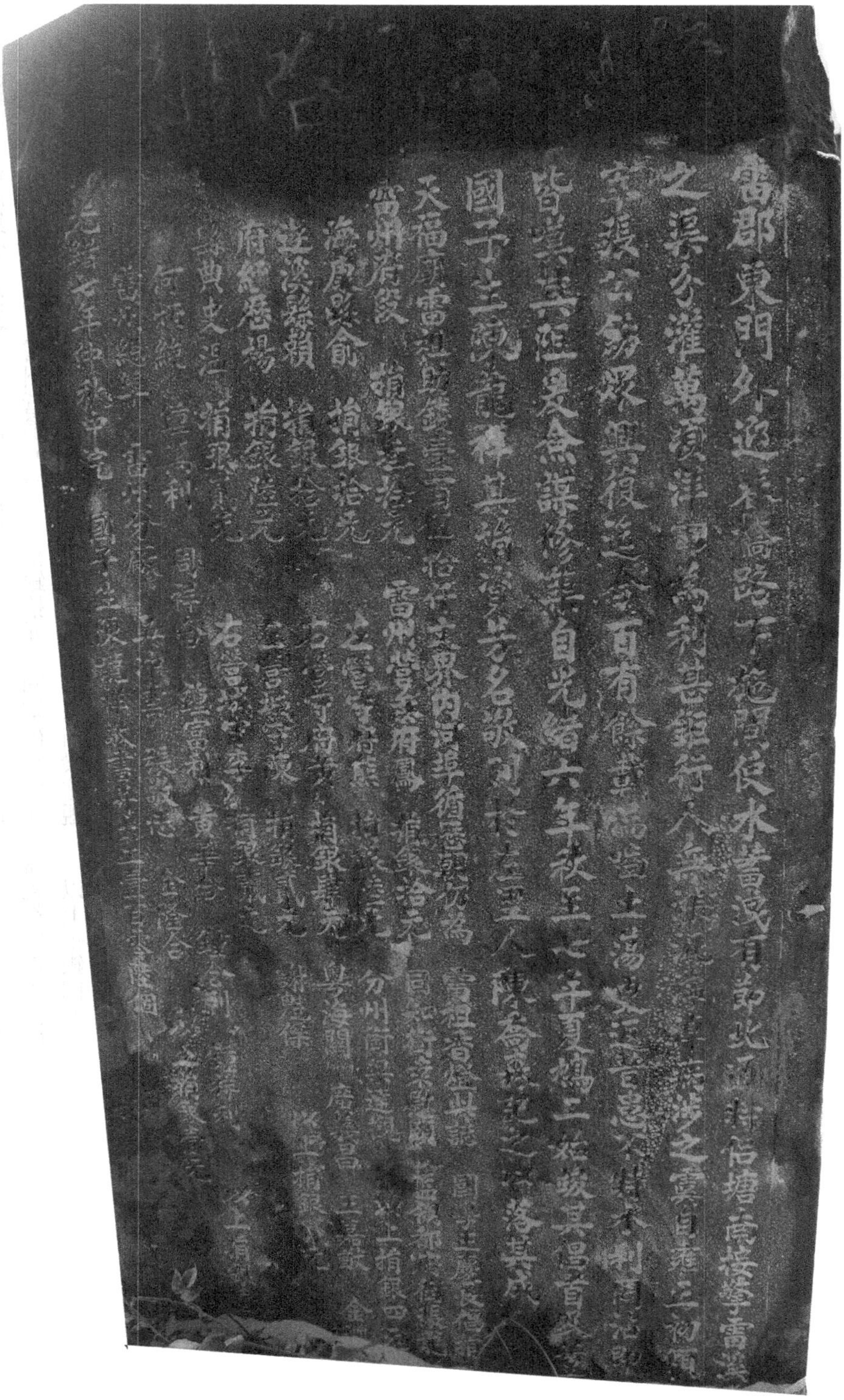

修迎春橋路閘碑

雷郡東門外迎春橋路下施閘使水蓄洩有莭北通特侣塘南接擎雷溪□
之渠分灌萬頃洋田為利甚鉅行人無漲汎濘淖病涉之虞自雍正初傾□
宰張公飭眾興復迄今百有餘載湍嚙土蕩更返昔患不特水利罔沾即□
皆嘆其阻爰僉謀修築自光緒六年秋至七年夏鳩工始竣其倡首及董□
國子生陳龍祥其捐資芳名敬列於左里人陳喬森記之以落其成
天福廟雷祖助錢壹百伍拾仟文界内河埠循歷朝仍為　雷祖香燈此誌　國學王慶長倡捐銀

雷州府段　捐銀叁拾元　雷州營叅府鳳　捐銀拾元　同知銜袁慰頤　藍翎都府銜張龍□
海康縣俞　捐銀拾元　左營守府熊　捐銀陸元　分州銜梁達觀　以上捐銀四元
遂溪縣賴　捐銀拾元　右營守府黃　捐銀肆元　粵海關　廣義昌　王嘉猷　金□
府經歷楊　捐銀陸元　左營城守陳　捐銀貳元　謝魁傑　以上捐銀貳元
縣典史温　捐銀貳元　右營城守李　捐銀貳元
何炳純　鍾萬利　周祥合　鍾富利　黃華合　鍾合利　鍾祥利　以上捐銀壹元
雷州総埠　雷州分廠　吳冲雲　張敬志　金隆合　以上捐銀壹元

光緒七年仲秋中浣　國子生陳龍祥敬書并出工壹百零陸個

高氏宗祠

端敏公祠

嘗思守業不求創始前人之功不彰建祠不定規條後人之弊不除梓欽承　父命寤寐難安邇自當日趨庭我　父常說　祖父少年貧寒苦志芸窻即於二十四歲
冠軍二十五歲採芹二十六歲舌耕僅將脩金生息儉樸至七十歲租穀約有壹百石現銀數百元因爾　伯父乏嗣連娶三妾横禍喪葬現銀費盡是時　祖父年老
家務付予管理予將躬平素所蓄積之錢並外　祖所繳爾　母奩粧銀兩共買田十餘石充入生息至六十餘歲家業加前數倍爾今既已長成當以　祖父創業艱
難並予一生勤勞儉約起家情由備述後人俾知警省所謂莫為之前雖美弗彰莫為之後雖盛不傳正我　祖父與我　父克當之矣我　父迴念　祖父創業艱辛
迄今子孫衣食頗充得安心於耕讀者皆霑　祖父之恩也於是設祠安奉享香燈於萬載然有祠必置田業而祠之根本乃立上足以敷祀典下足以培子孫本擬俟
祠利充豐再置良田始備規條詳為刊刻否至八十七歲染病自知不起呼梓與諸姪齊集説予有志未逮爾輩宜將現在祠業詳記坵段條例之緊要者已定未備者
妥議周詳速為立碑以昭畫一梓等不敢視為閒談已定者奉而行之宜增者推而廣之一一銘於石板豎諸墻右以垂不朽云　　計開規條于後
一議祠内數目於五房子孫選擇殷實忠厚者二人管理不得爭管務要寫自躬良田交衆作頂一人管錢一人執簿一年一換每年正月十六日交接錢銀俱要現交若無良田便買所存之錢每百千文按月
行利錢柒百文如有騙悞管數者償出致欠公費酌生應用利錢多寡祠内給足一年每人給工資錢五千文十一月十五行禮每人分猪肉二斤　一議祠内田租每年准於正月十六日齊集下標錢多者
得収每穀壹石現交定頭錢壹百文餘錢限十日内交清不得少欠若欠租穀另標定頭無追　一議祠内所出利息並清明亡日年節遺惠行禮分胙除執事各項外係五房子孫照丁均派若遇年歲歉
務計所出之利除公費外有餘賸者方得議分不得生揭或典當田業以致祭祀香燈公費不敷　一議大學除韶山洋早田四坵共種仔肆石陸斗征米肆斗貳升起租穀叁拾石正小學除下坎坑早田壹
坵種仔壹石肆斗征米壹斗壹升起租穀壹拾石零四斗以為延師在祠内教讀之資務要請品學兼優者為師長各子孫不得倚賴强在祠内開學倘擇師致有異議隨衆願者請之脩金不到學者通共有
賸則交回祠内若延師在別處開館者不得　一議韶山洋並愛蓮坑東城坑早晚田十坵種仔五石六斗征米五斗壹升租穀叁拾壹石叁斗以為培養子孫上進之田自文武進學以上者均分餘概不得
一議文武進學每名給花紅銀叁拾両正補廩給銀壹拾伍両正恩副抜歲優貢每名給銀肆拾両正文鄉試中式給銀捌拾両正會試中式給銀壹百肆拾両正武鄉試中式給銀伍拾両正會試中式給銀壹
百両正均給旗匾銀貳拾両正文進士欽點中書主事給銀壹百両正翰林給銀貳百両正武進欽點侍衛給銀壹百貳拾両正文官凡屬挑選輪考武官舉進部選初出仕時四五品給銀八十両正六品給
銀柒拾両正七品給銀陸拾両正八品給銀伍拾両正九品從九未入給銀肆拾両正軍功營伍初出仕時核其品級照挑選輪考例給壹半捐文武官捐封典監職上餉時實餉每需銀壹両正給銀柒分正
請封典者給規儀銀壹拾両正先捐職後捐官只得領幫捐銀両壹次俟部照回方得支領俱要辦猪羊五牲到祠行禮捐監職者聽便後有考調捐陞者概不在例只給祭費銀肆両正　一議應鄉試每人
給水脚銀伍両陸錢正不考遺者不給恩副歲廩貢監進京入監肄業每名給水脚銀伍拾両正抜優貢進京朝考文武舉進京會試千守進京引見考驗每科每人給水脚銀柒拾両正在京就便應試北闈
概不得支南北闈試水脚翰林中書主事侍衛在京官在京貢職每年給火足銀肆拾両正小京官在京貢職文武舉留京會試每年給火足銀叁拾両正恩副抜歲優廩貢監在京貢職每年給火足銀貳拾両正得
分印結有廉俸者不在例　一議每年准於十一月十五日辨猪羊五牲各物整齊衣冠到祠行禮其主祭輩長兼有功名者主之如平輩年長兼有功名者主之主祭分猪腿壹個百六稱重叁斤羊腿壹個重
壹斤半執事陪祭每名分猪肉半斤　一議年至六十歲分猪肉壹斤七十歲貳斤八十歲肆斤九十歲捌斤壹百歲拾貳斤自九十歲以上分羊腿壹個重壹斤半功名每名分豬肉壹斤若有恩副抜歲優
貢以上文武捐納出仕者每名加分猪肉壹斤新丁每名分猪肉壹斤三十歲以内守節者至四十歲以上分猪肉壹斤惟賜給老人功名及鄉賓賞給軍功營伍衣頂者不得　一議新丁准於十一月十五
行禮之期辦包二盤重十斤入祠至正月十二日備花燈一架包點送祠敬酌新孫媳十一月十五行禮畢到祠謁拜給花紅錢壹千文新孫壻正月到祠拜年給花紅錢壹千文孫壻有進文武學捐監職到

宗祠條規田坵碑記

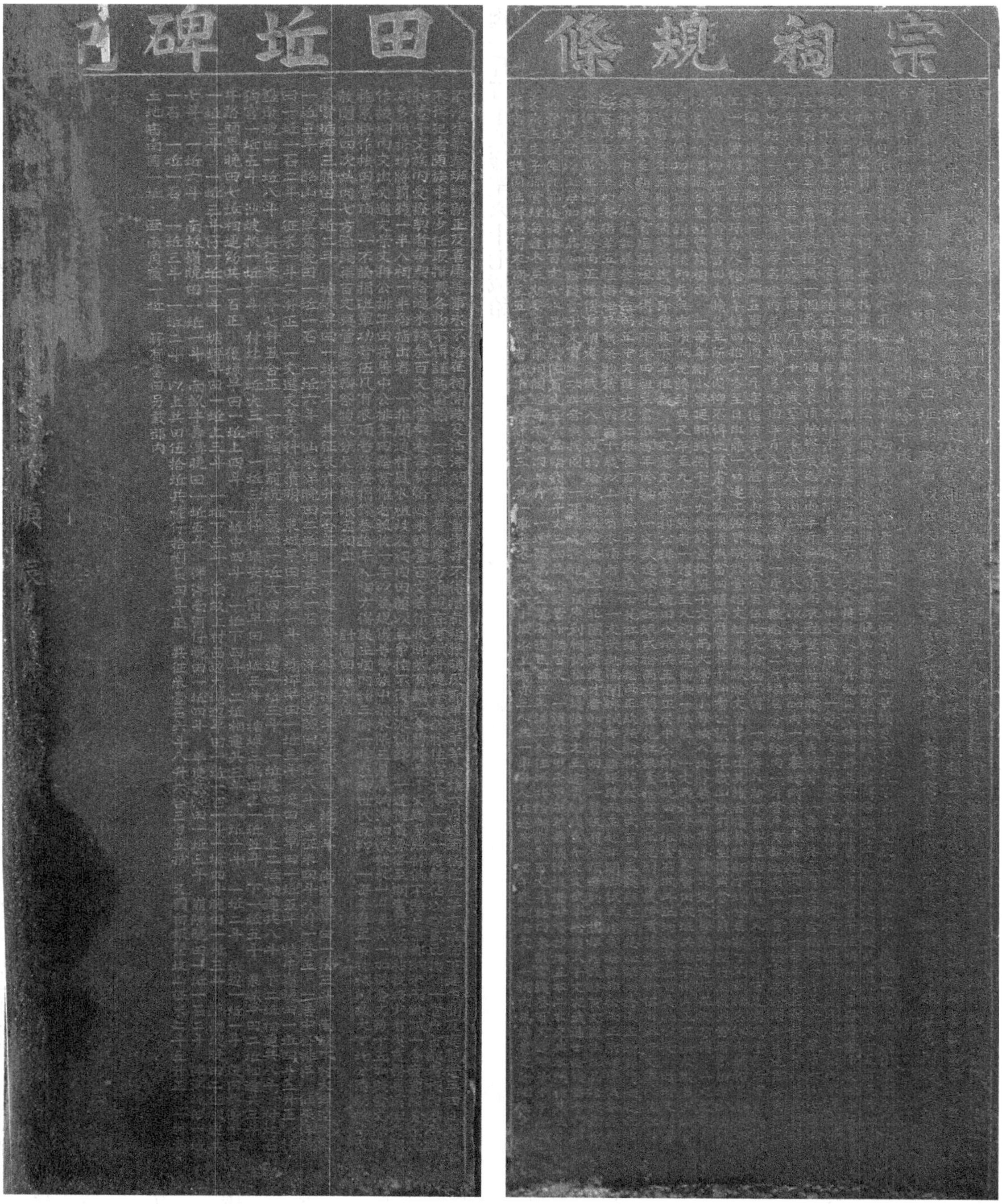

嘗思祠宇不加修飾曷妥先人條例不極詳明奚資世守如我　始祖自元卜居于此祠宇之殿亦已有年但　先代謹守醇風敦崇古處故
式廓未增亦章程未備也為之後者倘不擴充以隆繼述將何以見蘭龕芝座各發光明荆玉隋珠盛成寶貴爰集族中紳耆酌古準今重新
祠宇議立條款二十餘則與祠内現撥田坵刻諸石以垂久遠所望福祚多詒盛萃鸞臺虎衛菁華不竭聲騰鏤華琱弓俎豆常列祠堂簪纓
普衍支耳焉是為序　　計開規條于後
一祠内數目年輩尊長與有衣頂者永不得管惟擇年輩卑幼兼身家殷實者管理一年一換每年給工筆錢貳千文至冬至後交數目要鈔前出
入數帖出祠内若摘出侵吞各數照
數按十倍公罰一半入祠一半賞指出者　一祠内三熟田每年議定霜降前後出標早晚田大雪前後出標錢多者得每錢壹千文現交定頭錢
貳百文餘錢限十五日交清倘有
拖欠將田另標定頭無追至標早晚田完管數者要請紳耆并董數者共五六人先舉接數人并算結目下標田錢若干前數餘費尚存錢若干註
明部内每存錢壹千文按年行息
錢九十文至冬至後一日合眾共結前數所存多小本利并數交清下手若有拖欠寫田交祠管批　一每年冬至議定有衣頂中年輩尊長者主
祭同輩論年長年幼而輩長者得
主不得相爭主祭者得熟猪頭一個熟鴨一個有衣頂陪祭者給腥肉半斤無衣頂而衣冠整齊陪祭將熟鴨身均分　一每年冬至有衣頂者給
肉一斤五十八歲至六十七歲給
肉半斤六十八歲至七十七歲給肉一斤七十八歲至八十七歲給肉二斤八十八歲以上每加一歲加肉一斤寡婦例合旌表者給肉一斤　一
每年冬至寫祝文并神簽者寫對
者均給肉一斤引通讚生每名給肉半斤讀祝另給肉半斤入新丁每名給肉一斤管數給肉二斤唱名分胙給肉一斤管户首部給肉二斤管族
譜每本給肉半斤炮首給肉半斤
掌稱分腥熟肉給肉一斤管頭鑼五事給肉一斤宰猪并宰分腥熟肉每猪給錢壹百伍拾文餘物不得　一每年入新丁者冬至前五日繳入丁
錢捌百文交與管數者定包并出
工一名買辦冬至各項每人給食午錢四拾文冬至日出鼎一口連工給買碗錢壹拾文粗席錢玖拾文買多自出其猪舌猪骨按新丁均分若新
丁不到拾名抽老頭補足各件故
同　一祠内如有欠債或當田未贖冬至所分肉粿不得比照常年及債清與當田贖完應費若干紳耆公議雖年歲凶歉不得生揭典當分荒如
强行生揭典當者不論老少均得
以背祖拆祠指名呈控費錢祠出　一每年給小學延師錢捌千文大學錢壹拾伍千文或兩大學兩小學按人均分若大學兼小學只支大學錢
均延師在祠乃得　　一文武進學
或捐班軍功營伍有到任接印并無衣頂而受請封典又年至九十七歲者一體設主入祠均三銜共一牌位　一文武進學除給養賢田弍坵共
種子捌斗正不論人數多少均分

每逢前年冬至期要備寳燭謁祖即得収下年租穀　一文選文榮文科公排年早晚田八坵共五石正居中公排年晚田一坵壹石弍斗正均論
年齒自長而少長一時者先得每
逢前年冬至期要備寳燭謁祖即得収下年田租至當催首年停輪　一文武進學花紅銀弍拾両正補廩花紅銀壹拾弍両正恩副拔歲優貢花
紅銀卅伍両正中文舉人花紅銀
柒拾両正中武舉人花紅銀叁拾伍両正中文進士花紅銀壹百肆拾両正中武進士花紅銀柒拾両正欽點翰林花紅銀弍百両正欽點主事花
紅銀捌拾両正欽點侍衛花紅銀
□百両正以上均要猪羊五牲謁祖只將祭物請族内六十歲以上并有衣頂者飲　一文武赴南闈鄉試每人給銀肆両正赴北闈鄉試五途貢
給銀肆拾両正附增廩貢給銀叁
拾伍両正監生給銀叁拾両正拔優貢朝考文武舉人會試均給水脚銀伍拾両正南北闈不考遺才者加倍罰回　一嘗伍有衣頂者到祠謁祖
給錢陸百文監生九品給錢壹千
文自九品以上每加一品加給錢壹千文買軍功牌者與捐同　一孫壻外孫進學補廩到祠謁祖給錢陸百文五途貢給錢壹千文文武舉給錢
弍千文文武進士給錢叁千文軍
功嘗伍監生九品給錢肆百文七八品給錢陸百文五六品給錢壹千文三四品給錢壹千陸百文　一議每逢甲子甲午年要議修族譜每修抄
譜五本二本交與水門村其三本
交與三支子孫管理每逢冬至期要交出宗祠閱過每本給肉半斤　一墥頭萬寧公墓每逢巳酉丑年議二人往埽共給脚錢叁百文另給肉米
紙寳錢叁百文逢甲子甲午年要
備猪羊五牲同往拜埽有衣頂至五十歲者俱准坐轎餘皆三人共一車無衣頂而六十歲以上者亦三人共一車每人往返共給食千錢捌拾文
一祠内為讀書之所理法之地
不准宿歌戲班雖新正及喜慶等事永不准在祠開賭及沽洋烟犯者重責并不得攢載稻穀磚灰葥草牛羊等物惟六月遇雨稻已生芽方准在
下進中間及庭暫寄三四日再久
不得犯者隨族中老少任取攢載各物不得誣為偷竊　一延師讀書有餘房方准現在考試并進學者設牀住宿不得一人一房藉佔以攢載已
物
一管户首部者祠内每年給
錢壹千文族内受撥契者每契給過米錢叁百文受當契者每契給過米錢壹百文若作収除米有錯一合罰錢壹千文錯多照折倘不照户首部
納米而納減一合者罰錢壹千文
減多照折均將罰錢一半入祠一半給指出者　一非関通村風水祖坟及祠内田莂以至争控不得擅派祠錢　一逢催首每冬至期當衆投標
貼収錢少者得充務要寫田交祠
作按祠内交出文選文榮文科公排年田并居中公排年田給當催者批収一年以為規儀等費族中撥米限三月底納清如悮按米一升每初一
加錢壹文每十五加錢壹文倘有

拖累將作按田管頂　一不論捐班軍功營伍凡有衣頂者務要捐錢叁拾千入祠方得設主祠内均三銜一牌座論世代長幼　一每年春至祭
物祠辦按大丁均分清明端午天
赦園爐四次共肉七方除錢柒百文與管數者辦祭物不分天赦節紙宝祠出

計開田條于後

一養賢塘坪三熟田一坵二斗　塘埲早田一坵六斗　共征米六升二合正　一文選文榮文科公排年牛路頭早田一坵八斗　南畝嶺早田一
坵三斗　南畝下村大堨边晚田
一坵五斗　韶山堤岸角晚田一坵一石　一坵六斗　仙來洋晚田二坵相連共一石　泮洋直河边晚田一坵八斗　共征米四斗八升一合
正　一居中公排年　仙來洋晚
田一坵一石二斗　征米一斗二升正　一文選文榮文科公清明　東城早田一坵一斗　塘坪早田一坵三斗　後田橋早田一坵五斗　抄
牛嶺晚田一坵四斗五升正　托
盤墩晚田一坵八斗　共征米一斗七升五合正　一宗祠門前坑三熟田一坵大四斗　塘边一坵三斗　一坵長四斗　上二坵相連共八斗
下二坵相連共八斗　村北石
狗宮一坵五斗　沙坡挾一坵六斗　村北一坵大三斗　一坵三斗仔　鎮安廟前早田一坵三斗　塘埲三熟田上一坵五斗　下一坵五斗
東城早田二坵相連共三斗
牛路頭早晚田七坵相連約共一石正　後埲早田一坵上四斗　一坵中四斗　一坵下四斗　二坵相連共三斗　一坵一斗　一坵二斗
坎边一坵一斗　後田橋滂早田
一坵三斗　一坵三斗仔一坵二斗　塘坪早田一坵上三斗　一坵下三斗　南畝上村西边大堨边早田一坵一石一斗一坵四斗晚田一坵
三斗　鐮鈎坡晚田二坵相連共
七斗　一坵六斗　南畝嶺晚田一坵一斗　南畝牛壽溝晚田一坵五斗　泮洋南河仔晚田一坵四斗　单連□晚田一坵三斗　崩隙晚田
一坵一石二斗　泮洋晚田一坵
一石一坵一石一坵三斗　一坵二斗　以上共田伍拾坵共種仔拾捌石四斗正　共征米壹石六斗八升六合三勺五抄　又國初報墾
坆山征米二斗五升正　一村南
土地庙南茴一坵　西南角茴一坵　所有當田另載部内

光緒□□□□□庚辰□戊寅時重修□□□

麻亭村

蔡氏宗祠

重修祠堂記

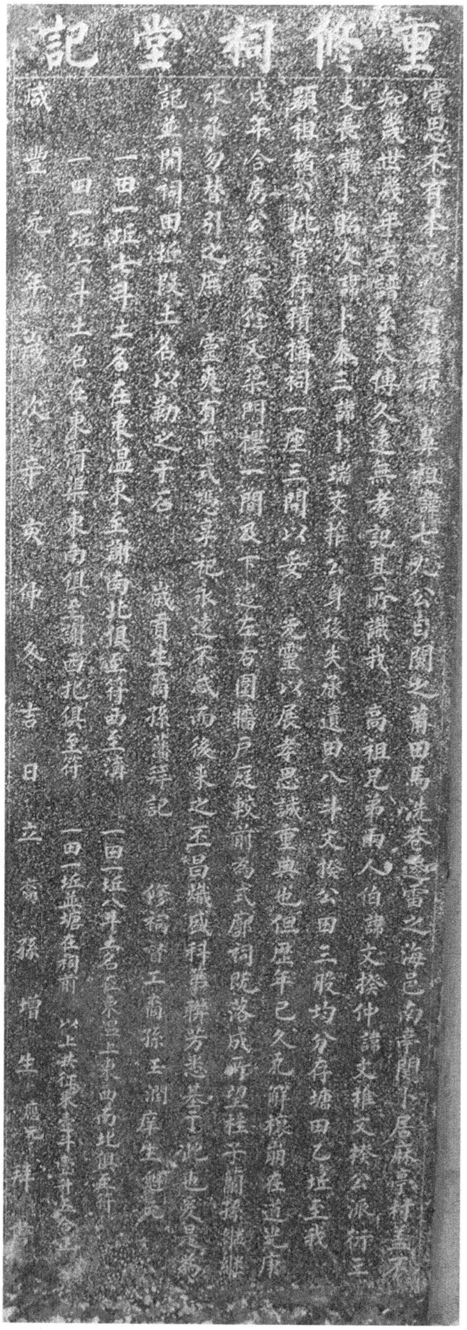

嘗思木有本而水有源我　鼻祖諱七九公自閩之莆田馬洗巷遷雷之海邑南亭閲卜居麻亭村盖不知幾世幾年矣譜系失傳久遠無考記其所識我　高祖兄弟兩人伯諱文揆仲諱文推文揆公派衍三支長諱卜昭次諱卜泰三諱卜瑞文推公身後失承遺田八斗文揆公田三股均分存塘田乙坵至我顯祖諸公批管存積擒祠一座三間以妥　先靈以展孝思誠重典也但歷年已久瓦觧榱崩在道光庚戌年合房公議重修又築門樓一間及下邊左右圍牆戶庭較前為式廓祠既落成所望桂子蘭孫繼繼承承勿替引之庶　靈爽有所式憑享祀永遠不忒而後来之丕昌熾盛科第聯芳悉基于此也爰是為記並開祠田坵段土名以勒之于石

歲貢生裔孫藩拜記　修祠督工裔孫玉潤庠生魁元

一田一坵七斗土名在東温東至謝南北俱至符西至濤　一田一坵八斗土名在東温上東西南北俱至符

一田一坵六斗土名在東河渠東南俱至謝西北俱至符　一田一坵並塘在祠前　以上共征米壹斗壹升五合正

咸豐元年歲次辛亥仲冬吉日立裔孫增生應元拜書

符文房祠

捐資碑

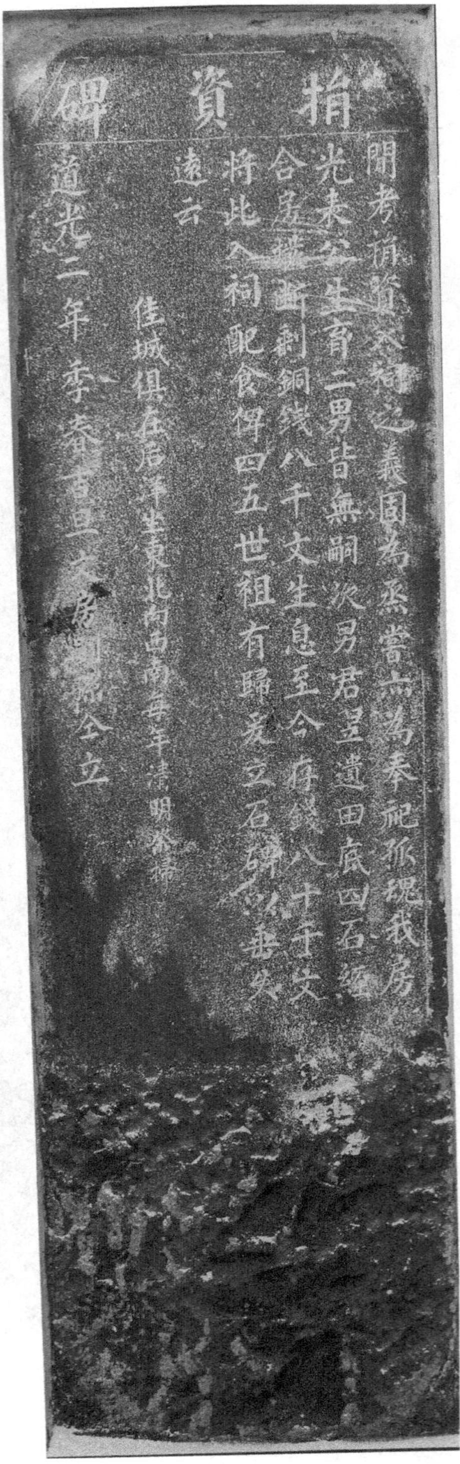

聞考捐資入祠之義固為烝嘗亦為奉祀孤魂我房
光表公生育二男皆無嗣次男君翌遺田底四石經
合房撙断剩銅錢八千文生息至今存錢八十千文
将此入祠配食俾四五世祖有歸爰立石碑以垂久
遠云

佳城俱在后洋坐東北向西南每年清明祭掃

道光二年季春吉旦文房嗣孫仝立

符忠房祠

創建公記

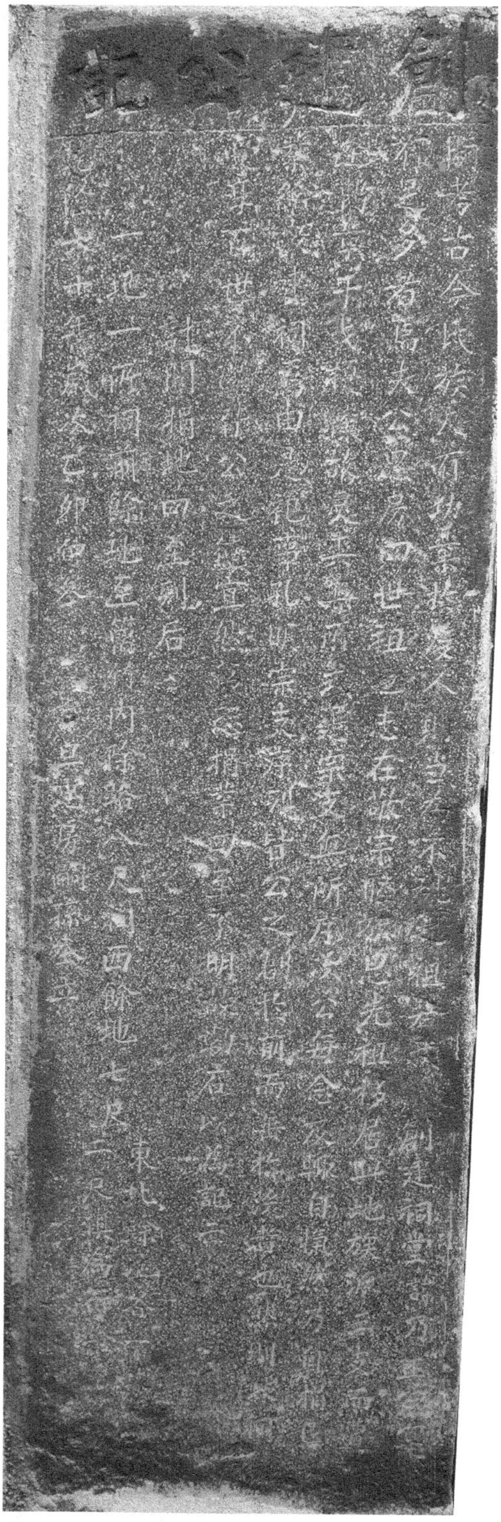

聞考古今氏族凡有功業於後人則当為不祧之祖若我　創建祠堂諱乃正公寔有足多者焉夫公忠房四世祖也志在敬宗睦族思先祖移居此地族派三支而遭逢鼎革干戈擾攘故灵爽無所式憑宗支無所序次公每念及輒自愾然乃自捐己業給□建祠焉由是祀事孔明宗支序列皆公之創於前而垂於後者也然則入祠配享百世不易皆公之德宜然第恐捐業四至不明故勒石以為記云

計開捐地四至列后

一地一所祠前餘地至篱竹内除路八尺祠西餘地七尺東北餘地各一丈二尺俱為行路

乾隆六十年歲次乙卯仲冬　　吉旦忠房嗣孫仝立

重建忠房祠公議捐資碑

聞之有志者事竟成立功者名不朽况心存宗室其功德為猶重者乎我 符忠房祠創自前人綿𠂊後裔卜年卜世自覺源遠而流長物换星移難免棟頹而瓦廢裔孫汝翼等欲重新 廟貌尚少木石之資惟共薄貲財克贍土功之費同商舉事用立成槐公議捐資銅錢二十千文者准立牌位從祀於西序既昭定例永遠流傳庶祀事孔明萬世永賴𠂊當竣成爰為之記并將捐資芳名田条勒石以銘不朽云

一捐資祖諱一忠　一奇　大隆　大重　時芳
祖諱御宇以上俱捐錢弍拾千文
一捐資祖諱大學　有恒　時啟　時創
大□
以上共撥田一坵六斗土名坐落本邨后洋等處載民米陸升正
并　捐　錢　壹　拾　千　文
裔孫邑增生汝翼拜撰并書

光緒二年歲次丙子冬月吉旦本房裔孫仝立

琅琊義莊記

積累初者三立德居先立功德次之其功德之昭垂於宗族開者誠非易易也如
筍君南山之貲殖書聞是以厚其家而姓好施與賞對族中父老弟姪而言曰子姓
之身雖遠近異勢觀琉異形而祖宗視之皆吾子孫也善哉斯人乎吾顧撥洋銀壹仟圓貯
之房祠生息二十年積有巨貲賑陸續置田以佽助延師嫠妻嫠婦諸婚喪之志已荼荼族叔祖
忠翰祠生息二十年積有巨貲賑陸續置田以佽助延師嫠妻嫠婦諸婚喪之志已荼荼族叔祖
時瑢君族姪等里村君謁余而屬為記余避席起而言曰苟苟孝廉竹園先生思澄於大小宗祠名
撥銅錢三百千文生息為貲者冠婚喪葬之需一則精微成鉅一則賙恤無存在平司會計者鑄
人不得人目盡揮殷實者輪司會計于兩君曰唯唯遵命中書君書其顛末並將例條刻人雲根
以後人耳而行之以垂諸不朽則南山君之功德堪與山河並壽矣是為記
齊諸根朝豫大天花鍋胸人 衛福恵縣補用縣丞募徐潤縣民奠淘漢謹識

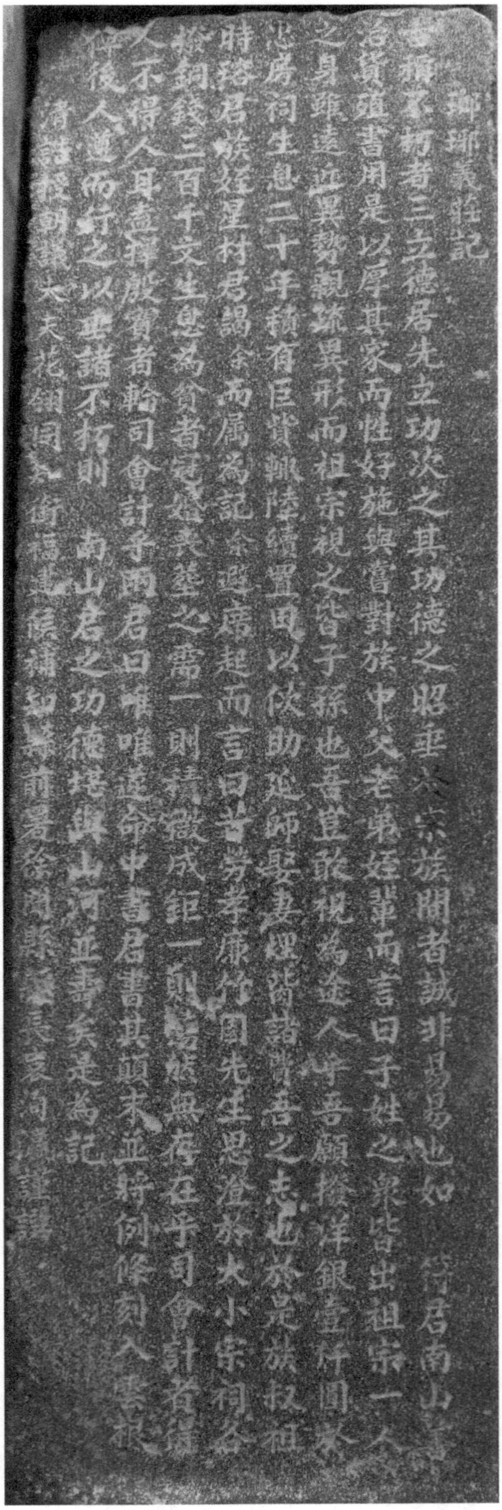

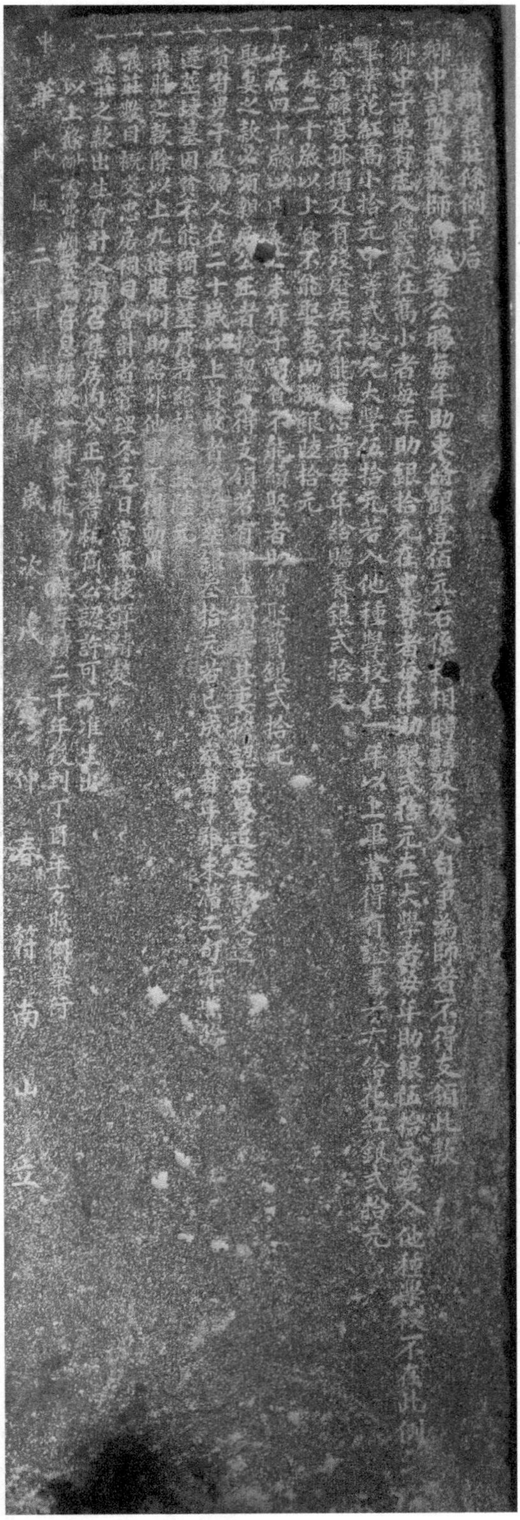

古稱不朽者三立德居先立功次之其功德之昭垂於宗族間者誠非易易也如　符君南山善治貨殖書用是以厚其家而性好施與嘗對族中父老弟姪輩而言曰子姓之衆皆出祖宗一人之身雖遠近異勢親疏異形而祖宗視之皆子孫也吾豈敢視為途人乎吾願撥洋銀壹仟圓於忠房祠生息二十年積有巨貲輒陸續置田以佽助延師娶妻埋胔諸費吾之志也於是族叔祖時瑢君族姪星材君謁余而屬為記余避席起而言曰昔勞孝廉竹園先生思澄於大小宗祠各撥銅錢三百千文生息為貧者冠婚喪葬之需一則積微成鉅一則蕩然無存在乎司會計者得人不得人耳盍擇殷實者輪司會計乎兩君曰唯唯遂命中書君書其顛末並將例條刻入雲根俾後人遵而行之以垂諸不朽則　南山君之功德堪與山河並壽矣是為記

清誥授朝議大夫花翎同知銜福建候補知縣前署徐聞縣縣長袁洵瀛謹譔

計開義莊條例于后

一鄉中設塾其教師由紳耆公聘每年助束脩銀壹佰元若係私相聘請及族人自争為師者不得支領此款

一鄉中子弟有志入學校在高小者每年助銀拾元在中等者每年助銀式拾元在大學者每年助銀伍拾元若入他種學校不在此例

一畢業花紅高小拾元中等式拾元大學伍拾元若入他種學校在一年以上畢業得有證書者亦給花紅銀式拾元

一家貧鰥寡孤獨及有殘廢疾不能度活者每年給贍養銀式拾元

一年在二十歲以上貧不能娶妻助聘銀陸拾元

一年在四十歲以内妻亡未有子嗣貧不能續娶者助續娶費銀式拾元

一娶妻之款必須親房公正者擔認方得支領若有中途擅棄其妻擔認者要追原款交還

一貧者男子及婦人在二十歲以上身故者給殮葬銀叁拾元若已成家者年雖未滿二旬亦照給

一遷葬坟墓因貧不能備遷葬費者給掩骼銀陸元

一義莊之款除以上九條照例助給外他事不得動用

一義莊數目概交忠房祠司會計者管理冬至日當衆核算清楚

一義莊之款出生會計人須召集房内公正紳耆相商公認許可方准生出

以上條例需費頗繁而存息稀微一時未能動支限存積二十年後到丁酉年方照例舉行

中華民國二十七年歲次戊寅仲春符南山立

重脩雷陽海岸記

□故□海山厥土斥鹵焉□□為□□不下萬頃□維時良守何戴二公登□觀望隐然有慨于衷也延相便宜□岸以捍潮衝□□萬餘丈茫然一望青葱膏腴盈野民號其岸為何戴堤號其田為萬頃洋迄今樂業數百歲已二公功載郡乘中甚悉而廟貌血食不朽歲久岸頽屡脩未固迩萬曆庚寅□

秦侯令治康之明年也秋八月會天大風雨巨浪滔空□潮沃日衝突决裂鹹鹵淹□□索無遺穗小民屋宇貲畜悉飄流侯出郊四顧□然心傷仰天泣曰不穀初令兹土倘令亡狀當躬災之何□于民諸父老子弟跪泣曰民實不率是自災也業二載于兹侯益仰天大泣曰天命吊甚矣民則□□寧有堪此□□惻曰是堤故為洋田□□□□行將大脩之俾尔民世世以養且安□無他諸父老士□□長跪泣数□下且泣且告曰吾主雅意重脩妥萬□千百載生命至仁也願□□□□以觀厥成侯焚香□□矢志成之即日維征停役請蠲租十之五又給災民牛□穀種無算諸父老子民□呼□□以頭搶地数四若□　侯上其事于監司両臺轉而叩

□悉報可菐帑八千奇□工令□□□諸父老子弟田岸□□矣盡取之官則病官盡取之民則病民仍両取之便況萬頃為倚焉□所天豈不自愛□□□□一勞永逸一费永寧之説乎□民亦有所愛□水將□勿論苗槁执事者□□□□子爲同日而語□□四□全□湍車下既得□乃□□兩岸祈□海神是日眾工和會侯令災民入□□□□□□□民知滄□□病老□夕走岸上糾督侯日□□□□劳來矻矻經營無宁日而民亦有子乘前工□為□泣□□三月迄夏五月告咸成之日□六十日也岸□□□闊丈竒長一萬三千九百丈竒□安□就绪□□人力運至於此豈侯日不遑食夜不寧寐疴疾□□□□□吾先入重淵故爾神□鬼運天造地設以報□□者則民更號曰秦堤是歲海□風□□□米贱萬頃桑麻□□村氓□子偃憩于隴雲□月之下□□□父詩于□煙細雨之中鼓□含涌出作入息不知誰之□□利亦□□侯猶慮□力稱詘脩資難繼□□岸内田塘數項向爲豪欲空藉之官立為助岸公田歲入所息□之帑以爲□此誠不费官不病民足□岸於無窮期也侯功大□□作者異日廟□血食當並何戴不朽侯名懋義號喻菴浙之仁和人萬曆己丑進士愧余不佞不嫻于詞無足為侯頌惟□□諸父老于□□宫勒石而銘其詞曰古合□下斥之而災侯曰子罪亦孔之□□□拮据庶民□來神萬功就不沈于海是歲大□如□春立□乃丕□□□□□故曰□□尊親莫辭卓□以言爰旌良宰

賜進士第翰林院編脩南海文峰林承芳……

舉人林起鶩　梁見龍　袁劉□　□□□　林□□　□□□　林□□　莊□□

鄉宦□　□　陳□□　□一鳳　張□□

鄉民

周□三　□□□　林忠□　黃□□

贡士□□□　林□□　黃□□　冯□□　陳□□　符□思　方□□　林□□

重修廟記

嘉慶二年歲在丁巳孟冬中浣首事符紹祚許連元符帝臣蔡中秀符開烈方日章合境題捐修造

郡主青山庙捐金芳名開列于左　慶仁會捐艮拾両正　符氏三房宗祠共捐艮弍両五錢正

欽賜登仕郎　信士商民

符耀祀捐艮六両　符耀渾捐　謝朝佐　鄧文瑞　符玉俊　許行恂　符紹幹　陳振邦　符国球　許爾超　符朝具　方居卿　符大器

蔡中秀捐艮四両　艮四両四　謝昌輝　蔡中丰　符帝封　符耀源　符耀浦　符紹漢　蔡開璽　陳国秀　符耀君　林昌裔　符鼎生

九錢　符大德捐　以上捐艮両四　符帝用　符帝高　符居安　符帝合　符鼎志　符居城　許爾勝　符耀生　符紹琳　符魁明

符紹統捐艮三両　艮三両二　方廷琮　符紹泗　符帝眷　許行丰　符帝茂　陳必升　鄧文著　符志良　符法傳　符国基

九錢　方日章捐　蔡中選　蔡中具　符紹烈　王者璽　王進翰　王者丰　王文德　鄭芝珠　符景衍　符紹□　符世寬

許連元捐艮三両　艮三両二　蔡中試　謝朝顯　許行書　符玉棟　王進才　符鼎飪　符王經　唐如球　符紹福　符天礼　符大辛

五錢　符開烈捐　許爾良　陳廷桂　許行科　符□業　以上捐艮五錢　陳士正　蔡中權　蘇三成　符帝熙　符□章　鄧文慶

謝君扶捐艮二両　艮三両　陳廷璧　許行発　以上捐艮八錢　符帝昌　符紹凤　符紹良　王進宝　符紹寿　符士明　符紹文

六錢　符大秀捐　許爾智　鄭良臣　方居在　符大全　符朝進　唐国相　符大信　方天佑　符紹斌　鄧紹宗　□□□

符耀武捐艮二　艮弍両六　蔡中拔　方继明　鄭良佐　符秉正　符開発　符天寿　鄧文燦　許爾信　符紹貴　符紹□　□□□

両二錢　符紹祚捐　鄭良寧　王步漢　許行丰　鄭良飪　謝朝発　翫永具　謝朝鄉　符元廣　符紹訓　符紹□　□□□

符名顯　艮弍両乙　許爾盛　以上捐艮乙両　以上捐艮七錢　以上捐艮六錢　符耀渊　符魁榜　鄧文廣　以上捐艮三錢　符紹就　符国惠

符連清以上捐艮一両六錢　符開文　以上捐艮両三　符志書　以上捐艮四錢　勞有具　符志善　符耀濟

符帝臣　方廷球　符帝保　符耀印　陳必顯　陳必荣　符連相　符鼎志　符志成

許連及捐艮乙　方日光　符開章　方日旭　鄭文貴　符帝英　許爾英　方居荣　鄭芝盛　符耀昆　符鼎盛　符帝錫

両四錢　謝朝賛　王步蟾　以上捐艮九錢　符耀泉　許爾忠　符帝章　鄧文彬　許爾礼　符玉敬　符紹美　符紹豐

符其璣捐艮乙　符鼎元　方继本　王者授　符志孝　符玉桂　符開盛　陳士建　符開泰　符有礼　符紹華

両正　方日耀　以上捐艮両二　張鳳翔　符志仁　方日麗　王者臣　鄧文英　勞玄保　符左卿　符居让　符鼎□

仝立

蓋聞旌旗之設所以表德也苟無有創始於前安得有守成於後況我
青山大主士農工商均霑其德而海内船隻犹獲奇功是不可不設立旌旗以表揚其德
也於是符紹質蔡日光符魁偉許尔盛等公議採捕小艚將海利扣除生息以為設立
旌旗之費茲當匠工告成旁観者莫不称善焉又曰此事雖善若不書之於石後孰
共誰為之始也衆曰誠哉是言乃命匠立石姑揭数言以弁其首云

計開扣除姓名列后

符紹質　許尔盛　符大麗　符魁揚　符紹傑共捐錢壹拾叁千文
蔡日光　符天昌　蔡日彰　謝朝任　蔡日輝　唐如球共捐錢壹拾千文
王承生　符開烈　符魁偉　符大綉　符魁勛共捐錢壹拾千文
蔡中選　蔡中興　符魁榜　郑良臣　符士端　蔡日魁共捐錢肆千文
符帝順　符帝興　符大藝　□□□共捐錢壹千四百文

峕　嘉慶十七年歲次壬卯臘月□□吉旦　通共費ホ四拾四千文　仝立

道光己亥重修廟碑

境郡福神乃合村所侍奉近因　廟宇傾壞爰議首事符大藝謝昌輝方魁俊符天培符紹樟符魁拔許行高蔡魁元捐□□

有捐資姓名序次于左　符忠質文祠共捐錢三千三百文　庠士符偉光捐朩乙千文　許進新捐朩乙千文　許尔昌捐朩九千七百文

處士符乃正捐錢六百文　蔡宗祠捐錢三百文　鄭行舉捐錢乙千四百文

登仕郎符開烈捐朩（三千七百文）　符紹業（各捐朩）　符紹榮　方懷寧　符逢曜　符大翼　符魁達　符元宏　鄭國隆　符正倬　陳文□

符君美捐朩（十三千三百文）　符保桂（二千文）　符大裕　方懷安　符正南　符大星　謝邦俊　符魁典　許行敬　符正倫　陳文□

謝昌平捐朩（十乙千八百文）　符有駿　符大貴　方懷珠　陳世乾　謝昌文　鄧士平　王文升　許行簡　符魁新　陳□□

庠士方魁俊捐朩（八千）　蔡日新　符源浄　方懷泰　陳世坤　謝昌富　符堪浦　符紹岱　蔡玉振　符魁□　陳□□

謝昌輝捐朩（六千八百文）　蔡日美（以上捐朩乙）　符大茂　方懷成　蔡日茂　許有才　符紹楷　符大本　王進興　符魁貴　陳其□

符紹樟捐朩（五千乙百文）　符大仁（千九百文）　唐宗仁　（以上捐朩八百文）　（以上捐朩六百文）　許有俊　鄭維詩　符大士　符天榮　符魁男　陳其□

廩生蔡　藩捐朩（四千四百文）　符鼎元　謝邦保　符紹治　符鼎忠　許有生　陳志昌　符紹栝　符居隆　符魁□　許有進

謝昌仁捐朩（四千二百文）　蔡王盛　（以上捐朩乙千文）　鄭維新　符紹賢　（以上捐朩□百文）　方繼春　符紹桂　符居陞　符保成　□□□

符大重捐朩（四千乙百文）　符紹金（以上捐朩）　符大鵬　陳文耀　符文郁　符紹偉　方繼淳　符紹桔　符居鳳　符保光　□□□

蔡應元各捐朩（三）　陳世輝（乙千八百文）　楊其成　符有慶　符大隆　符魁寧　許有讜　符紹桴　符居仁　符□□　□□□

□□□（千九百文）　方継良捐朩（乙千七百文）　方維賢　符□□　符大□　符世喜　（以上捐朩四百文）　符紹柄　符居進　符□□　□□□

許□高捐朩（三千八百文）　符有儀　捐朩（乙千五百文）　符大麗　符有貴　符大州　符紹杏　符國歷　符紹梅　符奇龍　符逢□　陳其□

符天培捐朩（三千六百文）　符正善　符時達　符大為　蔡□□　符大建　符紹平　符紹榆　符居明　符逢隆　蔡□□

邑庠符留右捐朩（三千四百文）　蔡日升（以上捐朩）　方懷烈　符安聡　方維明　符魁聖　勞有達　符大晴　許行均　符□□　□□□

廩生符家蒲捐朩（三千二百文）　符大齊（乙千四百文）　鄭維義　鄧光玉　陳啟盛　符紹梓　符紹剛　符時敏　許有為　符□□　□□□

方懷泗捐朩（三千乙百文）　符大藝　符大振　方継業　符魁癸　符大昌　方継舜　符時立　許有啓　符魁□　□□□

符大學捐朩（叁千）　謝朝任　符大權　方継書　符魁忠　符耀河　符紹能　符時彰　方継培　符魁任　□□□

許行順捐朩（二千九百文）　符魁勳　謝邦舉　蔡日高　符居炳　王進友　符大欽　符□林　方□倫　方継才　蘇□□

方継漢各捐朩（二）　符紹緒（以上捐朩）　符魁安　（以上捐朩七百文）　符居荣　王文貴　蔡日魁　符大敬　方継昌　方継華　鄧光□

陳文昌（千七百文）　陳世利（乙千三百文）　（以上捐朩九百文）　符耀深　符朝癸　王進癸　符紹沠　符大斌　方継文　陳志良　許□□

符紹官各捐𠂆二千六百文
符魁拔
鄭維荣捐𠂆二千四百文
許行國捐𠂆二千二百文
符□世各捐𠂆二千乙百文
符逢恩

符大鳳
鄧維屏
許有慶 以上捐𠂆乙千二百文
陳世卿
符魁榜 各捐𠂆乙千乙百文
符行明

符遊休　符大衍　鄭維邦　符時龍　許□厚　符大厚　符大飛　符有餘　鄭□□
符帝興　符文炳　鄧士隆　符保興　王文荣　符大芳　符帝培　符有人　龎世□
符帝才　符安敏　王進方　符帝生　鄧士貴　符大輝　符正乾　符有壬　鄭同□ 以上各捐𠂆五百文
符居寬　符大憲　王廷珠　符魁能　許有貴　符大安　符正文　鄭維剛
符文蔚　符安年　□□□　符逢善　許有章　符有志　符正興　鄭維□
許行文　符魁裕　□□□　謝昌奇　符魁荣　符有明　符□□　□□□

咸豐五年議定各船香燈錢碑

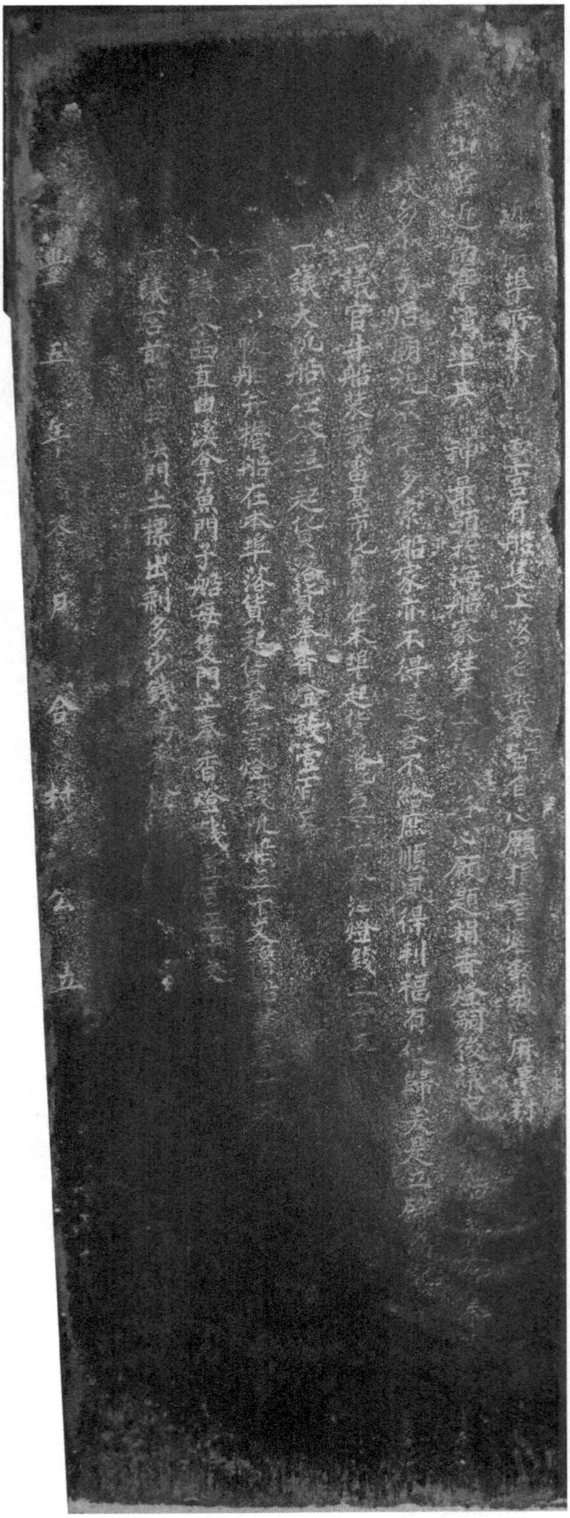

近溪埠所奉　神璺宮有船隻上落各船家皆自心願捐香燈錢我　麻亭村
青山宮近南亭灣埠其　神最顯於海船家徃来上落亦各心願題捐香燈嗣後議定大小船隻裝貨奉香燈
錢多少于后廟祝不得多索船家亦不得過吝不給庶順風得利福有攸歸爰是立碑為記
一議官牛船裝載雷高市貨物在本埠起貨落貨每年奉油燈錢三千文
一議大帆船在本埠起貨落貨奉香燈錢壹百文
一議小帆船并櫓船在本埠落貨起貨奉香燈錢帆船五十文櫓船錢叁十文
一議東西直曲溪拿魚門子船每隻門土奉香燈錢壹百三十文
一議宮前中曲溪門土標出剩多少錢為香燈

咸豐五年月合村公立

光緒辛丑年開光碑

境郡福神乃合村之怙恃咸思　實像重光爰舉首事符有世謝國祥符有壬符瑞雲蔡春鴻符有鵬許文謙符兆侯方文龍
符時佐陳光成符永秀符兆瑞公議每伙門壹個派捐錢叁百每田壹斗派捐錢叁拾無論祠田會田輪流田一概仝捐
有租在另處者五斗租為壹斗田算　茲將捐資芳名序列于左

符忠祠捐錢乙千三百八十　道善公捐錢乙千七百七十　符有壬　符有隆　符廷選　蔡得名　符南泰　符時春　符時豪　方宗泰　鄧德義　符有升　鄭世利
符質祠捐錢乙千零式十文　符兆平捐錢各乙千　符安處　仕郎符有芝　以上捐錢五百乙十　蔡得壽　符有從　符時恩　符源利　方文仲　符兆經　符兆川　鄭陳氏
符文祠捐錢八百四十文　蔡位侯捐錢七百乙　符兆璧　符永秀　開烈公　蔡位齊　許春華　符有愛　符文鳳　方忠美　符兆緯　符安勝　以上捐錢乙百八十
蔡宗祠捐錢四百八十文　陳光宏捐錢乙千六百八十　以上捐錢八百七十　方文蔚　符時□　鄭世侯　方文柄　符時發　符兆騰　方宗聖　符兆綸　符兆用　紹統公
許有餘捐錢八千八百五十　謝國祥捐錢乙千五百六十　許文秀　以上捐錢六百六十　符兆璉　符有安　蔡位卿　符時周　符兆華　方宗盤　符進育　符源波　符兆南
增生符瑞雲捐錢五千九百七十　符永興捐錢各乙千　許元爵　乃正公　方文龍　符時祥　唐文魁　符兆庚　符兆盈　方文潔　符春杏　符時爵　符吳氏
符乾清捐錢五千九百四十　陳德秀捐錢五百三　蔡得善　許毓純　鄭其鵬　以上捐錢四百二十　以上捐錢三百三十　符兆珍　符源祥　方文桂　陳德廣　蔡春載　墨含嫜
許文謙捐錢五千四百六十　陳聖禮捐錢乙千四百七十　符時永　以上捐錢六百三十　唐文彩　符時端　符有軒　符時福　符朝英　方文蘭　陳光義　符兆壽　以上捐錢乙百五十
仕郎符有世捐錢五千零七十文　符兆吉捐錢乙千四百四十　以上捐錢八百四十　符兆瑞　以上捐錢四百八十　符元安　符時進　符廣照　陳日愛　方文和　陳德璋　符兆烈　光先公
符有利捐錢四千零五十文　方宗惠捐錢乙千四百乙十　符經元　許文和　符有盛　符兆夔　符時足　符時林　陳日南　方富儒　蔡位□　符兆實　方懷□
符□□捐錢三千七百六十　符相臣捐錢乙千三百三十　符安息　陳德順　符敘彝　符南星　符時順　符兆侯　陳日良　方宗立　蔡春發　符兆基　許土地會
符張氏捐錢三千六百文　符大存捐錢乙千三百式十　以上捐錢八百乙十　以上捐錢六百文　符躍天　君藩公　符有富　符南村　王得富　方富生　蔡春□　符廷祥　蔡陳氏
許文彬捐錢三千四百八十　符有殿捐錢各乙千　仕郎符大增　許永登　符時明　方文秀　符有孔　符兆球　王世春　方宗朝　蔡位平　符安鴻　以上捐錢乙百式十
武生符兆霖捐錢三千文　符俊臣捐錢式百文　端謹公　蔡春熙　符時益　方宗盛　符時□　符兆令　王世芝　謝國梁　蔡春勞　符源興　持秀公
符廣成捐錢式千九百七十　符時金捐錢乙千乙百七十　陳光成　以上捐錢五百七十　符文保　陳德勝　符兆浩　符兆鰲　王世祿　謝家盛　蔡春城　王世宏　許有□
符時成捐錢式千八百八十　許文香捐錢乙千乙百四十　王德明　符有鴻　許永和　謝國輔　符兆芳　符兆鸞　許元盛　謝國蘭　蔡春安　符廣盛　以上捐錢九十文
符時習捐錢式千八百五十　符延紹捐錢乙千乙百乙十　以上捐錢七百五十　符福祥　方文良　王德華　符兆卿　符逢彪　許元昇　謝家立　蔡位揚　符時仁　唐曾氏
許文瀾捐錢式千四百文　符兆仕捐錢各乙千　符時山　符廷璣　鄭教養　蔡洪氏　符時尊　符逢貴　許元活　蔡位利　唐堯芝　方宗國　捐錢六十文

符時佐捐錢弍千三百一十　符明臣捐錢零八十　符延琳　鄭昌隆以上捐錢四百三十　以上捐錢三百九十　符兆財　符時義　許聖甫　蔡春美　蔡位宣　符時廣

許文濂捐錢弍千弍百弍文　連城公捐錢乙千零弍十文　許文卿以上捐錢三百四十　符時生　符兆登　符兆興　符時孝　方懷忠　蔡春富　蔡春明　符時靜

符兆霖捐錢各弍千　符時德捐錢乙千文　方宗富　符有鵬　符有葵　許元利　符時寧　符時香　方宗和　蔡春益　謝國進以上捐錢叁百文

許文學捐錢零七十　符時友捐錢各九百六十文以上捐錢七百二十　符時鎮　符時同　温直公　符時養　王世有　方文昇　符源卿　符源明　符大保

許有隱捐錢乙千八百六十　符□□捐錢　其畧公　符德生　許永安　蔡紹曾　符時將　符時謙　方文利　符源相　符兆揚　許符氏

蔡德鳩捐錢乙千八百三十　符□□捐錢各九百六十文　符德卿　符南穆　方文輝以上捐銀三百六十　符時引　符安盛　方文盛　符源壽　符永成以上捐錢弍百四十

□慶公捐錢乙千八百文　□□□捐錢以上□□　符萬金　蔡□□　□□□　符時交　符源□　方文德　□□□　符□□

南渡村

天后宫

重建廟宇碑記

蓋神之德澤被乎民神之聲靈顯乎廟廟也者
固海隅蒼生所引領而瞻望者也我南渡北溪
侍奉
郡主天妃聖母建廟宇於大路之傍四海九州咸矚
目焉顧其廟宇傾頹雨水漏湿如不革舊而鼎
新將何以　神歡而人樂於是張紹基合衆
等謀以爽塏而築新之僉曰宜然然費要多而
息無所出問之戶口樂以簽題詢諸田家喜以
均泒即擇於道光三年十月廿日平基陞樑興
工建築正座帶拱棚次座帶大門西廊三間正
座西頭帶橫房二間捐資者踴躍督辦者勤勞
數月功成費錢共肆百捌拾伍千文而廟貌於
以聿新焉是為序

謹將題捐芳名列后

張鳳翔捐錢八百文	張大佐捐錢一千二百	張國治捐錢一千五百
張鳳華　錢八百文	大平　錢一千一百	國璉　錢一千三百
張一峰　錢八千九百	大貞　錢九百文	國裘　錢一千一百
張大本　錢八百文	大量　錢六百文	國順　錢九百文
大任　錢四千二百	大廣　錢四百文	國幹　錢九百文
大瑞　錢一千六百	大崑　錢四百文	國謨　錢九百文
大立　錢一千六百	大榮　錢三百文	國重　錢八百文
大亨　錢一千六百	督造首事張紹基捐　錢一十一千六百文	國安　錢七百文
大猷　錢三千四百	張國祥捐　錢二十六千七百文	國楊　錢七百文
大璧　錢二千二百	國襌　錢九千五百	國卿　錢六百文
大厚　錢二千二百	國慶　錢七千二百	國聰　錢四百文
大良　錢三千一百	國俟　錢四千九百	張覌濤　錢五千四百
大欽　錢四千六百	國瑚　錢一千八百	張廷芳　錢九百文
大寬　錢一千三百	國禎　錢一千六百	滸志榮　錢一千八百
滸浴泗　錢一千七百	滸洵鴻　錢三千五百	志昌　錢一千八百

浴泫　銭八百文　洵源　銭一千九百　志隆　銭一千八百
浴新　銭五百文　洵澤　銭一千三百　志慶　銭六百文
斿漢平　銭三千五百　洵清　銭一千二百　志通　銭五百文
漢河　銭一千六百　洵湞　銭一千文　倪必彩　銭一千二百
漢彰　銭九百文　洵波　銭一千文　秀英　銭三千九百
漢登　銭八百文　洵濤　銭九百文　秀裕　銭二千七百
漢江　銭七百文　洵渼　銭八百文　居球　銭三千文
漢欽　銭四百文　支玄隆　銭八百文　李士珍　銭一千文
斿廷拔　銭六百文　支有陞　銭四百文　吴帝佑　銭二百文

道光四年歲次甲申仝立

奉陳府憲修渡碑

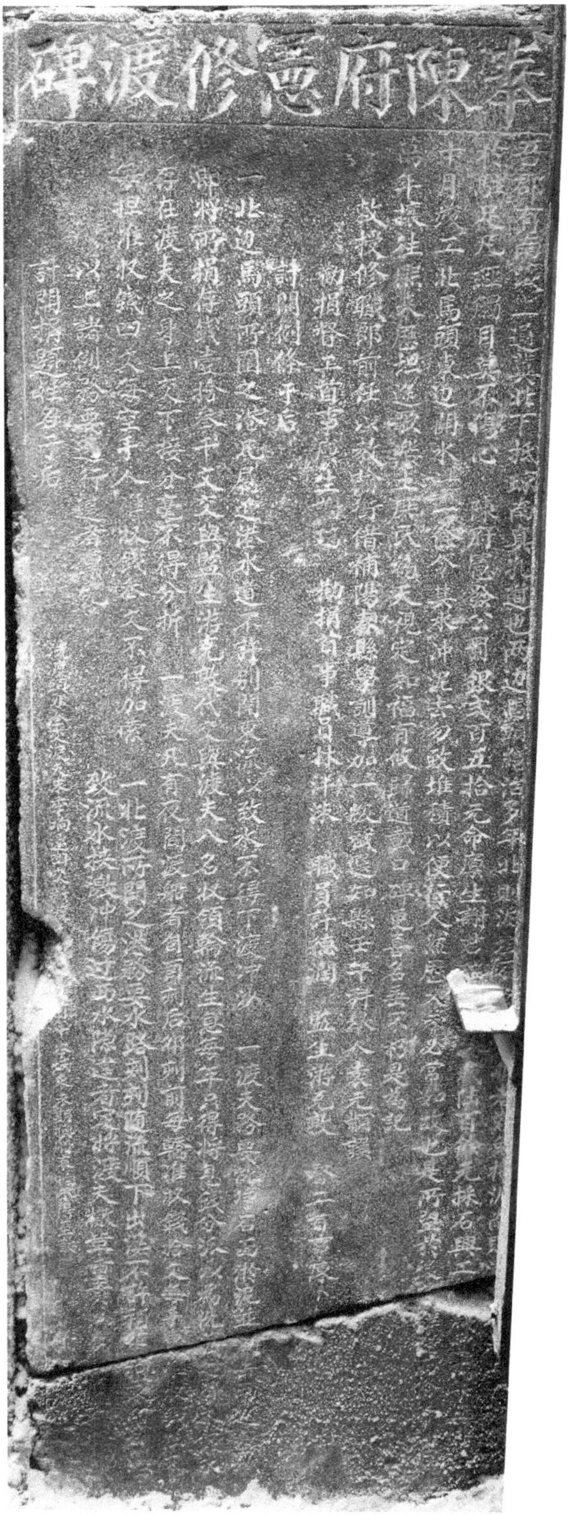

吾郡有南渡上通冀北下抵琼南真孔道也两边馬頭縫治多年北則泥堙石□□□船者難免拖泥南則□□□□□□上下船□
於駐足凡經觸目莫不傷心　陳府憲發公罰銀式百五拾元命廩生謝君瑞□□□□陆百餘元採石興工□咸豐十年五月至
十月竣工北馬頭東边開水溝一條令其水冲泥去勿致堆積以便行人然歷乆未必常如故也是所望於後之継起而修者則億
萬年攘徃熙來歷坦途歌樂土庶民為天視定知福有攸歸道載口碑更喜名垂不朽是為記

敕授修職郎前任以教諭銜借補陽春縣學訓導加一級截選知縣壬午科舉人袁元黼譔

勸捐督工首事廪生謝瑞　勸捐首事職員林泮洙　職員許德潤　監生滸克敦　督工首事陳□□

計開例條于后

一北边馬頭所圍之港凡属進港水道不許別開東流以致水不得下渡冲沙　一渡夫務要洗净石面淤泥並□去兩边蓋沙即将所捐存錢壹拾叁千文交與監生滸克敦代交與渡夫八名収領輪流生息每年只得將息錢分派以為洗渡之資本錢永存在渡夫之身上交下接分毫不得分折　一渡夫凡有夜間渡船者自酉刻后夘刻前每轎准収錢拾文每手車准収錢陸文每担准収錢四文每空手人准収錢叁文不得加索　一北渡所開之港務要水路刻刻随流順下出溪不許積擁擅取魚利以致流水挟激冲傷过西水隙違者定將渡夫撤革重責

以上諸例務要遵行違者禀究

計開捐題姓名于后　洗渡頭ホ仝交渡夫朱季响還回交新渡□□□酉年岑炳東未期換船本响不得至□

修馬頭題捐碑

陳　府㳟公罰艮弍百五元廣府會舘捐艮四十弍両徐縣廣行會舘捐艮乙十陆両七錢職員王表海捐錢乙十陆千文職員許德進捐錢乙十弍千文陳文
升捐艮九両高福来捐艮九両監生陳卜覌捐艮八両閔宝泰捐艮八両林宝昌捐艮八両林協泰捐艮七両林富隆捐艮七両監生鄺廣珍捐錢八千文蔡貽公
祠捐錢八千文曲界廣行捐艮陆両六錢同豐當捐艮五両九錢廣昌當捐艮五両九錢徐聞縣成德當捐艮五両五錢徐聞縣吳鎮豊捐艮五両弍錢曲界公
和當捐艮五両乙錢廪生李蔚霞捐錢陆千文合德号萬有号利益号泰昌号翰昌号永昌号合泰号宋三和臺記行職員楊志高新隆号泗来号以上捐艮五元職員
翁心安捐艮四元職員張鴻憲職員張㦸猷連昌号宝裕号義隆号英泰号金全号長合号萬宝号恒記号連美号慶昌号合全号遂源号以上捐艮四元職員陳建業
職員林鍾芝監生蕭正佐監生蕭廷球監生蔡命胡職員方德朝以上捐錢叁千文蕭廷相茂隆号萬成号怡利号福来當吳天成吳培渊監生張義和職員羅馨隆林協豊何丕
顯以上捐艮三元孚泰号捐艮乙両七錢職員蔡命仲捐錢弍千文覃信昌捐錢乙千九百五十文萬昌号乾利号吳天利吳星朗同德堂蔡鷁义隆号同生堂福生
堂王義興香蘭号茂興号同裕号均興号裕美号豊記号福安堂閔永盛英利連昌号昌隆昆記監生周翠翰監生羅文隆職員陳筮義新号以上捐艮弍元蕭廷魁捐錢
乙千陆百文監生陳恭南茂源号調元堂以上捐艮乙両職員林生中捐錢乙千三百文連陞号捐錢乙千弍百文生員陳巨倫武生梁應龍監生黄炯鎏監生黄式坤監生陳宗姚監生
羅慶隆監生李文儀監生宋国宗監生袁玉瑶監生温孔顔監生李成蹊監生徐應旃職員鄧文蔚職員黄進勲武生林春開監生蔡炯監生吳培道閔元经鄧廷玺陳廷傑徐鼎卿馮翊清
馮哲記德裕号億成号李允升美隆号聯順号成益号廣和号廣豊号綸益号均隆号協和号廣興号連勝号蔡邦基黄玉華恒德号和利号永合号榮合号隆
泉号慶盛号遂意号安昌号奕和号又隆号羅益和益源号長㳟号宝興号萬来堂陳维德梁合興陳悦利昌華号以上捐艮乙元監生陳善猷駿盛号曺政孚成興号
以上捐錢八百文和裕号宝成号均裕号宝樹号以上捐艮四錢和隆号合茂号聯泰号永泰号泗隆号友合号屡中号廣来堂和記号均和源盛号福履号泰
和号登雲号榮昌号茂昌号以上捐艮中元廣裕行捐錢四百文同仁堂公昌号以上捐艮弍錢監生余天爵捐艮弍元

同治元年歲壬戌六月合衆仝立

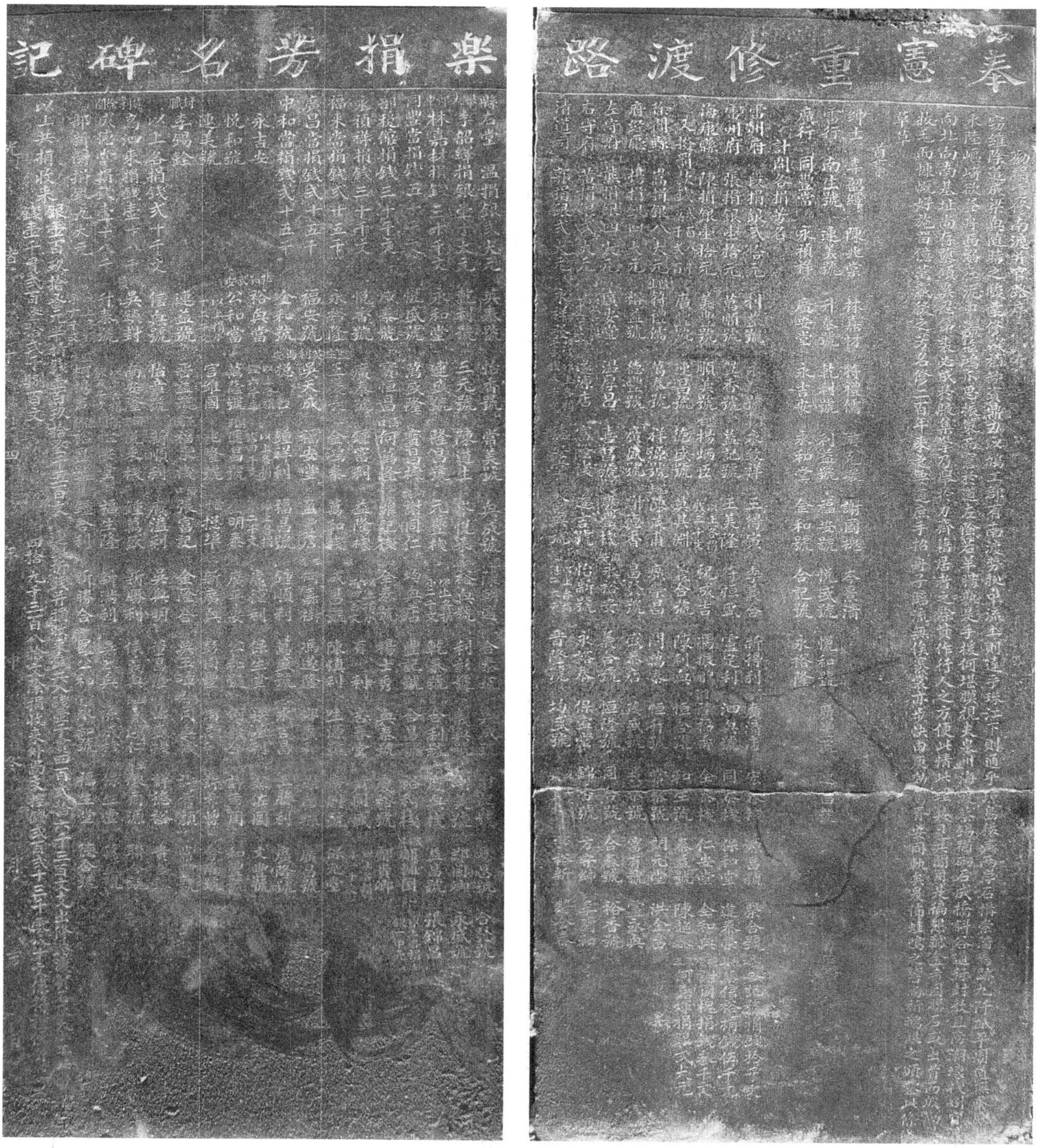

奉憲重修渡路樂捐芳名碑記

勸捐重修南渡并官路序

窃維除道成梁與随時之駿業修殘補缺資鼎力以鳩工郡有南渡勢扼中流上則達乎珠江下則通乎琼島猿声两岸石構崇階馬跡九阡砥平周道無奈風颶水陸嶇崎欲登舟而溺在泥中滯□鴻爪思振策而窘於道左險若羊腸孰是手援何堪膜視夫泉州海渡蔡錫猶砌石成橋斜谷道行封敖且防潮壞棧矧官渡向北向南基址尚存隳傾奚忍第裘必成於腋集擎乃舉於力齊藉居者之餘貲作行人之方便此情此理共見共聞用是徧懇醵金希图購石或出首而殷勤□拔毛而慷慨好施留億萬載後之芳名修二百年来之要道庶手招舟子臨流無俟褰裳亦步快由庚効駕胥安同軌矣爰佈蛙鳴之響尚祈鵝眼之頒鑒此條條草草

首事

紳士 李韶繹 陳兆棠 林嘉材 符禮儒 游克墩 謝國槐 岑景清

雷行 南生號 連美號 升泰號 乾利號 利益號 福安號 悦盛號 悦和號 廣豐號 連昌號

廣行 同豐當 永禎祥 廣安堂 永吉安 永和堂 金和號 合記號 永裕隆

計開各捐芳名

雷州府 段捐銀弍拾元 利益號 永泰號（捐錢十千） 永致祥 王得寅 李義合 新得利 廣濟店 宏□棧 源昌號 榮合號 （雷城）合記號捐錢拾千文

雷州府 張捐銀壹拾元 萬順號 翼香號 益記號 王美隆 符恒盛 盧定利 泗與號 同泰棧 保和堂 逢泰榮 （北山）蔡信裕捐錢伍千文

海康縣 陳捐銀壹拾元 美豐號 順美號 （監生）楊炳臣（以上各捐錢三千文） 祝成吉 馮振鵬 （湖）陸福壽 全恭棧 仁安堂 全和與 （塘尾）謝國槐捐錢叁千文

又撥罰款錢（弍百八十五千弍百） 廣豐號 連昌號 德盛號 莫其淵 義合號 陳利與 恒合號 和生號 泰益號 陳超泰 （□生）何嘉煇捐銀弍大元

徐聞縣 嵩捐銀八大元 （監生）符禮儒 萬泰號 祥源號 （監生）陳茂甫 廣榮昌 閔萬泰 恒升號 常泰號 調元堂 洪金昌

府经廳 楊捐銀四大元 裕益號 德豐號 廣盛號 謝德香 昌發號 盛泰店 茂盛號 長泰號 富有號 盧永與

左守府 熊捐銀四大元 廣安堂 温厚昌 喜昌號 慶豐棧 （海安）永裕安 義合號 恒隆號 同合號 合泰號 裕香號

右守府 黄捐銀弍大元（以上各捐錢一十六千文） 遂源店 富隆棧 逢吉號 怡新號 永裕泰 保宝堂 錦香號 方守绅 李蘭和

清道司 郭捐銀弍大元 永祥發（捐錢七千 以上各捐錢八千文） 德安堂 合與號（以上各捐銀二大元） 晋隆號 均盛號（以上各捐銀□大元） □裕新 符合泰

縣右堂 温捐銀弍大元 英泰號 怡香號 常美號 與成號 （南）陳朝選 合泰號 與成號 謝記號 易昌號 合發號

（擧人）李韶繹捐銀壹十大元 乾利號 三元號 陳道生 岑悦来 （與）裕與號 利彰號 義與號 □美號 鄭国卿 永盛號

（郎中）林嘉材捐錢三十千文 永和堂 連盛號 隆昌號 元豐棧（以上各捐𣎴二千文） 乾泰號 合利號 慶與號 益昌號 張錦昌

同豐當捐錢五十千文 悦盛號 萬盛隆 寶昌棧 （南與）謝同仁 均與店 豐記號 合昌號 裕和棧 （職員）鄺輔国（以上各捐銀一中元）

部税館捐錢三十千文 咸泰號 寶恒昌 （海口）何萬隆 維記棧 全泰號 楊士秀 與泰號 慶裕號 鄺貴卿

永禎祥捐錢三十千文 悦香號 廣泰號 鍾富利 益隆棧（以上捐𣎴千四百文） 有利 杏春堂 黄同盛（以上各捐𣎴一千文）

福来當捐錢弍十五千　永裕隆　監生王慶長　金鴻泰　萬和棧　成昌號　陳慎利　生源號　廣利號　保元堂

廣昌當捐錢弍十五千　福安號　英利吴天成　福安堂　盈豐店　生員何嘉樹　馮遂隆　鄭廣和　謝□□　廣昌號

中和當捐錢弍十五千　金和號　海安捴　口　鍾祥利　福昌號　鍾順利　萬盛號　永吉昌　王勝利　廣隆號

永吉安　北和裕興當　以上各捐錢六千文　以上各捐錢四千文　以上各捐不二千文　廣德利　保生堂　梁基利　鄭佐国　文豐號

悦和號　武安公和當　萬隆號　英利連昌號　金明泰　廣平安　公和號　何發合　許希周　和豐號

連美號　以上捐不十二千文　官維國　兆隆號　雷州捴　埠　新廣興　彭同豐　周志利　許希曾　會隆號

封職李錫銓　連益號　晋益號　花橋福来棧　海口張富記　金隆合　吴玉璋　海安同興棧　許希顔　常豐號

以上各捐錢弍十千文　信興號　怡章號　新順利　廣滋利　吴興明　董昌隆　怡盛棧　許德裕　貴合號

英利高泗来捐錢壹十八千　職員吴鎮封　南安隆　海安悦来棧　鍾萬盛　新勝利　侯義興　生員□鴻仁　生員陳南源　聯合號

徐聞成德當捐錢壹十八千　升泰號　以上各捐錢五千文　徐聞怡安堂　福生隆　新滿利　吴永興　源成棧　□□保生堂　萬盛號

部新関捐銀九大元　以上各捐不十千文　監生柯揚声　徐聞裕昌號　鍾合利　新勝合　羅公和　永和號　福生堂　徳合號

以上共捐收来銀壹百玖拾叁元半折錢壹百玖拾叁千五百文　連銀折錢并捐收来錢共入錢壹千貫四百弍拾六千三百文支出修路渡買石灰大小工共費□壹千
錢壹千貫弍百叁拾弍千捌百文　四拾九千三百八拾文除捐收来外尚支控錢弍百弍十三千零八十文係符禮儒□□出□

光緒十四年仲冬月吉日

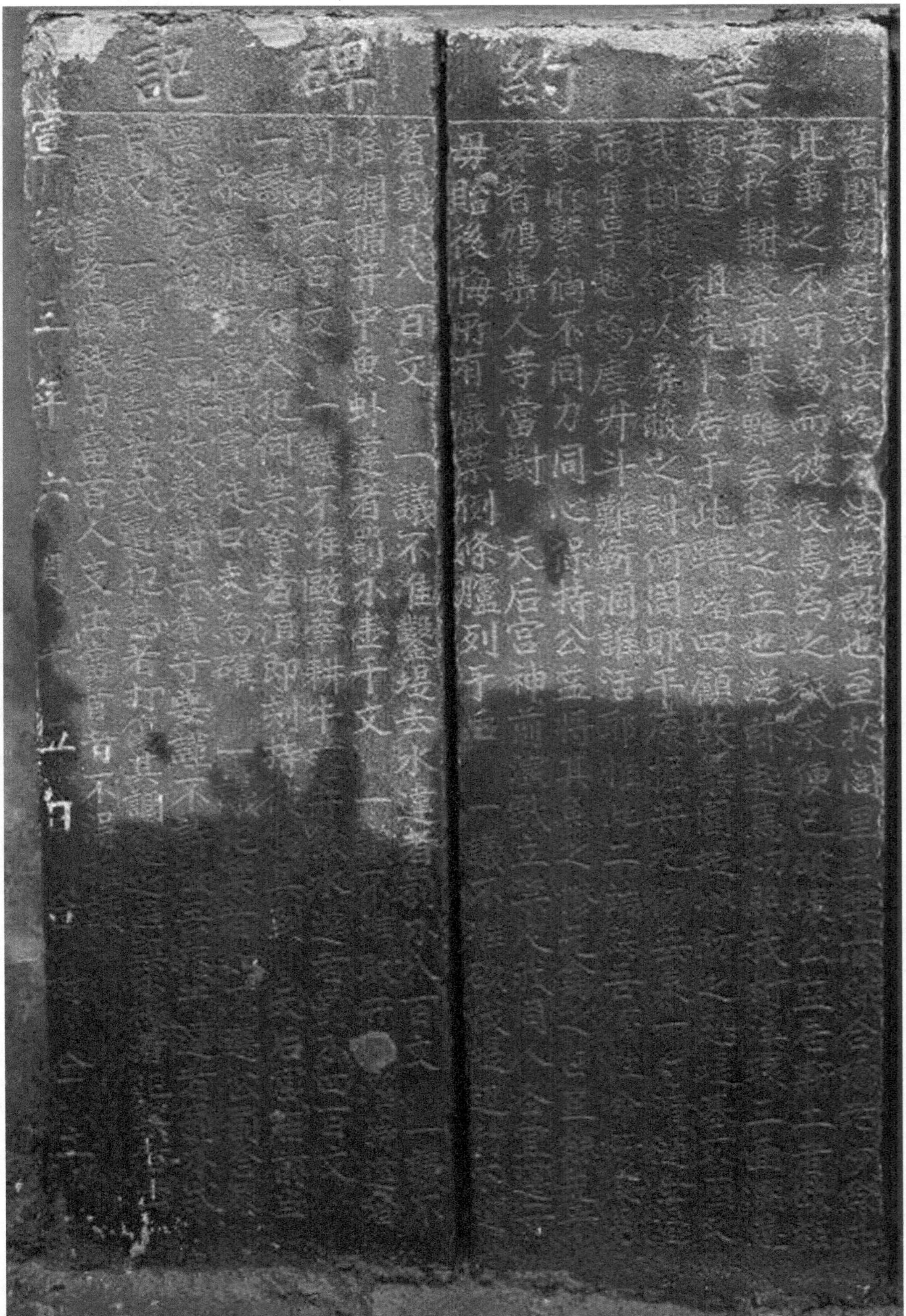

蓋聞朝廷設法為不法者設也至於閭里立禁亦然合鄉老少僉知此事之不可為而彼狡焉為之祗求便已破壞公益居斯土者欲相安於耕鑿亦綦難矣禁之立也從此起焉切照我村溪環三面潮患頻遭　祖先卜居于此疇躇四顧故築圍堤以防之恐堤基不固又栽樹種竹以屏蔽之計何周耶平原掘井九仞無泉一勺清漣全憑雨集旱魃為虐升斗難斬涸誰活耶惟此二端為吾儕性命所關身家所繫倘不同力同心保持公益将其魚之慘无禽之占豈能免乎茲者鳩集人等當對　天后宫神前演戲立禁凡我同人各宜遵守毋貽後悔所有嚴禁例條臚列于后　一議不准砍伐堤边竹木違者罰不八百文　一議不准鑿堤去水違者罰不八百文　一議不准綱捕井中魚虾違者罰不壹千文　一議不准取井□灌莳違者罰不六百文　一議不准毆牽耕牛落井飲水違者罰不四百文

一議不論何人犯何禁拏者須即刻持彼物具到　天后宫庙前当衆稟明方得領賞徒口未為確　一議犯禁者如不遵公罰合衆稟局究治　一議牧養耕牛看守要謹不許放丟落井違者罰不式百文　一議拏禁者或遭犯禁者打傷其調愈之医藥不概着犯禁者出

一議拏者賞錢与當首人支出當首者不得推諉

宣统三年六月十五日合村仝立

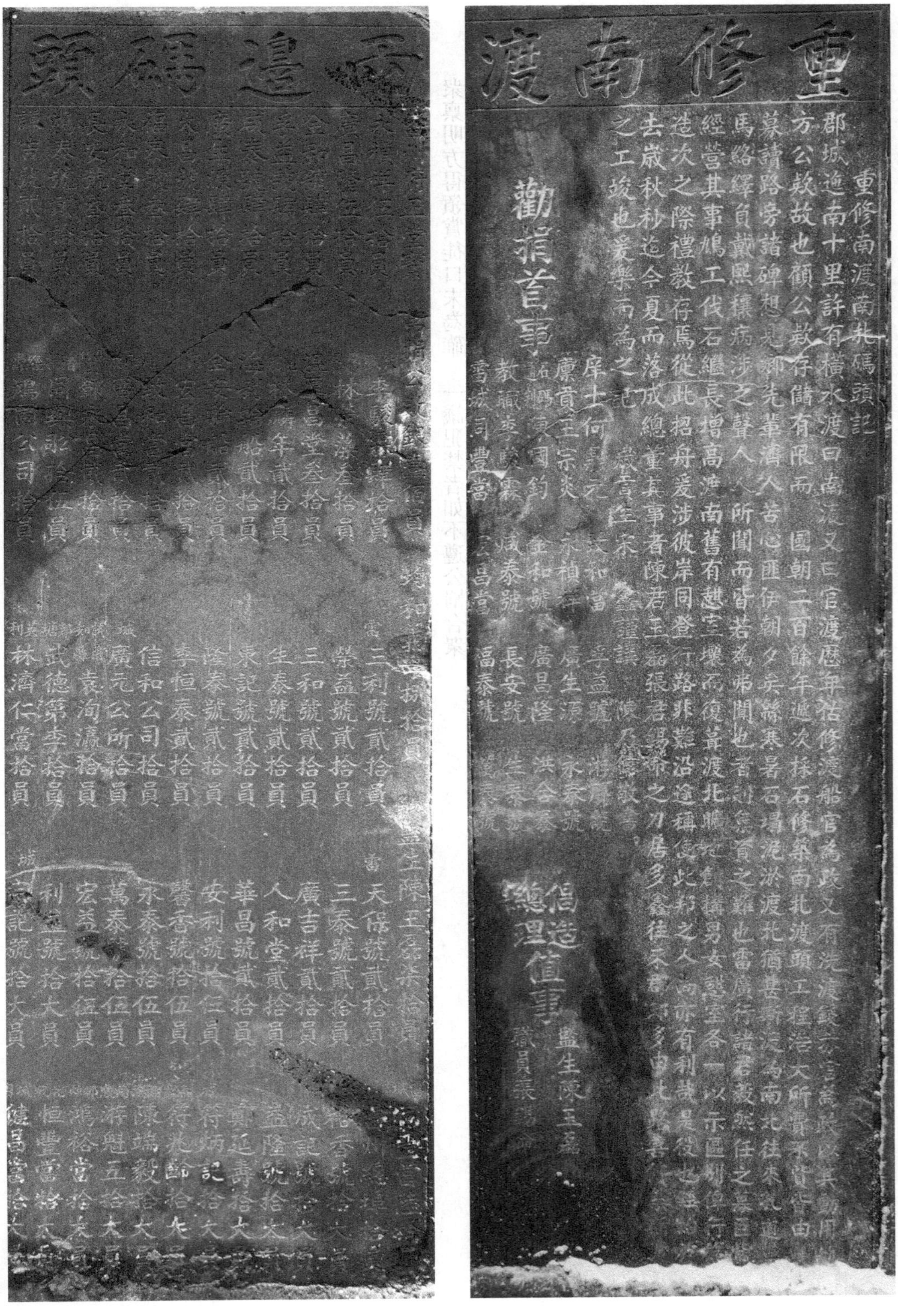
重修南渡
重修南渡南北碼頭記
勸捐首事
倡造
總理值事
兩邊碼頭

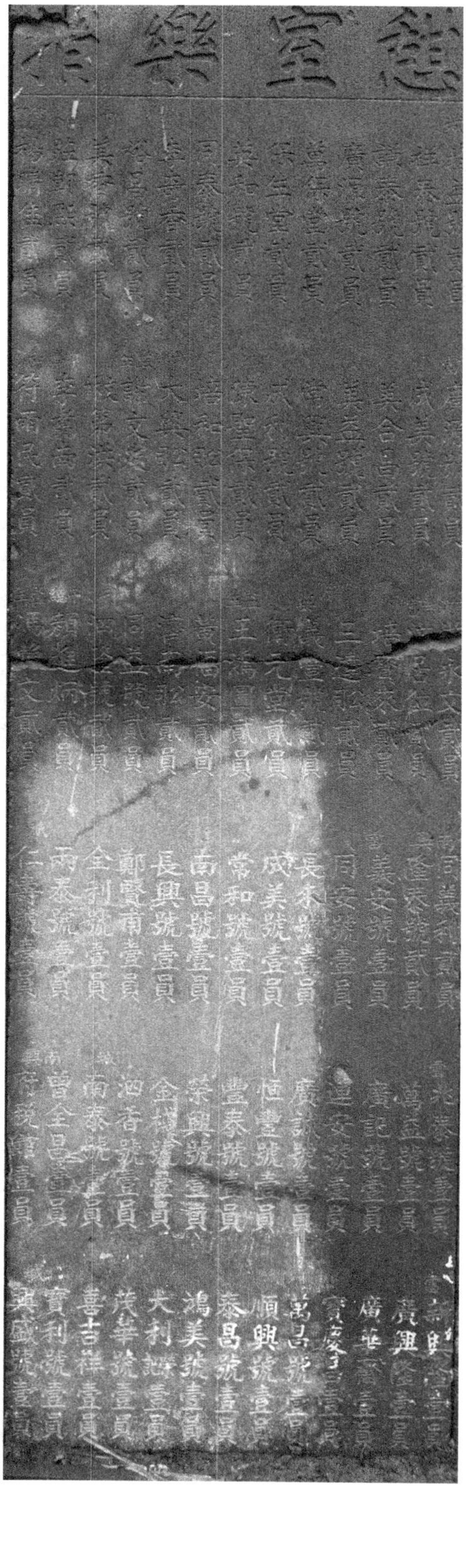

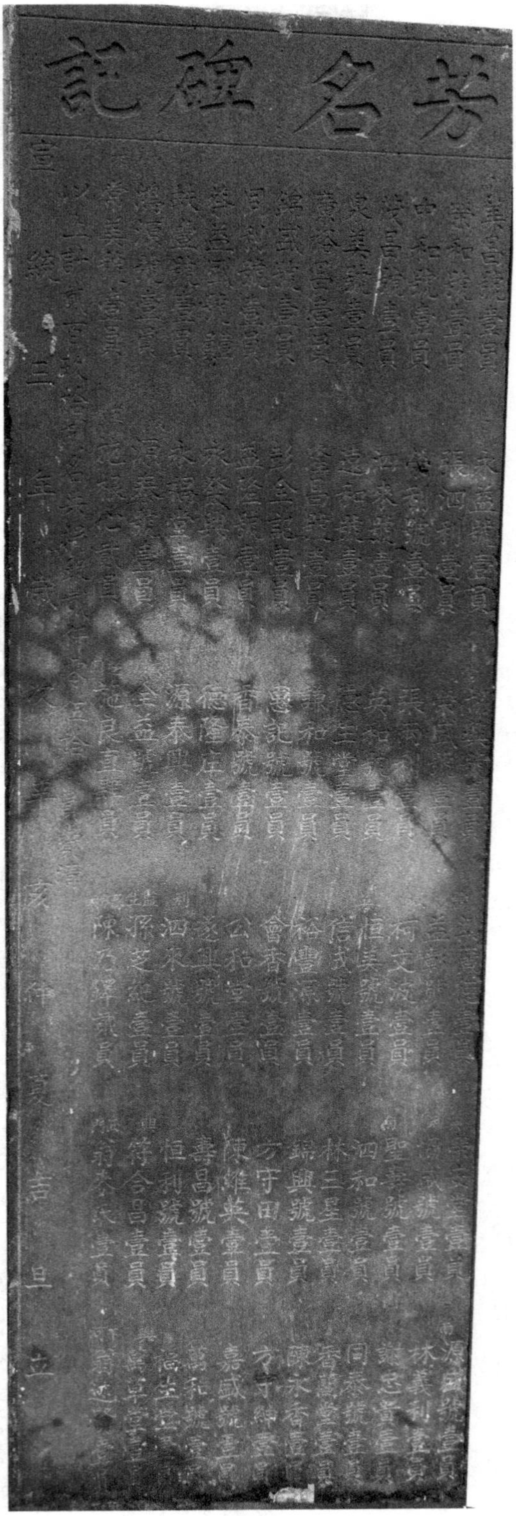

重修南渡南北碼頭記

郡城迤南十里許有橫水渡曰南渡又曰官渡歷年估修渡船官為政又有洗渡錢亦官為政以其動用地方公欵故也顧公欵存儲有限而　國朝二百餘年遞次採石修築南北渡頭工程浩大所費不貲皆由民募讀路旁諸碑想見鄉先輩濟人苦心匪伊朝夕矣縣寒暑石塌泥淤渡北猶甚斯渡為南北往來孔道車馬絡繹負戴熙穰病涉之聲人人所聞而皆若為弗聞也者則集資之難也雷廣行諸君毅然任之募巨貲經營其事鳩工伐石繼長增高渡南舊有憩室壞而復葺渡北曠地創搆男女憩室各一以示區別俾行旅造次之際禮教存焉從此招舟爰涉彼岸同登行路非難沿途稱便此邦之人尚亦有利哉是役也經始於去歲秋杪迄今夏而落成總董其事者陳君玉磊張君錫命之力居多鑫往來郡邸多由此路喜修築斯渡之工竣也爰樂而為之記　歲貢生宋　鑫謹譔　陳乃偉敬書

勸捐首事

庠士何鼎元　致和當　孚益號　游賡號
廩貢王宗炎　永禎祥　廣生源　永泰號
石碼通判陳國鈞　金和號　廣昌隆　洪合泰
教職李駿霖　咸泰號　長安號　生泰號
雷城同豐當　宏昌當　福泰號　萬泰號

倡造　監生陳玉磊
總理　值事　職員張錫命

雷州府正堂實
永禎祥伍拾員
廣昌隆伍拾員
金和號肆拾員
孚益號肆拾員
咸泰號肆拾員
廣生源肆拾員
大昌號肆拾員
福泰號叁拾員
永和堂叁拾員
長安號叁拾員
鴻泰號貳拾員
謙吉號貳拾員
遂溪勝利公司捌員
林黃氏捌員
均和號捌員
恒盛號捌員
連益號捌員
錦泰號捌員

第捐公欵銀壹佰員
教職李駿霖肆拾員
度支部林榮藻叁拾員
温厦昌堂叁拾員
通判林麟年貳拾員
海利輪船貳拾員
全安輪船貳拾員
南宏昌當貳拾員
興致和當貳拾員
平□廣昌當貳拾員
昌竹園鄧永昌貳拾員
猪捐同興公司拾伍員
經費鴻圖公司拾員
雷成益號伍員
永致祥伍員
三元號伍員
廣和號伍員
鴻盛號伍員
昌益號伍員

均和義學捌拾員
雷三利號貳拾員
榮益號貳拾員
三和號貳拾員
生泰號貳拾員
東記號貳拾員
隆泰號貳拾員
李恒泰貳拾員
信和公司拾員
城廣元公所拾員
試用知縣袁洵瀛拾員
邦塘武德第李拾員
英利林濟仁當拾員
雷廣和隆伍員
同安號伍員
泗昌號伍員
源記棧伍員
廣豐號伍員
悅來公司伍員

城角監生陳玉磊柒拾員
雷天保號貳拾員
三泰號貳拾員
廣吉祥貳拾員
人和堂貳拾員
華昌號貳拾員
安利號拾伍員
馨香號拾伍員
永泰號拾伍員
萬泰號拾伍員
宏益號拾伍員
利益號拾大員
城宝記號拾大員
雷三興號肆員
廣茂號肆員
永壽堂肆員
濟和堂肆員
城永安堂肆員
楊家坡王世蘭肆員

雷城□豐當陸拾員
雷雷州總埠拾員
裕香號拾大員
成記號拾大員
益隆號拾大員
鄭延壽拾大員
城符炳記拾大員
和家符兆齡拾大員
□溪陳端毅拾大員
南渡游魁五拾大員
那□鴻裕當拾大員
北坡恒豐當拾大員
城月健昌當拾大員
雷廣豐號叁員
和合隆叁員
福源號叁員
巨美號叁員
德壽堂叁員
安和堂叁員

高□州同知銜陳乃□叁員
陳德光叁員
雷駿昌號貳員
寶益號貳員
公記號貳員
昌盛號貳員

綸益號陸員
城□ 天和堂陸員
那□ 蘇紹裘陸員
南渡 協昌號陸員
廉生 吳　霏伍員
南 何信合伍員
興 洪合泰伍員
監生 楊修誠伍員
城 均益號貳員
祥泰號貳員
謙泰號貳員
廣源號貳員
萬保堂貳員
保生堂貳員
英和號貳員
同泰號貳員
李奇香貳員
裕昌號貳員
內 美香號貳員
林參 莊朝熙貳員
徐閩竹山 楊晴佳貳員
雷 美昌號壹員
榮和號壹員
中和號壹員

廣祥安伍員
謙益號伍員
川泰號伍員
保和堂伍員
遂鴻號伍員
合和隆伍員
興泰號伍員
城 培和堂伍員
雷 廣源號貳員
成美號貳員
美合昌貳員
美益號貳員
常興號貳員
成利號貳員
陳聖保貳員
培和公司貳員
城 大興公司貳員
監生 謝文友貳員
文林 第洪貳員
邦塘 李翥南貳員
和家 符雨民貳員
雷 永益號壹員
張泗利壹員
榮利號壹員

王中憲第伍員
城 普通公司伍員
宋排 孫吉利伍員
順邑 范柱臣伍員
闢部 周嘉言伍員
□尾 莊世炎肆員
同知 卓景盛肆員
□□監生 翁錦雲肆員
南渡 □永文貳員
洪富 □居位貳員
培寶來貳員
三達公司貳員
英 義豐號貳員
衛元堂貳員
監生 王鴻圖貳員
黃福安貳員
濟南公司貳員
同益號貳員
利 泗隆號貳員
千総 顏進炳貳員
監生 馮煥文貳員
雷 協興號壹員
榮盛號壹員
張兩利壹員

楊毓文肆員
王靜深肆員
徐閩大村 莫子筌肆員
英利 遂源號叁員
中□書□ 蔡壽貞叁員
成福泰叁員
英 天來號叁員
利 萬泰號叁員
南 同義利貳員
興 隆泰號貳員
雷 義安號壹員
同安號壹員
長來號壹員
成美號壹員
常和號壹員
南昌號壹員
長興號壹員
鄭賢甫壹員
全利號壹員
兩泰號壹員
城 仁壽號壹員
雷 梁廣德壹員
益彰號壹員
城 柯文波壹員

受成號叁員
生記號叁員
成泰號叁員
元發號叁員
周永興叁員
城 同合號叁員
井 和益庄叁員
園 富泰號貳員
雷 兆泰號壹員
萬益號壹員
廣記號壹員
連安號壹員
廣誠號壹員
恒豐號壹員
豐泰號壹員
榮興號壹員
金棧號壹員
泗香號壹員
城 南泰號壹員
南 曾全昌壹員
興 府稅館壹員
英 榮安堂壹員
利 協盛號壹員
南 聖壽號壹員

萬銓興貳員
東興號貳員
萬和號貳員
恒泰興貳員
順和號貳員
興源號貳員
德裕昌貳員
城 益源號貳員
雷 新興隆壹員
廣興隆壹員
廣華齋壹員
寶慶昌壹員
萬昌號壹員
順興號壹員
泰昌號壹員
鴻美號壹員
大利榮記壹員
茂華號壹員
喜吉祥壹員
寶利號壹員
城 興盛號壹員
南 源盛號壹員
林義利壹員
謝忠貴壹員

茂昌號壹員	泗來號壹員	英和號壹員	英 恒美號壹員	泗和號壹員	同泰號壹員
泉美號壹員	遠和號壹員	德生堂壹員	信成號壹員	林三星壹員	香蘭堂壹員
廣裕昌壹員	隆昌號壹員	謙和號壹員	裕豐源壹員	錦興號壹員	陳永香壹員
錦盛號壹員	彭全記壹員	惠記號壹員	會香號壹員	方守田壹員	方守紳壹員
同利號壹員	益隆號壹員	香泰號壹員	公和堂壹員	陳維英壹員	嘉盛號壹員
蔡益盛號壹員	永發興壹員	德隆庄壹員	遂興號壹員	壽昌號壹員	萬和號壹員
蚨豐號壹員	永福堂壹員	源泰興壹員	利 泗來號壹員	恒利號壹員	福生堂壹員
鴻源號壹員	城 源泰號壹員	城 全益號壹員	監生 孫芝紀壹員	興 符合昌壹員	興 萬草堂壹員
城 常美號壹員	芝蘭職員 施根心貳員	芝園 施良直肆員	高水村 陳乃鐸貳員	西門 翁麥氏壹員	下河 翁述賢壹員

以上計貳佰玖拾捌名共捐銀貳仟零伍拾捌員費清

宣統三年歲次辛亥仲夏吉旦立

增修南渡碼頭記

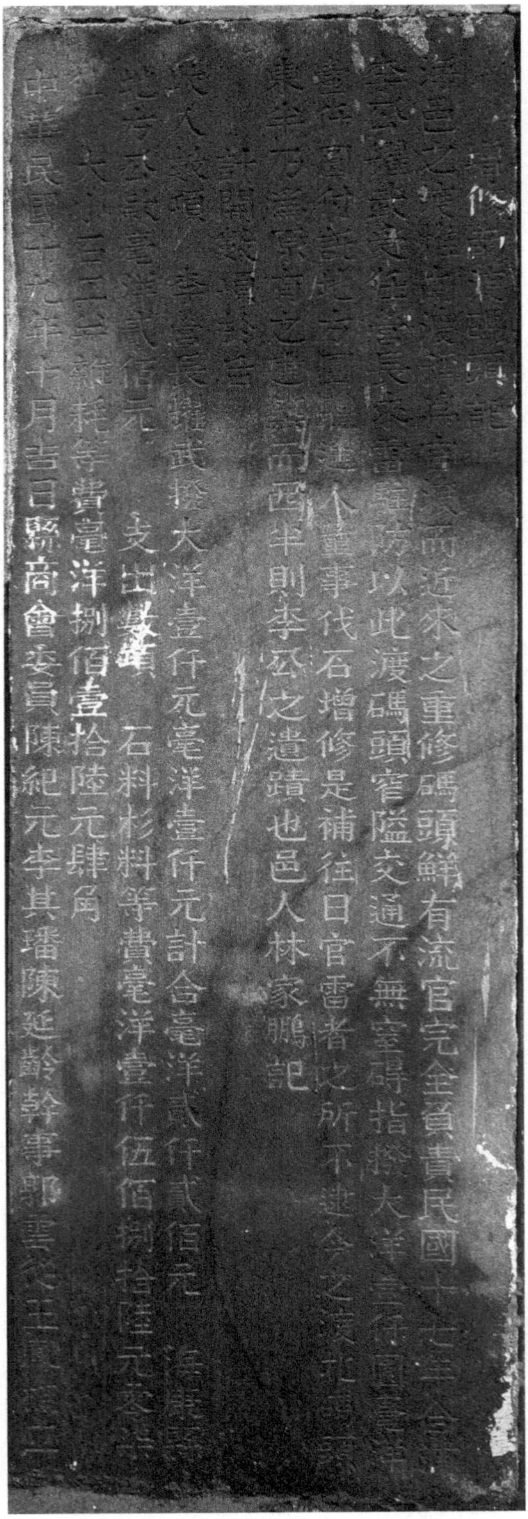

海邑之渡惟南渡稱為官渡而近來之重修碼頭鮮有流官完全負責民國十七年合浦李公耀武受任營長來雷駐防以此渡碼頭窄隘交通不無窒碍指撥大洋壹仟圓毫洋壹仟圓付託地方團體選人董事伐石增修是補往日官雷者之所不逮今之渡北碼頭東半乃爲原有之建築而西半則李公之遺蹟也邑人林家鵬記

計開數項於后

收入數項　李營長耀武撥大洋壹仟元毫洋壹仟元計合毫洋貳仟貳佰元　海康縣地方公款毫洋貳佰元　支出數項　石料杉料等費毫洋壹仟伍佰捌拾陸元零柒□　大小石工并雜耗等費毫洋捌佰壹拾陸元肆角

中華民國十九年十月吉日縣商會委員陳紀元李其璠陳延齡幹事敦雲從王鳳楠立

南畝村

聖帝廟

乾隆十八年功德碑

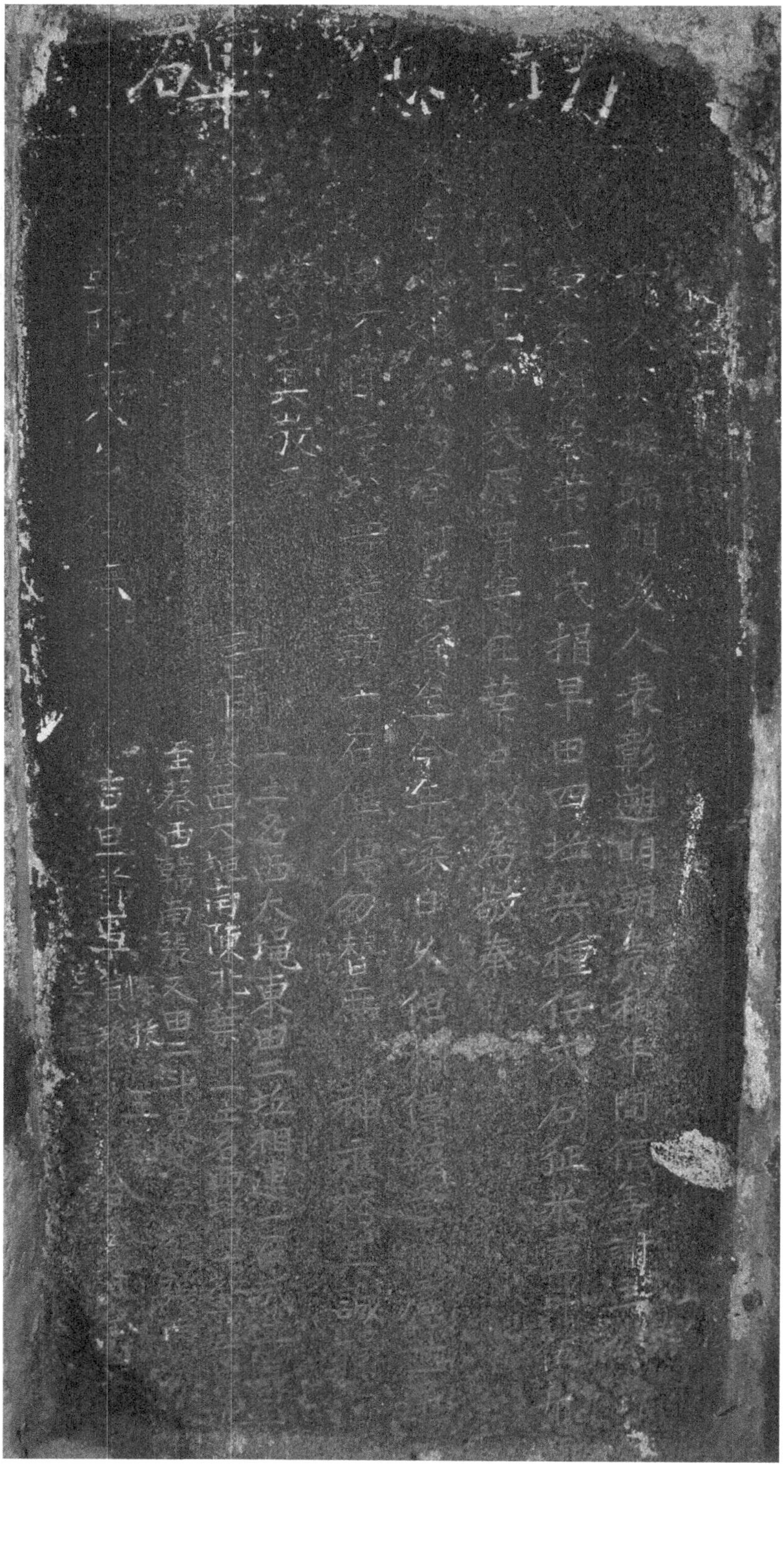

□□
前人美舉端賴後人表彰遡明朝崇禎年間信善謝三公諱
荣本漊蔡葉二氏捐早田四坵共種仔弍石征米壹斗伍升
正其田米原買寄在葉户以為敬奉
天后娘娘永為香灯之資迄今年深日久但相傳經晋猶慮世迁
田不自守琰等特勒于石俾傳勿替庶　神永格其誠捐者
當見其敬云

一土名西大堩東田二坵相連一石弍斗東至
計開　蔡西大堩南陳北葉　一土名西堌田一坵六斗東北
至蔡西韓南張又田二斗東北至吳西張南蔡
陳抜　王相

乾隆十八年仲春　吉旦首事黃琰　合會等仝立
吳□　李□玉

昔□里子以骨肉至緹萦通尺牘父淂以復寧祢李公印達辞世夊矣而人亦惗之公女归于东洋郭家念公会嗣將公遺田二石五斗載征米二斗五升正施奉

天后聖娘田亩典当現在不一而孝敬之心有足多北鄉人乃设祀神牌扵庙

依神末光永享香烟血食此公淂女而見重扵人也豈不偉哉噫

此岂公女一片丹衷安知非公之志于今竟成是以立牌并立田条为

記　计開

早田三坵共石二斗土名東溝西下滴東大堨西等処晚田六斗土名小六□内俱

是李家当艮四十五两今内取出又晚田七斗土名墩□無当四至俱晓

乹隆四十七年仲冬　　合会陳昌平等仝立

聞之置田奉祀代有其事曾有許田鄭□□□□□□□□□□□□□□□
于神明寧不其然是以聖神有功德于民者朝廷祀之鄉党亦祀之□
天后聖娘褒封煌煌扵王府乎余鄉中香灯虔事班分四宗首班昔自升父
國学生陳舜陛承貲晉息思貲財之易罄知田畝之長存乃交出名下
洋田弍石衆議歸回田價錢壹百三十千以為香灯永久之計至年老
倦劝公議簿書交壹晉息迄今升之子孫追成先人奉神之志不肯抽
贖断給班内衆等僉念厥志外補足田價不使業浮于值其米仍归業
户每年班内給錢輸将爰鐫于石以為首班置田奉祀之倡以副朝廷
尊崇　聖神之至意其在詩曰孔惠孔時弗替引之又曰以妥以侑
以介景福此物此志也夫　此乃首班題貲建置其惟首班晉租永归首班事用
計開田条于后　一田四坵相連共乙石土名溪南　一田乙坵乙石土名坐落山里肚　共田弍石載米乙斗六升正
首班赤子　黄廷瓚　吳朝忠　黄廷瑃　陳丕達　陳上卿　吳國茂　陳志清　陳紹衣　等仝立
首班首事陳魁壹敬書
嘉慶八年歲次癸亥三月二十三日吉旦

嘉慶八年置香燈田碑

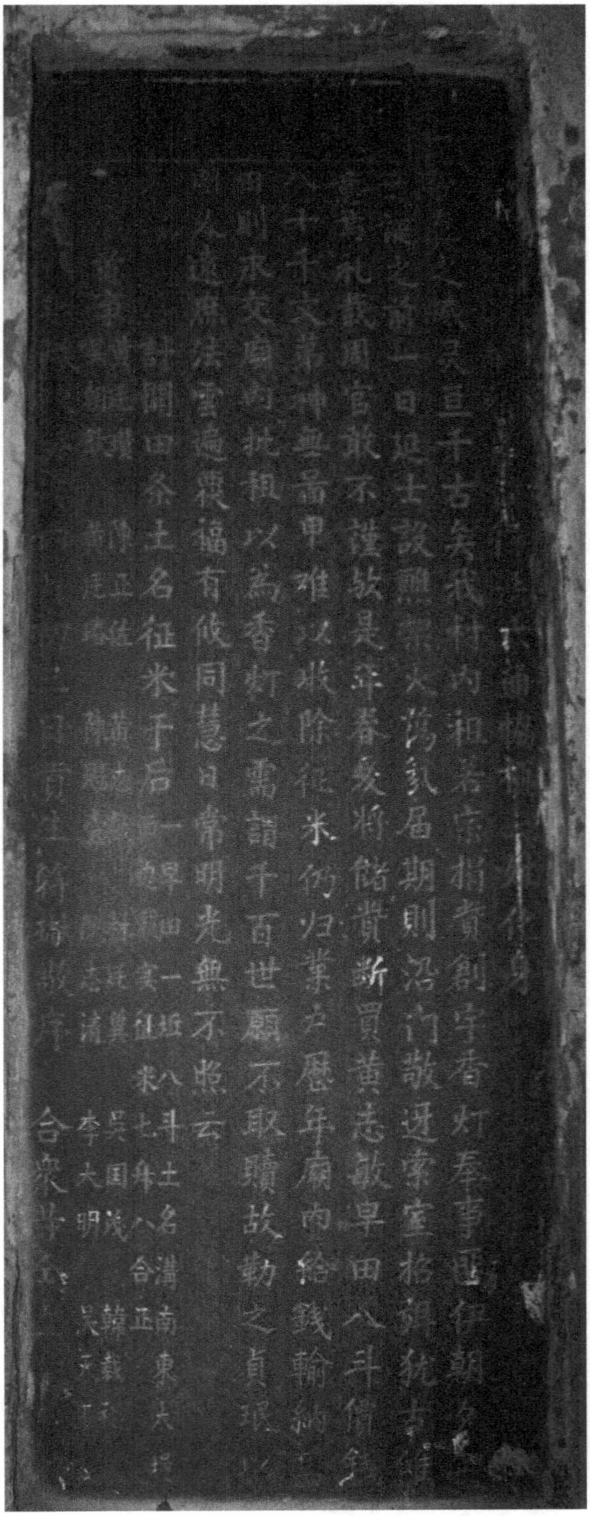

粤自鷲嶺献祥龍溪得法六通協極三姓化身

□武帝真之威灵亘千古矣我村内祖若宗捐貲創宇香灯奉事匪伊朝夕每

于誕之前一日延士設醮架火蕩氛届期則沿门敬迓索室招弭犹古傩

意焉礼載周官敢不謹欤是年春爰将储貲断買黄志敏早田八斗價銭

八十千文苐神無畐甲难以收除征米仍归業户歷年廟内給銭輸納其

田則永交廟内批租以為香灯之需謂千百世願不取贖故勒之貞珉以

图久遠庶法雲遍衆福有攸同慧日常明光無不照云

計開田条土名征米于后 一早田一坵八斗土名溝南东大堘 西边載实征米七升八合正

首事 黄廷瓚 陳正佐 黄志敏 林廷眞 吳国茂 韓載礼 吳朝欽 黄廷瑋 陳魁壹 陳志清 李大明 吳天玉

嘉慶八年歲次癸亥四月初三日貢生符瓛敬序 合衆等仝立

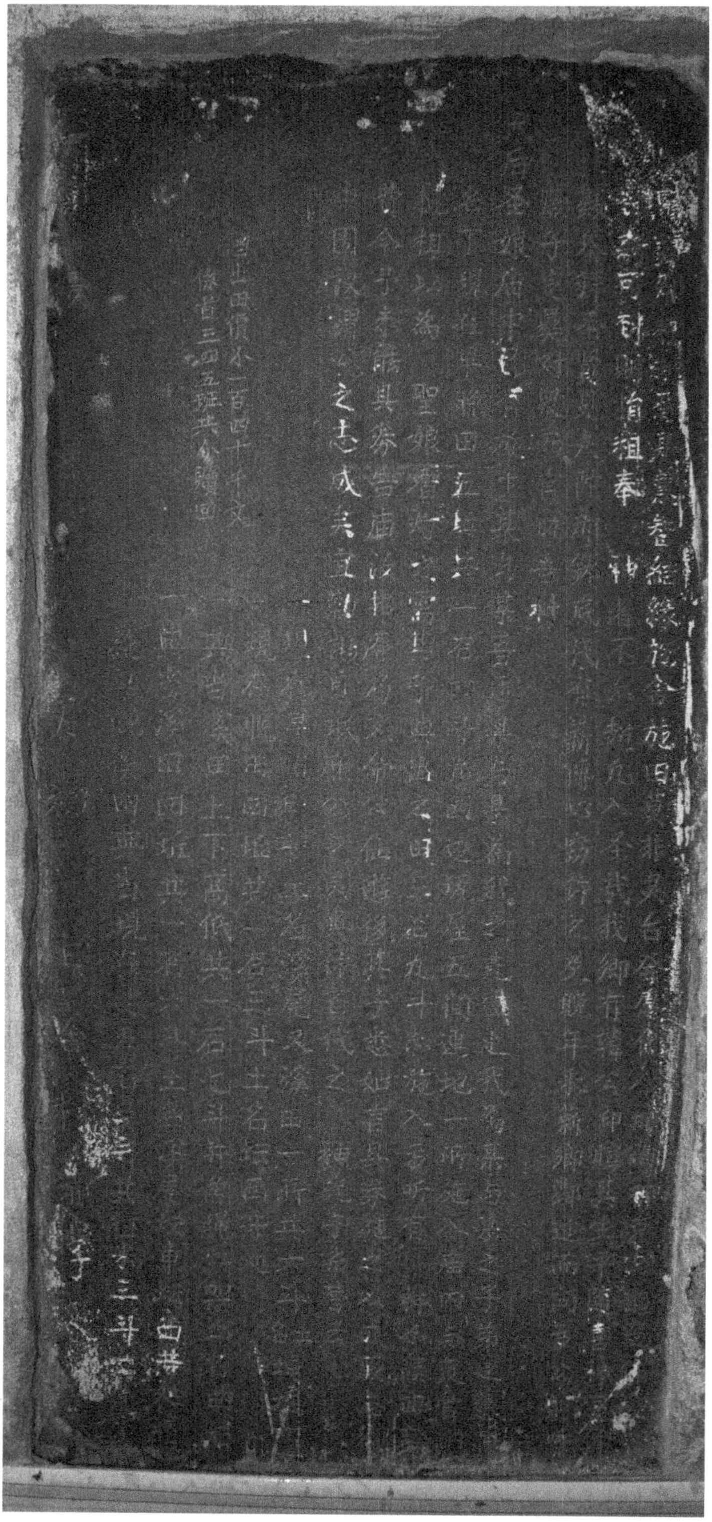

嘉慶十年韓公捐香燈田碑

翳檀那檀越胥是慧智結縁施舍施田莫非灵台発愿化人城内神克与遊遂作□□
誠斯可到則捎租奉　神者不亦超凡入圣哉我鄉有韓公印暄其生平随喜神宇佛
殿忝拜圣賢見夫陀那鉢底代有薪傳心窃许之及晚年采薪鄉鄰过而问□公則呼
厥子之夔对衆而言曰吾村
天后圣娘庙中已有施主某与某吾乐某与某為我之先生也我為某与某之子弟也懇將
名下現在早晚田五坵共一石四斗并西边坈屋五间連地一所施入庙内与衆胥納
批租以為　聖娘香灯之需其子典出之田三石九斗亦施入焉听有　神尒贖囬充
費今予未能具券告庙汝弗廃乃父命公仙遊後其子悉如言具券施之以成厥志鄉
中固议謂公之志成矣宜勒諸貞珉庶公之灵爽依百代之　神光于弗替云
一現在早田一二坵斗土名溪尾又溪田一所共六斗土名墹堀下
一現在晚田四坵共一石三斗土名坛西荨処
一典当溪田上下高低共一石七斗并魚墹二架土名曲墹
一典当溪田四坵共一石六斗土名溪尾坛東坛西荨処經
施早晚溪田典当現在共五石三斗共征米三斗二升正
当出田價尒一百四十千文
係首三四五班共尒贖回
嘉慶十年十一月初七日合村赤子仝立

道光十二年功德碑

神因人以奉香灯人亦依　神以安主祏青蝇附驥與有榮也我族曾叔祖昌国公者無子早逝遺祖母林氏
嫘嫘在疚未及擇承以致争訟多年棠
王府憲訊断公之遺產尽交與林氏以養餘年嗣後林氏思香烟之弗替于道光元祀向合村　紳耆商議
將遺産捐入
福主聖娘廟内以助香灯及林母云亡堂伯祖志清意欲造祠奉侍将前所捐之產抽回生聚奈初造不果伯
祖又没鴻彩属姪孫遭家不造形隻影单欲兼承而势不能欲刱祠而力不逮爰体林氏前捐之心將原
産交回廟中通村經晋設主立碑庶以慰先人敬　神之意亦得附　神末光以妥先灵云是為記

計開

當出早田一坵四斗土名東坡堘西边　當出晚田一坵七斗土名東洋北家路前
當出早田一坵六斗土名溝北前　當出晚田一坵六斗土名新村魚路直堘前
當出早田一坵九斗土名東坡堘边前　當出晚田三坵相連共二斗土名東洋北墩边前
當出晚田一坵六斗土名東洋水路前　當出晚田一坵八斗五升土名水路尾北家前
當出晚田一坵九斗土名北家界墻边前　當出晚田一坵五斗土名邁湊溪堘南边
當出晚田一坵五斗土名大堘南前　現存莔二坵每坵一边土名西村尾
當出晚田一坵七斗土名東水溝

合村士民仝立

現存晚田一坵八斗土名河仔
現存晚田一坵五斗土名坛尾
現存晚田一坵四斗土名坛北
現存晚田一坵二斗土名新村前
以上存田征米共一斗九升正

道光十二年七月二十日陳鴻彩敬

道光二十一年修橋碑

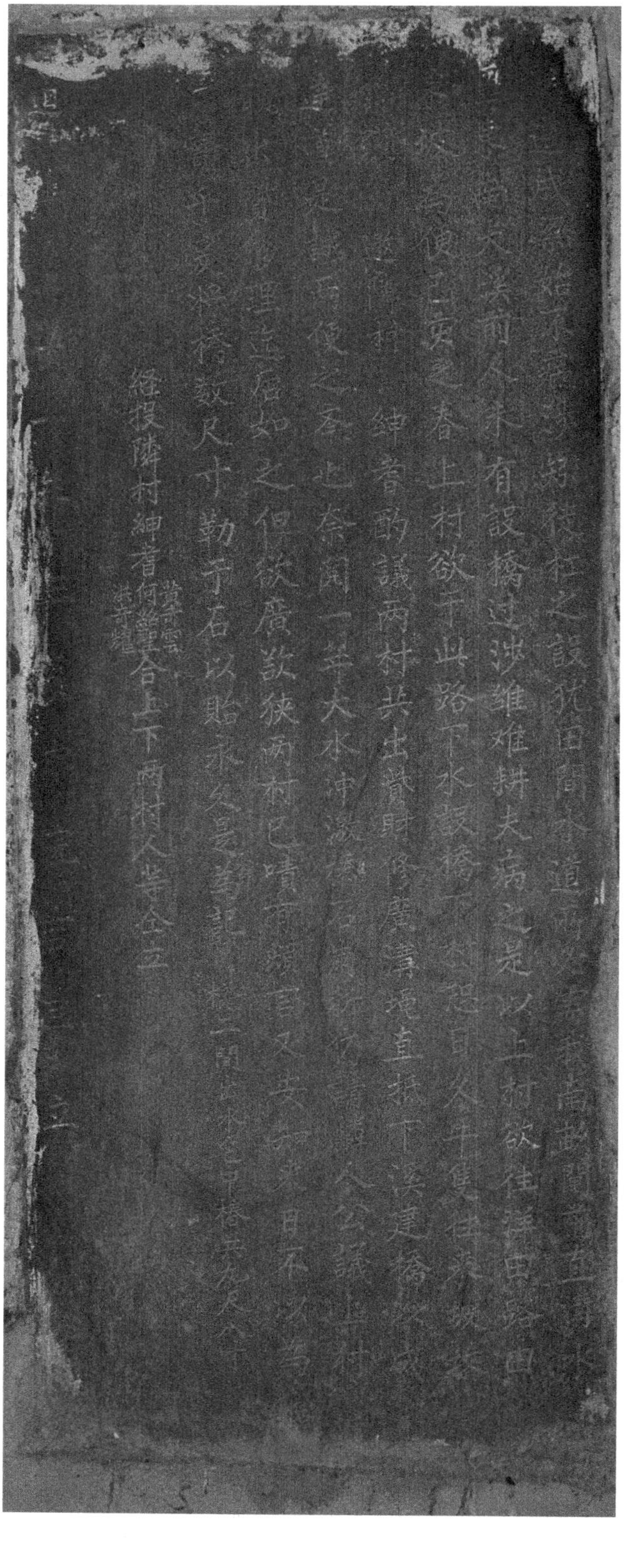

除道成梁始不病涉矧徒杠之設犹田間水道所必需我南畒閘前直溝水
匯東南大溪前人未有設橋过涉维难耕夫病之是以上村欲往洋田路由
東坡為便已亥之春上村欲于此路下水設橋下村恐日夂牛隻往来坡坟
蹂躪乃邀隣村　绅耆酌議两村共出貲財修廣溝堘直抵下溪建橋以成
達道是誠两便之幸也奈阅一年大水冲激橋石崩折仍請隣人公議上村
願出貲修理迄后如之但欲廣欵狭两村已嘖有煩言又安知来日不以為
口實乎爰将橋数尺寸勒于石以貽永夂是為記　橋二間出水包中椿共九尺八寸

黄奇雲
洪奇耀
経投隣村紳耆何紹聖合上下两村人等仝立

道光二十一年三月中浣吉旦立

公議禁碑

嘗思有人心而後有風俗亦有風俗而後有人心人心固與風俗相轉移者也我鄉居不一姓聚族斯土前人化洽曷□美稱仁里迩来人心叵測漸以澆漓間有開賭場以引誘子弟販鴉片以酖毒鄉鄰以至懷鼠窃之心挾狗偷之術凡園内蔬菜田中蒔稻濫為盜取種種澆風曷其有極爰是鳩衆聲明藉梨園以揚休對　神明以立約公議規條嚴為懲誡未必非　朝廷端風俗维人心之一助也嗣後我鄉各宜父詔其子兄勉其弟安分守業同歸善良如敢故違定行公罰倘或恃強倚爛聯名呈究決不姑容庶人心復古風俗返淳仁里之稱可再覩于㫷歟是以勒石永垂久遠云

一議鳩集對賭每人罰朩四百文捉獲者賞朩二百文其界限東上至邁奏墭溝下至東水溝西上至曲堤下至馮村洋大堤北至后菉溝南至新河

一議匿藏窩賭罰朩六百文捉獲者賞朩二百文

一議販鴉片罰朩六百文捉獲者賞朩二百文

一議割穗挖蒔罰朩四百文捉獲者賞朩二百文

一議盜莔内所植谷物罰朩三百文捉獲者賞朩二百文

一議十五歲以下者如有違禁罰朩俱減半捉獲賞亦減半

陳元祥　陳德修　李其昌　黃玉振　符以卓　□□□

陳天桂　李其耀　吳文章　黃玉樹　陳敬宗　德盛　吳永法

禁　韓冀勝　陳天祥　韓準宗　梁翼□　二珠　世隆　□□

首　黃志善　□□□　黃□□　林中卓　準祥　德□　□□

符以登　□□□　□□□　陳龕法

道光三十年三月吉日合村仝立

光緒元年郁氏撥田碑

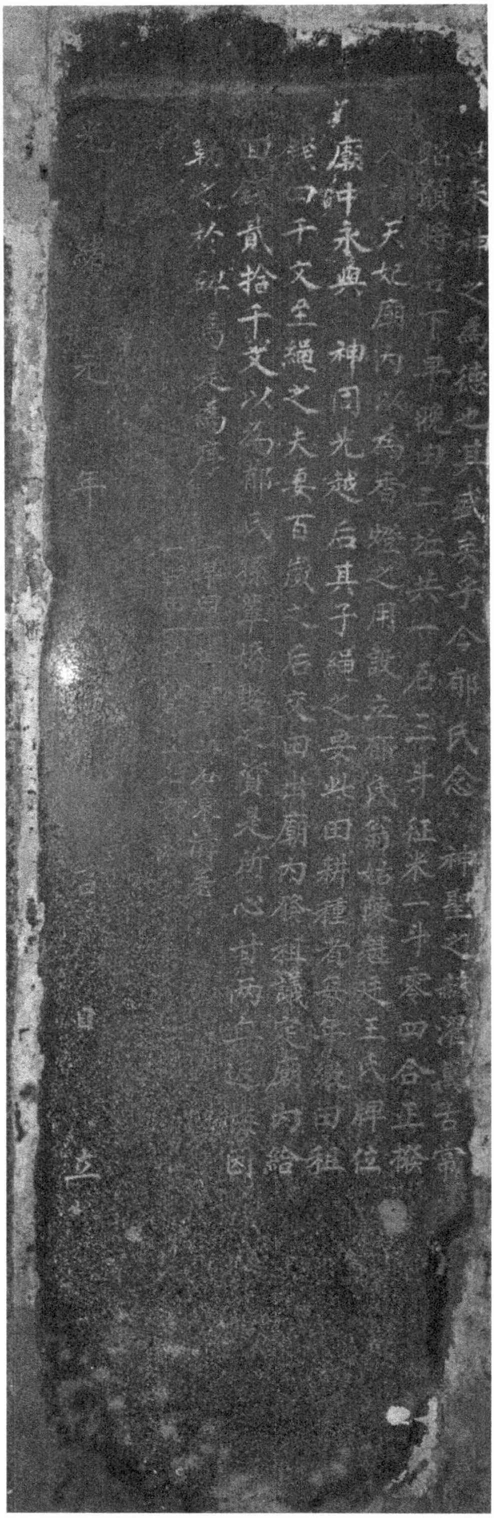

從来神之為德也其盛矣乎今郁氏念　神聖之赫濯萬古常昭願將名下早晚田二坵共一石三斗征米一斗零四合正撥入　天妃廟内以為香燈之用設立郁氏翁姑陳魁廷王氏牌位廟中永與　神同光越后其子繩之要此田耕種者每年繳田租錢四千文至繩之夫妻百歲之后交田出廟内發租議定廟内給回錢貳拾千文以為郁氏孫輩婚娶之資是所心甘兩無返悔因勒之於碑焉是為序

一早田一坵五斗土名東溝荖

一晚田一坵八斗土名打落墩

光　緒　元　年　五　月　吉　日　立

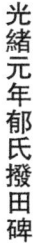

同治元年功德碑

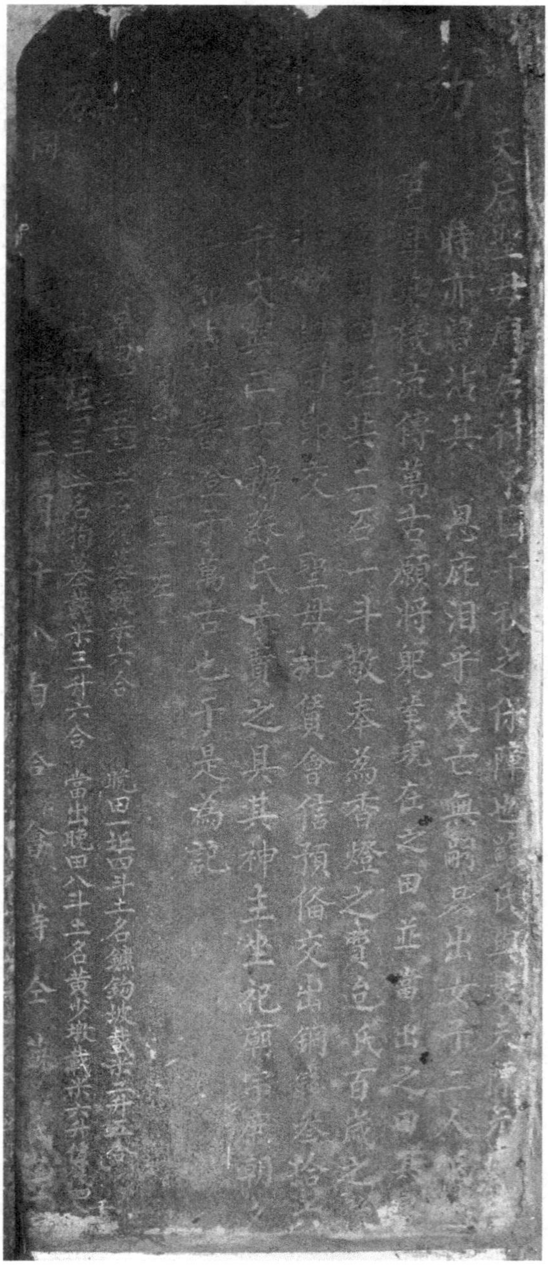

天后聖母廟居村東固千秋之保障也蘇氏與髪夫陳元□□
時亦曾沾其　恩庇汨乎夫亡無嗣只出女子二人氏□
聖母英機流傳萬古願将兕業現在之田並當出之田其早
晚田四坵共二石一斗敬奉為香燈之費迨氏百歲之後
將舍與田即交　聖母批賃會信預俻交出銅錢叁拾六
千文與二女辦蘇氏喪費之具其神主坐祀廟宇庶朝夕
年節沾享香燈于萬古也于是為記
開列早晚田于左
早田一坵五斗土名狗墓載米六合　　晚田一坵四斗土名鐮鈎坡載米二升五合
早田一坵四斗土名狗墓載米三升六合　當出晚田八斗土名黃少墩載米六升價錢四千□
同治元年三月十八日合會等仝蘇氏立

同治十三年撥田入廟碑

聞之香燈□□□□當光□□□敬□芳□□□□□□□□□□

卒後有依願將自䰟名下晚田三坵共壹石五斗載征米壹斗弍

升正撥入本村

天妃聖廟用為香燈祭祀後夫妻棄世不論孰先孰後两人共得給囬錢捌千

文収營壟費乃奉主坐廟永藉神庥是所心願毋容後悔因立之碑以誌

不朽焉

計開田條列后

晚田乙坵八斗土名坡落墩　　晚田乙坵三斗土名什那

晚田乙坵四斗土名深田仔　　共征米壹斗貳升正

同治十三年三月二十三日吉旦立碑為據

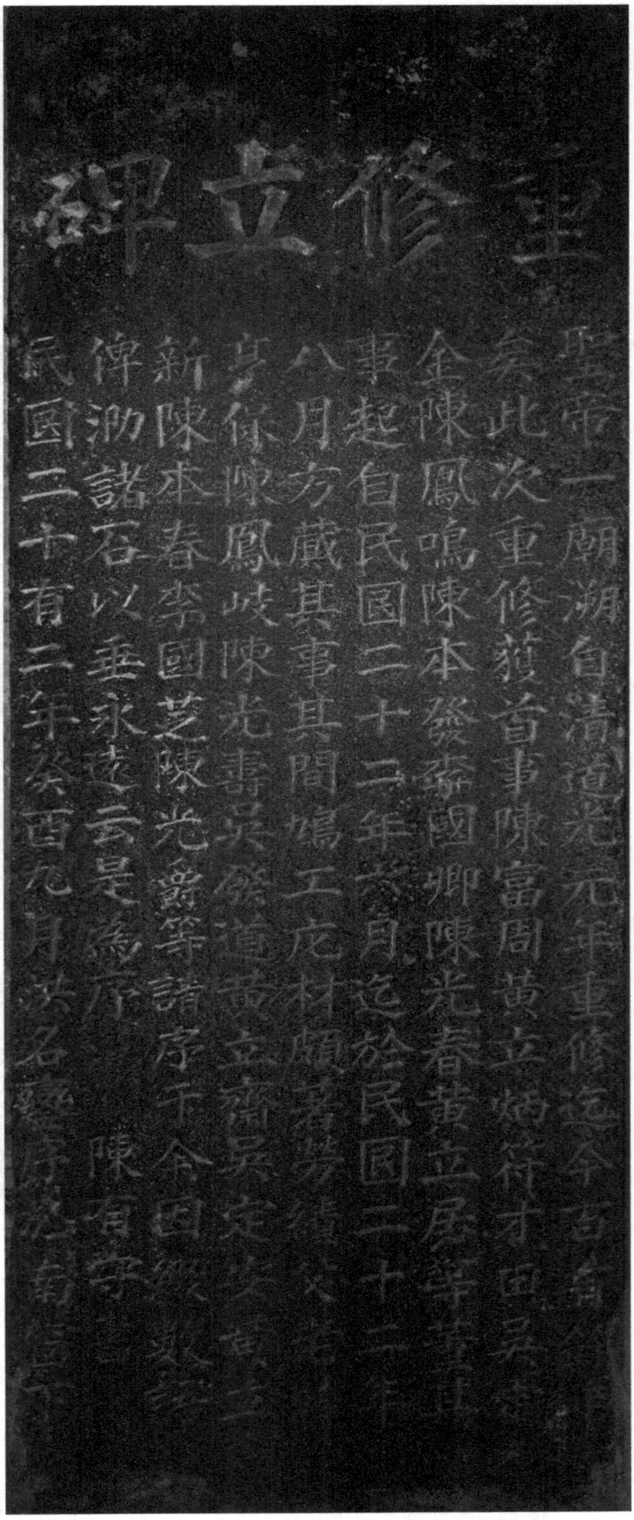

聖帝一廟溯自清道光元年重修迄今百有餘年
矣此次重修獲首事陳富周黃立炳符才田吳定
金陳鳳鳴陳本發李國卿陳光春黃立居等董其
事起自民國二十二年六月迄於民國二十二年
八月方蕆其事其間鳩工庀材頗著勞績父老韓
亨保陳鳳岐陳光壽吳彂道黃立齋吳定安黃立
新陳本春李國芝陳光爵等請序于余因綴數語
俾泐諸石以垂永遠云是為序　　陳有守書
民國二十有二年癸酉九月洪名鑾序於南窗下

南田村

帝聖廟

陈二烈士死事記

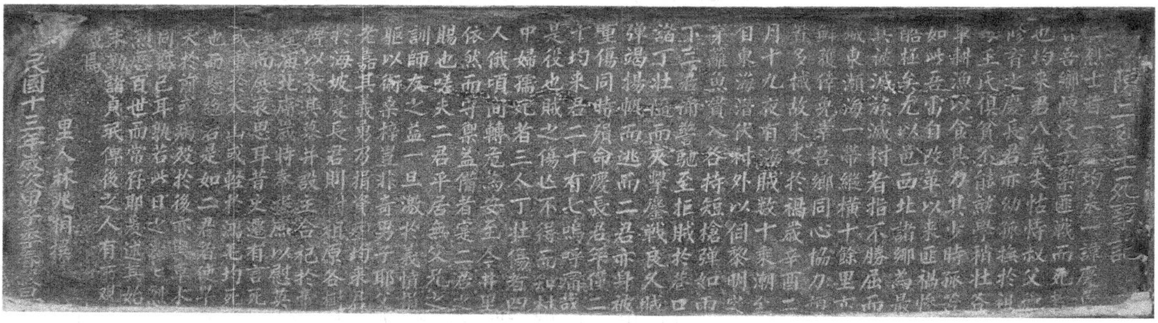

二烈士者一諱均来一諱慶長皆吾鄉陳氏子禦匪戰而死者也均来君八歲失怙恃叔父德修育之慶長君亦幼孤撫於祖母王氏俱貧不能就學稍壯各事耕漁以食其力其少時孤苦如此吾雷自改革以来匪禍慘酷極矣尤以邑西北諸鄉為最其被滅族滅村者指不勝屈而城東瀕海一帶縱横十餘里亦鮮獲倖免幸吾鄉同心協力預置多械故未及於禍歲辛酉二月十九夜有海賊数十乘潮至自東海潛伏村外以伺黎明突穿籬魚貫入各持短槍弹如雨下二君闻警馳至拒賊於巷口諸丁壯随而夾擊鏖戰良久賊弹竭揚帆而逃而二君亦身被重傷同時殞命慶長君年僅二十均来君二十有七嗚呼痛哉是役也賊之傷亾不得而知村中婦孺死者三人丁壯傷者四人俄頃间轉危為安至今井里依然而守禦益備者寔二君之賜也嗟夫二君平居無父兄之訓師友之益一旦激於義憤捐軀以衛桑梓豈非奇男子耶父老嘉其義勇乃捐資瘞均来君於海坡慶長君則祔祖原各樹碑以表其墓并設主合祀於帝聖庙北厢歲時奉報庶以慰英魂而展哀思耳昔史遷有言死或重於太山或軽於鴻毛均死也而懸絶若是如二君者使早夭於前或病歿於後亦與草木同腐已耳孰若此日之轟轟烈烈歴百世而常存耶爰述其始末勒諸貞珉俾後之人有所覌感焉

里人林兆桐撰

民國十三年歲次甲子季春穀旦

天后宫

奉縣碑記

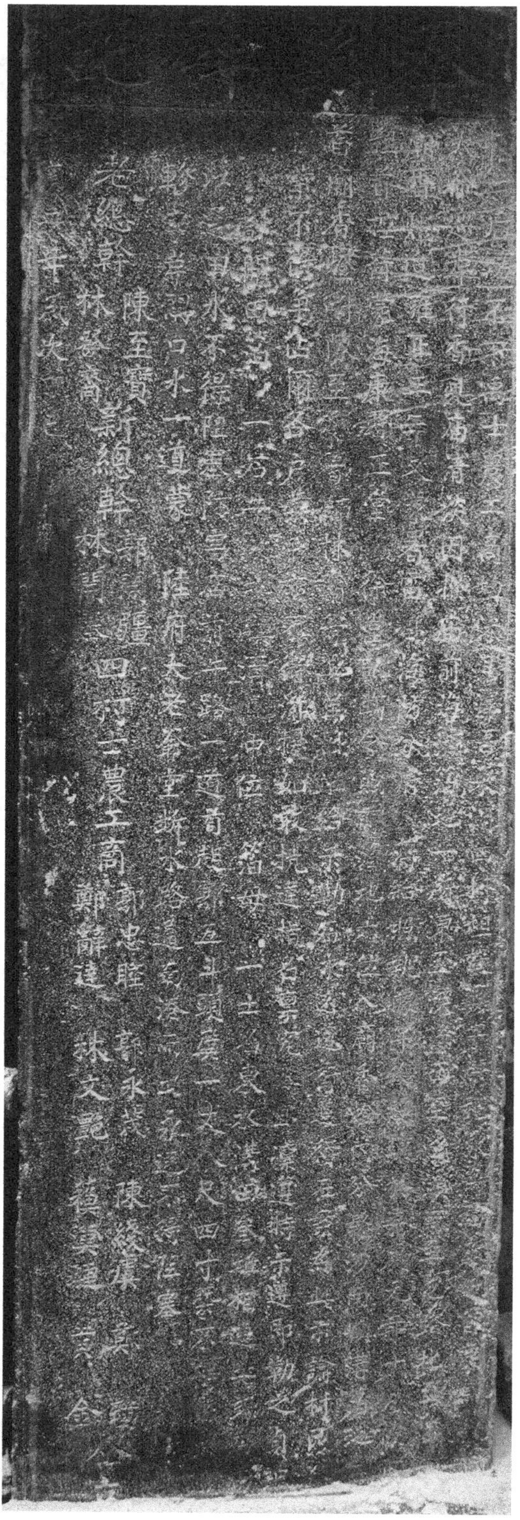

□天后功不下禹士農工商均沐其澤吾□□四村祖設廟宇祭祀永□□□□□□□□□□
太爺巡岸行香見庙清淡因撥庙前海□箔地一所東至深塗西至淺溪南至□路北至□□□
廟香燈迨雍正三年又蒙署雷州海防分府　蔣給照執據年久□壞於嘉慶元年十月被風□
租首控荷蒙海康縣正堂　徐堂訊断令照前箔地六位入廟香燈内分鬆沙南嶼溝箔地□□
首廟香燈□陳至□□師林□等具呈□□給示勒石永遠遵行遵行在案為此示諭村民人
等不得争佔爾各户業甲亦不得滋擾如敢抗違指名稟究各宜凜遵特示遵即勒之貞珉
計開田箔　一石牛□地□溝　中位　箔母　一土名東水溝田叁圻相連共弍石□□
以通田水不得阻塞防害庙前牛路一道首起郭五斗頭廣一丈八尺四寸槩不得□又□
軫字岸閘口水一道蒙　陸府太老爺堂断水路通南港而出永遠不得阻塞
老總幹 陳至賓 林猋裔　新總幹 郭開疆 林開塞　四村士農工商 郭忠睦 鄭辭達 郭永茂 林文艶 陳綫虞 蕷漢璉 鄭璜 黄金 仝立
嘉慶二年歲次丁巳

奉縣諭禁港坡碑

署雷州府海康縣正堂加五級紀録五次高　爲□□得鄭士球等具控黃陳合等違断塞港一案緣東洋張翼等立堤岸之外各有□坦荒坡附近各村居民□爲牧牛之所中有水港一条南達斐溪北通甲軫等岸閘口岸内積水須以□□岸外船隻利于往來潮漲則□□□入取□潮退而□□毫無爭□貧富攸賴利至普也曾經黃雲漢於乾隆四十六年報墾筑塞四十八年經林明鳳等控呈　□縣委捕查勘有碍水道押令拆復墾照塗銷黃雲漢不□□□呈開墾処據郭永茂等具控因另無提卷□□批除各□分別□辦外飭將原卷發回經□□前縣訊將黃雲漢等實墾筑塞申詳於前府憲陸覆審照断各有遵□案拠嘉慶六年黃雲漢與陳源潛合□□□合又于　前縣离任呈報□字岸□方曲港一道荒坦一所給有印照嘉慶八年黃雲漢等将港絕塞蓄鱼□□于謨等藉碍拆毀□经　前縣离任踏勘未結以後黃雲漢□潛□港復塞居民鄭士球蘇道純等以田房墳墓有碍糾衆拆毀□□□奉縣断□踏勘俻悉該港向係便民未便筑墾□□兩造確訊鄭士球等衆口一詞與伊等田房墳墓水道有碍□□黃雲漢陳源□無可置辭俯首認罪本應按律究処姑念黃雲漢等年老從寬免議断令自後該処荒坡不得私墾種植甲□岸□□□□□□居民裝運柴草之便不許再行絕塞該処居民均不許冒墾争佔黃陳合墾照塗銷各□□□一干人等概予省釋除取具兩造遵依外立識刊石俾遠近士民知岸外之田断不可墾墾則利歸一人不墾則利歸衆人港外之港断不可塞不塞則各村同享其利□塞則一人獨享其利而各村胥被其害孰公孰私孰得孰失惟居斯土者詳察焉

嘉慶九年七月初二日首事鄭士□　陳□進　□□增　□□進　郭□端　曹子□四村士民仝立

署理海康縣事坐補遂溪縣正堂加三級王　為懇乞示禁以保堤岸以崇國課事嘉慶廿一年十二月十三日據岸民林寶陳聘郭益郭□郭開藍陳源鴻郭本立郭文□□蘇重林如山郭立□□社正曾師地保莊符興等呈稱切維四靡不修難成仁里風水不培必致傾頹故下民欲挽頹風憲宜上承德化該□等世居東洋□姓藩衍人心不一所有岸外海坡一帶一則圍抱堤岈以保國課次為牧牛之所以資生計近□□之□□□□□□□然□□為□之安□□□只□□□□□售買甚至海□成潭不惟牧牛無地一無潮水漲□□□□□□□□奸□□□又生□之村海□□□□□業頑民藉口□牛牧養盜窃損傷田塍雖有鄉法禁□□□□□□□□□□□□□□令□道□□□示□之□念也人以聘等聯叩廌天乞准給示勒碑嚴禁俾得射利之徒知□□□□□□□□□□者□□□□□□□□□□□□□□即批沿海堤岈所以衛堤只許村民牧牛放草贫民或□□□柴□□□□□□□□□□□□□□□□□□□□□□此存案除批揭示外合行出示諭禁為此示諭太□社居民人等□□□□之□□□□□□□□□□□□□□□□□□□□柴薪以為生計不得鋤閥為□裝運別處售賣致傷堤岸□□□□□□□□□□□□□□□□□□□□□□□□□□□有此示禁阻貧民樵採其各凜遵毋違特示

計開禁條

一禁東洋□□□□□□□□□□□□□□□□□□□□□□為變違者鳴官

一禁遠近□□□□□□□□□□□□□□□□□□□□□錢利己違者鳴官

一禁村□□□□□□□不准男女日夜□□牧牛□安□□□田塍違者鳴官

社正曹□□□□□□興合司后山□田半□□□頭土角北麓下嵐沙村方□各村士農工商等請示勒碑永垂不朽云

嘉慶二十二年歲次丁丑夏月　吉日立

（碑刻中部被抹平，難以辨識）

松竹鎮

西山村

符氏宗祠

西山符氏祠碑

盖聞立廟以奉祭祀禮也然大率祖宗有遺積子孫克纘成之否或冠盖蟬聯伋綿椒衍用能竭力佽助以為堂構光從未有若我祠創造之難報本追遠之艱也我　高祖文效公以順治初乱離故偕母氏張卜遷於此盖有年矣邑之九斗洋停趾村其故里也娶　妣李孺人生　經世公　經邦公　經國公　經世公居長乏嗣次　經邦公之孫　聖養公亦絶惟　經國公出 瑞周公　瑞蘭公　瑞瑛公三人勤儉起家痛念長次房承祧無人将　聖養公遺田三斗兼停趾大宗祠每冬所分繳丁胙錢陸續生息冀為立祠合祭之舉未果道光戊申年　瑞蘭公房五世孫乃榮係癸三弟對癸與從叔聖拔並諸弟姪輩潸然而出涕曰我前人有志創承艱辛積累祠宇未啟禋祀徵儀無以妥先靈即無以延两房之血食也爰建宇一座三間為小宗祠奉　文效公主於中自公以下世世皆配享從祀焉一以報始遷之祖一以慰絶世之靈意盖懇甚第念宗子失傳主祭者無所見重推　瑞周公裔為宗孫以長代長世及為常毋容紊乱禮曰支子不祭祭必告於宗子者胥此道也豐碑未紀榮遽作古人諸叔姪亦先後凋謝癸恐代遠而典湮也乃叙缘起刻石以垂不朽俾奕世子孫永守宗盟無忘先徳知此祠締構之艱難與祖宗篤支之本意非如他祠之有遺産有遺業奕葉可坐享其成祇為增光門户計耳至續置嘗産增廓廟貌惟有志者竟成之是所厚望夫今将祠田土名税畝并酌議規條開列於后

一祠數三房輪管必擇身家殷寔冬至前催收租清鳴衆議沽約到祠費為度不得私議低價貿沽冬至次日抄清數条貼祠除沽谷外存谷每石除耗弍升每年勞錢四百文

一查數要族正按年當衆結准無容徇庇除勞錢弍百文至祠錢出生必先合衆酌妥違者不應

一長次房失傳祭祀　祖祠正位惟三房宗孫主之除猪頭壹個昭穆位賢中推老如未有賢取老者主之各除猪脚壹個包胷重叁斤嗣後有猪頭只除猪頭有羊者頭亦與主祭分之

一新丁入祠每名繳粿錢四百各賞五味壹付重四两照童丁分胙壹歲至十五歲皆童丁分胙半分

一冠丁十六歲至四十九歲每名胙肉壹分五十歲加冠丁壹分六七八九十每十歲俱照五十加倍年至八十送酒一席不受者繳錢捌百九十歲胙肉并酒錢俱照八十加倍

一寡婦胙肉與冠丁仝六十歲仝男丁五十歲分肉七八九十每十歲加肉壹分

一孤丁十歲下無業度口又無親可依每年給錢壹千弍百文随母出嫁廿歲不歸宗不得分胙

一鰥寡六十以上無業度口每年給錢壹千弍百男婦廿歲以上無産業歸壽時給殮葬錢壹千文

一大學延師在祠將一年租每石給青火谷壹斗小學折半　一總催收糧祠内款飱每名一飱除米半升酒菜錢拾伍文

一本村前巷下地一所東至大巷西至水溝南至方氏北至撥主祠宅北邊直隔地五尺為巷與撥主共行

一下村洋田一坵二斗五升東至二斗五西至三斗南至五升北至斗田

下村尾溝内田一坵三斗東至溝西至六斗北至二斗南至三斗　那林坎邊田仔一坵東至溝西至斗田南至陳北至符

下村尾溪邊田一坵三斗東西至二斗南至四斗北至溪　那林尾田一坵二斗東西至施南北至嶺

下村尾田一坵二斗東至三斗西南至秧地北至六斗　那林坑尾田一坵一斗東西至溝南至林北至莊

大隙洋界堀西田一坵一斗東至斗田西至田仔南北至二斗　那林尾水頭田二坵相連東西南至嶺北至莊

溪邊田一坵二斗東至斗田西至三斗南至二斗北至溪　那林尾溝田六坵相連東北至莊西南至嶺

屋處前田一坵三斗東西至二斗南至秧地園北至五斗　那林尾溝田一坵東西南至莊北至坑

村前九遍洋田一坵四斗東至溝西南至六斗北至三斗　坑籠田一坵一斗東至斗田西至四斗南至五升北至二斗

那林坑肚田四坵相連三斗東南至陳西至符莊北至施黄　村前坑田仔一坵東西北至陳南至二斗

那林盡尾田二坵相連東南至嶺西至高田北至二斗　邊坎田一坵一斗東至溝西北至陳南至嶺

同治九年十月十七日五世孫　乃癸合諸孫等敬立

計開例条田条于后

一冬至首事二名自老至幼輪流辦祭几祠内鍋坂水火各項俱
要出工預備每名勞肉一斤粿六個粿碎肉骨二名均分幼至
冠丁方准當首

一冬至煮粿米每斗不拘老少按名均分如丁多米少隨時酌議

一冬至擇公正孫監厨每年勞肉八両

一司丁簿要按年抄録男女名氏年庚唱名分胙勞肉一斤

一男冠女笄要備整榔一盒入祠報知歲氏註明丁簿勞肉四両

一冬至司寫榜對祝文每年勞肉拾二両

一祭祖陪祭通引讀禮司樽司爵每名分肉八両

一文入泮每名賞錢拾陸千文　武折半每年養賢肉二斤

一補廩食餼每名賞錢貳拾千文

一文入鄉試每名科貲拾貳千文　武折半

一文入鄉試中式賞錢壹百千文　武折半

一文入會試每名科貲陸拾千文　武折半

一文會試中式賞錢壹百陸拾千文　武折半

一捐納監貢官職封典每名賞錢肆千文每年養賢肉二斤

一辤年安灯油香粿樜初一十五清明冬至每年給錢一千文

一文武二帝神旦年節香灯每年給錢一百文

一端陽節財寶新年香燭紙炮祠錢辦理

一天赦節財寶花紙祠錢辦理

一冬至宰豬截肉每年勞肉一斤

一新婦新壻祖祠賀年通知族正孫每名給錢一百文

一祠内不許人擅住家眷寄載粗重器物違者責罰不貸

一祠内不許開雜匪類人等歇宿違者責罰不貸

一三房分執查数簿三本挨年冬至祭後一日交数清者結准註
簿每名勞肉八両

一首事二名并五六七八九十歲以上每年冬至每名肉塊二片粿二個

一會祭大宗祠每年冬至給路費錢二百文

一逢造往九斗洋作展給路費錢二百文

一祠内田租錢議定冬至後一日清完不悞如悞將田別批不异得言

一議祠祖無論年歲豐歉不許議減違者將田別批

一冬至大豬每隻大小隨時酌議將餘肉肝肚烹熟按名均分

一下村尾路下田一坵三斗東至三斗西至二斗南至二斗北至五斗

下村尾塘内田二坵相連共二斗東至方西至秧地南至二斗北至林方

下村尾塘内田一坵二斗東至方西至黃至蔡南至髙崗至黃北至符

下村尾路下田一坵二斗東至二斗西至三斗南至秧地北至符

下村尾田一坵三斗東至五升西至四斗南至二坵五斗北至二斗

一九遍洋滴下田一坵四斗五升東至斗田西至石田至陳南至滴北至
四斗五升

一九遍洋滴下田一坵一斗東至五斗西至四斗五升南至滴北至四斗五升

一九遍洋滴上田一坵四斗東至四斗西至四斗南至二斗至莊北至滴

一那林坑尾田一坵二斗東至髙田西至斗田南北至滴至嶺

一本村前洋田二坵相連共三斗東至二斗西南至滴北至二斗至五升

一芝麻崗東頭洋田二坵相連共七斗東至二坵六斗西至二坵七斗南
至二坵四斗北至三斗

一坑籠田一坵一斗五升東至五斗西至一斗南至二斗北至九斗

一東山前早田一坵一斗五升東至四斗西至一斗南至一斗五升北至三斗

光緒二十一年歲次乙未冬季合房諸孫吉日仝立

北和鎮

北和墟

天后宫

乾隆二十六年倡修北和墟道路碑

蓋聞平治道途仁民之襟懷共樂濘泥墟市行者之步履維艱□□□□□□者惟今北和墟耳查北和一墟由来久矣直長三百餘步横寬二丈有奇舖舍經營貿易者有當舖醫舘及蔴棉布帛酒米魚盐煙梹雜貨等物俱属民品之要需而墟期乃两日一集各鄉衿耆商賈絡繹其中倘逢天朗氣清之候或可自如若遇陰雨霏霏不無来者嗟路滑往者歎徒难覓工鋪石□□□□□行人也惟是工程匪淺誰與先之愧余 奉役斯土雖有創始之心恐難□成□效爰是商之

各紳耆俱欣欣樂就余 即捐俸拾兩謬為先倡幸惟同心共襄美事焉是為序

雷州府海康縣清道司加一級邱毓垣謹撰

同興當捐良六両　監生劳容世　李則城捐銀一兩六錢　李國棟　葉昌隆

仁和當捐良六両　黄子沅　貢生李天馥　張瑞賢　梅泰盛

監生陳得仁捐良四両　生員朱廷瓚　吏員吳國棟　周謙佐　歐陽清各捐良五錢

生員朱翰文捐良四両　劳名世　監生黄子澍　歐永隆　邱和興捐良四錢五分

監生徐時達捐良三両　朱如玺　生郭紀　關興□　邱□□捐良三錢

許龍蕃捐良三両　陳錦源　員辛玉潤　吳廣利　李元良□□□□

莊合利捐良三両　□卫郭振　陳光華各捐良壹兩　劉德廣各捐良壹兩　□忠茂□□□□

梅錦怡捐良三両　邱道昌　□□□□□□□

黄文瓚

林貴各捐良弍両　□□□□□□□

乾隆二十六年歲次辛巳孟冬月吉旦立

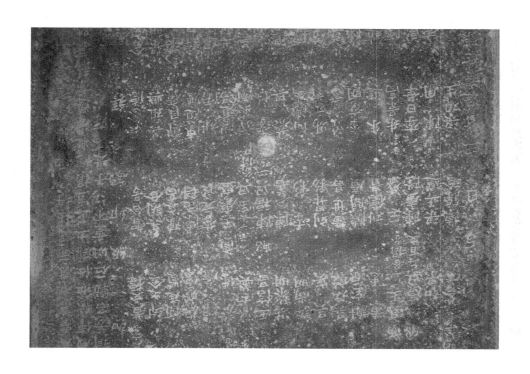

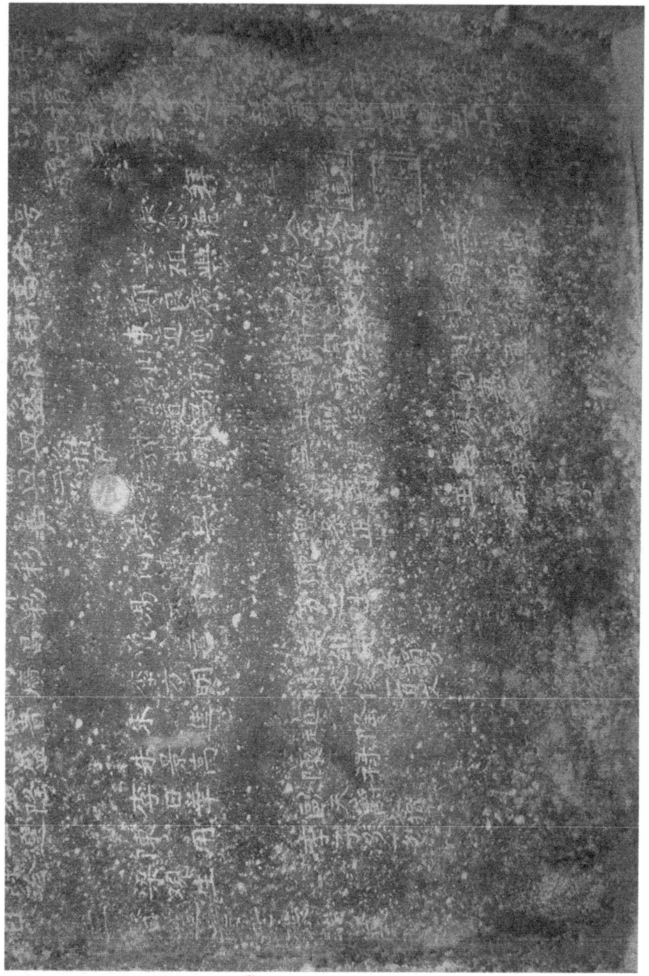

窃維　神有護國庇民□□□□□□□□敬重之義盖北和鎮北和墟
天后娘娘歷多年所矣但因前創庙宇規模浅窄兼之風雨損坏坍塌□□無以□□□神而崇廟貌焉是故
商民各有捐修之心未及厥成之願余客歲仲秋涖任兹土正值捐修之際遂亦鼓舞歡欣捐俸三十□□
然捐金各隨心力錙銖亦見丹誠應將樂捐芳名勒石以垂不朽于是為序

雷州府海康縣清道司加一級邱毓垣拜撰

緣監生陳得仁捐艮三十一両　張瑞賢捐艮二両　鄧和具捐艮六不　黄文標　智合号　張愈徳　余文運　吳　賢
同興當捐艮十五両　興雲号各捐艮一　歐陽清　邱之金　吳朝合　吳祖興　梁朝昇　趙　朋
梅錦怡捐艮十五両二不　新聚号両五不　黄文瓚　柯廷賢　陳文高　鄭良廣　梁□□　張　彩
首陳錦源捐艮五両五不　陳光華　許秉憲　蔡應煌　陳志科　陳道應　許國生　刘　通
仁和當捐艮十両　陳麟生　簡　潤　顔　廣　李元良　郭　儒　譚成錫　陶惠衆
許龍蕃各捐艮三　梁岐生　馮帝卿各捐艮　蔡　珠　商王廖盛　劉道昌　王朝玺　廖　盛
葉昌隆両五銭　忠茂号　李观聖四不　曾士英　王宝具各捐艮　郭其明　吳　耀　馬　榮
監生鄧维屏　泰来号　李　徳　王信昌　船陳福具二不　李　性　池忠爵　王　佐各捐不□□
刘徳廣　富春堂　王馬齐　洪黎明　陳　善　蔡　具　魏孫正
林　貴各捐艮三両　永具号　柯合興　許尚明　李　彩　何徳生　陳　英
梅永聚捐艮二両一不　沛源号各捐艮一両　沈源利　吳　英　刘昇彩　易元貴　勞之魁
永吉号　莊合利捐艮一両二不　永利号　吳江啟　黄世昌　曾　書　莫维純各捐不
永隆号　陳天佑　黄玉振　謝宝源　陳開廣　李方明　陳文俊一百文
梅泰盛　錦来号　商吳琼泰　黄　忠　刘徳貴　朱　進　趙　隆
羅奕海　昌利号　張湧利　商吳王盛各捐不　王　盛　朱景高　陳　禄
生員郭　紀　商鍾林盛　吳萬泰　船林廣具二百文　陳廣隆　李日華　歐天爵各捐艮
吳廣利　船葉韓興　吳文英　張如果　梁正選　陳　用　李子淡一不
黄廣合各捐艮二両　蕭　菁各捐艮五不　船吳福盛各捐艮二不　嘉合□　陳餘珍　梁观生

乾隆二十六年孟冬月吉日立督造耆老張瑞冀□□

贊侯李公諱廷勳籍隸臨江蒞任斯土而德政藉曰不可勝紀其治内北和墟舊僅一井入伏即□
近年以来遷徙頻集商賈日增汲引不繼而　公憫甚每以公餘之暇不辞殚繁自行諮採乙未
之夏始獲兹處遂捐俸購地穿鑿斯泉而商民靳從鳩金砌石使舊井之缺陷者葺之路之坑坎
者修之不越月而工告竣焉是皆　公之德政所致洵同惠以養民之政並美矣今飲其泉者咸
感　公之德誦　公之政爰勒於石永垂不朽　　重九日龍山黎常仁撰并書

署雷州府經廳海康縣清道司加三級李　捐銀伍兩

李平樫𣎴七百文　黎常仁　曾高書　葉三有　　王永具　　　　　　　　　　黎　進　郭頓明　簡中文
陳怡新𣎴六百文　梅錦怡　馬廣怡　黃合利　　鄧成豐　騰源具　陳　善　湯有陞　許自生　蕪紹文　林乃求
梅同興𣎴六百文　梅錦来　譚忠茂　周和昌　　程廣具　李積仙　陳　禄　陳文奎　郭　元　林天右　肖正□
鄧和豐　各四　　陳錦源　顔永利　張啓合　　宋鉄店　朝　具　池忠爵　黃元法　陳文廣　李朝興　刘智文
周振利　捐百　　梅怡聚　陳忠礼　金廣達　以　占鉄店　吳青甫　顔　廣　何　清　鍾必達　屈有章　郭功成
張　貴　𣎴文　　梅益生　林利店　吳　利　上　熊鉄店　黃錦合　林　贊　梁其正　鍾必榮　梁　進　朱光明
何德生　　　　　陳生生　陳昌隆　天　利　各　黃鉄店　鄧旅如　陳　英　吳漢清　□高亮　葉　青　韋道全
廣盛店　　　　　梁岐生　三合店　岑和豐　捐　王忠盛　陳餘珍　黃　高　刘紹太　□开如　莫国紀　朱　貴
江恒新　　　　　葉三和　陳义具　翁茂源　𣎴　陳合隆　王俊奎　朱具隆　吳和具　湯世傑　官仲豊　朱日昌
張隆盛　　　　　梅太盛　許利隆　周正合　三　官裕隆　陳道享　蔡陳具　蔡永盛　黃中豪　莫并明　呂元仲
洪廣益　　　　　陳合源　劳通义　吳加源　百　陳士具　朱啟節　張日盛　以上各捐𣎴乙百文　黃志澧　郭頓享　黃□□
游義信　　　　　梅遠豐　廣　利　鄧和興　文　林义具　袁作上　湯　瑞　　楊棟朋　王興侯　隸　從
梁廣澧　各三　　歐亭生　郭合利　江信利　　黃錦和　梁正生　陳維積　　梁岐生　李平樫　陳　柄
鄧永盛　捐百　　李昌利　張合盛　許义利　　李和盛　蕪紹夫　廖正連　首事　陳忠礼　陳永忠　曾高書
譚宝昌　𣎴文　　李萬利　王義合　東福利　　李子琰　李進俊　楊　元　　何德生　陳　欽　梅同興
　　　　　　　　　　　　　　　　　　　　　　　　　　　　　　　　　　梅太盛　陳怡新

以上各捐𣎴玖十文

乾隆四十年嵗在乙未孟冬月上浣吉日穀旦

奉邑侯己亥科解元馬公給示立碑

特授雷州府海康縣正堂加五級紀録十次　馬為懇恳給示立碑以彰義舉事本年六月十四日據村
民朱翰苑周有禮李平植呈稱切照北和一墟原在司署之旁該圩有溪河間隔趂圩者必須渡河時
有溺斃之患康熙元年經苑等三姓先祖朱才周克昌李昌茂擇和家庄地面報陞官税四畝作為圩
場以便行人来往原於市旁立有碑記因歷年久遠原碑殘失而祖遺報陞之税按年輸納苑等痛祖
先義舉不忍泯没無聞理呈請給示曉諭刊立碑石以垂久遠苑等亦不壟断射利有違先人移市之
美意等情據此當查朱才等報陞官税有冊可稽詎因争充市長涉訟有案經　清道司查明該圩寔
係朱周李三姓陞科移設毋許朱周李三姓藉以壟断射利等由詳結在案兹據朱翰苑等以先人義
舉泯没無聞呈請給示前来查民人樂善克行義舉應加鼓勵以昭奬勸兹朱翰苑之祖朱才周有
禮之祖周克昌李平植之祖李昌茂因北和墟場溪河間隔趂市之人每被溺斃因擇荒地承陞移設
墟場病涉無憂永貽利濟實属急公可尚合行給示立碑為此示諭詼處商民人等知悉詼處北和市
場原係朱周李三姓之祖義舉移設歷年公舉圩長一名專司稽查嗣後圩長仍聽朱周李三姓暨紳
耆舖户人等按年公舉殷實之人充當此乃　本縣因義舉泯没彰善示勸爾等朱周李三姓後人亦
不得藉以壟断射利自干法紀而滋事端各宜凛遵毋違特示

朱　才　　　　　　　朱翰苑

李昌茂　　　　　　　李平植

嘉慶七年歲次壬戌仲冬吉旦　首報圩地周克昌等為因原碑殘失今周有礼等奉示仝立

道光八年重修捐题碑

從來崇庙立祀原以报　神灵之德我北和墟
天后庙堂由来旧矣迨至嘉慶初年重建移其址而上之
非求式廓丕基但多歴年所欀楹傾塌且未見榮昌□
有改作之想于是合宦紳商民人等捐資重建十百□
固為善願銖錙亦属丹誠乃鳩工度材經始於乙酉□
秋桂月歴丙戌之菊月方得告竣庙貌鼎新紳商踴躍
有人樂　神歡之盛焉所有題捐芳衔應勒石以垂永
乆是為序于左
特授海康縣清道司李永椿捐俸銀壹拾員
雷州营海康汛総司陳抜魁捐銀壹大員
張福来當捐銀九拾四大員　阮義盛捐銀拾貳員
陳合源捐銀貳拾元　陳永昌捐銀壹拾貳元
黄尊生捐銀拾四元　和濟社捐銀壹拾元
周克昌捐銀壹拾元　梅益生捐銀壹拾元
蔡遂昌捐銀壹拾元　張泰隆捐銀壹拾元
梅錦来捐艮九元　韓合隆捐艮八元　黄明記捐艮七元
柳德源捐艮九元　譚寶昌捐艮七元　潘悦利捐艮七元
潘和李昌茂捐艮六元　彭嘉和捐艮六元　張泰昌捐艮六元
吳聖邦捐艮六元　吳盛利捐艮六元　陳义成捐艮六元
莫鄒泰捐艮五元　阮協盛捐艮五元　泰記号捐艮五元
王信成捐艮五元半　阮聯盛捐艮五元半　陳源利捐艮五元半
陳廣合捐艮五元半　方泰益捐艮四元半　泰盛号捐艮四元半
張茂昌捐艮四元半　部　舘捐艮四元　十四□堂捐艮四元
監生鄭榮祖捐艮四元　刘見隆捐艮四元　陳三興捐艮四元
職員勞之茂捐艮四元　和家朱才捐艮四元　韓福隆捐艮四元
武生朱文昭捐艮四元　李華記捐艮四元　黄利興捐艮四元
顏悦信捐艮四元　安利号捐艮三元半　陳大經捐艮三元半
莊興成捐艮三元半　恒有号捐艮三元半　吳寶源捐艮三元半
職員李春芳　吳宗福　曹明利　張厚堂　張啟堂　張遂志
訓導官元勳　吳成利　林益昌　李本二　陳經書　以上捐艮叁元

杜福生　陳同利　黃益升　方合益　吳茂盛　泰利号（捐艮貳元）
職員翁長光　胡守本　薑永發　黃文彬　武生郭成芳　官有義
職員翁長國　黃超祐　應和号　新寶華　鄧積源　池十香
武生吳之剛　監生吳嗣彬　廣生堂　廖大鵬　池文耀　陳萬益
監生陳大訓　阮忠信　黃錦華　岑□顯　泗合号　悅成号
吳敬昌　金昌号　煉金堂　□□□　以上捐艮弍元
官居撲　陳廣裕　沈六合　張錦奎　方財記　日具号
官居拱　黃剛記　合昌号　張振隆　朱恒興　吳兩利
李和茂　陳德茂　梁同勝　陳　恒　以上捐艮壹元半
職員鄧香甫　梅仁昌　曾廣禮　柯廣利　邱家順　陳巨盎
監生吳廷輝　官　輪　曾春記　梅德揚　林文位　歐昌敏
職員吳廷傑　黃文光　陳　璧　梁崑山　黃淂利　陳元秀
監生陳成之　陳合利　府　舘　陳　順　吳巳具　官士贛
監生陳玉□　陳永具　羅遠章　黃　具　李春達　梁福昌
武生鄧時中　楊廣盛　鄒萬隆　日　升　洪廣益　李昌記
武生□垂統　陳世舉　亨利号　鄧丕振　沈德潤　潘利具
職員翁□珍　陳世□　潘　貴　張陳業　李玉衡　唐頭富
生□黃文豪　陳友仁　許德豊　鄒廣相　張遠成　吳朝昌
鄧鴻祖　邱振揚　陳德義　陳正科　吉利号　新合号
蔡昌隆　朱盛益　就具号　鄧介甫　鄧景清　□　泰
徐元昌　陸廣具　陳　珠　韋順利　吳□秀　陳　升
梅□卿　郭有容　以上捐艮壹元

庠士李春芳拜撰并書
督造廣府順邑張廷翰

道光八年歲在戊子孟夏吉旦

首事　張泰隆　黃尊生
蔡遂昌　黃明記
李春芳　梅益生
阮義盛　劉見隆

新井記

是歲之秋涼雨既晴林巒如洗予方步野縱目游觀有墟者数人詣予而言曰吾衆有事欵勒諸石願公為文以誌不朽余曰有何事之可誌而來索固陋之文乎墟老曰北和闤闠之區人烟輻輳食指衆多墟中向止二井一色泑而或瀸一色泓而可食當夫汪濊之時僅敷汲用雨稍愆期登即告竭人下井底方得一勺之多盌挹瓢摳片响始餂成擔甚有外村挑取罔間晨昏老幼往來絡繹於道辛卯夏四月陝西富平縣楊老父台蒞任斯土目擊運水之艱難於是惻然心動亟欲鑿井以便居民是以倡首舉行先捐清俸又書疏勸捐共計錢七十餘千就于二井之北掘一新井並浚舊井經始于壬辰之麥秋不兩月而事落成迄今石甃涓涓玉罂滴滴是非我公之誠心厚澤與夫諸君之好善樂輸者何克臻此吾儕食德飲和自餂銘諸心而宣諸口矣所慮後之人飲水而昧其源永不知為伊誰之賜其可得乎余曰若爾誠盛事也余雖下乘罷駑何敢以不舞之隺為羊公羞因罷游而返記其事而書諸石

清道司楊太爺捐錢五千八百文　張福來當捐錢拾貳千文　阮義盛捐錢四千文　黃尊生　溫合源以上捐錢一千七百文　彭應和
陳源利　潘悅利以上捐錢貳千八百文　譚寶昌捐錢千九百文　張遂成　陳永昌以上捐錢千六百文　張泰隆　陸廣興以上捐錢千叁百文
黃有興　黃順昌　梅德源　大經號以上捐錢壹千文　陳又興　陳廣合　梅益生以上捐錢八百文
積源堂　蔡遂昌　德豐號以上捐錢七百文　和合號　義合號　吳泰記以上捐錢六百文　杜和記
萬隆號　陳福利　廣生號　茂盛號　振隆號以上捐錢五百文　同利號　興成號
安利號　錦隆號　志利號以上捐錢四百文　許老有　三興號　全興號　見隆號
黃崗記　三合號以上捐錢叁百文　部稅館　李老清　三隆號　張宜安　范老勝
嘉　貴　源興號　邱　昌　蔣　榮　郭老三　池文耀　益升號
泰昌號　正利號　泰利號　張其名　同盛號　福隆號　黃廣興
鄒廣相　茂昌號以上捐錢貳百文

首事張泰隆　彭嘉和　蔡遂昌　王　剛
福來當司事監生　王　元　拜撰并書
外有捐錢数十文或一百文名数太多難以盡列愿公見諒

旹道光歲次旃蒙協洽秋大慶吉日立

乌石鎮

天后宫

大敷街道

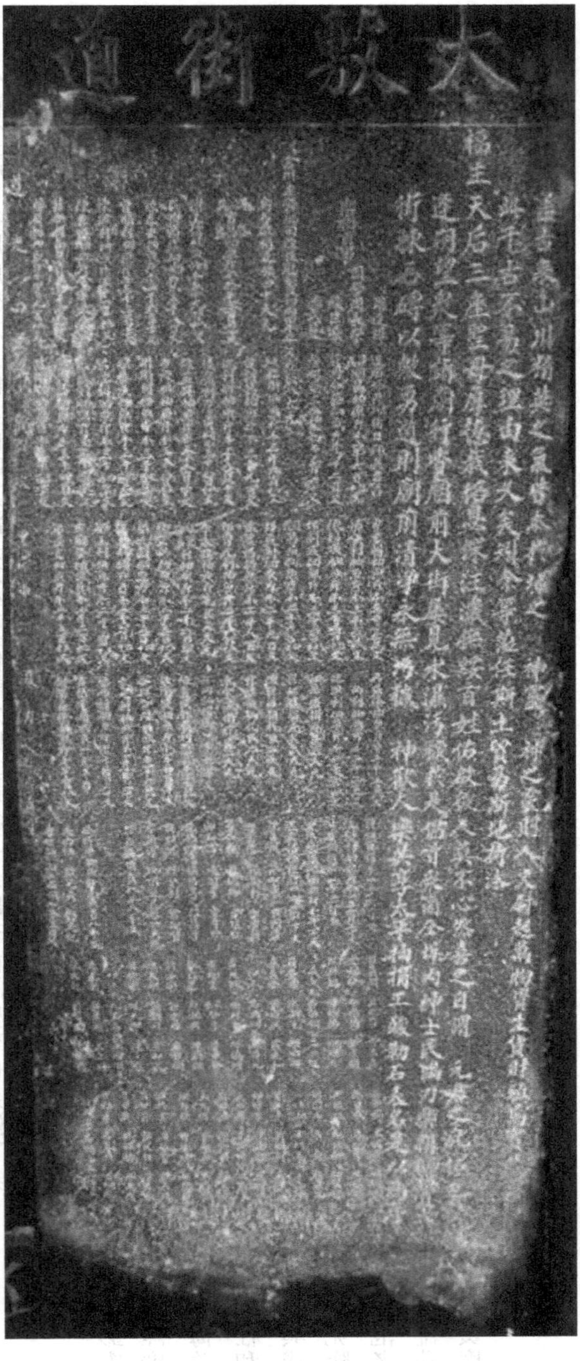

蓋古来山川精英之氣皆本於地之　神靈　神之靈則人文尉起萬物資生貨財殖焉實
此千古不易之理由来久矣矧余等莅任斯土貿易斯地荷沐
福主天后三座聖母厚德栽培恩深汪濊撫綏百姓佑啟後人莫不心然喜之自謂　元君之庇佑也
逢朔望衆等詣廟行香廟前大街屢見水濕污穢於是倡首衆商仝埠内紳士民協力樂捐廟前横直大
街揀石磚以敷勇道則廟前清净永無污穢　神歡人樂共享太平抽捐工竣勒石表名是以為序

羅達璋　造庙修井□街日师吴吉昌　曾吉利抽魚斤不三千三百十四文　馬益隆抽魚斤不二千三百十二文　劉合寶捐不一千六百文　□嘉謨　莫彭賢　黄□嘉　吴卓顯　吴□□　林德明
國學周長榮　梁吴順昌抽魚斤不四千六百十五文　梁合利抽魚斤不三千二百十八文　□两利抽魚斤不二千二百十四文　張得利抽魚斤不一千一百二十文　□利　邱□昌　鄭景□　鄭日成　□□芳　□福□
樂捐首事　陳巨源　莊周合盛抽魚斤不四千二百文　陳利成抽魚斤不三千二百十五文　陳具利抽魚斤不二千八百文　□□□捐不一千二百文　林具利　曾協昌　邱紹文　林駿欣　邱□□　□天□
沈武英　黄何荣三合抽不四千乙百六十文　邱利盛抽魚斤不三千一百十八文　周張昌盛捐花艮三大元　曾成□□□抽魚斤不一千一百文以上九名捐銅不各六百文　何國平　黄□□　□源□
雷州左營總司陳拔魁捐艮四両四不正又花艮八大元　周張昌盛抽魚斤不二千九百十四文　羅□勝捐花艮二大元　温宏得抽魚斤不一千三十文　符合源　宋朝元　羅松順　以上一十八名捐不□百文
烏石廠捐花銀四十大元　琼□材抽魚斤不三千九百文　□□利抽魚斤不二千九百文　陳巨源捐花艮二大元　陳義成　羅松盛　黄同盛　吴義合　黄盛具　羅元和　葉　聲　翁明利　□□□
周吴吉昌盛隆抽魚斤不拾千三百七十文　黄利昌抽魚斤不三千九百文　曾廣昌抽魚斤不二千八百文　曾泰順捐花艮二大元　謝玉□　張萬利　□廣利　以上六名捐銅不五百文　邱継□　陳德□　吴□□
謝義信抽魚斤不五千九百十八文　沈利具抽魚斤不三千八百八十文　邱曾□利抽魚斤不二千六百十八文　李□□捐花艮二大元　□□香　陳德隆　古懐仁　黄大具　順利號　何德陞　吴世昌　卓□□　伍□□
吴益昌盛抽魚斤不五千八百文　□廣利詹黄具不三千八百十八文　李永具抽魚斤花艮三大元　羅四和捐不乙千六百文　邱和昌　成利号　陳□琼　黄椰客　吴蔡合隆　曾成合　黄□具　鄭介□　□□□
琼泰安抽魚斤不五千六百一十文　琼益具抽魚斤不三千八百三十文　□□□盛利抽魚斤不二千六百□□文　陳義成鄧廣利抽魚斤不一千□百十四文陳德□　協昌号　信昌号　張杉□　琼順　陳朝陞　王大倚　吴□□　□□□
曹顺利抽魚斤不五千三百二十文　古陳具抽魚斤不三千八百十二文　□□具抽魚斤不二千五百十八文　張順盛抽魚斤不一千四百□十文　莊利琼　徐豐利　曾□賢　許合利　許老居　蔡維剛　□□輔　許□福　□□□
陳□利抽魚斤不五千一百十二文　胡顺利抽魚斤不三千七百二十文　□□利抽魚斤不二千五百十四文　合具合林抽魚斤不一千六百十七文　詹□□　以上捐花艮各一大元　邱天利　□朝桂　莫□泰　□德□　陳□□　陳大□
陳巨源抽魚斤不五千□□　琼廣發抽魚斤不三千六百七十文　□□利抽魚斤不二千四百十二文　麥元利抽魚斤不一千五百四十文　彭嘉盛捐艮八□八不正　陳德春　陳大猷　陳大魁　□世爵　鄭天佑　陳□□
莊合利抽魚斤不五千八百文　鄭陳利抽魚斤不三千四百七十文　□三利抽魚斤不二千三百十二文　琼两利抽魚斤不一千五百二十文　以上十九名各捐不四百文　莊世英　林振翰　林茂盛
韩廣興抽魚斤不四千九百十六文　□□利抽魚斤不三千四百十二文　古順發抽魚斤不二千三百十二文　吉昌号捐花艮一元半角　梁財源抽魚斤不六百八十正　李元利　孫屏翰　王正科　尹□喜　袁大盛　黄□□
□□昌抽魚斤不三千四百文　邱□□抽魚斤不二千三百十二文　劉梁益發抽魚斤不一千四百十八文　麥□紹　羅芝美　□天化　陳大起　彭信□　林□鳳　以上三十名捐不各二百元
莊順具抽魚斤不□千三百六十文　李世協　以上五名捐不各三百文

道光四年歲次甲申夏月

南興鎮

南興圩

關帝廟

道光二十五年碑

有其郲之必宜修之凡事皆然況　神灵之庇兆
姓固宜俎豆千秋豈可任其庙之圮而不修哉若
我南𠙶　関帝庙原係何其淵銀拔两人經商在
墟奉為　福神迄後子孫不事商業旋里耕讀遂
至　香灯缺供　庙宇漸傾前數年各商已欲修
補未敢越俎而代乃至瓦觧堂崩日甚一日何銀
子孫自料不能修理願將庙與門楼并前後餘地
立定書約交與通墟永為　福神　衿耆商民欣
然樂捐改郲庙宇今既落成勒石垂久俾後之登
其堂拜其
神受其福者有飲醴思源之義庶継起而修葺者千
秋不替云是為記　　監生蔡士華捐錢四百文
計開捐題芳名列后　監生蔡雲峰捐錢壹千文

同和當錢三十千文　鄺金城　王復興　朱光斗
福生堂錢六千文　曾義興　周益利　陳景祚
資生堂錢五千文　林鳳来　方榮昌　蘇允亨
香蘭號錢八千文　榮壽號　方廣盛　黃復興
王義隆錢八千文　以上各捐錢二千文　方德超
方德昭錢十二千文　楊福安　何泮鳳
林協豐　符純美　何文明
林張合利　均安堂　鄧作善
謝三昌　以上各捐錢一千六百文　吳大縄
謝福昌　謝濟利　蔡德明
謝巨昌　謝清記　朱成佐
鄧和合　以上各捐錢一千二百文　郭長霖
以上各捐錢十千文　周飲和　香蘭有利
利仁堂捐錢三千文　周合興　李元成
周德堂　林保和　馮泮學
王福隆　覃信昌　鄭文翰
林蔡裕隆　袁大生　滸逢濬
以上各捐錢二千六百文　蔡裕美　黃玉華

監生陳鴻頡捐錢一千六百文　以上各捐錢一千文　林有柄
府經歷陳蓮馥　方廣隆　林協興
監生鄺席珍　陳廷珠　楊錫朋
監生蕭正樂　林賓来　蘇特秀
監生蕭正佐　洪昌甫　陳蓮芳
盧賓成　餘慶班　孫豪山
林賓盛　以上各捐錢六百文　黃文超
林信成　陳天顯捐錢五百文　以上各捐錢四百文
鄧信利　楊毓流　鄧友和　蔡鴻□
鄭文昌　楊錫九　黃務本　王□□
劉漢仁　吳以蘭　車永利　林□□
以上各捐錢八百文　吳大亮　曾國泰　黃元□
庠士林春開　李協和　曾静記　符文□
監生林培泗　李大隆　胡法佑　蘇文□
監生許德進　黎明記　朱世澤　黃朝□
職員吳之金　莊回記　鄺席珠　陳烘□
庠士謝仁　孫名瑚　姚文泰　蘇文□
洪合美　鍾連興　陳觀謨　陳廷□
以上各捐錢四百文　泗来號　陳用交　陳德□
監生蕭應龍　以上各捐錢三百文　何泮祥　何梓□
監生蕭源高　林日彩　何起龍
監生陳式南　林興岱　蕭天相
監生施維熏　吳華猷　李文超
監生潘宗濂　王世平　以上各捐錢二百文
以上各捐錢三百文　以上各捐錢二百文
監生王表海錢八百文　首事　鄧世昌　林鳳來
監生蘇日升錢六百文　謝文聰　方德昭
府知事陳蓮潔錢六百文
庠生鄧騰飛拜撰　福庙坐戊辰加辛
庠生林步蟾謄書　善排孫文彬刻字
旹　道光二十五年仲夏月吉日改造仝立

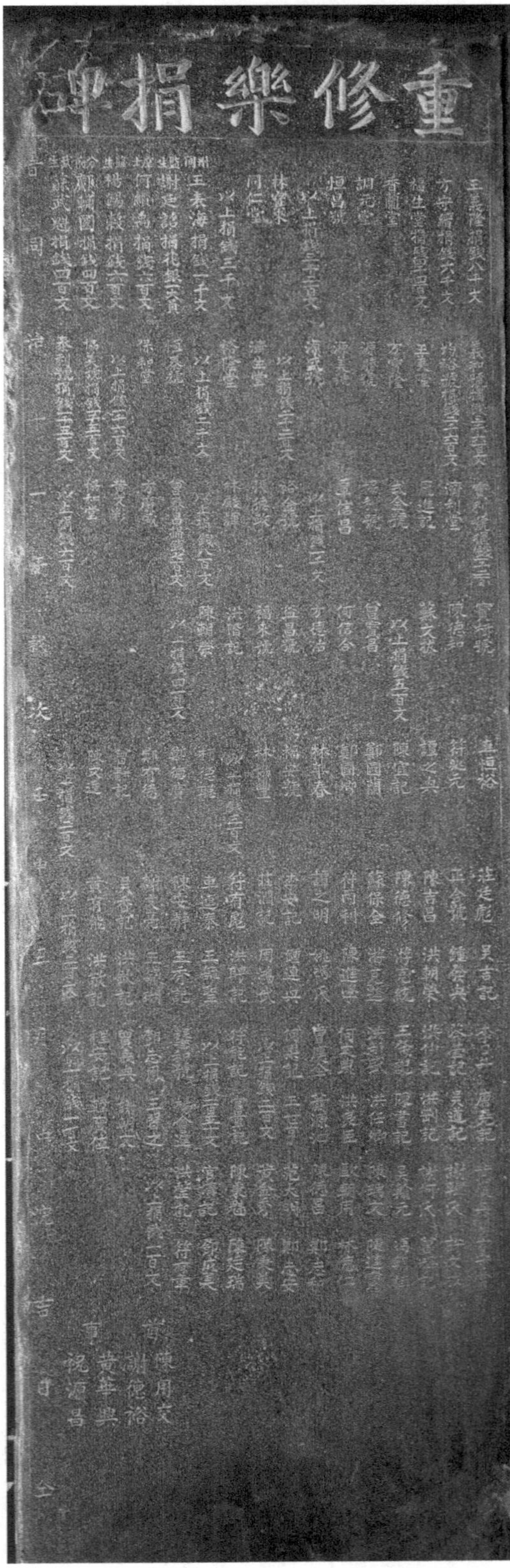
重修樂捐碑

王義隆捐錢八千文　義和號捐錢三千六百文　寶利號捐錢一千二百　寶樹號　車恒裕　莊廷彪　吳吉記　李日升　唐堯記　黃復興　方守常
方守縉捐錢六千文　均裕號捐錢二千六百文　濟利堂　陳德和　符兆元　正合號　鍾發興　蔡瑩記　吳道記　謝韓氏　許文拔
福生堂捐錢四千四百文　王美隆　龐進記　蘇文拔　譚之興　陳吉昌　洪朝榮　洪仲記　洪剛記　謝柯氏　曾輝記
香蘭堂　方寶隆　式金號　以上捐錢五百文　陳宜記　陳德修　滸克統　王發記　陳書記　吳翰元　馮朝柱
調元堂　源勝號　協利號　曾寶昌　鄭國蘭　蘇保全　滸克進　洪新盛　洪任卿　陳瑞文　陳進寶
恒昌號　源美號　覃信昌　何信合　鄭國卿　符丙利　陳進學　何文典　洪良臣　歐朝用　林德仁
以上捐錢三千二百文　源盛號　以上捐錢一千文　方德治　林華春　譚之明　姚馮氏　曺慶全　蕭源泗　陳德昌　鄭志和
林寶來　以上捐錢二千二百文　裕金號　益昌號　福安號　李安記　鍾連興　何果記　王世亨　范天明　鄭志安
同仁堂　濟生堂　張德政　福來號　林協豐　莊潤記　周鴻武　以上捐錢二百文　黃金秀　陳秉美
以上捐錢三千文　裕隆堂　林殿輝　洪階記　以上捐錢三百文　符有彪　洪聘記　符能記　官量記　陳秉魁　陳廷瑞
州同王表海捐錢一千文　以上捐錢二千文　以上捐錢八百文　陳朝榮　柯德聡　車連泰　王毓聖　以上捐錢二百五十文　官清記　鄧成美
監生謝廷詔捐花銀一大員　恒泰號　曾泰昌捐錢七百文　以上捐錢四百文　鄭德廣　陳安靜　王秀記　馨和號　楊會進　洪整記　符有章
庠士何纘禹捐錢六百文　保和堂　方廣盛　鄭有德　謝文亮　王毓瑚　鄧志鳳　王習之　以上捐錢一百文
監生楊錫穀捐錢六百文　以上捐錢一千六百文　黃文彩　曾靜記　吳香記　洪欽記　曾義興　謝朝文
分府鄭輔國捐錢四百文　協美號捐錢一千五百文　協和堂　陳文達　黃有能　洪敬記　程安記　韓廣位
武生蘇武魁捐錢四百文　泰利號捐錢一千五百文　以上捐錢六百文　以上捐錢二百文　以上捐錢二百文　以上捐錢一百文

首事　陳用交　謝德裕　黃華興　祝源昌

旹同治十一年歳次壬申五月中浣吉日仝立

重捐碑

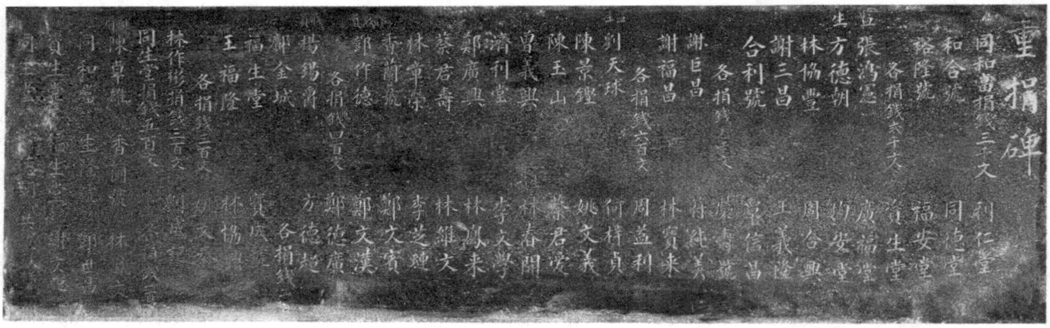

同和當捐錢三千文
和合號
裕隆號
各捐錢弍千文
監張鴻憲
生方德朝
林協豐
謝三昌
合利號
各捐錢乙千文
謝巨昌
謝福昌
各捐錢六百文
監生劉天球
陳景鏗
陳玉山
曾義興
濟利堂
鄭廣興
蔡君壽
林章榮
香蘭號
職員鄧作德
各捐錢四百文
職員楊錫爵
鄭金城
福生堂

利仁堂
同德堂
福安堂
資生堂
廣福堂
均安堂
周合興
王義隆
覃信昌
榮壽號
符純美
林寶来
周益利
何梓貞
姚文義
蔡君爱
生員林春開
李文學
林鳳来
林維文
李芝璉
鄭文賓
鄭文漢
鄭德廣
方德超
各捐錢二百
賓成號

王福隆
各捐錢三百文
林作彬捐錢三百文
同生堂捐錢五百文
守府陳卓雄
同和當
資生堂
同生堂

林協興
姚文泰
劉成記
各捐錢一百
香蘭號　林鳳文
生隆號　鄧世昌
福生堂　謝文聡
□德朝　共效鉄鐘一個

東市村

三通天王宫

嘉慶年間捐田碑

境主三天　郡主通合原爲□堂□母棄世屢□名□□□□□
恩波感深而撥穀共□□□□□龍蛇於是發心撥田六斗并□
□□□□捐錢六千文以為□内當首□□每逢元宵之□□事□
□□□□□燈□□□□□□□□□□□公議□□□管理
□□□□□各項之属刻之於石以垂不朽焉
　計開土名四至于后
一土名坐落公嶺堍百晚田一坵东至林西北至王南至黄
嘉慶□□□□一月二十七□□□□仝□

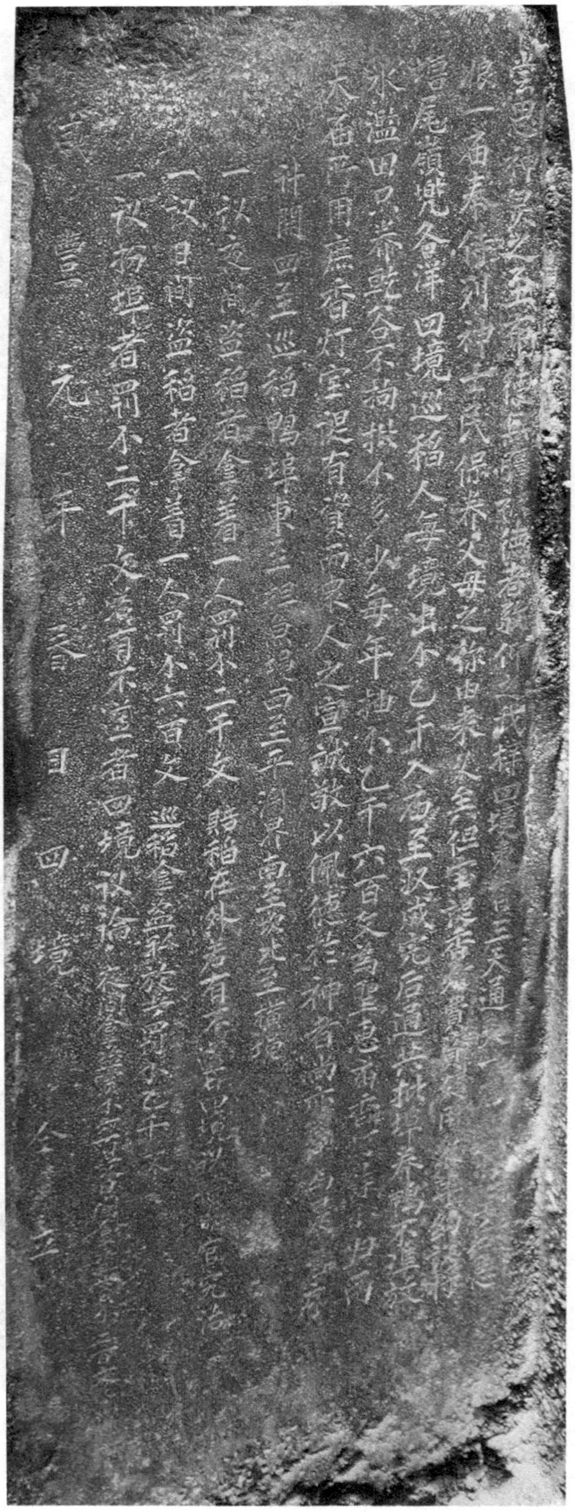

咸豐元年聖惠廟香燈資費規約碑

尝思神灵之至布德無疆被德者敬仰之我梓四境東有三天通灵一庙□□聖后惠娘一庙奉侍列神士民保养父母之称由来久矣但宝誕香灯费資筵用衆等约議将塘尾嶺兆各洋四境巡稻人每境出不乙千入庙至収成完后通共批埠养鸭不準放水濫田只养乾谷不拘批不多少每年抽不乙千六百文為聖惠庙香灯餘不归兩天庙所用庶香灯宝誕有資而衆人之宣誠敬以佩德於神者尚亦□焉是為序

計開田四至巡稻鸭埠東至担魚堩西至平澗界南至坎北至横堩

一议夜间盗稻者拿着一人罰不二千文　賠稻在外若有不遵此四境议論明官究治

一议日间盗稻者拿着一人罰不六百文　巡稻拿盗私放者罰不乙千文

一议扮埠者罰不二千文若有不遵者四境议論　　夜間拿盗赏不一百文日間拿盗赏不二百文

咸豐元年春日四境仝立

泉水墟天妃廟文萃班樂捐祭田碑

神之有功德於民而載諸祀典者　天妃為最故隨處皆廟祀焉泉水墟之　天妃廟實附近各村之
境主百餘年来其沐乎蔭庇者多矣璜等銘刻難忘乾隆丙午年約連同志者二十四人名為文萃班
分仁義禮智信相與樂捐輪管生息每逢　神誕將息為行禮祭祀之費至嘉慶己巳年通計每年費
用所餘并原捐本錢斷買税田四石以縣其祀謀鐫于石以垂永乆俾班内同捐者子孫世守弗失庶
不負樂捐初心有以荅　神庥於無既矣今將樂捐原名田坵四至列后

一土名坐落外茼洋白銀堳東田乙坵六斗東南西至林北至黄　又田二坵相連共乙石六斗東至學田并大堳
西北至陳南至張　又田乙坵乙石東南至陳西至白銀堳子北至林　一土名坐落外茼洋大堳西田乙坵八
斗東南北至陳西至林　通共民米二斗　五合寄在二都三啚三甲户首鄧邦俊甲内印收

仁字班　庠士許国瑃　增生林顯森　廩生林峻椿　監生黄中達
義字班　監生鄧鴻文　廩生吴天璜　庠士鄧青選　廩生鄧作霖　監生許以璧
禮字班　廩生蔡以豪　監生蔡廷彬　吏員蔡文柄　蔡而成　陳文明
智字班　監生孫克譜　庠士陳汝緯　庠士羅彙三　庠士羅雲朗　庠士羅雲慶
信字班　貢生蔡聯元　貢生蔡秉睿　林教揚　林奮揚　林蔆揚

一議三月行禮時各要衣冠整齊與祭違者不得均分　神恵

嘉　慶　二　十　三　年　歲　次　戊　寅　七　月　初　一　日　立

甞思人之安康恒藉神為庇佑神之榮耀亦藉人為馨香此相湏大較然矣昔我泉水墟侍奉　天妃聖
母者英靈赫濯四民蒙庥誠哉泉水之砥柱也乃地隘人稀香燈乏給欲光神貺而無從耳自乾隆四十
二年我祖監生黄中發倡首題錢共結金蘭祝賀計其人约有十八名將本生息以為遊軍行禮之□□
固一時之盛舉也迨嘉慶十年所有生欠燈油錢者將本利算清甘願辞名者九人厥後班友蘇鴻猷蘇□
儒蘇錠林峻桂等又各生本錢久欠無還後裔黄挺拔等在道光十年經投文萃班并鄉士紳老當衆□
出猷儒錠桂四名惟存班友五名每名計分得ホ壹十餘千文挺等仍將所分之錢共為生息□買□□
四坵種仔七斗載民米五升六合正以為後日長久之資第恐後来拖欠之子孫據祖父之名復生□□
不得已而披由刻石以杜後患垂永久焉是為序

計開土名四至列后

一土名坐落白銀大墈東边旱田一坵種仔三斗東至黄林西至鄧南至江溝北至林
一土名坐落白銀大墈東边旱田二坵相連共種仔二斗東北俱至林西南俱至鄧
一土名坐落白銀大墈東边旱田一坵種仔二斗東至黄西南俱至林北至陳

原首事監生黄中發　庠士蘇　貫　監生蘇　越　監生蔡以珍　登仕郎蘇　翰

道　光　十　年　九　月　廿　五　日　五　名　仝　立

重修境郡會廟碑

泉水墟載諸志乘盖已歷有季所矣墟中建立
天后列聖廟奉為　境郡會主則本墟賴以安康而
附近各村亦託其庇佑者也其廟屡經修葺今
又破漏墟之眾姓謀所以重修之而鳩工庀材
貲費惟出之於墟誠有莫濟因商之各村紳耆
人等莫不踴躍樂捐共成厥舉此以見
神恩之所被者遠故眾心之歡悅有如此也爰將
樂捐銜名開列于后　和合班捐乙千六百文
文萃班捐錢乙拾千零柒百文
永吉班捐錢伍千文　餘慶班捐錢叁千弍百文
元吉班捐錢二千文　朝琨班捐錢乙千文
長吉班捐錢乙千八百　祥慶班捐錢六百文
發祥班捐錢乙千七百　國舉班捐錢六百文
恒足班捐錢乙千六百　作合班捐錢四百文

深埏村

蔡佐班捐錢八百文　楊易班捐錢六百文
蔡中保班　楊震學班　蔡慶班　蔡斐班
以上俱捐錢四百文　蔡治班捐錢二百文
登仕郎楊秀梅　蔡中德　楊秀桂　楊恒記
楊騰輝　陳雨中　俱捐銀乙元　楊秀晴
楊魁傑　楊之教　俱捐錢六百文
楊魁麟　蔡龍文　楊震學　楊震杰　蔡君愛
楊國保　蔡逢時　蔡攀龍　俱捐錢四百文
蔡君壽　楊震椿　蔡法安　蔡子彬　蔡　謙
楊之度　蔡維翰　楊震森　蔡龍麟　楊之啟
以上俱捐錢三百文　蔡廷楷
生員蔡兆鰲　楊秀榮　楊騰琨　蔡其杰　何景謨
楊騰高　蔡虬龍　陳雨明　楊騰儀　蔡　治
蔡斐然　何景欣　蔡龍光　楊嘉騈　楊嘉佑
蔡朝珠　以上俱捐錢二百文

東岳村

蘇世泰　蘇日升　俱捐錢乙千文
蘇鴻昭捐錢四百文　蘇鴻美捐錢三百文
蘇鴻猷捐錢二百文

梅田村

吳南吳虎両班捐錢乙千六百文
吳氏大宗祠捐錢乙千　小宗祠捐錢乙千文
即選儒學吳德輝　監生吳振賢俱捐錢乙千文
監生吳振隆　吳振韶　俱捐錢四百文
監生吳昌毓捐錢三百文
吳振南　吳以宜　俱捐錢二百文

陳排村

例授縣丞鄧騰琨捐錢二千文
候選儒學鄧作霖　庠生鄧騰飛　鄧騰翼
監生許以璧　各捐錢四百文
庠生鄧　邸　增生鄧若采　冑錫縉　鄧作興
鄧學殷　鄧　烝　俱捐錢二百文

外園村

陳竒珍陳竒瑾各捐錢三百文張秉仁唐振忠
陳朝琨陳竒策陳竒瓛陳竒琛各捐錢二百文
山内村即用按察司照磨蔡葵芬捐銀乙元

塘尾村

監生鄺席珍　林培泗　俱捐錢六百文
許德懋　謝國仁蔡朝振各捐錢三百文
許德成捐錢捌百文　謝世昌捐錢二百文
合才村曽道宏捐錢乙千文

南興墟曾文彬捐銀乙元
蔡家張其綸捐錢六百文
江西村黄則功捐錢二百文　林实秀捐不二百文
　嶺兆村林正国林維經林作雲　各捐錢二百文
林氏大宗祠捐銀叁元　小宗祠捐錢二千文
林廷棲捐銀二元　林正榮捐錢二千文
林騰雲　林維新　俱捐錢乙千文
林正櫟捐錢捌百文　林維杰　林翰茂
　各捐錢六百文　林廷位　林維升　林孔振
林孔謨　各捐錢四百文　林廷槐　林孔利
黄挺拔　各捐錢三百文　林廷舉　林廷振
林廷霄　林廷聘　林廷國　林廷耀
林廷仁　林維雲　林寶雲　林正春　林國培
林維均　林春雲　林維翹　林維邦　林步雲
林　騰　林維九　林孔超　林孔昭　林維昌
林茂卿　林孔猷　林孔秀　林國珍　林維寧
林翰進　林維屏　林維香　黄特拔　黄榜魁
黄舉拔　黄紹經　黄振拔　黄萃拔　黄超拔
黄芝德　林廷育　以上各捐錢二百文
溪頭村蔡　潤捐錢四百文

泉水村墟　本廟坐巽向乾加辰戌
吳巨隆　柯朝封　柯朝舉　各捐錢三千文
柯朝用捐錢二千二百文　吳巨輝　林維文
　各捐錢二千文　柯朝楷捐錢乙千六百文
莊國泰捐錢乙千五百文孫作合捐錢乙千二百文
柯永元　莊國舉　林維垣　殷志祥　各捐錢
　乙千文　林元正　林廷勳　高懸廣　高文章
柯長盛　柯永超　陳以璋　柯樹謨　柯樹祥　各
　捐錢捌百文　林正球捐錢七百文　柯朝正
吳巨旺　羅必明　各捐錢六百文　吳巨賓　柯永發
　各捐錢五百文　林孔忠殷廷瓚林大椿滸自□
高懸德各捐錢四百文吳延成林孔任柯朝仕鄭國斌
柯朝瓚柯永進各捐錢三百文　林永珠柯永魁曾朝春
柯朝聘柯朝寶柯朝相柯朝佐林正元滸昌河陳士昊
柯長秀　　各捐錢二百文
塘頭村邑庠生羅成章捐錢四百文
　　首事　柯永元　莊國舉　林維垣
　　　　　林維新　吳文顕　柯朝楷
道光十六年七月吉旦立

鋪坡村

聖王宮

乾隆三十九年天妃田碑

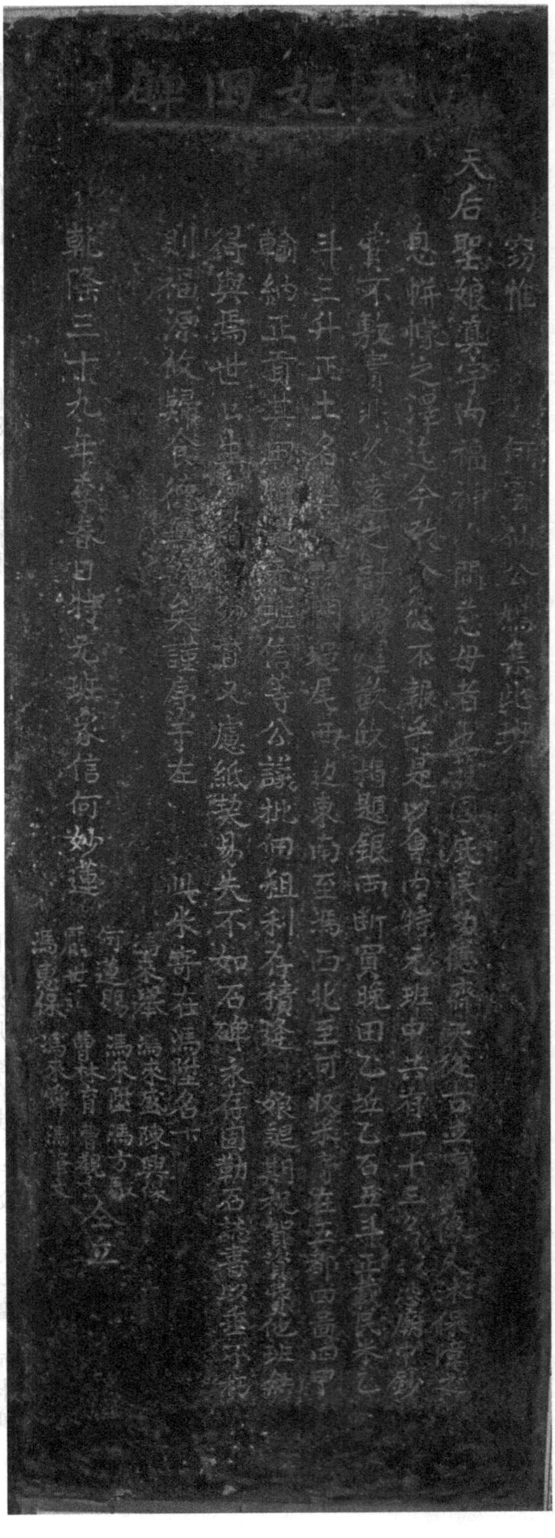

窃惟　　何雲仙公鳩集此班

天后聖娘真宇内福神人間慈母者也護國庇民功德齊天從古立廟塑像乆沐保障之恩帡幪之澤迄今敢食德不報乎是以會内特元班中共有一十三名誠恐廟中鈔費不敷實非乆遠之計踴躍歡欣捐題銀両断買晚田乙坵乙石五斗正載民米乙斗三升正土名坐落縣門埕尾西边東南至馮西北至何収米寄在五都四啚四甲輸納正貢其田惟是元班信等公議批佃租利存積逢逢　娘誕期祝賀資費他班無得與焉世世生生相傳勿替又慮紙契易失不如石碑永存固勒石誌書以垂不朽則福源攸歸食德無既矣謹序于左　　此米寄在馮陞名下

馮來舉　馮來盛　陳興保
何蓮賜　馮來陞　馮方駁
麗世進　曹林育　曹觀玄
馮惠保　馮來舜　馮肇文

乾隆三十九年季春日特元班衆信何妙蓮　　仝立

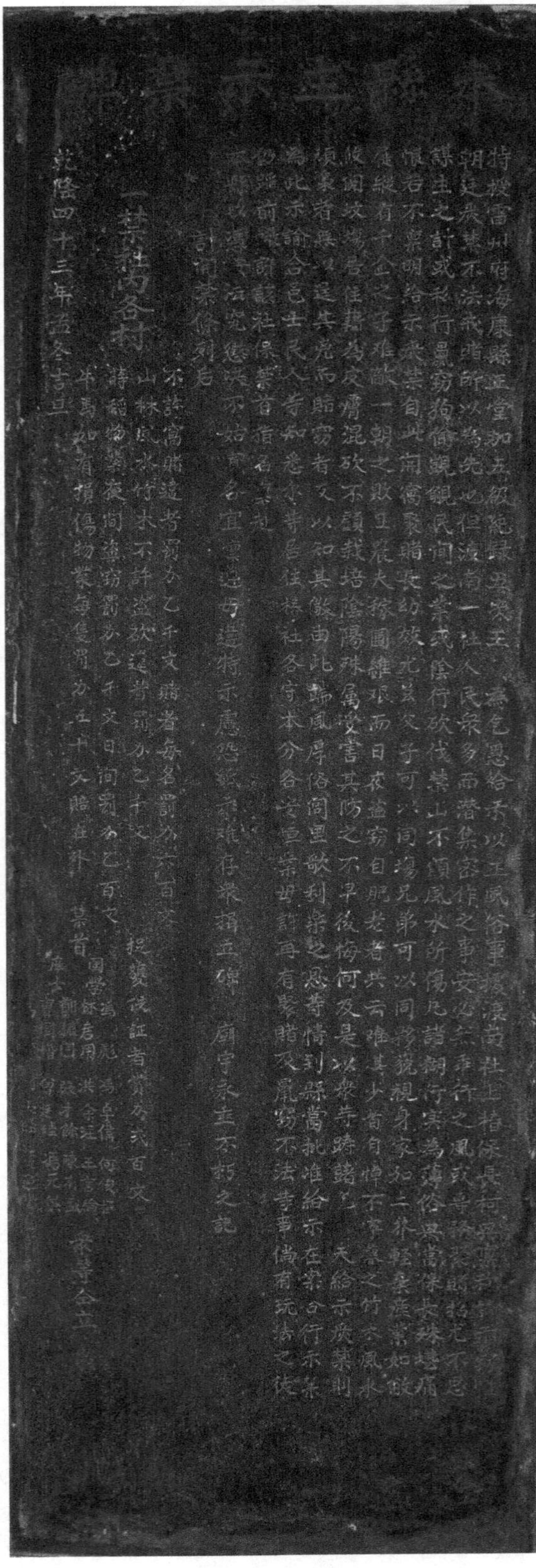
一禁社內各村

特授雷州府海康縣正堂加五級紀録五次王　為乞恩給示以正風俗事據渡南社上椿保長柯共稟称請示窃惟
朝廷戻禁不法戒賭所以為先也但渡南一社人民衆多而潛集啬作之事安必無乖行之風或專務聚賭招尤不思
謀生之計或私行鼠窃狗偷覬覦民间之業或陰行砍伐禁山不顧風水所傷凡諸糊行实為薄俗共當保長殊堪痛
恨若不稟明給示戻禁自此閑窩聚賭長幼效尤豈父子可以同場兄弟可以同夥藐視身家如土芥輕棄産業如敝
屣縱有千金之子难敵一朝之敗且農夫稼圃維艰而日夜盜窃自肥老者共云难堪少者自悼不寧馨之竹木風水
攸関坟場居住藉為皮膚混砍不顧栽培陰陽殊属受害其防之不早後悔何及是以眾等躊躇乞　天給示戻禁則
頑梟者無以逞其兇而賭窃者反以知其儆由此端風厚俗閭里歌利樂之恳等情到縣當批准給示在案合行示禁
為此示諭合邑士民人等知悉尔等居住椿社各守本分各安恒業毋許再有聚賭及鼠窃不法等事倘有玩法之徒
仍蹈前轍許該社保禁首指名稟赴
本縣以憑按法究懲決不姑寬各宜稟遵毋違特示慮恐紙示难存衆捐立碑　廟宇永垂不朽之記

計開禁條列后

一禁社内各村　不許窩賭違者罰⺮乙千文賭者每名罰⺮六百文
山林風水竹木不許盜砍違者罰⺮乙千文　捉獲□証者賞⺮弍百文
蒔稻物業夜间盜窃罰⺮乙千文日间罰⺮乙百文
牛馬如有損傷物業每隻罰⺮五十文賠在外

禁首
國學　馮彪　馮卓偉　何俊極
林君用　洪余注　王言綸
庠士
鄭振国　張才餘　陳有盛
衆等仝立
亶樹楷　曾廷珪　馮元僎
萬□□　何丕經　黄色□□□相

乾隆四十三年孟冬吉旦

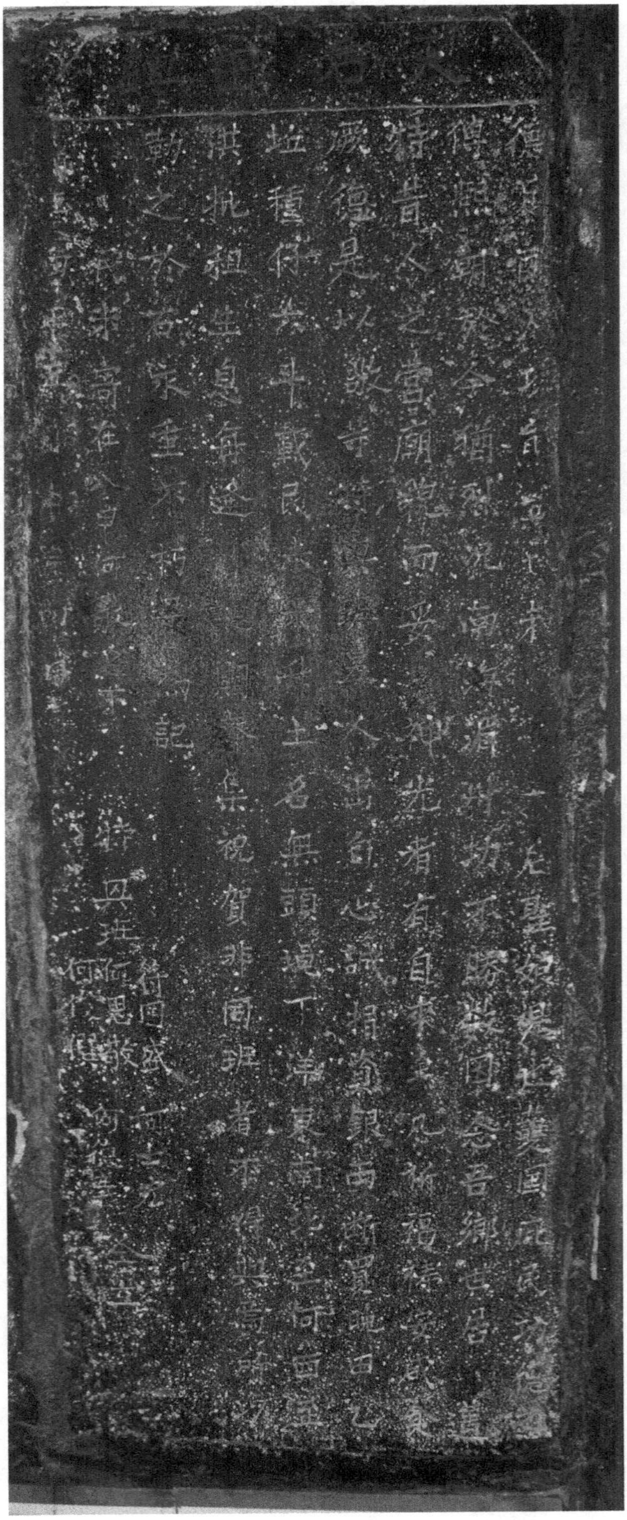

德足配天功能□□者　天后聖娘是也護国庇民功德之
傳熙朝於今猶烈況南海湄州功不勝数因念吾鄉世居　邁
特昔人之營廟貌而妥　神光者有自來矣凢祈福祷安咸食
厥德是以敬荨特乆班五人出自心誠捐資銀两断買晚田乙
坵種仔六斗載民米六升土名無頭墈下洋東南北至何西至
洪批租生息每逢　誕期齊集祝賀非同班者不得與焉所以
勒之於石永垂不朽是為記

符国盛　何士宏
民米寄在八甲何敬名下　特乆班　何思敬　何德義　仝立
何俊僎

嘉慶四年五月中浣四日

光緒八年天后田碑

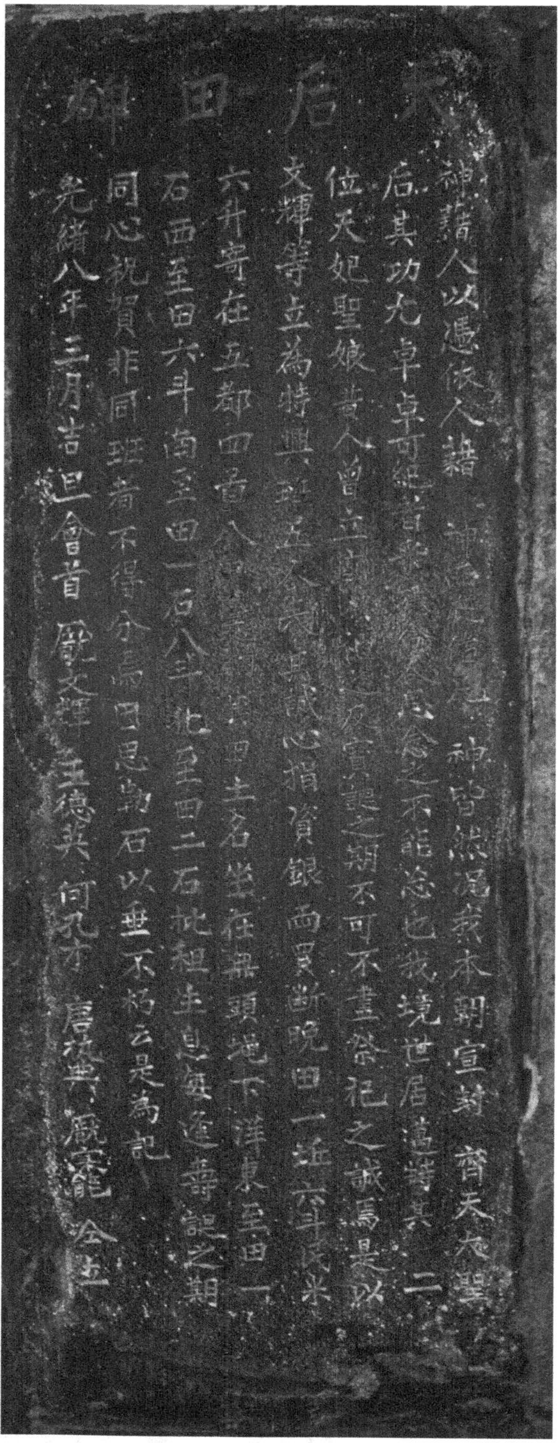

神藉人以憑依人藉　神而庇佑凡　神皆然况我本朝宣封　齊天大聖
后其功尤卓卓可紀者乎殊令人思念之不能忘也我境世居邁特其　二
位天妃聖娘昔人曾立廟以祀之及賓誕之期不可不盡祭祀之誠焉是以
文輝等立為特興班五人表其誠心捐資銀両買断晚田一坵六斗民米
六升寄在五都四啚八甲完納其田土名坐在無頭堹下洋東至田一
石西至田六斗南至田一石八斗北至田二石批租生息每逢壽誕之期
同心祝賀非同班者不得分焉因思勒石以垂不朽云是為記
光緒八年三月吉旦會首　駪文輝　王德英　何孔才　唐执典　駪实能　仝立

山内村

老蔡氏祠堂

蔡醇義公義田碑

蔡君有泗與其從弟凌雲從姪景熙景寧謁余言其祖兆麟公生其父秉衡伯父秉纲秉健秉睿皆無子以旁支為之後割其産租穀三百餘石入大小宗祠以供兆麟公祀事并為其小宗奕世子孫養賢濟荒之資请為文以記其事案禮別子為祖繼別為宗繼禰者為小宗谓諸侯之別子為大夫者得為後世之太祖其子孫適長繼此祖而為大宗其為士者止得禰於其子而不得為太祖於後世其子孫適長繼此禰而為小宗古宗法行時適子庶子祗事宗子不敢以富貴入其門異居同財祭牲献賢出奔則庶子雖大夫祭唯攝主其身與其母妻歿則皆為齊衰三月其重宗子如此自封建既廢得稱宗子者於分或不得立廟於是異其名曰祠堂又不能合族屬之財以供宗子之費於是建祠堂不得不預筹祭産朱子著家禮言立祠堂為四龕以奉先世神主计見田每龕取二十之一以為祭田凡正位祔位皆仰此宗子主之猶有古經遺意然行之亦多窒碍盖古者宗之大小以有爵無爵而分及其既分則不拘其後之人之有爵無爵而大小之名一成而不可易故其族之人世世相傳计其人當繼为宗子則自初生以後即相與保護之引掖之俾克成立其長也雖不能必富且貴亦断無流於不肖之歸者衆宗之以尊正體统族属宜也去古愈遠人心益漓得稱宗子者不獨不能必富且貴且不能保其不为不肖之歸而必拘舊典其弊不至於廢祭毁祠不止前輩谓勢因時異封建不能不易为郡縣宗法不能不变为族長诚有慨乎其言之也余喜蔡君不拘拘於古而能慮及久遠因記之而并及宗法流变之略云

嘉慶十五年歲在庚午冬十二月前浙江溫處倫兵使者陳昌齊撰并書　庠士陳維亮刻

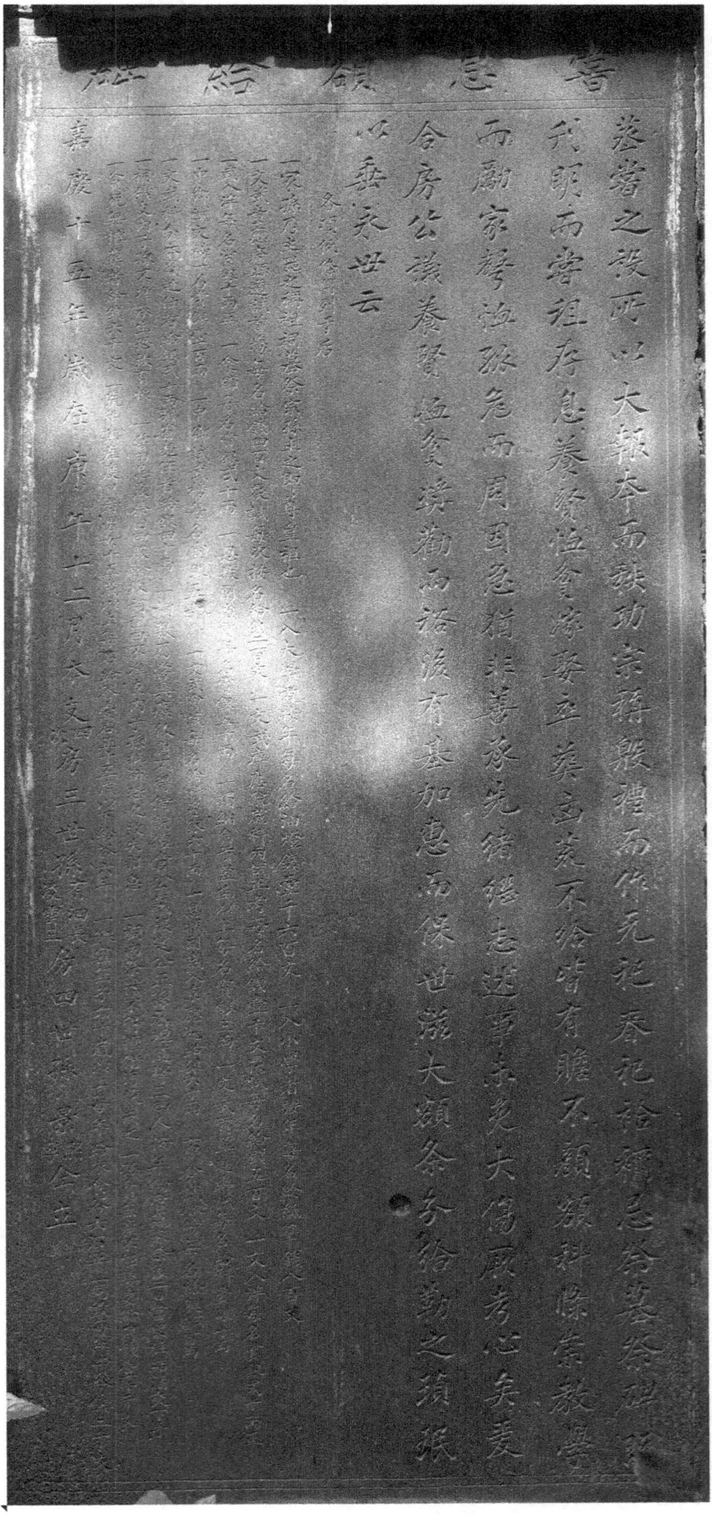
嘗息額給碑

蒸嘗之設所以大報本而秩功宗稱殷禮而作元祀春祀祫禰忌祭墓祭碑既刊明而嘗租存息養賢恤貧嫁娶卒葬凶荒不給皆有贍不顔額科條崇教學而勵家聲恤孤危而周困急猶非善承先緒繼志述事未免大傷厥考心矣爰合房公議養賢恤貧獎勸而裕後有基加恵而保世滋大額条分給勒之瑱珉以垂永世云

各項例條開列于后

一家孫乃主器之稱祖祠墓祭宗孫主之即尊皇祖也　一入大學者按年每名給油燈錢壹千六百文　一入小學者按年每名給紙筆錢八百文

一文武童應府縣道試首場每名給錢四百文覄試每次按名給钱二百文　一文武庠應院歳科两試正考每名給錢壹千文覄試每名給錢五百文　一文入泮每名賞銀式十両正

一武入泮每名賞銀十両正　一食餼每名賞銀式十両　一恩拔副歳貢每名賞銀五十両　一捐納自貢監生以上每名賞銀三両　一文武貢監赴鄉試每名給科資銀十両

一中鄉試文榜一名賞銀壹百両　一中鄉試武榜每名賞銀五十両　一文武會試每名給科資銀六十両　一恩拔副歳入京應選給銀六十両　一中會試文武榜每名給銀式壹百両

一文武科分本省赴任者給銀式十両別省赴任者給銀四十両　一祠数乃嘗興廢攸関不得借詞擅冒公議殷寔公正孫承理随擇三四人按年輪冒議春祭後二日當衆註結清交下手

一祠錢支内子孫不准承生忈致有悮　一嘗田忌墓祭田四股輪収祠租田不准支内子孫批耕恐欠致失祖恵　一祠内祭器不得擅借污壊戒之　一孤貧無産不能娶妻給聘錢壹十千文

一貧死無棺葬者給錢六千文　一荒年無産度口者男女十五歳以上每名給谷壹石正十五歳以下給谷六斗　一鰥寡無子六十歳以上每年給衣食谷六石正　一司数每年費劳錢三千文

嘉慶十五年歳在庚午十二月本支次四房三世孫有泗長凌雲三房四世孫景熙寧仝立

建祠立嘗田条碑

王者郊以祭天廟以祀祖致反始也士庶人祭於廟祭於寢履春露而怵其俱来感秋霜而愴其俱往祭以時秩典至重已我
祖乃那山蔡氏十二世三房日支醇恵公之次出也魁悟出衆英年蜚聲藝苑積累艱辛家貲晚裕出父伯仲四乳父乃季出登上舍而列成均
承先待後庭訓弗衰怡怡同氣其聯族属而追先德者每勗諸弟子曰奉先之孝錫類之仁汝曹敬体乃祖乃父之志也遺命建小宗世祠
先撥税租五十石入
始祖祠為族教養之資除租四十石奉　祖考妣忌祭墓祭之需除租式百八十餘石為本支嘗産内租壹百六十石四股輪収尚存租壹百式
十餘石立為嘗業擇妥正孫輪管別子為祖春以祀之継別為宗袷以荐之稱秩而爾馨香弗替惟我孫曾恪守而光大之乃祖乃父差幸
予後之有人矣是為序　　本支四房三世孫　有泗謹記

計開存嘗田條土名坵段

一牌楼東西溪共田式百一十八坵種仔式十九石四斗七升　山内村前下坎塘田一坵四斗　祠前田一坵二斗　祠西空地祠圍墻横至西九尺　造祠空地坐完
谷倉東边山一所　蒔園東邊村塲一所　后塘村塲一所　林卿村塲一所

計開創祖墓祭田條土名坵段　撥入大宗田条土名坵段民官米族建祖碑已刊明

一土名谷倉村前田一坵三石一斗　竹坑村前田一坵三斗　高坑口田一坵一石一斗　涔處前田三坵共三斗　溪边田一坵九斗　仕頭田一坵一石二斗
仕頭坑田一坵一石二斗　共民米六斗四升

計開創祖忌祭田条土名坵段　創祖考忌日五月廿八妣忌日九月廿一

一土名白沙南邊橋头田一坵一石八斗　調亭舖洋田一坵一石正　調亭墩邊田一坵一石正　共民米二斗六升

計開四股輪收祠租田条土名坵段

一牌楼東溪田式十八坵種仔二石七斗五升　牌楼西溪田七坵種仔二石四斗五升　后塘田式十七坵種仔七石二斗　中伙前田二坵種仔七斗
林卿田式十七坵種仔壹十一石九斗　抄母堀尾田四十坵種仔八石七斗　抄母堀田壹十七坵種仔三石六斗今抄母堀田通為四十七坵一坑共種仔一十二石六斗
新舖坑田一十五坵相連共種仔四石正　輪收存嘗田共民米五石八斗九升五合七勺三則官米式斗六升四合六勺四則官米七升九合七勺俱祠納

嘉慶十五年歲在庚午冬十二月吉旦合房仝立

重修蔡醇義公祠碑

聞之古人營室宗廟為先盖宗以報德廟則享之鉅典也我本支
啟祖諱兆麟公乃大宗三房日支十三世之建祖出雲　父與　伯叔父四人　長伯父諱秉綱公　父諱秉健公
三叔父諱秉睿公　四叔父諱秉衡公艱辛起跡詩禮傳家遺命建立世祠存産以資廟食乾隆戊申歲
伯母黃氏仝　嬸母陳吴二氏構祠両座以啟報恩歲夂祠乃傾圮雲每逢祭　祖期與長房從姪景熙三房
從姪景磐四房從姪景升慨然嘆曰吾輩皆本垂裕於　祖既為子孫視其廟之壞而弗葺於心何安諸姪對
雲謂修之之舉端賴繼起有人周書不云乎若考底法厥子肯堂乃曰有後乃為弗棄基今我祠之修工匠浩
繁須戒慎焉雲知其言為然故思主事者殊覺其難幸得姪景熙欣然領任盖熙迺　祖之宗孫行則端心乃
正敬　祖有素才亦勝之惟玆修祠治事得人果　祖在天之靈也乃以道光辛巳年二月延師定向折祠平
基季秋庚戌日卯時陞樑熙姪躬膺督任朝夕勞心惟恐失事祠工諸費用之不苟一毫雲　見熙勞形容憔悴
命子士華分佐其事歲經二載夏四月乃廟告成祠堂兩座拜亭一座立
啟祖　建祖之位分昭穆從祀之龕西開是達之門東建文魁之室内有樓閣前有地臺以及四隅小屋修牲火房
守祠居宅共計二十九間楹不敢丹桷不敢刻而是断是度是尋是尺俾我後人覩廟貌之孔固思　祖德之
長綿禴祀蒸嘗聿新俎豆重開大業丕振家聲是用鐫石以垂不朽云

公議祠乃嚴肅之地宜為敬守不準寄載粗重諸物弗許鉄木匠入祠造工損傷墻屋地臺凛之慎之
一祠惟外姓妥寔者準守之不得擅意輕舉每年給工食谷三石閏月加二斗

祠宅子山午向兼癸丁
本支次房三世孫　凌雲謹記合房仝立

道光二年歲在壬午夏四月吉旦

天后宫

道光九年樂捐碑

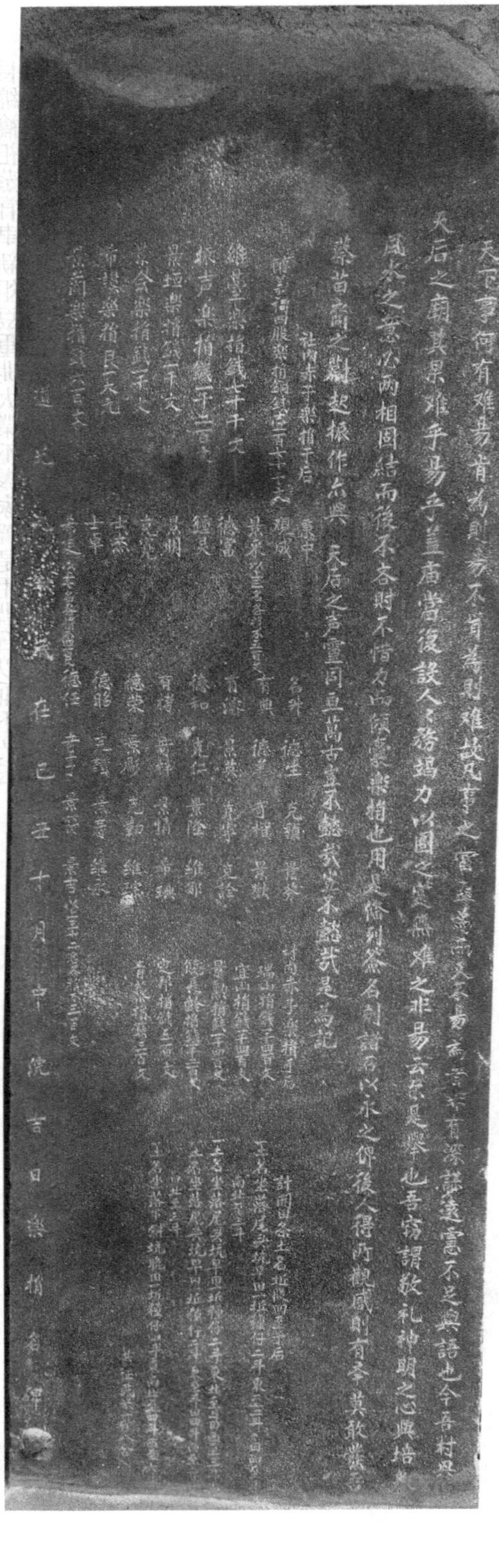

天下事何有难易肯為則易不肯為則难故凡事之當亟為而又不易為者非有深謀遠慮不足與語也今吾村㠯□天后之廟其果难乎易乎盖庙當復設人人務竭力以图之寔無难之非易云尔是舉也吾窃謂敬礼神明之心與培養風水之意必两相固結而後不吝財不惜力而傾囊樂捐也用是脩列簽名剅諸石以永之俾後人得所觀感則有夆莫敢猆吾蔡苗裔之蔚起振作亦與　天后之声靈同亘萬古豈不懿哉豈不懿哉是為記

社内赤子楽捐于后

醇義祠四股楽捐銅錢壹百七十千文

維基楽捐錢七十千文

振声楽捐錢一千二百文

景垣楽捐錢一千文

景会楽捐錢一千文

希謨楽捐艮一大元

景蘭楽捐錢六百文

秉中　觀成　景来以上三名各捐朩五百文

德富　鍾灵　景明　克寬　士杰　士卓　希廷以上七名各捐朩四百文

名升　德生　克禎　景芬

有典　德善　奇楷　景歡

有濬　景英　克寧　克詮

德和　克仁　景隆　维邠

有梼　奇梓　景情　希瑛

德栄　景彪　克勤　维琮

德昭　克謹　景寿　维永

德任　奇亨　景符　景吉以上三十二名各捐朩三百文

村内赤子楽捐于后

瑞山捐錢一千四百文

宜山捐錢一千四百文

景勲捐錢一千四百文

饒長齡捐錢一千二百文

之邦捐錢三百文

青藜捐錢三百文

計開田条土名坵段四至于后

一土名坐落尾头坑早田一坵種仔二斗東至二斗々曰西至斗南北至三斗

一土名坐落尾头坑早田一坵種仔二斗東北至斗田西至三斗

一土名坐落尾头坑早田一坵種仔二斗東至斗曰四斗西至二斗田北至三斗

一土名坐落下斜坑晚田一坵種仔四斗東南北至四斗西至六斗

共征民米一升八合

道光九年歲在己丑十月中浣吉日楽捐名碑

重修天后宫廟碑

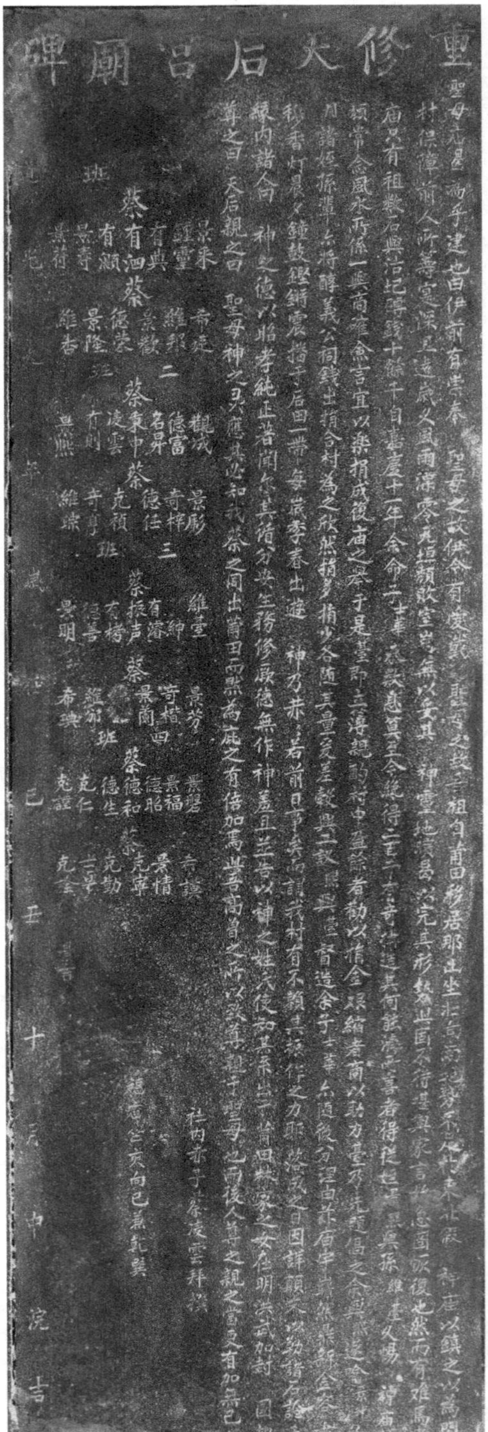

聖母廟曷為乎建也曰伊前有崇奉　聖母之故伊今有爰戴　聖母之故吾祖自莆田移居那山坐北向南地勢不足於東北假　神庙以鎮之以為閤村保障前人所籌寔深且遠歲久風雨漂零瓦垣頹敗室崩無以妥其　神靈地曠曷以完其形勢此固不待堪輿家言始急图恢復也然而有难焉者庙只有租数石與沽圮磚錢十餘千自嘉慶十一年余命子士華承数息算至今綫得二百千有奇構造其何貲濟所喜者得從姪景熙與孫維基夂惕　神庙傾頹常念風水所係一與商確僉言宜以渠捐成復庙之舉于是基即立簿親酌村中盈餘者勸以捐金艰縮者商以助力基乃先題倡之佘與熙遂喻景升維周諸姪孫輩亦將醇義公祠錢出捎合村為之欣然捐多捐少各随其量爰差穀興工議熙與基　督造余子　士華　亦隨後分理由𢚣庙宇巋然鼎新金容肅穆香灯晨夕鐘鼓鏗鏘震播于后田一帶每歲季春出遊　神乃赤赤若前日事矣而謂我村有不賴其振作之力耶落成之日因詳顛末以勒諸石諗于緣内諸人曰　神之德以昭孝純正著闻尔其循分安生務修厥德無作神羞且並告以神之姓氏使知其系出于莆田林家之女在明洪武加封　國朝尊之曰　天后親之曰　聖母神之灵應其必知我蔡之同出莆田而黙為庇之有倍加焉此吾高曾之所以致尊親于聖母也而後人尊之親之當更有加無已

社内赤子蔡凌雲拜撰

福庙坐𡙇向巳兼乾巽

景釆　希廷　觀成　景彪　維基　景芬　景磐　希謨

鍾璽　維邦　德富　奇梓　紳　奇楷　景福　景情

一　有典　二　名昇　三　有濬　四　德昭

蔡景觀　蔡德任　蔡景蘭　蔡克寧

蔡有泗　德荣　蔡秉中　克禎　蔡振声　□□　蔡德和　克勤

班　有灝　班　凌雲　班　有楞　班　德生

景壽　景隆　有則　奇亨　德善　維邠　克仁　士卓

景荇　維杏　景熙　維琮　景明　希璵　克謹　克詮　景吉

道光九年歲在己丑十月中浣吉

接續會祭置田碑

宗祠自建立而後族議三支十四世孫夢齡若乾秉健協同司数分毫無異乾更費苦心編造遞年丁冊贊老滋生受室卒葬遂一載明以備脩譜凡古法未詳斃竇宜除者酌之族正諸公以求其當而親親長長賢賢老老慈幼恤孤無不備舉各房會祭日多祠内朔置日盛故自甲子至戊子二十五年葺修始祖世祖墓碑外又置田畝九石一斗公議除田六斗為通族排年除田二石為逢造貼□至通族祖盟存積微薄籠入祠内凡陽年一展俱將祠錢□用由此丁口無異累禮義可以漸興猶翼子孫丕振先緒以光世德所有續後會祭丁名並增置田畝開列于左

續接會祭丁名以先後為記

二房一股　秉中　有志　二股　馭標　二股　承虞　三房二股　國棟　國櫟　名世　名顯　含章

含寬　含圭　含瑞　名峻　三股　王圭　四房二股　際會

計開田条土名四至列后

下斜田乙坵五斗東至右一南西至右田北至溪　那里園田一坵五斗東至三斗南至四斗西至五斗北二坵四斗　熬前田三坵相連一石東至四斗南至溪北至三斗五斗西至石四

下斜坡边田一坵四斗東至九斗南至四斗西至五斗北至坡　苦塘田一坵乙石東至石二南至三斗四斗西至八斗石田北各至五斗　国冷田一坵三斗東至三斗南至江濤西至路埕北至斗田

大骨坡边田二坵相連二斗東至路埕南至坡边四斗西至六斗北至四斗　赤嶺尾田二坵相連六斗東至族二斗南至坡坎北至坡西至赤嶺湾

牛路尾西边田一坵二斗東至牛路南至坡坎西至斗四北至六斗二斗　牛路尾南边田一坵乙斗五升東至四斗南至坡坎北至牛路西至斗田五斗

平頭堀田乙坵一斗五升東至六斗南至四斗西至九斗北至一斗　尾頭坑田三坵相連四斗東至三斗南至坡坎禾田西至二斗北至坡边江溝　此田有溝水灌

尾頭西边田三坵相連三斗帶高園乙所東至曲尺四斗北至一斗五斗四斗三斗西至本祠三坵相連田頭南至坡車路　東山田三坵相連四斗南至二斗東至二斗北至一斗二斗西至水溝

文東山田一坵四斗南至斗田二斗東至二斗北至一斗西至水溝　山樵田一坵乙石東至渣南至六斗西至一斗北至三斗　又田一坵二斗東至二斗南至七斗西至三斗北至三斗此田與東山田共二石積為逢□貼收

孫處園田一坵五斗東至石二南至石八西至石三北至石三　后田田乙坵一斗東至一斗西至一斗北至二斗南至七斗　此田与孫處園田二坵共六斗除為排年

山竹坑板橋田一坵四斗東至七斗南至二斗七斗西至九斗北至路埕

乾隆戊子年仲冬□日支十三世孫文麟恭記

那山蔡氏祠堂記

我族之先原出陳留唐衍東浙宋入閩蒲閩分三十六族我派以蒲田九世祖諱發公移居建陽西山大宋淳熙□年八世祖諱戡公葺修大譜記之詳矣自西山七吉諱珹公元致和時官琼家雷生我始祖諱源公明初洪武四年創業海邑那山傳五世分為四房我三房八世諱廷珠公考核世系九世諱趙卿公始成那山世譜十世諱君讃公仝淒黄氏捐田乙十五石以為蒸甞遺時擾攘田荒祭廢國初各房科錢生資瓜分無継幸我三房十一世日支諱一悟公月支諱演業公星支諱演美公率其從弟諱應魁公勉存三支之錢以復舊業至康熙五十年計錢一百七十八千歳荒人沒不能清出祀典将亡雍正二年疇仝錫禹兄文麟弟痛蒸甞頽廢議将舊欠錢十分抽一輪胥生資以為剏祠計禹兄随亡迄今乾隆辛酉疇仝文麟弟将所積錢搆得祠宇一座两廊門楼均未能成爰邀各房科捐會祭又議樂捐有本源念切捐銀三両以上者胥與配享然後两廊門楼並成而祭仍未足又将三支所存君讃公亾日祭掃田貳石叁斗抽入宗祠充贍嗣後公淒忌日墓祭俱在祠内支費而我族蒸甞庶無缺而不舉但剏承以来幾經頽敗恪守維艱謹将世系来由以及廢興撥田科捐樂捐備載於碑𠔃我子孫敬守擴大永垂不朽云

科捐會祭各名以捐入先後為記

三房二股　鳳池　鳳沼　鳳沚　秉乾　朝賡　朝賜　朝颺　長房一股　運鑑　運識　運成　運機

三房三股　王遺　王蓮　四房一股　際遇　際和　際聖　履中　次房　股　馭群　馭卿　馭驕

樂捐造祠各名　首事　錫疇一両　文麟六両

忠進三両　忠信四両二錢　天寧四両　忠保三両　大榮三両　鳳池六錢　見龍二両　運鑑　運識　運泰俱五錢　鳳沼三両

豫恒　運安　運成　國居各五錢　兆麟二両　錫竒一両　錫晋三両　錫樞三両　國瓆一両　運机　飛龍　運秀

含貞　仕奎　夢齡各五錢　昇元一両　履道三両　若坤五錢　秉綱二両　筆侯五錢

計開田条土名四至

三支亡日田國冷田一坵六斗東至七斗西至四斗南至坡坎北至江溝　深坭洋田二坵相連一石東至三斗南至江溝西至路堘北至五斗七斗

三支墓祭田門前巷口田一坵二斗東至一斗南至路堘西至巷口北至乙斗　苦塘田一坵五斗東至六斗南至二斗西至五斗六斗北至四斗

續置祭田　白沙路頭四坵相連五斗東至路堘南至三斗又三坵六斗西至二坵二斗北至坡边二坵小田　洪鎮坑田五坵相連五斗東至坡坎南至本祠田西至坡坎北至四坵五斗

坑籠路堘下田一坵五斗東至四斗南至坡坎西至路堘北至九斗　洪鎮坑尾田三坵相連二斗東西南俱至坡坎北至祠田五坵五斗

乾隆五十三年十一月换七年三房月支十三世孫錫疇合族碑記　月支十四世孫若坤重鐫

我族祀典有年自夢齡若乾秉健三兄辭数後未得妥承歲辛夘公議接胥因星支乏人仍請齡兄仝若坤聯元三兄司之前規遂一遵守更創置祭器田畝乙未坤兄辭数後猶痛念捐祖墓塋𢈪圯為之督造修葺皆繼志述事之大者茲將續捐會祭丁名並增置祭田再誌之以垂不朽

續捐會祭丁名以先後為記

四房三股　國芝　二房二股　召伯

續置田条計開列后

尾頭車路西边田一坵三斗（東至車路西南俱至七斗北至尾頭园□）　此田水自魚池三斗起經七斗后坎溝灌□

平頭堀田一坵四斗（東至四斗北至□斗田南至六斗西至六斗）　加堰村前墩下田一坵三斗（東至墩南至斗田西至大□北至斗田）　深坑坑田一坵七斗（東至田一斗南至□西至五斗北至□）　又隅田四坵三坵相連共一石七斗（東至坡坎南至四斗西至坎溝田北三斗五）　又隔田四坵至堀四斗（東至□溝南至九斗西至坎北至四斗）　又隔田二坵至曲坵田一坵一石乙斗（東至水溝南至五斗西至坎北至四斗）　西山橋東田一坵三斗（東至曲四斗南至五斗西至二斗北至斗田）　又田一坵一斗（東至四斗南至七斗西至一斗北至五斗）　別又溪田二坵相連二斗（南至斗田東至二斗西北至溪）　東山村前塘東田一坵二斗（東至二斗一斗南至八斗五北至五升斗田西至塘大堪）

三碑祠田并三支墓祭亡日田十八石三斗載民米七斗三升五合除米五升隨田交□排年者耕納至貼收田二石仍宗祠胥納逢造支給

乾隆五十三年十一月冬至月支十四世孫占卿合族恭記

造祠配享會祭碑

嘗讀書至予有後弗棄基之説知若考作室其肯堂構以廓丕基者端賴繼起有人我族自三房十世
祖諱君讚公捐産置嘗明末産荒十一世祖三房日支諱一悟公月支諱演業公星支諱演美公艱存嘗業十三世
祖月支諱錫疇公仝星支諱錫禹公日支諱文麟公偕族存息建祠一座兩廊乾兄久肩祠數守振嘗業碑志詳矣
歲久祠圮數沈余耄年倦勤弟淑中乃月支十四世孫隔居二十里苦尋嘗簿計夜連月得數交胥乾隆癸丑延師
定向折祠平基　經始取材身職其艱甲寅春六日陞梁中以考畢興工計日工作不下百餘時無僕從飧蓮不計苦
催舊賬船立借券痞日拮据星移骨立歲越孟秋乃廟落成祠正三龕中祀鼻祖世祖而建祖續祖兩龕並列古云
祖功宗德廟祀不毀於兹備焉昭穆從配秩然次棟隅廊外廊厨房及文帝廟計二十四間環墻翬翼　祖銜一新
祭器備設工費浩繁議例入配族捐義田租配享銀合祠錢借券四載共費錢貳千壹百千有奇族悦中之敬且勤
廩而毅議中身後入配纘祖中歎然曰子弟服祖父之勞分實宜爾身報何敢族追中考妣神主附十一世纘祖仝
祀纘龕以體　祖恵以奬後昆屬序於余　知中弟四載祠工不於家計而稍弛其力者志切承先也用述原委並
鐫會祭配享俾後之孫曾知乃廟之由来有自締造維艱矣是為序

日支十四世孫聯元奉族謹誌　　十四世孫乾生 振聲 秉中 成德　　十五世孫有斐 有泗偕族敬刊

新捐從配穆室　　新捐從配昭室　　續入會祭孫名

十四世孫乾生奉考諱王遺公　十五世孫德浩奉考諱朝賜公　三房二股孫　秉齊

振聲奉考諱國居公　以璧奉考諱若震公　二房一股孫　德鎮　德隆

十五世孫有灝奉祖諱垂篚公　以謙奉考諱若時公

有慶奉祖諱垂程公　洪翰奉考諱箎侯公

有湖奉兄諱有江公　上每名奉花銀貳拾員

月支十四世諱若乾公承數二十餘年守置嘗業時無資給族念苦勞追配昭室

嘉慶元年歲次丙辰仲春吉旦合族仝立　　新捐義田壹拾玖石四斗建祖廟另碑刊例載明

新建義田額給碑

昔范文正公好施與常以祿賜之入置近郭常稔之田千畝號曰義田俾族之衣食嫁娶凶葬皆有贍仕之家居俟代者與焉規模遠舉後之修其業承其志如公之存也我三房十世祖諱君讃公捐產置嘗其養賢恤貧有深意焉明末產荒志焉未逮顧族而嘆曰是不及見吾鄉鄰風俗之美矣洎三房十一世祖復存嘗業十三世祖建祠以祀之典禮燦然歲久祠圮嘗息沉滅中苦先志未遂尋□□□肩造祠宇浩費難支議例捐配以贍祠工以昭　祖惠日支十四世孫媳吳陳氏奉嫂黃

氏偕繼孫體翁遺言四股捐稅租五十石日支十六世孫景茂偕叔父從弟捐稅租十石月支十六世孫而邁偕從叔祖從
叔父捐稅租十石撥入大宗裕族教養之資擇族之長而賢者主其計而時其出納焉族議邁高祖考妣陳氏翁姑及氏夫
昆弟茂祖考妣入祀建祖上承先志下裕後昆族誼可敦興起有賴爰伐石鐫明額給以遺其世云

計開建祖稅租例給議租四十石存息養賢三十石存息濟荒剩租將二石四斗籠祠嘗租炤例二分年給守祠工食

養費額
一大學延師在祠不得擅意便己冬至族正偕族議請其師四
季共交款師錢拾六千文
一考課迺師並行議□節後□日冬至前二日對門随抽□題
領卷就號詩文完篇明順者賞分三班每課約賞錢柒千文
貲課仝首班名次賞給在内遠村應課祠飱在外
一文入泮每名賞錢陸千文　武入泮每名賞錢叁千文
一食廩每名賞錢叁千文　歲拔副榜每名賞錢陸千文
一捐納□貢監生以上每名賞錢貳千文
一鄉試科資除断當契外將本年賣上一年租息除館課賞賢
外在錢若干分為科資文庠及貢監每名多至拾貳千文武
庠多至捌千文為額
一鄉試文新榜每名賞錢貳拾千文武新榜每名賞錢拾千文
一會試科資除断當契外將本年賣上一年租息除館課賞賢
外在錢若干分為科資文每名多至陸拾千文武每名多至
四拾千文為額
一會試文新榜每名賞錢肆拾千武新榜每名賞錢貳拾千文
一鄉會恩科炤上二例分給
一文仕科分本省赴任者首次給錢壹拾千文別省赴任者首
次給錢貳拾千文
一武仕科分本省赴任者首次給錢伍千文別省赴任者首次
給錢壹拾千文

濟荒額
一男婦年週六十以上無子難度者每名按月給谷弍斗錢伍
拾文每年衣衫錢捌百文
一男婦年経七十以上無子难度者每名按月給谷叁斗錢乙
百文每年衣衫錢壹千弍百文
一鰥寡年経五十以上無子餓死者每名給殮埋錢叁千文交
房親殷寔办理
一年経冠笄無子餓死者每名給錢捌百文
一偶值大飢除断當契外将本年賣上一年租息除例費外存
錢若干自六七十歲以上厚例十四至五十餘次例四歲至
十三又次例必族正偕族指出家飢難活照上三例濟完此
年租息
一濟荒先僱人外内邨炤例查註飢危難活男婦年歲照上三
例将錢計分而女子自四歲上照童男□半交給

墓祭理數例款
一十世祖者諱君讃公妣黄孺人乃三房原建業祖考忌日二
月十六妣忌日二月十八宜記之每逢清明餚儀祭墓
一建祖冬至猪羊宜將養賢濟荒租二分平出
一養賢濟荒租每代必族正擇妥實孫承理並詳賢正某某
一冬祭后執簿輸查註結此租給禮數功勞錢乙千陸百文查
數辛勞錢叁百文遠村查數於此款饗

一建祖租如無寫田交祠別批族内不許情生倘以族情出納
祠不認数例嚴必遵事可永賴慎之
一錢不到十千不許□生凡断當等数必酌賢幹查数者不得
延月姑待擅意率得族罰難恕
一新建租田不許族耕恐租欠難追至虧祖惠慎之
一修造祠宇或嘗息未敷暫將建祖租□还而例給宜賢正□
酌耿之屋賬既清依例舉行以加獎恤凛之

計開新建義田田条四至
中秋前早田弍坵相連壹石又壹坵弍斗壹坵柒斗又叁坵伍
升肆坵伍斗東至坎西南至溪北至族業
炉鉄村前西南坑早田壹坵叁斗東西至坎南至陳北至林業
曲堀上截早田陸坵相連壹石柒斗伍升東西坎南羅北王
曲堀二截早田伍坵相連弍石叁斗東西至坎南北至王
曲堀三截早田叁坵相連壹石叁斗東西至坎南王北蔡
山古坑早田陸坵相連壹石東西至坎南北至蔡
崩坎坑仔早晚田拾叁坵相連壹石叁斗東西南至坎北至學田
后塘村前首段晚田柒坵相連四石伍升東蔡西南至坎北至村
塘頭鉄后洋早田弍坵相連壹石東至蘇西南北至羅
塘頭鉄后洋早晚田壹坵四斗東西南北俱至羅
塘頭那后洋早田壹坵捌斗東西北至蔡南至陳
塘頭鉄后洋早田壹坵叁斗東至羅西南北至蔡
單塘溪边俥内早田壹坵壹石東北至陳西羅南施
塘頭俥内早田弍坵捌斗東至蔡西羅南施北陳
塘頭俥内早田弍坵相連弍斗東南陳北蔡西蘇

十四世孫淑中奉族謹記

峕嘉慶元年歲次丙辰仲春吉旦月支十四世孫聯元秉中振聲乾生若暢鴻憲十五世孫德浩有連有裴有泗偕族敬立

祠禁碑

國以法而紀綱肅鄉有禁而風俗醇論不刊矣我族建祠會祭幾歷年所其間置產振嘗自醮盟帖收以至養老恤貧大略已具而逐條禁法猶苦未詳今　祖廟鼎新祭器備設養賢濟荒沛然餘裕人心之善於茲托始不立法防維恐頑弊日滋善心不繼偕族鐫齊禁法惟期戒浮敦信遵禁善俗廟事肅將馨香於以弗替云

計開承□例欵

一八仙桌五　祭桌六　張小油凳十七条長油凳一条工匠凳弍条宜祠鎖貯不許族借褻漏祭器違者責罰賠還　又全椒版琹桌一張

一祭碗簿註鎖櫃不許族借失破辦祭遺失首事賠還

一楓□　眠床二張高矮　冊架二張祭器櫃一個面盤架一個不許借用違者責罰賠還

一祠乃齊肅之地不許銀鉄木匠寓祠興工并不許族家借住擅寄粗重器物頑歇匪類以致污壞墻垣犯者責罰不寬

一長房散住僅存宗孫難梜主祭議膠庠貢監生及宦職封典賢中推老分献五殿身淺昭穆配享惟吏負以至不入流者不與其列

一始祖墓每逢清明牲儀祀之并令守祠人時將墓園闉密不許縱畜踐牧違者責罰

一族正每代亟議賢正註之某某祠数必族正擇妥寔孫輪管仍議冬至後賢正某某執簿輪查註結祠嘗租除理数工勞錢壹千陸百文查数心勞錢叁百文遠村查数於祠館飱

一族正年老力倦即宜當身偕族急舉賢正簿註某依例替查祠數

一族数前騙可懲此後不許族生倘仍族生公事必赓祠断不依凛之

一族旧佃嘗田租額原寬不得悍欠如欠弍斗次年不完者議臘月中旬將田別批

一錢不到十千不必散生凡断當等数必酌族正查数者不得延月姑待擅意率行族罰難寬

一守祠議外姓身家清妥每月嘗租建祖租共給工食谷四斗必族正偕族詳慎取之不得挾嫌恣毆祠守闵要難軽進退倘有過失闔族處責究置猶當慎始記之

一司丁簿逢冬至醮盟宜抄明丁户年歳照例分胙每年給工勞錢壹千文

一甲内歷年户首米総批明限票議排年領簿者每年向総催查抄甲内新収開除字號計准本年宜納米數與上年米総進退相符方交户名与総催收納每年給工勞錢壹千文

一族誼務相周愛不淂訟乖骨肉事在得已宜遵勸釋倘凌弱欺幼横訟殘㒱祠責不貸

一傳家宜勤守本業如身充署差罰祚不分

一賭淫喪身後悔莫補身犯証出責板二十

一村右禁山旧培村坟風水今當愛養嚴禁日夜　私斬每名罰錢四八　百文縱畜咬傷責處不貸

一私斬禁山有捉獲并柴帶報司數日夜　捉報賞錢三六　百文

計開乾隆五十三年後續買嘗田土名坵段四至

坑籠晩田壹坵伍斗四至族業　　溪南早田壹坵六斗四至族業

門前坑早田壹坵壹石南至溝東西北族業　　溪南早田壹坵捌斗南至坎北至溪東西族業□埋祠□四

上續買嘗田貳石玖斗載民米貳斗壹升

族正

秉中　振聲　有泗

聨元　淑中　有斐　偕族敬刊

乾生　鴻憲　洪緒

若場

嘉慶元年仲春吉旦

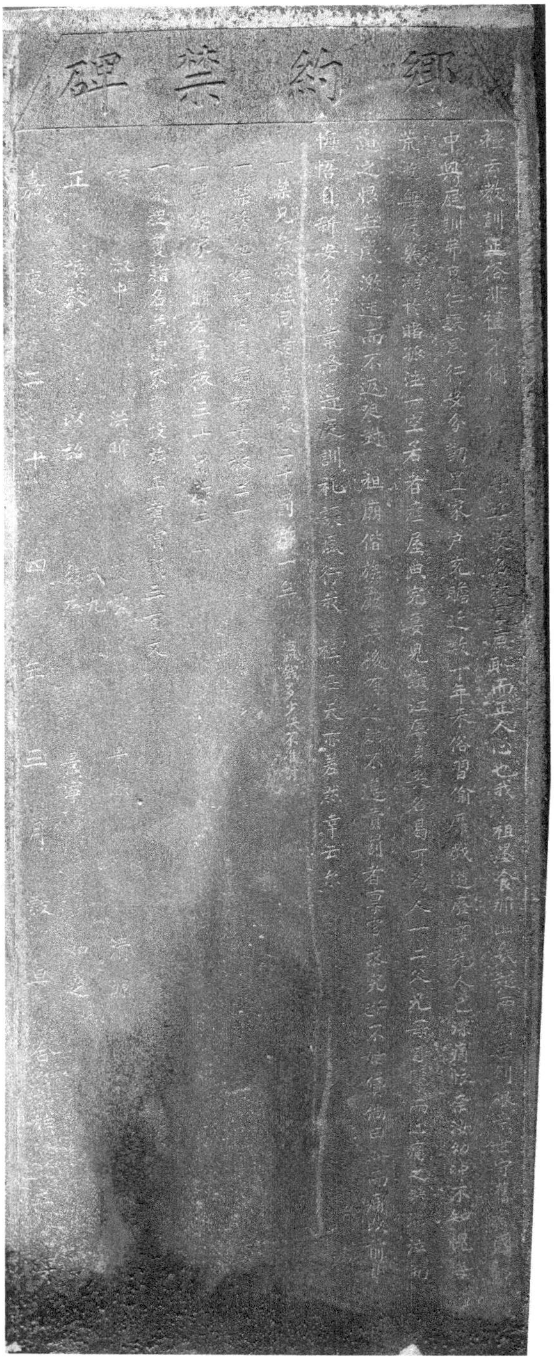

禮云教訓正俗非禮不備禮以嚴尊卑敦名教重廉恥而正人心也我　祖墨食那山幾越兩朝垂創艰辛世守舊業國初中興庭訓弗衰仁讓風行安分勤置家户充贍近数十年来俗習偷靡戲遊廢業先人已深痛恨奈汝幼冲不知愧悔荒遊無度幾溺於賭孤注一空若者産屋典完妻見餓泣辱身喪名曷可為人一二父兄每目擊而心痛之幾涕泣而道之恨無感激迷而不返迫對　祖廟偕族嚴禁後有近賭不遵責罰者禀官求究断不姑貸倘由此而痛改前非悔悟自新安分守業恪遵庭訓礼讓風行我　祖在天亦差默幸云尔

一禁兄弟叔姪同賭者責板二十罰胙一年　赢钱多少决不准討

一禁誘他姓村内同賭者責板二十

一禁族家窩賭者責板三十罰胙二年

一議捉獲賭名并窩家禀投族正者賞錢三百文

族　淑中　洪昕　凌雲　景熙　清源

式九

正　振聲　以詔　德杰　景寧　如芝

嘉慶二十四年三月穀旦合族立碑

續置建祖田碑

我祠有建祖室以建業之有裨於祠猶纘龠之有功於祠故特祀以報之也養賢濟荒諸例咸于是焉取給我族食祖之恵自當念祖之恳恪守先型常凛明訓無負先人以養以教之苦心斯祖宗之靈在天也其食報當更有加無已矣兹查収建祖租四十餘年除費外将所剩銭存息絡續断買税田二十一坵種仔六石八斗載民米四斗九升九合官米八升刻碑竖祠以垂久遠并将甞祖断買税地一所税田一坵五斗載民米四升九合議定族所佃甞祖建祖田繳租限期司數貼堂例条附瑀于石□□振而興之光而長之継継承承相沿勿替是在司数者之慎而勤公而正云爾

計開建祖續買田条四至

深土洋旱田一坵三斗五升東西南北至族業　下斜墩边旱田一坵五斗東至墩西南北至族業　坑籠旱田一坵四斗東至八斗西至石四北至祠五斗南至石三

后田旱田一坵九斗東南北至大堘西至族業　白沙路頭旱田一坵三斗南至堘田東西北至族業　庫塘旱田一坵四斗東至三斗西至石田北至祠田南至坎

尾頭旱田一坵八斗東至莇西至坎南至堘北至庙田　边坑坎边旱田一坵五升東北至嶺南至石六西至斗田　庫塘旱田一坵二斗東至石八西至石二北□……□

門前旱田一坵四斗東至大堘西南北至族業　边坑旱田一坵一升東西南至族業北至嶺　東溝旱田一坵三斗東西南北至族業

国冷旱田一坵七斗南至坎東西北至族業　下斜旱田一坵五升東西南至族業北至楊　后田旱田一坵一斗東子南北至族業

深土洋旱田一坵五斗五升東至五斗五西至深土蔡南北至族業　深土洋旱田一坵四斗西南至四斗東至六斗北至三斗　門前旱田一坵二斗東至廟地西至二斗南至斗田北至大堘

附刻甞祖續買税地税田并現租繳銭限期司数帖堂例条于后　边坑坎边旱田三坵共一斗北至坎東西南至族業

一祠屋后空地一連已築圍墻横墻外已除滴水巷一尺

一土名坐落下斜田一坵種仔五斗東南北至族業西至楊

一議司祠数每年甞祖建祖收谷入銭及各事費銭逐一開明数条冬至前日帖祠正廳俾合族多人共知甞祖建祖每年租若干石沽發入銭若干各事費銭若干除費外本年存銭若干或尚空銭若干庶数内渣滓数目共見指摘查数者即時批明祠数永不准與

一議佃祠田現租承領現租谷價每石銭一千貳百文限冬至前十日繳完辦祭香田批別人現銭領佃

道光二十三年孟春穀旦三房月支十五世孫德杰合族恭記

嘗建祖新置田條碑

白沙坑旱田乙坵三斗民米二升東至三斗西至祠五斗北至二斗南至族業
尾頭坑旱田弍坵相連共弍斗民米乙斗東至坎西南北俱至族業
深坭洋坑東溝旱田乙坵一石九斗民米一斗五升二合東西北俱至溝南至三斗
深坭洋坑東溝旱田弍坵相連共一斗民米一斗東至坎西北至林並祠業南至三斗
深坭洋坑東溝旱田一坵一石一斗民米八升八合東至楊蔡西至林南北俱至蔡
牛欄村前旱田一坵一石四斗民米一斗一升六合東至溝西至陳南至陳北至蔡
曺家橋下洋旱田十五坵相連一石四斗民米一斗一升六合東至坎南至二斗西至溝北至林
門前坑旱田乙坵四斗民米三升二合東至三斗西至四斗南至江溝北至二斗
深坭洋坑旱田乙坵五斗官米一斗二升東至四斗西南至石四斗北至石三斗
深坑洋坑旱田一坵五斗官米一斗二升東至二石西至石三斗南至五斗北至五斗
門前坑庙下旱田乙坵七斗民米六升東至路堩西至五斗南至坎北至七斗
門前坑庙下旱田一坵九斗民米五升四合東至大坵西至一斗南至五斗四斗北至江溝
后田坑旱田乙坵二斗五升民米二升東至二斗南至路堩西至十五北至三斗
后田坑旱田一坵一斗五升民米一升二合東至三斗南至二斗五西至九斗北至斗田
坑龍坑旱田一坵六斗五升民米五升六合東至六斗五升西至四斗南至坎北至祠四斗
坑龍坑旱田一坵六斗五官米一升民米二升四合東至二斗西至六斗五南至坎北至祠四斗
門前坑庙前旱田乙坵五斗八升四斗東至二七斗西至二斗南至坎北至江溝
深坭洋坑東溝旱田一坵七斗共官米　東西至江溝南至三坵石北至四斗
望頭山坑旱田一坵一斗五升　東至斗田西至六斗南至六斗北至斗五
下斜坑旱田乙坵六斗　東至石三西至九斗南至九堩北至坎
光緒十二年孟秋穀旦合族恭記

后田坑東□边旱田一坵一斗民米八合□……□
后田坑旱田一坵一斗民米八合□……□
尾頭坑旱田一坵二斗民一斗升六合□……□
尾頭坑旱田一坵一斗五升民米□……□
坑龍坑旱田一坵四斗民米三升□……□
曺家橋南边界旱田一坵四斗□……□
曺家村前旱田三坵相連三斗□……□
馬信橋下旱田三坵相連三斗□……□
曺家前坑旱田一坵五斗東至林南……□
曺家前坑旱田一坵二斗□……□
曺家北洋溪仔边旱田□坵三斗□……□
曺家前坑旱田二坵相連三斗□……
明仔前坑旱田三坵相連□□□四斗□……
將軍坡林湖坑旱田一坵一斗東□……
將軍坡林湖坑旱田一坵一斗三升東西□……
將軍坡林湖坑旱田一坵八斗東至□……□斗
將軍坡林湖坑旱田一坵三斗□民米一斗□八升□西至□……南至八斗
西村林路坑旱田二坵相連共□斗民米□斗□至□□東至□□□……
后仆前坑尾旱田一坵二斗□□□東西北至坎南至□
后仆前坑東边坎旱田一坵五□……

龍秋前坑旱田一坵六斗□……□
龍秋前坑旱田一坵五斗□……□
谷倉□下北边溪旱田一坵四斗□……□
□□□旱田一坵四斗□……□
□□坑晚田一坵一斗□……□
□□洋旱田一坵二斗□……□
西村西坎坑旱田一坵二斗□……□
西村橋仔□東旱田二坵相連一斗□……□
西村橋仔□西旱田一坵□斗□……□
龍□……洋□坑旱田一坵三斗東至□西至□□……□
曺家北洋□□边晚田一坵□斗民米□斗□□合□……□
曺家北洋□□边晚田一坵六斗□□□□□□□□□……
□□坑□田二坵相連五斗……
边楼坑旱田二坵相連共一石□□□升□□
边楼坑旱田一坵二斗□□□□□□□□東西南北俱至□……
边楼坑旱田一坵三斗□□東北至林西至□……
边楼坑旱田二坵相連共三斗東西南北俱至蔡
边楼坑旱田一坵二斗□□□東西南北俱至蔡

共官米乙石三斗□□合　民米乙石七斗七升六合

重立建祖養賢碑

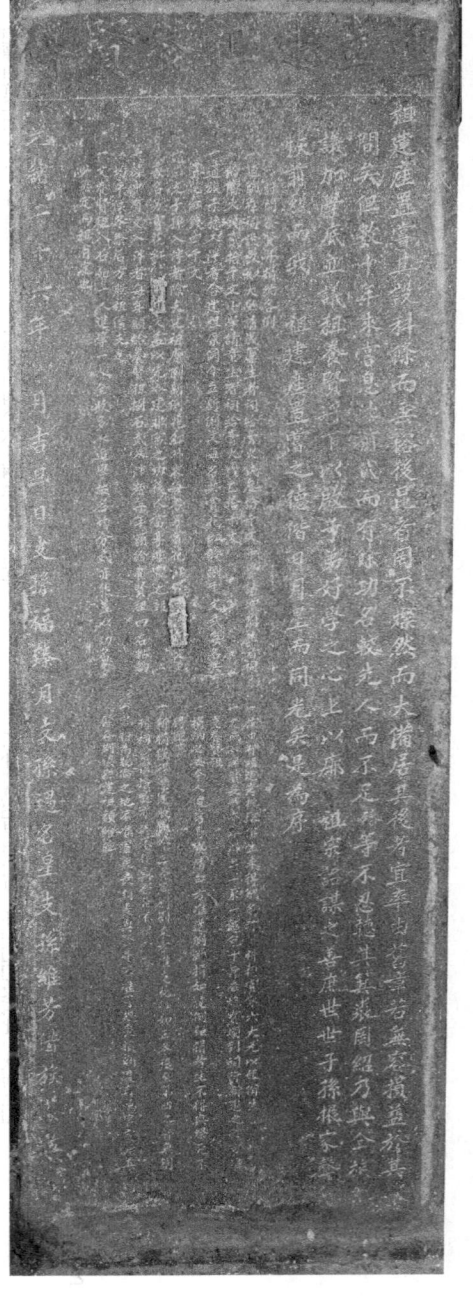

皆我
祖建產置嘗其設科條而垂裕後昆者罔不燦然而大備居其後者宜率由舊章若無容損益於其
間矣但數十年來嘗息此前代而有餘功名較先人而不足臻等不忍聽其箕裘罔紹乃與仝族
議加學底並議租養賢將下以啟于弟好學之心上以廓　祖宗詒謀之善庶世世子孫振家聲
恢前烈而我　祖建產置嘗之德偕日月星而同光矣是為序

計開養賢并捐納各例

一廷師在祠設教如大學請歲廩生者祠給膏火錢叁拾千文中學請增附生者祠給膏火錢貳拾千文小學請童生者祠給膏火錢乙拾千文

一通族子孫入泮者合建祖原例今立新例文每名共賞花紅錢捌千文武每名共賞花紅錢四千文

一三支子孫入泮者除支建祖原例新例花紅外文每名另賞花紅錢壹拾千文武每名另賞花紅錢伍仟文盖以先人建非常之功後人當享非常之報

一族中有文入泮者每年額給養賢租捌石武入泮者每年額給養賢租四石粘納均平候冬祭后方照租價支足

一文養賢租八石如一人進學一人全收多人進學按名均分武亦然盖以功名多少無定而租有定也

光緒二十六年□月吉旦日支孫福臻月支孫遇名星支孫維芳偕族恭立

一族中有經道考挑取佾生未得成名者下科祠賞銀六大元以報佾生

一文武入泮皆要趕本年辦羊一家一麵包十斤香炮賓燭到祠行新進之禮方准支養賢租

一捐納必要本人俊秀身家清白方准遵例納捐如違例强捐者生不得與祭死不得配享

一新捐僅得憑寔收與祭三冬候創劄來方准交花紅如三冬後至第四冬皆無劄到祠當衆撿驗亦生不得與祭死不得配享

一宗廟為敦倫之地不准賓親喪期喪與祭并不准守親喪捐納違者鳴官究治其餘各例俱照建祖額給碑

奉憲團保碑

從来鄉党之法律胥本於朝廷朝廷之法既嚴鄉党亦不得無法焉迩来匪類滋熾騷擾難堪父兄之教有不先子弟之率或不謹倘非設立團保為禍衹在須臾迫得聯族乞諭以團保甲俾鄉中之子弟不得外通会匪外匪之搶刦不致連及我鄉斯國憲無千刦數可免我鄉之幸亦我　祖在天之靈俱有幸也茲蒙海康縣　金示諭著以務将國保事認真籌辦切勿始勤終怠有名無實我族亦宜遵照毋違爰合族公議保正甲長牌長統帶十長練丁抄冊繳縣聯名具結我儕各房宜謹保各房之子弟各人宜謹保各人之身家毋以国法為虛設毋以縣諭為空言我族庶長保安寧矣所有團保章程開列于后

一議子弟不得私通外匪如通匪至連累者先累父母仝胞產業淨盡後及親房小尝与族無□俱連累者宜早閉子弟

一議保甲既設以後若有引誘子弟入匪者作匪首論合族查明即鳴官究治革胙永不得歸宗

一議子弟有不遵教訓橫凌保正甲長統帶者合族鳴鑼公着練勇□拿送官究治　或藏外匪者傾家除胙永不得歸宗

一議甲丁分領牌刀槍鈀各軍器者務要管理修整每年正月十五日各繳出中坊若驗失見者欠賠不遵賠者革胙

一議保甲統帶十長練丁宜同心協力禦盜或致傷者將保甲錢調養痊愈不幸致死者保甲出棺木埋塟錢弍十千文外償妻子錢弍十千文若使姦計而不為村出力者合族公議革胙　一議保甲只保本村不許出外惹事非違者革胙

一議大祠延師教讀殊属重地不許賭博洋煙之流在祠久寓引誘子弟致亂學規有知□者毋違公議

光緒三十一年仲秋下浣敬德福臻維恒維葵高峰肇斯啟泰文峰遇名啟□啟□□□□

又續配享祭祀碑

當今之世朝政既已变更鄉族之中祠例亦因稍易若我蔡姓世住那山村復有分居各村共計有壹千餘丁每年冬祭各村俱回那山村分胙所有例程載在石碑流傳已久啟京等正宜恪守　祖訓勿替家聲奈近来盗賊充斥萑苻盛横逼近咫尺不能樂業安居爰集族中父老兄弟商議捐貲圍村并装器械又於宗祠内四面圍固并碉樓四座俱有走馬路相連以禦外侮以堅内心守望相助翼免不虞然工程浩大共計費去洋銀壹萬有奇除樂捐外尚虧銀五千左右僉議提大宗祠產業典當方可得銀完竣此舉迄今已有六年矣然祠產既當祠禮不行京等目擊心傷不得不商諸族中聚議維持一法本祠連兩廊共設有五殿而兩廊即分為昭穆室今祠中欠欵既多如有要捐貲會祭配享昭穆者宜捐銀肆拾大元已故者宜捐銀貳拾大元俟明年二月底止越後如有要捐貲配享者加一倍算俾聚有餘貲可以抽祠業亦可以復祠禮現科舉既停捐例亦廢其有捐貲會祭者亦照前清捐納者支胙一分惟主祭者不論前清捐納學堂畢業捐貲會祭仍取論齒一義推老者主祭分獻五殿所有陪祭與祭員人宜用稍識詩書頗稱俊秀者参預於其間俟科舉復行方照原例此京等鄙意之願也亦我　祖在天之靈矣是為序

計開會祭配享芳名列后

十四世若暘公　十五世德慧公　十七世樒菜公　十八世炳紱公　十八世炳育公　十八世鍾湖公　十九世正元公　十九世汝濬公
名熙公　十六世居寬公　十八世彌昌公　炳經公　玉峰公　肇珠公　壽岳公（會祭）　壽蟠公
帝礴公　十七世周孚公　啟星公　肇德公　時吉公　炳緝公　恩榮公（會祭）　二十世榮仁公
十五世德富公　希尹公（長生）　啟瑞公　肇漢公　俊升公　福相公　鳴球公（長生）
德進公　進紀公　炳纘公　肇峰公　思銘公　十九世彬文公　鳴琴公

中華民國十五年歲次丙寅十一月吉日日支孫啟京并書　月支孫鳴球　星支孫希尹合族恭記

炎帝廟

乾隆四十二年續買廟田碑

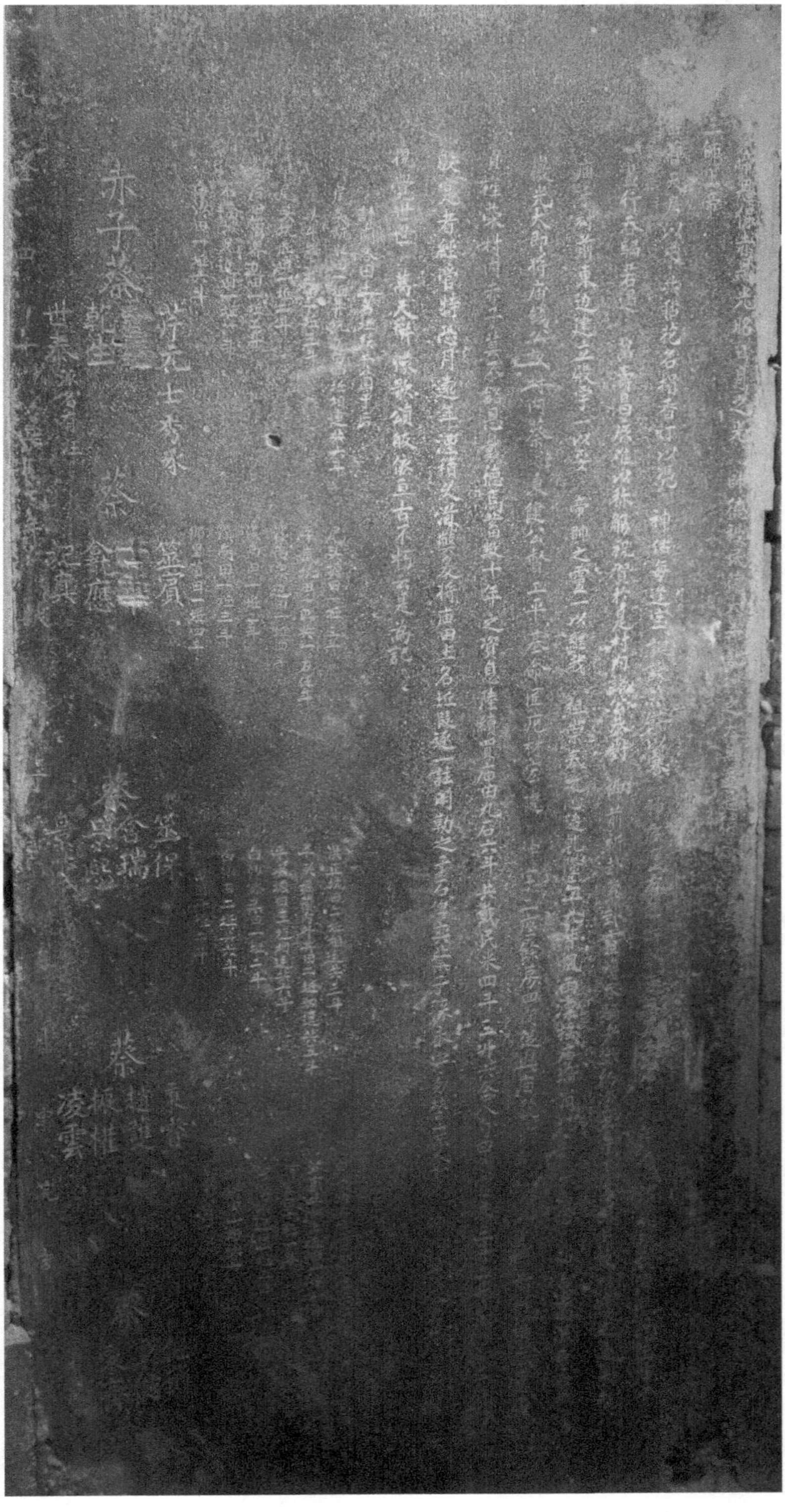

帝恩保赤恩光昭日月之光　帥德被民德大并乹坤之大無邊恩德感沐难忘念我　祖世居山内侍奉
三師上帝
雷首天君以來共貼花名捐香灯以憑　神佑每逢宝誕設醮飾以賽　神麻歷有年所祭昔無異至雍正元年人心混乱非復淳風□生庙示
盡行吞騙若遇　萬壽昌辰难以称觴祝賀於是村内諸公恭對　神前祈卦蒙卦靈轉吞騙者繳約塗名子孫□□另設捐□生息并設
庙于村前東边建立殿宇一以妥　帝帥之靈一以継我　祖崇奉之心迨乹隆二十九年風雨漂搖庙墻崩圮□□曲念　神惠高深意□前
徽光大即將庙錢公議村内蔡諱秉健公督工平基命匠庀材宏建　神宇二座餘房四間從此庙貌鼎新地靈　神赤祈祷立應扁
額旌荣村内赤子莫不銘恩戴德焉蓄数十年之資息陸續買庙田九石六斗共載民米四斗三升六合八勺四則官米三斗二升五合付於村内
殷寔者經晉特恐月逺年湮積久涤弊爰將庙田土名坵段逐一註明勒之于石俾奕葉子孫永守勿替庶人事　神神庇人生生□□□
提覺世世　萬天蝌幪歌頌皈依亘古不朽云是為記

計開各田土名坵段并啇于后

尾头坑肚田一坵并坑边田四坵相連共六斗　尾头塘田一坵三斗　洪正坑田二坵相連共三斗　白沙路头田二坵相連共四斗　尾头牛路上边田一坵三斗　平嵐坑田一坵共一石伍斗　平头堀啇内外共田二坵相連共五斗　河家牛路上边田一坵八斗　尾头坑肚田一坵二斗　溪南溪边田一坵四斗　平头堀田三坵相連共六斗　河家田一坵一斗　后田篱界边田一坵二斗　溪南田一坵二斗　白沙路头田一坵二斗　河家溪边田一坵二斗　石橋坡尾边田一坵一斗　溪南田一坵三斗　白沙田二坵共六斗　下斜田一坵六斗　白沙田一坵六斗　那里啇田一坵四斗　后田田二坵二斗　庙東啇一坵

赤子蔡
仕通　秉健　秉齊　□□
蔡　秉睿　趙護　振權　凌雲
蔡　簠保　含瑞　景熙　景茂
蔡　簠賔　士華　龡應　妃真
芹元士秀承　□□　乾生　世泰派名有汪

乾隆四十二年歲次丁酉春月中浣吉旦

重修帝帥廟記碑

我蔡高曾聯名共侍

三師

雷

首之神幾二百祀矣原委悉詳旧碑無容再贅第在雍正元年另議捐金遷廟時之合志者惟二十人倡始何其艰也属兹苗裔弗替　神靈之睨恩

引前事之悠固所宜尔嘉慶竟年漸見廟宇剝落預筹更新公議族姪景磐經理此事即将每年廟産所入除　宝誕功果外存積餘貲築□

十餘載計得銅錢七百千有奇不意修廟未吉竟以前夏終今族弟凌雲引此舉而慷慨之是歲之夏平廟旧址其卜基也以六月之廿三日巳時其□

樑也以七月三日之未二刻雲弟經营慇懃督理急切衆恐其瘁又議族孫希謨出身分佐焉及秋杪落成相與聚廟堂人歡　神楽余因諗于

衆曰廟既重新宜商例誌自乾隆丁酉後産業有增訓辞或畧其以新置各田更勒諸石斟酌懿訓載于紙篇守刱無窮行善規以廣　神惠□

曰唯属余筆之于書余謝不敏乃僉起而同属曰雖謂言之無文行之不遠顧亦為廟事計非行遠侔也焉用多文余曰然可乎　三師　雷首之功

德炳炳麟麟非吾辞所能鋪張揚厲也上棟下宇之壮観堂堂皇皇非吾所能揄揮傳寫也敬荐馨香聊陳顛末不忘前緒無湮今蹟規条別議神

聽和平綿綿延延以是為頌祷誌緣信洪昕謹譔

本　廟　坐　癸　向　丁　加　子　午

一議佃廟田者租谷不得拖欠如欠至二斗以上耴田別租決不寬貸　新置田条坵段于后

一議当首者不許存𣎴在身要交出生息如不交出罰胙不分　赤嶺尾田一坵二斗　尾興牛路上田一坵六斗□斗□田一坵一斗

一議廟宇乃清淨之所不准銅銀鐵木匠具工如違者罰𣎴二百文　赤嶺尾田一坵四斗　北□□田一坵四斗　□□□□□□□

一議村内犁琶并租重污穢等物不准擅寄廟内違者罰𣎴百文　内口含路堘下田一坵斗五升　门前嶺坎边田一坵一斗□□路墠□田一坵一斗□

一議廟内八仙棹橙不許借用一守廟者要择別姓方准　共田二石二斗征民米一斗六升五合六勺　官米六升

道　光　九　年　歲　在　己　丑　陽　月　上　浣　立

那山村蔡氏重修三星墩序

那山村即山内也有明洪武四年吾　祖肇卜斯土遽世居云村東田中三墩聳出名曰三星墩其北一墩形似鯉魚又名曰鯉魚墩盖鯉魚有龍門之登三星應三公之位勝景嘉名須為東方之呈瑞于是家道見興文人継起矧我村南北与西山環水花得勢罔于□桑而水注于東東边且復空澗惟有是墩以雄鎮之水口始竟周密則風水之攸関大矣哉在昔墩高于田幾有一丈陳因風雨摧殘農人剝削我長兄緝之留意增修首倡以主其事客歲季冬合村公議捐貲釀金鳩工營葺日夜焦思莫辞其瘁取土填之積石圍之工費浩繁今始告竣爰勒諸石迺碑相□一立于墩一立于庙後之人宜愛護山川之靈秀体修築之艰难共遵禁約豈不美哉

公議禁条開列于后

一禁各墩私取土并各墩樹木籬界私斬者罰不一百文拿人將罰不賞一半　德正　德富　蘭　如芝

一禁各墩界石私取□条并私打断者罰不二百文拿人將罰不賞一半　禁首蔡　观成　德感　明　而新　希□

一鯉魚墩原有楊姓古坟一座日後蔡楊各墩不得添塟　有潼　德和　景　熙　克謹　□□

一鯉魚墩界石四十五条中墩界石二十六条南墩界石二十九条　凌雲　之邦　豐　而熙

道光十年歲在丁庚春二月蔡景磐奉衆謹立吉旦

塘尾村

惠娘庙

造廟碑

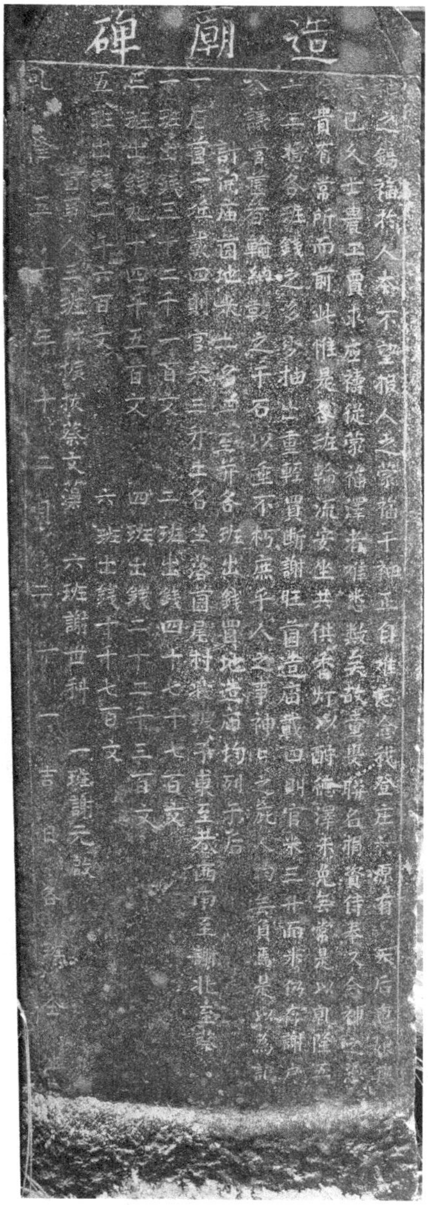

神之錫福於人本不望报人之蒙福于神正自难忘念我登庄村原有　天后恵娘其来已久士農工賈求应禱從蒙福澤者难悉数矣故童叟聯名捐資侍奉又念神之憑依貴有常所而前此惟是各班輪流安坐共供香灯以酧德澤未免無常是以乹隆五十年将各班銭之多少抽出重輕買断謝旺莔造庙載四則官米三升而米仍存謝户公議冐莔者輸納勒之于石以垂不朽庶乎人之事神神之庇人均無負焉是以為記

　計開庙莔地米土名四至并各班出銭買地造庙均列于后

一庙莔一坵載四則官米三升土名坐落莔尾村北坡于東至巷西南至謝北至蔡

一班出銭三十二千一百文　二班出銭四十七千七百文

三班出銭九十四千五百文　四班出銭二十二千三百文

五班出銭二千六百文　六班出銭十千七百文

首事人三班林振拔蔡文藻　六班謝世科　一班謝元啟

乹隆五十年十二月二十一吉日各班仝立

捐修英仙四娘廟碑

之為靈昭昭也功用在乎兩□恩澤及於□□□□其德庇者咸思有以報之如　英仙四娘者英祝顯赫自明而靈降此方庶澤類沾合衆而庙□小宇香灯究未有設康熙四十八年謝元本謝光旭楊天培爰會衆信襄议将到各人田頭附近魚路横溝一所土名坐落塘尾中洋東至直港西至直界南北至各田頭撥入庙内以為　四娘香燈之費但廟歷年久遠棟宇両見將傾乾隆四十五年謝世科蔡文藻首合境内而捐修之道光三年謝朝欽蔡呈礼復聯鄉中而重修之统合前後捐資雖有多寡之不同而敬神之心初無彼此之或異行見　神欣人樂民安物阜于萬斯年矣爰書数語勒諸貞珉以垂不朽云

計開前後两次題捐各户姓氏于左　前次首事謝世科蔡文藻　後次首事謝朝欽蔡呈礼

許户捐銭八千五百五十文　謝户捐〻五千八百九十五文　鄭戶捐銭五千八百六十五文　林户捐銭五千三百五十文

上村　二百卅文　林一千一百八十五文　高堽李二百五十文　莫一百四十文

王户捐銭三千一百廿五文　蔡户捐〻二千二百廿五文

崗尾林四百廿文　田頭

嶺□　四百文　倪四百一十文　散户黄蕭刘陳芦吳鍾范鄭共八百卅文

道光三年三月吉日合登庄村衆信仝立　廟山甲庚加寅申

天二郡境主批

神之血食於人為有功於人也或禦災或捍患無不仁民爱物肸蠁潛通有祈斯荅是即　神之貺也豈非有功于人而血食者哉我村林謝蔡鄺倪李六姓合兩境等仝侍　境郡三天神通天神天門得道神奈因香灯困乏屢蒙降机頻示吩咐六月鴨埠出批利息以應兩境公務我等孰敢不遵乎迫將本村内坑旱田外坑旱田村后坑旱田鴨埠一一出批外坑六月至横河下東坎頭牽連至平欄界十月只至横河堩内坑至倪姓汲水堩鄺姓村后坑至泉水坑溝仔其每年批利充入六姓两境元宵公費庶人之沾恩于　神者于以迓洪禎于無極而　神之血食于人者亦以賴憑依之無穷云　六月議明白露前十日止鴨

光　绪　四　年　六　月　吉　日　塘　尾　村　两　境　仝　立